ASSOCIATIONS, FONDATIONS, ET AUTRES FORMES DE PERSONNES MORALES AU SERVICE DU SPORT

CIES | CENTRE INTERNATIONAL D'ÉTUDE DU SPORT

Savoirs sportifs

Collection dirigée par Denis Oswald et Raffaele Poli

Vol. 2

Phénomène moderne de la plus haute importance, le sport soulève des enjeux scientifiques pluriels. La collection «Savoirs sportifs» publie des contributions originales en français et en anglais dans les champs des sciences juridiques, économiques et sociales du sport. Ces axes correspondent aux domaines de spécialisation du Centre International d'Etude du Sport (CIES) auquel la collection est rattachée. La collection est dirigée par Denis Oswald, docteur en droit, directeur du CIES et professeur à l'Université de Neuchâtel, ainsi que par Raffaele Poli, docteur en géographie, collaborateur scientifique au CIES et maître-assistant à l'Institut des Sciences du Sport de l'Université de Lausanne.

ASSOCIATIONS, FONDATIONS, ET AUTRES FORMES DE PERSONNES MORALES AU SERVICE DU SPORT

Denis Oswald

avec la collaboration de

Alexandra Veuthey, avocate
Yann Hafner, master en droit

PETER LANG
Bern · Berlin · Bruxelles · Frankfurt am Main · New York · Oxford · Wien

Information bibliographique publiée par «Die Deutsche Nationalbibliothek»
«Die Deutsche Nationalbibliothek» répertorie cette publication dans la «Deutsche Nationalbibliografie»; les données bibliographiques détaillées sont disponibles sur Internet sous ‹http://dnb.d-nb.de›.

ISBN 978-3-0343-0457-3
ISSN 1663-4616

Hochfeldstrasse 32, CH-3012 Berne
info@peterlang.com, www.peterlang.com, www.peterlang.net

Imprimé en Suisse

Sport has become one of the most important phenomena of our time. Increasingly large numbers of the population have developed an interest in sport in its different forms, both as spectators and as participants. Most practice sport as a member of a club organised as an "association". However, even the largest sport entities, such as the IOC and FIFA, are associations. In addition to this, the association is also the form of organisation most widely used in other areas, for example, in the fields of leisure, culture, science and politics. As a consequence, this book should interest not only sport administrators but also lawyers and students in general.

Although the main part of this publication is dedicated to the association as a legal entity, several chapters also address federations (associations of associations), in particular international federations, as well as foundations.

The last section of this book describes other entities that are found in sport today, with particular focus on professional sports including joint stock companies, limited liability companies and cooperatives.

This book should be a useful resource in assisting sport leaders to run their organisations in accordance with the basic legal principles of Swiss law.

Cet ouvrage tient compte de la législation et de la doctrine disponibles à fin mai 2010.

Préface

Le sport est devenu, au cours des dernières décennies, un des phénomènes socio-économiques les plus importants de notre époque. Il touche l'homme de manière essentielle. Il suffit de prendre quelques repères pour s'en convaincre.

Le sport constitue probablement le sujet de discussion le plus prisé des réunions de famille et du café du Commerce. Des régions entières s'identifient avec leur équipe de football. La victoire ou la défaite de sportifs reconnus dans le pays peuvent être ressenties comme des éléments de fierté nationale ou, au contraire, comme des catastrophes. A ce titre, l'impact qu'a chaque fois dans notre pays la qualification de notre équipe de football pour la phase finale de la Coupe du Monde est tout à fait significatif. On ne peut nier que le sport influence la vie des gens. Il ne faut, par exemple, pas fixer de réunions les soirs où se dispute une grande manifestation sportive car on risque alors de ne pas réunir le quorum nécessaire.

Une majorité de la population non seulement s'intéresse au sport mais le pratique sous différentes formes. De manière individuelle, on peut descendre les pentes enneigées à ski, ramer sur les lacs ou courir dans nos forêts quand on n'enfourche pas sa bicyclette pour sillonner nos vallées. C'est cependant sous forme organisée que le sport se pratique le plus souvent, au sein de clubs, pour bénéficier d'une infrastructure et parfois en vue de participer à des compétitions. En Suisse, les statistiques indiquent qu'une personne sur quatre est membre d'un club de sport. Ces pratiquants constituent la base d'une pyramide chapeautée d'abord par le club dont ils font partie, puis par la fédération nationale à laquelle ledit club, comme les autres du même sport, est affilié. Cette fédération, de son côté, rejoint les fédérations nationales d'autres pays au sein d'une fédération internationale qui régit le sport en question. L'autorité dont les entités supérieures bénéficient sur celles qui se trouvent au-dessous garantit l'unicité du sport et permet sa pratique universelle.

La plupart des entités qui composent cette pyramide revêtent la forme juridique de l'association. Dans les sports professionnels tels que le football, le hockey sur glace et le basketball, la législation étatique ou la fédération nationale concernée impose parfois d'autres formes sociales, en particulier celle de la société anonyme, mais l'association demeure – et de beaucoup – la forme la plus répandue. C'est pourquoi la plus grande partie de cet ouvrage lui est consacrée. Tout en envisageant les situations rencontrées dans le sport, l'exposé traite de l'association en général. Il devrait donc intéresser non seulement les administrateurs de sport, mais également les praticiens généralistes et les étudiants. L'association est, en effet, aussi la forme de corporation la plus utilisée dans les domaines des loisirs, de la culture et des activités scientifiques, politiques et religieuses.

Nous avons accordé également une place relativement large à la forme particulière d'association que constitue la fédération, en particulier à la fédération internationale de sport. Les fondations tiennent aussi une place importante dans le sport, notamment dans le soutien accordé aux sportifs d'élite et aux espoirs. Nous avons donc dédié un chapitre entier à cette forme d'entité. Là encore, la présentation se veut aussi large que possible et doit valoir pour toutes les fondations, qu'elles soient consacrées au sport ou à d'autres domaines.

Enfin, la troisième partie de l'ouvrage expose les autres formes de personnes morales qu'on trouve maintenant dans le sport, en particulier dans le sport professionnel, comme la société anonyme, la société à responsabilité limitée et la société coopérative sans, bien sûr, exposer en détail le fonctionnement desdites sociétés.

Ce livre trouve son origine dans le cours de droit de l'association que je dispense depuis quelques années à la faculté de droit de l'Université de Neuchâtel en qualité de titulaire de la chaire de droit du sport. Il se fonde aussi sur l'expérience que j'ai acquise durant tant d'années de participation à la vie associative liée au sport.

Pour mener cette entreprise à chef, j'ai naturellement bénéficié de la collaboration de nombreuses personnes, notamment au niveau des recherches de jurisprudence et de doctrine. Je dois mentionner particulièrement mes assistants Alexandra Veuthey et Yann Hafner, dont la compétence et le cœur à l'ouvrage ont été remarquables, ainsi que Roger Besson, du CIES, qui s'est chargé de la mise en forme de l'ouvrage. Je voudrais inclure aussi ma femme Dominique, avocate, qui a bien voulu répondre à mes questions, dissiper mes hésitations et relire avec moi tout le texte – et plus d'une fois – y compris sur la route des vacances qui nous a fait sillonner le Radjastan.

Enfin, j'aimerais témoigner ma reconnaissance au Professeur Pierre Wessner, mon coéquipier d'aviron olympique et ami de toujours qui, malgré ses nombreux engagements, a accepté de procéder à la relecture finale du manuscrit. C'est ce qu'a fait également avec beaucoup de diligence et de compétence Pauline Pellaux, ancienne assistante et actuellement conseillère très écoutée auprès du Tribunal arbitral du sport. Que tous ceux qui, nommés ou pas, m'ont apporté leur soutien et leur collaboration soient chaleureusement remerciés.

Un tel ouvrage représente une somme de travail considérable et j'espère qu'il trouvera de l'intérêt auprès des juristes et étudiants en droit, en particulier auprès de tous ceux qui pratiquent le droit du sport. Le Centre international d'étude du sport (CIES) l'édite dans sa nouvelle collection «savoirs sportifs» réalisée avec les Editions Peter Lang. Cette collection qui présente trois volets, sociologique, juridique et économique, correspond aux divers domaines d'activité du CIES. Ce livre est le premier du volet juridique et la collection ne demande qu'à s'enrichir et à devenir une référence dans son domaine.

Table des matières

Table des abréviations

ACC	Association culturelle des Camerounais de Loire-Atlantique
aCst.	(ancienne) Constitution fédérale de la Confédération suisse du 29 mai 1874
aff.	affaire
AGFIS	Association générale des fédérations internationales de sport (devenue SportAccord)
AIBA	Association internationale de boxe amateur
AIOWF	Association of International Olympic Winter Sports Federations (Association des fédérations internationales des sports olympiques d'hiver)
al.	alinéa(s)
AMA	Agence mondiale antidopage
ANEP	Association nationale d'éducation physique
aORC	(ancienne) Ordonnance sur le registre du commerce du 7 juin 1937
art.	article(s)
ASF	Association suisse de football
ASOIF	Association of Summer Olympic International Federations (Association des fédérations internationales des sports olympiques d'été)

ASS	Aide sportive suisse
ATF	arrêt(s) du Tribunal fédéral suisse (publié(s) au recueil officiel)
BaKomm	Basler Kommentar
BGB	Bürgerliches Gesetzbuch für das Deutsche Reich vom 18. August 1896 (Code civil allemand)
BKomm	Berner Kommentar
BO CN	Bulletin officiel du Conseil national
Bull. ASA	Bulletin de l'Association suisse de l'arbitrage
c.	contre
CAS	Court of Arbitration for Sport (TAS, Tribunal arbitral du sport)
CC(S)	Code civil suisse du 10 décembre 1907 (RS 210)
CEDH	Convention de sauvegarde des droits de l'homme et des libertés fondamentales du 4 novembre 1950 (RS 0.101)
cf.	confer
ch.	chiffre(s)
ChO	Charte olympique
CIA	Concordat intercantonal sur l'arbitrage du 27 mars 1969 (RSN 252.2)
CIAS	Conseil international de l'arbitrage en matière de sport
CIO	Comité international olympique
CJCE	Cour de justice des Communautés européennes (devenue la Cour de justice de l'Union européenne, CJUE)

CJUE	Cour de justice de l'Union européenne (ancienne Cour de justice des Communautés européennes, CJCE)
CMAD	Code mondial antidopage
CNO(s)	Comité(s) national(aux) olympique(s)
CO	Loi fédérale complétant le Code civil suisse du 30 mars 1911 (Livre cinquième : Droit des obligations) (RS 220)
COC	Comité olympique congolais
Code TAS	Code de l'arbitrage en matière de sport
CONI	Comitato Olympico Nazionale Italiano (Comité national olympique italien)
consid.	considérant(s)
COS	Comité olympique suisse
CP	Code pénal suisse du 21 décembre 1937 (RS 311.0)
Cst.	Constitution fédérale de la Confédération suisse du 18 avril 1999 (RS 101)
DFB	Deutscher Fussball-Bund (Fédération allemande de football)
DFI	Département fédéral de l'intérieur
dir.	directeur
éd.	édition
édit.	éditeur(s)
EUSRL	entreprise unipersonnelle sportive à responsabilité limitée

FA	Football Association (Fédération anglaise de football)
FAI	Football Association of Ireland (Association irlandaise de football)
FC	Football club
FEN	Fédération des étudiants neuchâtelois
FF	Feuille fédérale
FI	Fédération(s) internationale(s)
FIA	Fédération internationale de l'automobile
FIBA	Fédération internationale de basketball
FIE	Fédération internationale d'escrime
FIFA	Fédération internationale de football association
FIG	Fédération internationale de gymnastique
FIGC	Federazione Italiana Giuoco Calcio (Fédération italienne de football)
FIJ	Fédération internationale de judo
FINA	Fédération internationale de natation
FIS	Fédération internationale de ski
FISA	Fédération internationale des sociétés d'aviron
FITT	Fédération internationale de tennis de table
FIVB	Fédération internationale de volleyball
FJS	Fiche(s) juridique(s) suisse(s)
FN	Fédération(s) nationale(s)

FOSE	Feuille officielle suisse du commerce
FSA	Fédération Suisse des Avocats
FSSECN	Fédération de soutien aux sportifs d'élite du canton de Neuchâtel
GFA	Gibraltar Football Association (Association de football de Gibraltar)
GmbH	Gesellschaft mit beschränkter Haftung (Sàrl, société à responsabilité limitée)
HC	Hockey club
IAAF	International Association of Athletics Federations (Fédération internationale d'athlétisme amateur, devenue l'Association internationale des fédérations d'athlétisme)
IBAF	International Baseball Federation (Fédération internationale de baseball)
Ibid.	Ibidem
Id.	Idem
IFAB	International Football Association Board
IIHF	International Ice Hockey Federation (Fédération internationale de hockey)
IOC	International Olympic Committee (CIO, Comité International Olympique)
ITF	International Tennis Federation (Fédération internationale de tennis)
ISF	International Snowboard Federation (Fédération internationale de snowboard)

ISU	International Skating Union (Union internationale de patinage)
i. e.	id est (c'est-à-dire)
JO	Jeux Olympiques
JOCE	Journal officiel des Communautés
JdT	Journal des Tribunaux*
KOC	Korean Olympic Committee
LCD	Loi fédérale contre la concurrence déloyale du 19 décembre 1986 (RS 241)
LCdir	Loi sur les contributions directes, du 21 mars 2000 (RSN 631.0)
LCR	Loi fédérale sur la circulation routière du 19 décembre 1958 (RS 741.01)
LDIP	Loi fédérale sur le droit international privé du 18 décembre 1987 (RS 291)
L'EC	L'Expert-comptable suisse (ST, Der Schweizer Treuhänder)
LFors	Loi fédérale sur les fors en matière civile du 24 mars 2000 (RS 272)
LFus	Loi fédérale sur la fusion, la scission, la transformation et le transfert de patrimoine du 3 octobre 2003 (RS 221.301)
LGS	Loi fédérale encourageant la gymnastique et les sports du 17 mars 1972 (RS 415.0)

LHID	Loi fédérale sur l'harmonisation des impôts directs des cantons et des communes du 14 décembre 1990 (RS 642.14)
LIFD	Loi fédérale sur l'impôt fédéral direct du 14 décembre 1990 (RS 642.11)
LN	Ligue nationale
LP	Loi fédérale sur la poursuite pour dettes et la faillite du 11 avril 1889 (RS 281.1)
LPers	Loi fédérale sur le personnel de la Confédération du 24 mars 2000 (RS 172.220.1)
LPP	Loi fédérale sur la prévoyance professionnelle vieillesse, survivants et invalidité du 25 juin 1982 (RS 831.40)
LSHG	Ligue suisse de hockey sur glace (actuelle SIHA, Swiss Ice Hockey Association)
LSt	Loi sur le statut de la fonction publique, du 28 juin 1995 (RSN 152.510)
LTF	Loi sur le Tribunal fédéral du 17 juin 2005 (RS 173.110)
N.	note(s)
NAOC	Netherlands Antilles Olympic Committee
NCAA	National Collegial Athletic Association
ng/ml	nanogramme(s) par millilitre
n°	numéro(s)
OAN	Ordre des avocats neuchâtelois

O-DETEC	Ordonnance du DETEC (Département fédéral de l'environnement, des transports, de l'énergie et de la communication) sur la radio et la télévision du 5 octobre 2007 (RS 784.401.11)
OFSPO	Office fédéral du sport
ONAD	Organisations nationales antidopage
OPA	Offre publique d'achat
ORC	Ordonnance sur le registre du commerce du 17 octobre 2007 (RS 221.411)
orgDFI	Ordonnance sur l'organisation du Département fédéral de l'intérieur du 28 juin 2000 (RS 172.212.1)
p.	page(s)
P	projet
par.	paragraphe
Pacte II (ONU)	Pacte international relatif aux droits civils et politiques du 16 décembre 1966 (RS 0.103.2)
par.	paragraphe
passim	à divers endroits
pt(s).	point(s)
PTT	Entreprise des postes, téléphones et télégraphes
RASS	Règlement de Fondation de l'Aide Sportive Suisse du 26 mai 2008
RC	Registre du commerce
RDAT	Rivista di diritto amministrativo e tributario ticinese

RDS	Revue de droit suisse
Rec.	Recueil de la Jurisprudence de la Cour de justice et du Tribunal de première instance de l'Union européenne
Rec. I, II, III	Recueil des sentences du Tribunal Arbitral du Sport
Rep.	Repertorio di Giurisprudenza Patria
RFJ	Revue fribourgeoise de jurisprudence (FZR, Freiburger Zeitschrift für Rechtsprechung)
RJES	Revue juridique et économique du sport
RO	Recueil officiel du droit fédéral
RS	Recueil systématique du droit fédéral
RSJ	Revue suisse de jurisprudence (SJZ, Schweizerische Juristen Zeitung)
RSN	Recueil systématique de la législation neuchâteloise
RVJ	Revue valaisanne de jurisprudence (ZWR, Zeitschrift für Walliser Rechtsprechung)
s.	(et) suivant(es)
SA	société anonyme
SAEMLS	société anonyme d'économique mixte locale sportive
SAOS	société anonyme à objet sportif
Sàrl	société à responsabilité limitée
SASP	société anonyme sportive professionnelle
SC	société en commandite
SC (Berne)	Schlittschuhclub (Berne)

SCA	Société en commandite par actions
Scoop	Société coopérative
SFL	Swiss Football League
SIHA	Swiss Ice Hockey Association (ancienne LSHG, Ligue Suisse de Hockey sur Glace)
SJ	La Semaine judiciaire**
SJZ	Schweizerische Juristen Zeitung (RSJ, Revue suisse de jurisprudence)
SNC	Société en nom collectif
SpuRt	Zeitschrift für Sport und Recht
ss	(et) suivant(e)s
SS	Société simple
SSO	Société suisse d'odontho-stomatologie
ST	Der Schweizer Treuhänder (L'EC, L'Expert comptable)
STCE	Série des Traités du Conseil de l'Europe
StF	ancienne Loi fédérale sur le statut des fonctionnaires du 30 juin 1927 (StF)
Swiss Athletics	Fédération suisse d'athlétisme
SZW	Schweizerische Zeitschrift für Wirtschaftsrecht (RSDA, Revue suisse de droit des affaires)
TAR X ChO	Texte d'application de la Règle X de la Charte olympique
TAS	Tribunal arbitral du sport (Lausanne)

TCS	Touring Club Suisse
TF	Tribunal fédéral
TFUE	Traité sur le fonctionnement de l'Union européenne
TPI	Tribunal de Première Instance (des Communautés européennes; devenu le Tribunal de Première Instance de l'Union européenne)
Traité CE	Traité instituant la Communauté européenne
Traité CEE	Traité instituant la Communauté économique européenne
Traité UE	Traité sur l'Union européenne
UCI	Union cycliste internationale
UE	Union européenne
UEFA	Union des associations européennes de football
UER	Union Européenne de Radio-Diffusion (devenue l'Union Européenne de Radio-Télévision)
UniNext	Association des anciens étudiants de la Faculté de droit de l'Université de Neuchâtel
US	United States (of America)
USOC	United States Olympic Committee
v.	versus (contre)
vol.	volume
VS	Valais
WFSGI	World Federation of the Sporting Goods Industry (Fédération mondiale des fournisseurs d'articles de sport)

ZBJV	Zeitschrift des Bernischen Juristenverein (RJB, Revue de la société des juristes bernois)
ZBl	Schweizerisches Zentralblatt für Staats- und Verwaltungsrecht
ZGB	Zivilgesetzbuch (CC, Code civil suisse du 10 décembre 1907) (RS 210)
ZH	Zurich
ZSR	Zeitschrift für Schweizerisches Recht (RDS, Revue de droit suisse)
§	section

* Cette revue est citée de la manière suivante selon qu'il s'agit d'une traduction, d'un résumé, etc.:

Ex.: ATF 63 I 281 = JdT 1938 I 133 [ATF en français, reproduit intégralement ou par extraits au JdT]

Ex.: ATF 114 II 193, JdT 1990 I 285 (rés.) [ATF en français, résumé au JdT]

Ex.: ATF 73 II 1, JdT 1947 I 233 (trad.) [ATF en allemand ou italien, traduit au JdT]

Ex.: ATF 66 I 176, JdT 1940 I 514 (trad. rés.) [ATF en allemand ou italien, traduit et résumé au JdT]

** La règle de citation des JT s'applique.

1. Introduction

En droit suisse, comme dans la plupart des systèmes juridiques de même inspiration, seule une «personne» peut être sujet de droits. Il peut s'agir d'une personne physique ou morale. Il est donc logique que le législateur ait consacré le Livre premier du Code civil suisse du 10 décembre 1907 (CC)[1] au droit des personnes, avec un Titre premier (art. 11 ss CC) dédié aux personnes physiques et un Titre second (art. 52 ss CC) traitant des personnes morales. C'est cette dernière partie qui nous retiendra principalement.

La première partie du Titre second comprend des dispositions générales applicables à toutes les personnes morales (art. 52 ss CC)[2], qu'elles relèvent du Code civil ou de la Loi fédérale complétant le Code civil suisse du 30 mars 1911 (Code des obligations, CO)[3]. En effet, le législateur a placé les dispositions régissant les personnes morales à but idéal dans le Code civil et les règles relatives aux sociétés commerciales dans le Code des obligations[4].

Le droit suisse connaît un système de personnes morales dit «fermé»[5]. Cela signifie qu'on ne peut créer qu'une personne morale qui correspond à l'un des modèles décrits par la loi[6]. Dans cette limite, chacun est libre de constituer une personne morale. Il existe toutefois encore une réserve à l'art. 59 al. 1 CC qui dispose que «[l]e droit public de la Confédération et des cantons demeure réservé pour les corporations ou les établissements qui lui sont soumis et pour ceux qui ont un caractère ecclésiastique»[7].

Par ailleurs, le Tribunal fédéral a rejeté, dans deux arrêts, les principes de l'autorisation préalable et de la concession[8], notions qui se recoupent puisqu'elles visent à soumettre à l'approbation d'une autorité étatique la création d'une personne morale de droit privé[9].

1 RS 210.
2 Tuor/Schnyder/Schmid, § 14 n° 1 p. 138.
3 RS 220.
4 Brückner, n° 1002 p. 305 s.; Guillod, n° 384 p. 199; Hausheer/Aebi-Müller, n° 17.26 p. 297; Heini/Portmann/Seemann, n° 11 p. 4; Honegger, p. 95; Tuor/Schnyder/Schmid, § 14 n° 11 p. 142.
5 Beretta, Vereine, p. 103; Honegger, p. 38; Montavon, Droit commercial, p. 14; Tabet, n° 16 p. 4; Tuor/Schnyder/Schmid, § 15 n° 24 p. 151.
6 Aebi-Müller, p. 723; Beretta, Vereine, p. 103 ss; Guillod, n° 388 p. 200 s.; Hausheer/Aebi-Müller, n° 17.27 p. 297 s.
7 ATF 104 Ia 440, JdT 1980 I 514 (trad.), consid. 4c.
8 ATF 120 II 374, JdT 1996 I 110 (trad.), consid. 4b; ATF 96 I 219, JdT 1971 I 74 (trad.), consid. 7a.
9 Guillod, n° 393 ss p. 202 ss; Honegger, p. 85; Tuor/Schnyder/Schmid, § 15 n° 11 p. 146.

1.1 Les personnes morales en général

A l'intérieur de ce système fermé, le législateur a prévu plusieurs formes de personnes morales afin de répondre aux divers besoins des utilisateurs. Parmi les personnes morales, on peut distinguer les corporations (ou collectivités), soit un groupement de personnes physiques, et les établissements, soit un ensemble de biens destinés à un but spécial ne comptant pas de membres (même si des personnes physiques les dirigent)[10]. Il convient de souligner qu'aussi bien les corporations que les établissements peuvent relever du droit public ou du droit privé (cf. fig. 1)[11]. Nous nous intéresserons ici essentiellement aux entités de droit privé.

Figure n°1: Formes de personnes morales

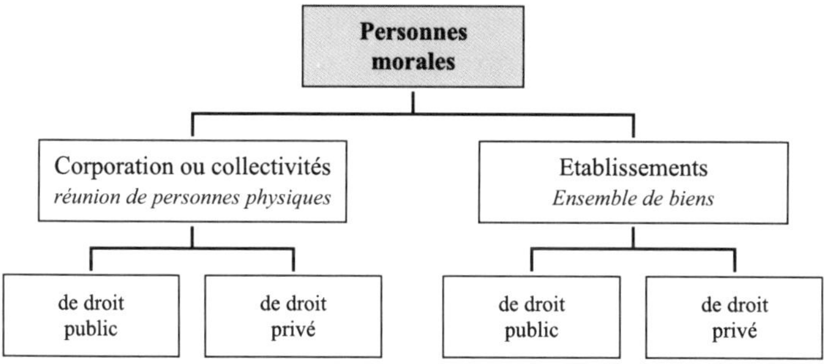

Les personnes morales (corporations et établissements) possèdent la personnalité juridique[12]. Elles se distinguent aussi selon leur but, lucratif ou idéal. On trouve ainsi deux formes de personnes morales à but idéal: les associations (art. 60 ss CC) et les fondations (art. 80 ss CC). On dénombre, par ailleurs, quatre grandes catégories de personnes morales à but lucratif

10 Brückner, n° 1004 s. p. 306 s.; Guillod, n° 390 ss p. 201; Handschin, p. 4; Hausheer/Aebi-Müller, n° 17.31 s. p. 299; Montavon, Droit civil, p. 90 s.; Ruedin, n° 691 ss p. 127 ss; Schönenberg/von Schnurbein, n° 6 ss; Schuepbach, p. 50; Tabet, n° 13 ss p. 4 s.

11 Guillod, n° 390 s. p. 201; Montavon, Droit civil, p. 90 s.; Tabet, n° 15 p. 4.

12 Scherrer, Verein, n° 13 p. 23 s.

régies par le CO: les sociétés anonymes (SA; art. 620 ss CO), en commandite par actions (SCA; art. 764 ss CO), à responsabilité limitée (Sàrl; art. 772 ss CO) et coopératives (Scoop; art. 828 ss CO)[13].

Figure n°2: Personnes morales et autres entités juridiques

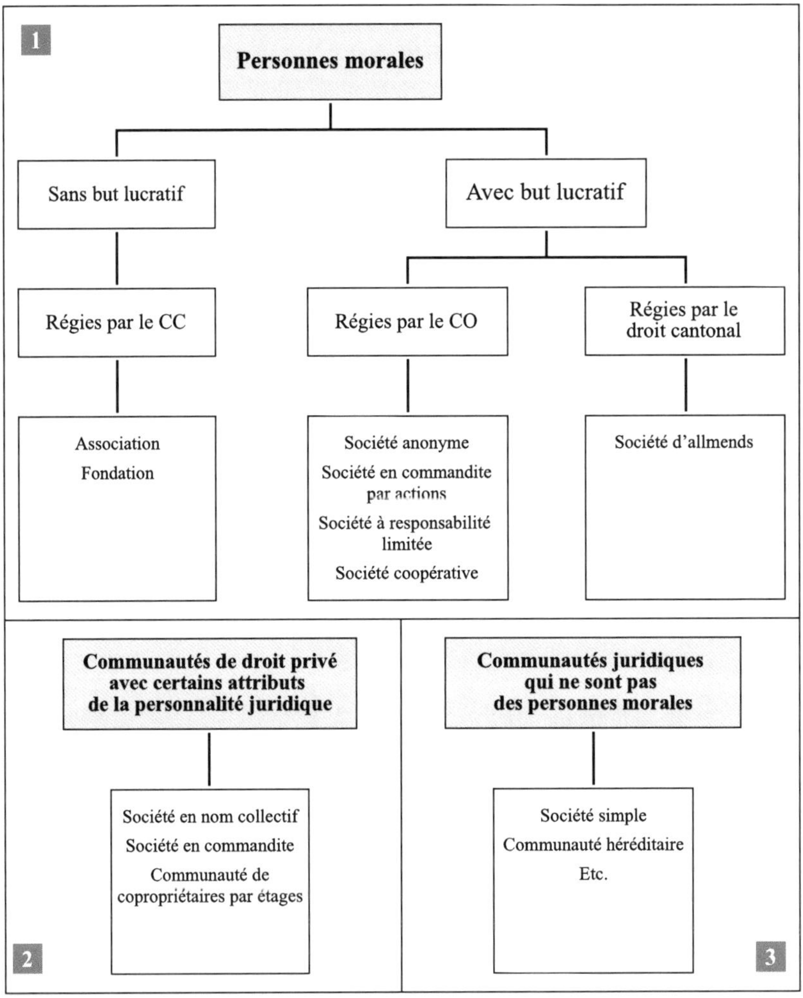

13 Guillod, n° 388 p. 200; Honegger, p. 39; Keiser, p. 5; Ruedin, n° 788 p. 151; Tabet, n° 16 s. p. 4 s.

Il existe aussi des entités connues sous le nom de «sociétés d'allmends». Il s'agit en réalité de «corporations agricoles qui, nées des notions moyennageuses de la propriété, se sont maintenues jusqu'à nos jours et ont pour but l'exploitation en commun d'immeubles, de pâturages, de forêts, etc.»[14]. Celles-ci sont régies par le droit cantonal (art. 59 al. 3 CC)[15].

A cette liste, viennent s'ajouter d'autres communautés de droit privé, qui poursuivent un but lucratif. Elles «ne constituent pas des personnes morales, bien qu'elles possèdent parfois certains attributs de la personnalité, comme le droit d'agir en justice ou d'être actionnée dans des cas particuliers»[16]. On trouve dans cette catégorie les sociétés en nom collectif (SNC; art. 552 ss CO), en commandite (SC; art. 594 ss CO)[17] et les communautés de copropriétaires par étages (art. 712a ss CC)[18].

Finalement, il existe encore «[d]'autres communautés juridiques [qui] ne possèdent aucun des attributs d'une personne morale»[19]. Il s'agit, par exemple, de la société simple (SS; art. 530 ss CO), qui représente une forme de société supplétive à toutes les autres.[20] En effet, l'art. 530 al. 2 *in fine* CO dispose que:

> La société [, c'est-à-dire le contrat par lequel deux ou plusieurs personnes conviennent d'unir leurs efforts ou leurs ressources en vue d'atteindre un but commun,] est une société simple [...] lorsqu'elle n'offre pas les caractères distinctifs d'une des autres sociétés réglées par la loi.

La communauté héréditaire (art. 602 ss CC) entre également dans cette catégorie[21].

14 Bruttin, p. 45.
15 Brückner, n° 1025 ss p. 311 s.; Hausheer/Aebi-Müller, n° 17.41 p. 302.
16 Guillod, n° 389 p. 201. Cf. également Ruedin, n° 789 s. p. 152.
17 Ruedin, n° 788 p. 151; Scherrer, Verein, n° 13 p. 23 s.
18 Montavon, Droit civil, p. 97.
19 Guillod, n° 389 p. 201.
20 Ruedin, n° 610 p. 109.
21 Guillod, n° 389 p. 201.

1.2 Les dispositions générales régissant les personnes morales (art. 52 ss CC)

1.2.1 Généralités

Les art. 52 ss CC sont applicables à toutes les personnes morales[22]. Ils traitent de la création, de la composition et du fonctionnement de ces entités en général. Il est intéressant de relever que ces dispositions n'ont pratiquement pas subi de modifications depuis leur adoption[23]. L'art. 52 CC retient trois conditions d'existence pour les sociétés corporatives: avoir une existence propre (autonomie), un but licite et conforme aux mœurs et être inscrites au registre du commerce (RC)[24]. Les associations à but non lucratif, auxquelles appartiennent la plupart des associations de sport[25], échappent à cette dernière condition conformément à l'art. 52 al. 2 CC[26], même si elles conservent la latitude de s'inscrire volontairement (cf. pt. 1.2.2.3)[27]. Le législateur fédéral a toutefois prévu une obligation de s'inscrire pour les associations (art. 61 al. 2 CC) qui exercent une industrie

22 Huguenin, n° 1 p. 398, relève qu'il s'agit là d'une particularité que seuls l'Italie et le Liechtenstein connaissent parmi les Etats qui nous entourent. Cf. également Hausheer/Aebi-Müller, n° 17.20 ss p. 296 s.

23 Seuls les art. 56 et 57 al. 3 CC ont été modifiés, respectivement les 1ers janvier 2008 (Message du Conseil fédéral du 19 décembre 2001 concernant la révision du code des obligations, FF 2002 p. 2949 ss; Message du Conseil fédéral du 23 juin 2004 concernant la modification du code des obligations [obligation de révision dans le droit des sociétés] et la loi fédérale sur l'agrément et la surveillance des réviseurs, FF 2004 p. 3745 ss) et 2006 (Initiative parlementaire – Révision de la législation régissant les fondations – Rapport du 23 octobre 2003, FF 2003 p. 7425 ss).

24 Collaud, p. 25 ss; Guillod, n° 393 ss p. 202 s.; Montavon, Droit civil, p. 91; Zen-Ruffinen, Droit du sport, n° 139 p. 54.

25 Baddeley, L'association sportive, p. 23; Collaud, p. 33; Perrin/Chappuis, p. 20 ss; Steiner, p. 31; Tuor/Schnyder/Schmid, § 15 n° 30 ss p. 152.

26 Guillod, n° 396 p. 203 s.

27 Perrin/Chappuis, p. 20 s. Dans le même sens: Guillod, n° 419 p. 215 s.; Montavon, Droit civil, p. 103.

en la forme commerciale afin de réaliser leurs buts idéaux[28] ou celles qui doivent faire réviser leurs comptes (cf. pt. 2.2.4.3). Comme nous le verrons par la suite, cette modification législative, qui s'applique aussi aux associations préexistantes, répond à de nombreux appels de la doctrine et de la jurisprudence (cf. pt. 2.2.6.1.2).

1.2.2 Les trois conditions d'existence

1.2.2.1 L'existence autonome

Une personne morale est constituée dès qu'elle dispose «[d]es organes que la loi et les statuts exigent à cet effet» (art. 54 CC). Ainsi, elle «acquiert la personnalité juridique, c'est-à-dire une existence propre, indépendante de celle de ses membres»[29]. Cela signifie qu'elle peut «acquérir tous les droits et assumer toutes les obligations qui ne sont pas inséparables des conditions naturelles de l'homme, telles que le sexe, l'âge ou la parenté» (art. 53 CC). Malgré ces restrictions évidentes, le statut juridique des personnes morales n'est pas qualitativement inférieur à celui des personnes physiques[30].

1.2.2.1.1 Les organes

La constitution et la désignation de ses organes représentent, pour une personne morale, une condition obligatoire de l'acquisition de la personnalité juridique (art. 54 CC). Ces organes remplissent un double rôle. A l'interne, ils assurent le fonctionnement de la personne morale et, vis-à-vis de l'extérieur, ils la représentent en lui permettant d'exprimer sa volonté[31].

28 Baddeley, L'association sportive, p. 73; Perrin/Chappuis, p. 24 s.; Sattiva Spring, p. 69; Zen-Ruffinen, Droit du sport, n° 195 p. 70.

29 Zen-Ruffinen, Droit du sport, n° 140 p. 54.

30 Tuor/Schnyder/Schmid, § 15 n° 12 p. 146.

31 Collaud, p. 25 s.; Heini/Portmann/Seemann, n° 307 p. 99; Tuor/Schnyder/Schmid, § 15 n° 15 p. 147; Zen-Ruffinen, Droit du sport, n° 144 p. 55.

Selon la jurisprudence du Tribunal fédéral,

> [i]l faut considérer comme organes d'une personne morale toutes personnes qui, de par la loi, les statuts ou l'organisation de fait, participent à la formation de la volonté de la société et qui sont de plus dotées d'une compétence décisionnelle correspondante de droit ou de fait[32].

Sous réserve de dispositions spécifiques, l'art. 55 CC détermine comment se manifeste la volonté de la personne morale. Celle-ci «s'exprime par ses organes» (art. 55 al. 1 CC). Les organes sont désignés par les statuts et «obligent la personne morale par leurs actes juridiques et par tous autres faits» (art. 55 al. 2 CC)[33]. Ils en sont les représentants directs (art. 32 CO). En cas de faute, la responsabilité personnelle de leurs auteurs peut être engagée (art. 55 al. 3 CC)[34]. Elle peut également l'être, sur une base objective, pour des faits non fautifs (art. 55 al. 2 CC).

Il n'y a toutefois pas que les organes qui peuvent engager valablement la personne morale[35]. En effet, d'après la jurisprudence du Tribunal fédéral, une personne ou une entité qui ne possède pas cette qualité peut, en vertu d'un pouvoir qui lui est conféré par un organe, obliger valablement la personne morale par ses actes pour autant que la loi, les statuts ou la nature de l'affaire en question n'excluent pas la représentation[36]. On parle alors d'«organe de fait»[37].

Les agissements des employés et des auxiliaires (art. 55 et 101 CO)[38] peuvent également engager la responsabilité de la personne morale. Le Tribunal fédéral distingue les «auxiliaires» et les «simples auxiliaires». Ces derniers n'obligent en principe pas la personne morale[39].

32 ATF 122 III 225, JdT 1997 I 195 (trad.), consid. 4b. Cf. également ATF 124 III 418, JdT 1999 I 370 (rés.) = SJ 1999 p. 249, consid. 1b.

33 ATF 122 III 225, JdT 1997 I 195 (trad.), consid. 4a: «les organes sont une partie de la personne morale elle-même et leurs agissements ne sont pas ceux d'une tierce personne».

34 Pour plus de détails, cf. arrêt du TF H 81/03 du 18 janvier 2005 et RIEMER, Causa Sport 4/2005a, p. 373 s. Cf. également ATF 106 II 257, JdT 1982 II 106 (trad.), consid. 1 s. (résumé *in:* KEISER, p. 52); HAUSHEER/AEBI-MÜLLER, n° 17.96 p. 319; MONTAVON, Droit civil, p. 94.

35 HEINI/PORTMANN/SEEMANN, n° 325 p. 104.

36 ATF 54 II 250, JdT 1929 I 38 (trad.), consid. 1.

37 GUILLOD, n° 400 p. 205; HAUSHEER/AEBI-MÜLLER, n° 17.71 ss p. 312 s.

38 GUILLOD, n° 402 p. 206; HAUSHEER/AEBI-MÜLLER, n° 17.93 p. 318; HEINI/PORTMANN/SEEMANN, n° 326 p. 104; RIEMER, ZGB, n° 572 p. 217 s.; ZEN-RUFFINEN, Droit du sport, n° 148 p. 56.

39 ATF 122 III 225, JdT 1997 I 195 (trad.), consid. 4b: «Le Tribunal supérieur a dénié

Par conséquent, selon l'art. 55 al. 1 et 2 CC, une personne morale se trouve aussi obligée lorsqu'elle a simplement «laissé faire»[40]. C'est le cas d'un club de football qui bénéficie des services d'un joueur, alors même que son président n'était a priori pas habilité à signer seul le contrat relatif à son transfert[41].

1.2.2.1.2 Le nom

Bien qu'aucune disposition de la partie générale du Titre deuxième du Code civil n'exige expressément l'adoption d'un nom pour les personnes morales soumises aux art. 52 ss CC, la doctrine s'accorde sur le fait qu'il en faut un[42]. PERRIN/CHAPPUIS et RIEMER rattachent cette obligation à l'art. 53 CC, relatif à la jouissance des droits civils. Pour eux, il s'agit d'une condition essentielle à l'acquisition de la personnalité[43]. Ce nom est d'ailleurs protégé, au même titre que celui des personnes physiques, par l'art. 29 CC[44]. Il convient de relever que les associations (avec ou sans but lucratif) qui ont l'obligation de s'inscrire, ou celles qui ont requis leur inscription au Registre du commerce (RC) ne disposent pas, en plus, de la protection particulière de l'art. 956 CO sur les raisons de commerce[45]. En revanche, comme pour toute personne, leur honneur est protégé par le droit pénal[46], et leurs droits de la personnalité[47] par le Code civil.

---

la qualité d'organe à Mario C. en raison de l'éventail des tâches qui lui incombaient et du type d'organisation de l'intimée; selon lui, aussi bien Mario C. que Martin B. étaient de simples auxiliaires, au sens de l'art. 55 al. 1er CO».

40 PERRIN/CHAPPUIS, p. 99. Dans le même sens, HEINI/PORTMANN/SEEMANN, n° 417 p. 130 s.

41 Cf. à ce sujet Journal L'Express des 15 septembre 2006 et 21 novembre 2006.

42 BADDELEY, L'association sportive, p. 25 s.; BRÜCKNER, n° 1147 p. 347; COLLAUD, p. 26 s.; HAUSHEER/AEBI-MÜLLER, n° 18.20 p. 329; HEINI/PORTMANN, n° 120 p. 63; HEINI/PORTMANN/SEEMANN, n° 98 p. 34; HONEGGER, p. 75; MONTAVON, Droit civil, p. 101; PERRIN/CHAPPUIS, p. 13 s.; RIEMER, BKomm, n° 48 p. 49; SCHAWALDER, p. 30 s.; SCHERRER, Verein, n° 27 p. 32 s.; ZEN-RUFFINEN, Droit du sport, n° 146 p. 56.

43 PERRIN/CHAPPUIS, p. 13; RIEMER, BKomm, n° 48 p. 49.

44 Arrêt du TF 5C.76/2004 du 25 mai 2004, consid. 2; ATF 117 II 513, consid. 2.

45 ATF 117 II 513, consid. 3; ATF 99 Ib 34, JdT 1973 I 533 (rés.), consid. 1; ATF 90 II 461, JdT 1965 I 262 (trad.), consid. 2.

46 ATF 96 IV 148, JdT 1971 IV 110 (trad.), consid. 9.

47 Cf. p. ex. ATF 97 II 97, JdT 1972 I 242 (trad.), consid. 2, sphère privée; ATF 95 II 481, JT 1971 I 226 (trad.), relatif à la réputation commerciale.

1.2.2.1.3 Le siège

Le siège de la personne morale équivaut au domicile pour une personne physique[48]. Si les statuts ne précisent rien, ce siège est réputé se trouver à l'endroit où la société déploie son activité principale (art. 56 CC)[49]. Lorsque la personne morale ne dispose pas d'un secrétariat ou de locaux permanents, on admet généralement que son siège se trouve au domicile légal du président[50]. Comme le relèvent PERRIN/CHAPPUIS, «en application de l'art. 56 CC, les statuts de l'association peuvent indiquer un autre lieu» que celui de l'administration effective de la personne morale[51]. Comme pour les sociétés anonymes, on trouve parfois des motivations fiscales à cela. Dans ce cas, on parle de siège fictif[52]. Toujours selon PERRIN/CHAPPUIS, «cette liberté [de choisir son siège] doit être exercée sous les réserves générales des principes de fraude à la loi et de l'abus de droit, et cela tant au plan interne qu'au plan international»[53]. Dans certains cas, comme celui de l'Agence mondiale antidopage (AMA), une personne morale peut être créée selon le droit d'un Etat, y avoir son siège, et pourtant exercer son activité à partir de bureaux situés dans un autre pays ou, même, sur un autre continent[54]. En effet, l'AMA est une fondation de droit suisse, inscrite au registre du commerce du Canton de Vaud[55] où elle a son siège légal, mais son administration se trouve à Montréal, au Canada[56].

48 BRÜCKNER, n° 1117 p. 338 s.; GUILLOD, n° 406 p. 207 s.; HAUSHEER/AEBI-MÜLLER, n° 17.107 p. 323; HUGUENIN, n° 1 p. 418; RIEMER, ZGB, n° 581 p. 220.

49 BAUMANN, Personenrecht des ZGB, p. 31; BRÜCKNER, n° 1119 s. p. 305 s.; HAUSHEER/AEBI-MÜLLER, n° 17.110 p. 324; TUOR/SCHNYDER/SCHMID, § 15 n° 12 p. 146 s.

50 BAUMANN, Personenrecht des ZGB, p. 31; PERRIN/CHAPPUIS, p. 14. Cf. également art. 117 al. 3 Ordonnance sur le registre du commerce du 17 octobre 2007 (ORC; RS 221.411).

51 PERRIN/CHAPPUIS, p. 15; RIEMER, ZGB, n° 591 p. 223.

52 ZEN-RUFFINEN, Droit du sport, n° 147 p. 56.

53 PERRIN/CHAPPUIS, p. 15.

54 Pour plus de détails concernant les difficultés juridiques qui peuvent survenir dans une telle situation, cf. HEINI/PORTMANN/SEEMANN, n° 105 s. p. 36 s.

55 Site du registre du commerce du Canton de Vaud (www.zefix.ch/info/fre/VD550.htm): http://www.rc1.vd.ch/extr comp.asp?nodos=2000%2F06399 (31.05.2010).

56 Art. 1 et 2 Statuts AMA du 1er septembre 2009, *in:* site de l'Agence Mondiale Antidopage (www.wada-ama.org): http://www.wada-ama.org/Documents/About_WADA/Statutes/WADA_Statutes_2009_FR.pdf (31.05.2010). Cf. également la sentence du Tribunal Arbitral du Sport (TAS) où cela est rappelé, CAS 2006/A/1025 du 12 juillet 2006, Mariano Puerta v/International Tennis Federation (ITF) § 10.7, ainsi que l'arrêt du Tribunal cantonal vaudois non publié du 16 mai 2006, concernant Danilo Hondo. Dans cet arrêt (consid. 1), la Chambre des recours du Tribunal cantonal constate qu'il

1.2.2.2 Le but de la personne morale

Pour être valablement constituée, la personne morale ne doit pas poursuivre un but illicite ou contraire aux mœurs (art. 20 al. 1 CO). Ses statuts définissent son but. Cependant, aucune instance étatique ne contrôle automatiquement et systématiquement la légalité ou l'adéquation dudit but avec l'activité effective de la personne morale, exception faite, dans une certaine mesure, du RC (en cas d'inscription). Sous réserve de l'art. 20 al. 1 CO, la personne morale peut choisir librement son but. Il est oppotun de définir ce dernier de manière large, afin de ne pas devoir adapter les statuts chaque fois que les circonstances se modifient.

1.2.2.3 L'inscription au registre du commerce

Il est important de relever que, pour certaines catégories de personnes morales, l'inscription au RC a un effet constitutif, et représente donc une condition d'acquisition de la personnalité[57]. Pour d'autres en revanche, telles que l'association, l'inscription n'a qu'une valeur déclarative[58]. Peu importe, dans ce cas, que l'inscription soit obligatoire ou non[59]. Comme le relèvent PERRIN/CHAPPUIS, la seule motivation qui peut amener une telle

ne s'agit pas d'un arbitrage international au sens de la Loi fédérale sur le droit international privé du 18 décembre 1987 (LDIP; RS 291), mais d'un arbitrage interne, régi par le Concordat intercantonal sur l'arbitrage du 27 mars 1969 (CIA; RSN 252.2). En effet, toutes les parties ont leur domicile ou siège en Suisse: le TAS, qui a rendu la sentence attaquée, a son siège à Lausanne, Hondo est domicilié à Ascona, Swiss Cycling et Swiss Olympic ont leur siège à Berne et l'Union cycliste internationale (UCI) a son siège à Aigle. Quant à l'AMA, elle a son siège en Suisse, comme l'attestent ses Statuts et le registre du commerce du Canton de Vaud. Le caractère interne de cet arbitrage n'a d'ailleurs pas été remis en cause par le Tribunal fédéral (TF 4P.148/2006 du 10 janvier 2007, Hondo), appelé à connaître du recours interjeté contre le jugement précité.

57 Pour plus de détails, cf. MONTAVON, Droit civil, p. 91. Cf. également KEISER, p. 5; MONTAVON, Droit commercial, p. 28 s.

58 Pour plus de détails, cf. MONTAVON, Droit civil, p. 91. Cf. également KEISER, p. 5; MONTAVON, Droit commercial, p. 29.

59 Message du Conseil fédéral concernant la modification du code des obligations [obligation de révision dans le droit des sociétés] et la loi fédérale sur l'agrément et la surveillance des réviseurs, FF 2004 p. 3745, 3823. Cf. également BRÜCKNER, n° 1036 p. 314; GUILLOD, n° 419 p. 215 s., HAUSHEER/AEBI-MÜLLER, n° 18.23 p. 330; HONEGGER, p. 75; PERRIN/CHAPPUIS, p. 20 et 27.

entité à requérir volontairement son inscription est la faculté de pouvoir plus facilement prouver son existence[60]. Toutefois, le nombre d'associations ayant fait usage de cette possibilité est restreint. Par exemple, le Comité International Olympique (CIO) n'est inscrit au RC que depuis le 18 mars 2010[61]. D'autres associations, telles que la Swiss Ice Hockey Association (SIHA)[62], la Fédération internationale de football association (FIFA)[63] et l'Union des associations européennes de football (UEFA)[64] le sont, en revanche, depuis plusieurs années déjà. Cette situation est toutefois en évolution en raison de l'obligation de s'inscrire imposée depuis le 1er janvier 2008, évoquée plus haut (cf. pt. 1.2.1; cf. également pt. 2.2.4.3).

1.2.3 La fin de la personne morale

Les art. 52 ss CC, ne contiennent pas de dispositions particulières sur les causes de dissolution des personnes morales[65]. Tout au plus, les art. 57 et 58 CC règlent l'affectation des biens résultant de la dissolution. C'est

60 Perrin/Chappuis, p. 20 s. Dans le même sens: Guillod, n° 419 p. 215 s.; Montavon, Droit civil, p. 103.

61 Site du registre du commerce du Canton de Vaud (www.zefix.ch/info/fre/VD550.htm): http://rc2.vd.ch/registres/hrcintapp-pub/externalCompanyReport.action?companyOfrcId13=CH-550-1066439-8&ofrcLanguage=2 (31.05.2010). Le Mouvement olympique a par ailleurs fait enregistrer d'autres types de personnes morales comme les fondations, pour se conformer aux art. 80 ss CC. Citons, p. ex., la Fondation internationale pour la trêve olympique, la Fondation Olympique, la Fondation pour une éthique olympique universelle ou le Musée Olympique.

62 Site du registre du commerce du Canton de Zurich (www.zefix.ch/info/fre/zh020.htm): http://zh.powernet.ch/webservices/inet/HRG/HRG.asmx/getHRGHTML?chnr=0206000334&amt=020&toBeModified=0&validOnly=0&lang=2&sort=0 (31.05.2010).

63 Site du registre du commerce du Canton de Zurich (www.zefix.ch/info/fre/zh020.htm): http://zh.powernet.ch/webservices/inet/HRG/HRG.asmx/getHRGHTML?chnr=0206000262&amt=020&toBeModified=0&validOnly=0&lang=2&sort=0 (31.05.2010). Cf. également Dias, p. 20.

64 Site du registre du commerce du Canton de Vaud (www.zefix.ch/info/fre/VD550.htm): http://www.rc2.vd.ch/registres/hrcintapp-pub/externalCompanyReport.action?companyOfrcId13=CH-550-1017474-1&ofrcLanguage=2 (31.05.2010).

65 Guillod, n° 408 p. 208 s.; Tuor/Schnyder/Schmid, § 15 n° 34 p. 153.

donc dans les dispositions spécifiques à chaque forme de personne morale qu'on trouve les causes de dissolution. Celles-ci proviennent toujours de trois sources: d'une décision de la personne morale, de la loi ou d'une décision judiciaire.

1.3 Les personnes morales à but idéal

1.3.1 Introduction

La liberté associative constitue un droit constitutionnel fondamental au sens du droit suisse. Nous y consacrerons les prochains chapitres, avant de nous intéresser à quelques généralités relatives aux personnes morales à but idéal, pour aborder enfin l'association proprement dite et la fondation.

1.3.2 La liberté associative (art. 23 Cst.)

1.3.2.1 Généralités

1.3.2.1.1 Notion

La liberté associative consacre le droit pour tout individu de créer, d'adhérer ou d'appartenir à un groupement organisé et volontaire, en vue de la réalisation d'un but idéal[66]. Les droits de ne pas adhérer à une association, de ne plus en être membre ou de requérir sa dissolution[67] font également partie de la garantie conférée par l'art. 23 de la Constitution fédérale de la Confédération suisse du 18 avril 1999 (Cst.)[68], ceci en vertu du parallélisme des actes.

La liberté associative garantit davantage que le simple droit de se réunir, qui peut déjà s'exercer en dehors de toute structure formelle[69]. Elle couvre le droit de s'organiser dans un cadre juridique. Celui-ci doit être formellement constitué car de simples réunions, même fréquentes, ne suffisent pas à

66 Auer/Malinverni/Hottelier, vol. 2, n° 709 p. 343; Steiner, p. 38.

67 Aubert/Mahon, art. 23 Cst. n° 8 p. 199 s.; Auer/Malinverni/Hottelier, vol. 2, n° 709 p. 343; Steiner, p. 38.

68 RS 101.

69 Manfrini, § 46 n° 8 p. 742 s.

le créer[70]. Il n'existe donc pas d' «associations de fait». Il ne suffit pas, par exemple, que le même groupe de personnes se réunisse tous les jeudis soirs pour jouer aux cartes. En revanche, il peut exister des sociétés simples tacites.

Par ailleurs, la doctrine s'accorde sur le fait que les dispositions des constitutions cantonales qui protègent la liberté associative n'ont pas une portée indépendante de celle du droit fédéral[71].

1.3.2.1.2 Rappel historique

Tant l'ancienne Constitution du 29 mai 1874 (art. 56 aCst.) que celle du 12 septembre 1848 (art. 46) reconnaissaient expressément le droit des citoyens de constituer des associations[72]. La nouvelle Constitution de 1999 n'a fait que renforcer ce droit. Cette liberté, évidente aujourd'hui, n'a pas toujours été bien reçue, en particulier sous l'Ancien Régime et dans les Etats dictatoriaux[73]. Même après la Révolution française, les révolutionnaires étaient très réservés à l'égard des associations[74]. Ils s'en méfiaient à tel point qu'ils les ont interdites dans la loi «Le Chapelier» du 14 juin 1791[75]. Quant à la République helvétique, alors sous domination française, elle est allée jusqu'à interdire les réunions politiques[76]. Peu à peu, la tendance s'est libéralisée et a abouti à la période dite de la Régénération[77]. Cette dernière se trouve à la base de la Constitution de 1848 qui instituait, pour la première fois expressément, la liberté associative en tant que droit fondamental.

1.3.2.2 La titularité

Selon l'art. 23 al. 2 Cst., «toute personne a le droit de créer des associations, d'y adhérer ou d'y appartenir et de participer aux activités associa-

70 Aubert/Mahon, art. 23 Cst. n° 6 p. 198.

71 Auer/Malinverni/Hottelier, vol. 2, n° 718 p. 346; Manfrini, § 46 n° 7 p. 742.

72 Aubert/Mahon, art. 23 Cst. n° 1 p. 196; Auer/Malinverni/Hottelier, vol. 2, n° 715 p. 345; Rohner, art. 23 Cst. n° 1 ss, p. 465.

73 Auer/Malinverni/Hottelier, vol. 2, n° 712 p. 344.

74 Aubert/Mahon, art. 23 Cst. n° 1 p. 196; Auer/Malinverni/Hottelier, vol. 2, n° 714 p. 344 s.

75 Aubert/Mahon, art. 23 Cst. n° 1 p. 196.

76 Lois du 19 octobre 1798 et du 12 septembre 1800; Aubert/Mahon, art. 23 Cst. n° 1 p. 196; Auer/Malinverni/Hottelier, vol. 2, n° 714 p. 344 s.

77 Aubert/Mahon, art. 23 Cst. n° 1 p. 196; Auer/Malinverni/Hottelier, vol. 2, n° 715 p. 345.

tives». Cette formulation, différente de celle de l'art. 56 aCst., souligne que toutes les personnes physiques, indépendamment de leur nationalité, et les personnes morales[78], sont titulaires de la liberté associative.

1.3.2.2.1 Les personnes physiques

Sous l'égide de l'ancienne Constitution de 1874, la titularité de la liberté associative était encore réservée aux seuls citoyens suisses[79]. Dans son Message de 1996 relatif à la réforme de la Constitution, le Conseil fédéral jugeait d'ailleurs cette formulation beaucoup trop restrictive[80]. En effet, elle n'était pas conforme aux art. 11 de la Convention de sauvegarde des droits de l'homme et des libertés fondamentales du 4 novembre 1950 (CEDH) et 22 du Pacte international du 16 décembre 1966 relatif aux droits civils et politiques (Pacte II ONU) que la Suisse avait ratifiés[81]. Cela ne signifie d'ailleurs pas que les étrangers étaient empêchés de créer des associations. En cas de difficulté, ils ne pouvaient simplement pas se prévaloir de cette liberté. Aujourd'hui, la nouvelle Constitution de 1999 a aboli la condition de la nationalité pour étendre cette liberté à toutes les personnes physiques, y compris aux étrangers[82]. La doctrine et la jurisprudence admettent toutefois que la liberté associative soit restreinte par une clause de police pour certaines catégories de personnes, notamment

78 AUBERT/MAHON, art. 23 Cst. n° 4 p. 197; AUER/MALINVERNI/HOTTELIER, vol. 2, n° 727 s. p. 349; HEINI/PORTMANN, n° 48 p. 27; SCHAWALDER, p. 42.

79 AUBERT/MAHON, art. 23 Cst. n° 4 p. 197; ROHNER, art. 23 Cst. n° 9 p. 467.

80 Message du Conseil fédéral du 20 novembre 1996 relatif à une nouvelle constitution fédérale, FF 1997 I p. 1, 169 s.

81 Respectivement RS 0.101 et 0.103.2. Certains auteurs, tels que RIEMER, proposaient cependant déjà une interprétation large de la notion de «citoyen» de l'art. 56 aCst. Ce courant était d'ailleurs suivi dans la pratique [RIEMER, BKomm, n° 235 p. 107; AUBERT/MAHON, art. 23 Cst. n° 4 p. 197, note 6].

82 AUER/MALINVERNI/HOTTELIER, vol. 2, n° 727 p. 349. A noter que rien ne s'oppose, sur le principe, à ce que des personnes de nationalité étrangère non domiciliées en Suisse fondent une association au sens des art. 60 ss CC. S'agissant de la représentation, il n'existe pas dans le droit associatif de disposition comparable aux art. 718 al. 4 et 814 al. 3 CO, lesquels prescrivent qu'une SA ou Sàrl doit pouvoir être représentée par une personne domiciliée en Suisse (administrateur/gérant ou directeur). Toutefois, l'association doit disposer d'au moins une personne en mesure de la représenter valablement (signature ou procuration), ce qui suppose que cette dernière soit domiciliée en Suisse ou, à tout le moins, régulièrement présente au siège de l'association (art. 56 CC). Le siège de l'association ne doit en outre pas être fictif.

les fonctionnaires[83] et, dans certaines circonstances particulières, pour les étrangers[84]. Par exemple, le Tribunal fédéral a jugé qu'il n'était pas contraire à la liberté associative de licencier avec effet immédiat une employée des PTT exerçant des activités politiques incompatibles avec sa profession. Une telle décision se justifiait d'autant plus que le comportement de l'employée laissait penser qu'elle risquait, de ce fait, de violer ses devoirs de fonction[85].

1.3.2.2.2 Les personnes morales

Pendant longtemps, le Tribunal fédéral a dénié aux personnes morales le droit d'invoquer la liberté associative[86]. La doctrine a critiqué cette jurisprudence[87]. Il est vrai que le motif invoqué par le Tribunal fédéral, à savoir le fait que la liberté associative «est destinée à protéger la liberté d'opinion», n'est pas fondé. En effet, les personnes morales sont aussi titulaires de cette liberté et peuvent donc s'en prévaloir! Le texte de la nouvelle Constitution a clarifié cette question.

1.3.2.3 Aspects positif et négatif

1.3.2.3.1 Introduction

La notion d'association retenue par le législateur à l'art. 23 Cst. est beaucoup plus large que celle prévue par les art. 60 ss CC[88]. Elle n'englobe pas seulement l'association proprement dite, mais tous les groupements de personnes, volontaires et dotés d'une forme juridique, qui n'ont pas de but lucratif. C'est la poursuite d'un but idéal qui constitue la condition déterminante pour bénéficier de ce droit. Cela signifie qu'on doit inclure dans

83 ATF 99 Ib 129; AUBERT/MAHON, art. 23 Cst. n° 11 p. 201; AUER/MALINVERNI/HOTTELIER, vol. 2, n° 745 p. 356; ROHNER, art. 23 Cst. n° 9 p. 467.

84 ATF 96 I 266, JdT 1972 I 24 (trad. rés.), consid. 4 ss. Il s'agit d'un cas où le Tribunal fédéral a confirmé l'expulsion d'un étranger en raison de ses activités politiques. La liberté d'association représente l'élément fondamental de l'activité des partis politiques; AUBERT/MAHON, art. 23 Cst. n° 6 p. 197; ROHNER, art. 23 Cst. n° 9 p. 467.

85 ATF 99 Ib 129, consid. 6 s.

86 ATF 100 Ia 277, JdT 1976 I 510 (rés.), consid. 5.

87 Cf. p. ex. AUBERT/MAHON, art. 23 Cst. n° 4 p. 197.

88 AUBERT/MAHON, art. 23 Cst. n° 6 p. 198; AUER/MALINVERNI/HOTTELIER, vol. 2, n° 729 p. 350; MANFRINI, § 46 n° 10 p. 743 s.; ROHNER, art. 23 Cst. n° 7 p. 466.

cette définition les associations au sens du Code civil (art. 60 ss CC), les fondations, ainsi que les sociétés simples et les sociétés coopératives, pour autant qu'elles poursuivent un but idéal[89]. Les personnes morales qui ne visent pas un but idéal sont aussi protégées, mais par d'autres dispositions. Par exemple, toutes les sociétés à but lucratif, religieux ou syndical sont protégées par les garanties spécifiques que sont respectivement la liberté économique (art. 27 Cst.), la liberté religieuse (art. 15 Cst.) et la liberté syndicale (art. 28 Cst.)[90].

Pour les partis politiques, le statut d'association prime et ils sont, de ce fait, protégés par la liberté associative[91]. La liberté associative comprend un aspect positif (le droit de s'associer) et un aspect négatif (le droit de ne pas s'associer).

1.3.2.3.2 L'aspect positif

Pour mémoire, l'art. 23 al. 2 Cst. consacre le droit «de créer des associations, d'y adhérer ou d'y appartenir et de participer aux activités associatives» (cf. pt. 1.3.2.2). On considère qu'il s'agit de l'aspect positif de la liberté associative. Quant au droit des sociétaires de dissoudre une association sans entrave étatique, il fait aussi implicitement partie de l'art. 23 al. 2 Cst.[92].

Le Tribunal fédéral a encore précisé, dans un arrêt relatif à la liberté de réunion, qu'il serait anticonstitutionnel de soumettre la création d'une association à un système d'autorisation préalable, comme nous l'avons déjà relevé (cf. pt. 1)[93]. Ainsi que le soulignent certains auteurs, la Constitution fédérale va plus loin, sur ce point, que l'art. 11 CEDH, qui admet le régime de l'autorisation préalable[94].

L'aspect positif de la liberté associative est, avant tout, dirigé contre l'Etat (caractère vertical[95]), notamment pour empêcher celui-ci d'agir

89 Heini/Portmann, n° 49 p. 28.

90 Aubert/Mahon, art. 23 Cst. n° 6 p. 198; Auer/Malinverni/Hottelier, vol. 2, n° 730 et 732 p. 350; Manfrini, § 46 n° 10 p. 743 s.

91 Auer/Malinverni/Hottelier, vol. 2, n° 731 p. 350.

92 Aubert/Mahon, art. 23 Cst. n° 7 p. 198 s.

93 ATF 120 II 374, JdT 1996 I 110 (trad.), consid. 4b; ATF 96 I 219, JdT 1971 I 74 (trad.), consid. 7a.

94 Aubert/Mahon, art. 23 Cst. p. 199 note 11; Auer/Malinverni/Hottelier, vol.2, n° 721 p. 347 s.

95 Sur l'effet vertical des droits fondamentaux, cf. Auer/Malinverni/Hottelier, vol. 2, n° 116 ss p. 57 ss.

impérieusement en empêchant la constitution d'une association, en dissolvant une association existante ou en prenant des mesures directes ou indirectes contre les membres d'une association[96]. Même si le Conseil d'Etat argovien a considéré que l'appartenance à une association hostile à l'enseignement traditionnel ne suffisait pas à motiver le refus de nommer une enseignante, il a néanmoins estimé qu'ajoutée à d'autres facteurs, cette appartenance pouvait conduire à sa mise à l'écart du poste[97]. AUER/MALINVERNI/HOTTELIER critiquent cette décision[98].

Plus rarement, l'aspect positif de la liberté associative peut avoir un caractère horizontal[99] et limiter l'activité des particuliers[100]. A titre d'exemple, on peut citer le cas des syndicalistes vis-à-vis de leur employeur[101]. En effet, ceux-là ne doivent pas être désavantagés par leur appartenance à un syndicat.

1.3.2.3.3 L'aspect négatif

Dans son aspect négatif, la liberté associative protège le droit de ne pas être «contraint d'adhérer à une association ou d'y appartenir» (art. 23 al. 3 Cst.), de la quitter et de la dissoudre[102]. Tout comme l'aspect positif, l'aspect négatif de la liberté associative vise principalement à protéger les personnes physiques et morales contre les interventions de l'Etat. Subsidiairement, l'aspect négatif de la liberté associative peut intervenir entre particuliers, notamment comme base légale pour corriger la trop grande influence de certains groupements tels que les syndicats[103].

96 AUBERT/MAHON, art. 23 Cst. n° 7 p. 198 s.; AUER/MALINVERNI/HOTTELIER, vol. 2, n° 733 ss p. 350 ss; HEINI/PORTMANN, n° 49 p 28; HEINI/PORTMANN/SEEMANN, n° 36 p. 13; ROHNER, art. 23 Cst. n° 14 p. 468.

97 ZBl 1993 p. 15, consid. 3 ss. Sur les conditions nécessaires pour la récolte et la conservations de telles informations, cf. ATF 122 I 360, JdT 1998 I 203 (trad.), consid. 5b ss. Pour un résumé de cet arrêt, cf. KEISER, p. 52.

98 AUER/MALINVERNI/HOTTELIER, vol. 2, n° 735 p. 351.

99 Sur l'effet horizontal des droits fondamentaux, cf. AUER/MALINVERNI/HOTTELIER, vol. 2, n° 124 ss p. 60 ss.

100 HEINI/PORTMANN, n° 55 ss p 30 s.; SCHERRER, Verein, n° 7 p. 18 s.

101 AUBERT/MAHON, art. 23 Cst. n° 7 p. 198 s.; AUER/MALINVERNI/HOTTELIER, vol. 2, n° 736 ss p. 351 ss.

102 AUBERT/MAHON, art. 23 Cst. n° 8 p. 199 s.; AUER/MALINVERNI/HOTTELIER, vol. 2, n° 740 p. 353 s.; ROHNER, art. 23 Cst. n° 13 p. 468.

103 AUBERT/MAHON, art. 23 Cst. n° 8 p. 199 s.; AUER/MALINVERNI/HOTTELIER, vol. 2, n° 741 p. 354 s.

Inversément, il n'existe pas de droit légal à faire partie d'une association[104]. Un refus ne doit toutefois pas constituer un abus de droit ou une violation des droits de la personnalité[105].

Il est admis que «le droit de rester à l'écart ou de sortir d'une association est valablement limité lorsque le législateur impose l'affiliation obligatoire au nom de l'intérêt public»[106]. Cette situation n'est admissible qu'en cas de délégation de compétence de la part de l'Etat ou d'affiliation à une corporation de droit public[107]. En règle générale, une telle délégation est accordée à certaines associations professionnelles comme les ordres de médecins ou d'avocats[108]. Les avocats jurassiens, par exemple, doivent s'affilier à l'Ordre des avocats jurassiens, car celui-ci exerce des compétences que l'Etat lui a déléguées, alors qu'il n'existe rien de tel dans le Canton de Neuchâtel (cf. pt. 2.3.2.3.4). On peut donc parfaitement y pratiquer le barreau sans être membre de l'Ordre des avocats neuchâtelois (OAN). Pour Auer/Malinverni/Hottelier, «c'est la nécessité d'appliquer des règles de police et de déontologie à l'intérieur de la profession qui peut justifier cette entorse à la liberté d'association»[109].

En ce qui concerne l'affiliation obligatoire à une association d'étudiants, le Tribunal fédéral a jugé qu'elle n'était pas contraire à l'aspect négatif de la liberté associative, dans la mesure où l'association restait neutre politiquement[110]. Les étudiants de l'Université de Neuchâtel sont

104 Auer/Malinverni/Hottelier, vol. 2, n° 739 p. 353; Zen-Ruffinen, Droit du sport, n° 270 p. 94.

105 ATF 98 II 221, JdT 1973 I 309 (trad.), consid. 5.

106 Manfrini, § 46 n° 18 p. 746.

107 Aubert/Mahon, art. 23 Cst. n° 12 p. 201 s.

108 ATF 124 I 107, consid. 4, dans lequel le Tribunal fédéral a considéré que la soumission obligatoire d'une entreprise à une convention collective de travail était disproportionnée et, partant, constituait une atteinte à sa liberté d'association et à ses droits de la personnalité; arrêt du TF 2P.219/1990 du 4 juillet 1990, *in:* RDAT 1991 II p. 58, consid. 4d, dans lequel le Tribunal fédéral a jugé que le but poursuivi ne justifiait pas une adhésion obligatoire et violait la liberté associative; ATF 78 I 409, JdT 1953 I 331 (trad.), dans lequel le principe de l'adhésion obligatoire a été admise.

109 Auer/Malinverni/Hottelier, vol. 2, n° 743 p. 355 s.

110 ATF 104 Ia 440, JdT 1980 I 514 (trad.), consid. 3; ATF 110 Ia 36, JdT 1985 I 229 (trad.), consid. 4.

ainsi automatiquement membres de la Fédération des Etudiants Neuchâtelois (FEN)[111] de par leur immatriculation. Ils peuvent toutefois en démissionner en envoyant une lettre au rectorat[112].

Au vu de ce qui précède, et contrairement à ce que sa rédaction peut laisser penser, l'art. 23 al. 3 Cst. ne constitue pas le noyau intangible de l'aspect négatif de la liberté d'association[113]. Cela signifie que cette liberté ne bénéficie pas de la protection absolue conférée par l'art. 36 al. 4 Cst. (cf. pt. 1.3.2.4.5).

1.3.2.4 Les restrictions à la liberté associative

La liberté associative n'est évidemment pas sans limite[114]. L'art. 56 aCst. contenait une interdiction expresse de créer des associations dont le but ou les moyens étaient illicites ou dangereux pour l'Etat[115]. Le constituant de 1999 n'a pas repris cette formulation. Le Conseil fédéral précise toutefois dans son Message que:

> la liberté d'association est susceptible d'être restreinte en cas de danger sérieux, direct et imminent: il s'agit alors d'une application de la clause générale de police [art. 36 al. 1 *in fine* Cst.], qui permet à elle seule d'interdire les activités d'une association présentant un véritable danger pour l'Etat[116].

Par ailleurs, tant l'art. 11 ch. 2 *in fine* CEDH que l'art. 22 ch. 2 *in fine* Pacte II ONU prévoient qu'il est admissible de restreindre la liberté associative des fonctionnaires pour prévenir tout risque de violation des devoirs de service ou de fonction[117]. La pratique tend toutefois à leur conférer les mêmes droits qu'aux citoyens ordinaires[118]. Ainsi, comme tous les

111 Art. 6 let. a Statuts FEN du 16 décembre 2008, *in:* site de la Fédération des Etudiants Neuchâtelois (www.unine.ch/fen): http://www1.unine.ch/fen/attachments/003_statuts%20 version%2020081216_def.pdf (31.05.2010).

112 Art. 7 al. 1 Statuts FEN.

113 Message du Conseil fédéral du 20 novembre 1996 relatif à une nouvelle constitution fédérale, FF 1997 I p. 170; AUBERT/MAHON, art. 23 Cst. n° 12 p. 201 s.

114 HEINI/PORTMANN, n° 50 p 28.

115 SCHAWALDER, p. 30.

116 Message du Conseil fédéral du 20 novembre 1996 relatif à une nouvelle constitution fédérale, FF 1997 I p. 171.

117 AUER/MALINVERNI/HOTTELIER, vol. 2, n° 745 p. 356 s.

118 Cette affirmation fait suite à l'abrogation de l'art. 13 al. 2 de la Loi fédérale sur le sta-

citoyens, les fonctionnaires peuvent jouir de la liberté associative s'ils respectent, notamment, les normes de droit civil et pénal (en particulier, les art. 260ter ss et 265 ss du Code pénal suisse du 21 décembre 1937, CP[119], relatifs aux organisations criminelles et aux crimes contre l'Etat)[120].

1.3.2.4.1 Les conditions générales de la restriction

Pour tous les cas de restrictions d'un droit fondamental qui ne s'appuient pas sur une clause générale de police, il convient d'appliquer les principes généraux de l'art. 36 Cst[121]. Ceux-ci requièrent que toute restriction soit fondée sur une base légale suffisante, que la restriction soit justifiée par un intérêt public, qu'elle soit proportionnelle et qu'elle ne touche pas le noyau intangible du droit fondamental restreint.

1.3.2.4.2 La base légale

On considère qu'une base légale est suffisante lorsqu'elle se fonde sur une norme du droit civil ou pénal. A contrario, «[l]orsqu'une restriction à une liberté n'est prévue dans aucune norme générale ou abstraite et résulte donc du seul exercice de la liberté d'appréciation du juge ou du fonctionnaire, elle est inconstitutionnelle»[122].

1.3.2.4.3 L'intérêt public

La condition de l'intérêt public est réalisée lorsque la restriction vise à protéger «le maintien de l'ordre public qui recouvre aussi bien la sécurité publique que la santé et la tranquillité publique, la moralité publique et la

---

tut des fonctionnaires du 30 juin 1927 (StF) qui leur interdisait de «faire partie d'une association qui vise des buts ou emploie des moyens qui sont illicites ou de nature à porter atteinte à la sûreté de l'Etat». Cette loi a été remplacée par la Loi fédérale sur le personnel de la Confédération du 24 mars 2000 (LPers; RS 172.220.1), qui ne prévoit pas explicitement de restriction à la liberté associative. Cf. également le Message du Conseil fédéral du 14 décembre 1998 concernant la loi sur le personnel de la Confédération (LPers), FF 1999 II p. 1421, 1444 s., qui impose une base légale formelle pour toute restriction des droits fondamentaux des fonctionnaires.

119 RS 311.0.

120 Cf. p. ex. l'art. 32 de la Loi sur le statut de la fonction publique, du 28 juin 1995 (LSt; RSN 152.510) qui indique que «[l]e droit d'association est garanti aux titulaires de fonctions publiques dans les limites du droit fédéral et cantonal».

121 Heini/Portmann/Seemann, n° 37 p. 13 s.

122 Auer/Malinverni/Hottelier, vol. 2, n° 188 p. 87 s.

bonne foi en affaires»[123]. Selon AUER/MALINVERNI/HOTTELIER, une condition supplémentaire doit être réalisée: la sauvegarde de l'existence même de l'Etat[124].

1.3.2.4.4 La proportionnalité

Le principe de la proportionnalité des restrictions englobe trois composantes cumulatives. La restriction doit tout d'abord être apte à atteindre le but visé[125]. Si ce n'est pas le cas, «la disproportion entre le moyen [utilisé pour restreindre la liberté], le but et la liberté ne peut pas être tolérée par la constitution»[126]. La restriction doit ensuite être nécessaire pour atteindre le but visé. On veut par là minimiser l'impact de la mesure prise. En troisième lieu, la restriction doit être proportionnée, au sens étroit. Cela signifie que «la restriction, tout apte et nécessaire qu'elle soit, pèse effectivement plus lourd, dans le cas particulier, que le respect de la liberté»[127]. Par conséquent, il faut opérer une pesée des intérêts privés et publics en présence.

1.3.2.4.5 Le noyau dur

L'art. 36 al. 4 Cst. indique que «[l]'essence des droits fondamentaux est inviolable». En d'autres termes, même une restriction justifiée par un intérêt public et qui remplit les conditions de la proportionnalité (aptitude, nécessité et proportionnalité au sens étroit) n'est pas admissible si elle vide de son sens le droit fondamental en cause.

L'exemple le plus typique est celui de l'interdiction absolue de la torture comme élément du noyau dur de la liberté personnelle. L'utilisation de la torture est interdite indépendamment du fait qu'elle puisse reposer sur une base légale, poursuivre un intérêt public et être proportionnée[128].

123 MANFRINI, § 46 n° 23 p. 748.

124 AUER/MALINVERNI/HOTTELIER, vol. 2, n° 217 p. 101.

125 *Id.*, n° 230 p. 108 s.

126 *Id.*, n° 231 p. 109.

127 *Id.*, n° 234 p. 110.

128 AUBERT/MAHON, art. 36 Cst. n° 18 p. 330.

La situation n'est toutefois pas toujours aussi claire que dans l'exemple précité. Il est rare de trouver dans le texte même de la Constitution fédérale des éléments précisant le noyau dur d'un droit fondamental[129]. C'est principalement la jurisprudence qui contribue à le définir. En ce qui concerne la liberté d'association, rappelons que l'art. 23 al. 3 Cst. ne constitue pas le noyau dur de cette liberté (cf. pt. 1.3.2.3.3)[130]. Comme d'autres libertés plus spécifiques telles que la liberté de conscience et de croyance (art. 15 Cst.), la liberté de réunion (art. 22 Cst.) ou la liberté syndicale (art. 28 Cst.) peuvent être invoquées en lieu et place de la liberté d'association[131], le Tribunal fédéral n'a pas eu l'occasion de préciser en quoi consiste son essence. Récemment, le Tribunal fédéral a reconnu que l'obligation pour une société de rester affiliée à une caisse interprofessionnelle d'allocations familiales constituait une restriction grave à sa liberté d'association[132]. Précisons que cette caisse était la seule reconnue et appropriée pour le cas donné. Selon l'argumentation du Tribunal fédéral, la restriction en question respectait le principe de la légalité, visait des buts d'intérêt public et de politique sociale et ne violait pas le principe de proportionnalité. Concernant le noyau dur de la liberté d'association, le Tribunal fédéral n'a fait que rappeler de manière théorique le texte de la loi, sans pour autant le définir. La société se plaignait de l'obligation de s'affilier à une caisse déterminée. Malheureusement, même s'il a admis une restriction grave à la liberté d'association de la recourante, le Tribunal fédéral n'a pas eu à définir le noyau dur de la liberté d'association, par manque d'argumentation pertinente de l'intéressée.

Par ailleurs, dans le système instauré par la Constitution fédérale de 1999, les restrictions possibles peuvent varier selon le droit fondamental touché. Ainsi, en droit suisse, un système d'autorisation préalable est admissible en matière de réunions sur le domaine public[133], alors qu'un tel système est interdit en matière de liberté d'association.

129 C'est le cas pour l'art. 17 al. 2 et al. 3 Cst. (liberté des médias), qui interdit la censure et garantit le secret de rédaction, l'art. 26 al. 2 Cst. (garantie de la propriété), qui garantit une pleine indemnité en cas d'expropriation, ou l'art. 28 al. 4 Cst. (liberté syndicale), qui prévoit que la loi peut interdire le recours à la grève à certaines catégories de personnes.

130 Aubert/Mahon, art. 23 Cst. n° 12 p. 201 s.

131 Auer/Malinverni/Hottelier, vol. 2, n° 249 p. 117.

132 Arrêt du TF 2P.6/2004 du 2 novembre 2004, consid. 5.1.

133 Message du Conseil fédéral du 20 novembre 1996 relatif à une nouvelle constitution fédérale, FF 1997 I p. 195 s.; Auer/Malinverni/Hottelier, vol. 2, n° 690 p. 332.

2. L’association (art. 60 ss CC)

Il convient maintenant d'examiner de manière spécifique les caractéristiques de l'association. Cette dernière représente la forme de personne morale sans but lucratif la plus répandue dans la vie courante et dans le sport en particulier. Outre les quatre parties traitées de manière expresse par le législateur dans le Code civil (constitution, organisation, sociétaires et dissolution), nous examinerons d'autres aspects liés à la vie associative. Nous approfondirons notamment la question des pouvoirs «réglementaire» et «juridictionnel» des associations, soit leur faculté d'établir des règles et de sanctionner le non-respect de ces dernières.

2.1 Généralités

L'association représente une des formes de personnes morales prévues par l'ordre juridique suisse et soumises aux art. 52 ss CC (dispositions générales). Le législateur n'a toutefois réservé, de manière spécifique, qu'une vingtaine d'articles (art. 60 à 79 CC) à l'association et, de plus, tous ne sont pas impératifs[134]. Cette retenue reflète sa volonté de laisser une grande liberté d'organisation aux associations. C'est d'ailleurs cette liberté qui a incité de nombreuses fédérations internationales de sport à s'établir en Suisse et donné à notre droit un rôle central dans les relations sportives internationales.

2.1.1 Les dispositions relatives à l'association: impératives, relativement impératives, dispositives

La vingtaine d'articles consacrés à l'association se répartissent en dispositions de trois catégories: impératives, relativement impératives et de nature dispositive[135].

Les dispositions impératives, comme leur nom l'indique, s'imposent à toutes les associations. Celles-ci ne peuvent y déroger. Il convient toutefois de bien les distinguer des dispositions dites obligatoires que l'on doit nécessairement trouver dans tous les statuts et qui portent sur les objets mentionnés à l'art. 60 al. 2 CC.

La doctrine majoritaire considère les art. 64 al. 3, 65 al. 3, 68, 70 al. 2 et 75 CC comme impératifs[136]. L'expression «de par la loi» qui figure dans ces articles les rend facilement identifiables.

Quant aux articles relativement impératifs, il est possible d'y déroger, mais seulement pour étendre les droits des sociétaires et non pour les res-

134 Baddeley, L'autonomie, p. 36; Hausheer/Aebi-Müller, n° 18.02 p. 326.

135 Heini/Portmann, n° 77 p. 40.

136 Baddeley, L'autonomie, p. 336; Guillod, n° 412 p. 211 s.; Perrin/Chappuis, p. 43; Rosenberg, p. 7; Zen-Ruffinen, Droit du sport, n° 158 p. 58 s.

treindre (p. ex. exiger que la demande de convocation d'une assemblée générale extraordinaire ne soit présentée que par un dixième des membres et non un cinquième, comme prévu par l'art. 64 al. 3 CC).

Enfin, les autres dispositions sont de nature dispositive. Cela signifie que les associations peuvent choisir d'autres solutions que celles que préconise le Code sur ces points-là. On peut donc retenir que

> les règles [purement] dispositives de la loi ne s'appliquent, en règle générale, que dans la mesure où ni des clauses statutaires, ni des règlements, ni une coutume corporative régissant la matière n'existent[137].

Notons que la nature juridique de certains articles est controversée et qu'elle a aussi évolué au cours du temps. Au vu de l'incertitude qui en découle, il est rare que les auteurs catégorisent toutes les dispositions de manière précise[138]. Les art. 72 al. 2[139], 77[140] et 78[141] CC tendent à être considérés comme impératifs. Les art. 64 al. 1[142], 65 al. 2[143], 73 al. 2[144]et 76[145] CC semblent être en partie impératifs. La nature de l'art. 74 CC suscite beaucoup de discussions. D'abord considéré comme impératif, il semble être tenu à présent pour relativement impératif[146]. La jurisprudence a aussi reconnu que l'art. 64 al. 3 CC pouvait être, en partie, traité comme relativement impératif:

> [c]et article n'est, selon la doctrine dominante, que relativement impératif: les statuts peuvent prévoir une proportion plus faible de sociétaires, par exemple un dixième, mais non une proportion plus forte[147].

137 BADDELEY, L'association sportive, p. 107, et les auteurs cités.
138 GUILLOD, n° 412 p. 211 s.
139 RIEMER, BKomm, Art. 63 n° 31 p. 401; ZEN-RUFFINEN, Droit du sport, n° 160 p. 59 s.
140 BADDELEY, L'association sportive, p. 107; PERRIN/CHAPPUIS, p. 43; RIEMER, BKomm, Art. 63 n° 6 p. 391 ss; ZEN-RUFFINEN, Droit du sport, n° 160 p. 59 s.
141 PERRIN/CHAPPUIS, p. 63; RIEMER, BKomm, Art. 63 n° 34 p. 401 s.; ZEN-RUFFINEN, Droit du sport, n° 160 p. 59 s.
142 BADDELEY, L'association sportive, p. 107; BADDELEY, L'autonomie, p. 36; PERRIN/CHAPPUIS, p. 43 et 47.
143 RIEMER, BKomm, Art. 63 n° 27 p. 399 s.; ZEN-RUFFINEN, Droit du sport, n° 160 p. 59 s.
144 RIEMER, BKomm, Art. 63 n° 32 p. 401; ZEN-RUFFINEN, Droit du sport, n° 160 p. 59 s.
145 PERRIN/CHAPPUIS, p. 43 et 195 s.
146 KLAUS, p. 251 s.; PERRIN/CHAPPUIS, p. 43; RIEMER, BKomm, Art. 63 n° 6 p. 391 ss; ZEN-RUFFINEN, Droit du sport, n° 160 p. 59 s.
147 RVJ 2004 p. 282, consid. 4b. Cf. également SCHAWALDER, p. 28.

2.1.2 La hiérarchie des normes régissant les associations

En ce qui concerne la hiérarchie des règles, la situation se résume donc de la manière suivante: les statuts doivent être conformes aux dispositions impératives de la loi. Ils peuvent conférer des droits plus larges que n'en accordent les règles relativement impératives, mais ne peuvent en aucun cas les restreindre[148]. Dans cette hypothèse, ils priment sur les normes légales de nature purement dispositive[149].

148 A titre d'exemple, on peut citer le cas du CIO, qui n'est pas en conformité avec l'art. 64 al. 3 CC. En effet, la Règle 18.1 de la Charte Olympique (ChO) prévoit qu'il faut la demande d'au moins un tiers des membres du CIO pour qu'une session extraordinaire soit convoquée. Cf. Charte olympique au 11 février 2010, *in:* site du Mouvement olympique (www.olympic.org): http://www.olympic.org/Documents/Olympic%20Charter/Charter_fr_2010.pdf (31.05.2010).

149 GUILLOD, n° 412 p. 211 s.; HAUSHEER/AEBI-MÜLLER, n° 18.25 p. 331; HEINI/PORTMANN, n° 78 p. 41; HEINI/PORTMANN/SEEMANN, n° 58 p. 21; HEINI/SCHERRER, n° 24 p. 441; SCHERRER, Verein, n° 29 p. 34; TUOR/SCHNYDER/SCHMID, § 16 n° 4 p. 157.

2.2 Les statuts

2.2.1 Notion

Les statuts représentent «la charte fondamentale de l'association»[150]. En ce sens, ils sont assimilables à la Constitution d'un Etat[151]. Ils définissent les éléments essentiels de l'association, à savoir ses buts, son organisation, ses relations avec ses membres et les tiers[152], ses ressources, son nom et son siège.

Le terme «statuts» prévu par le Code civil pour désigner ce document de base de l'association n'est pas obligatoire[153]. Par exemple, le CIO a préféré l'appellation de «Charte olympique» (ChO). La Fédération internationale de natation (FINA)[154], la Fédération internationale de volleyball (FIVB)[155] et l'Union internationale de patinage (ISU)[156] désignent leurs statuts sous la dénomination de «constitution». Cette pratique provient de l'anglais, où l'on utilise volontiers le terme de *constitution* plutôt que celui de *statutes*. L'Association internationale de boxe amateur (AIBA) se référait, quant à elle, à des «Articles de l'Association»[157], avant de se

150 ZEN-RUFFINEN, Droit du sport, n° 161 p. 60 s.
151 HEINI/PORTMANN/SEEMANN, n° 51 p. 19; SCHAWALDER, p. 26.
152 BADDELEY, L'association sportive, p. 107; HEINI/PORTMANN, n° 71 p. 38.
153 SCHERRER, Verein, n° 37 p. 37 s.; ZEN-RUFFINEN, Droit du sport, n° 177 p. 65.
154 Constitution FINA 2009-2013, *in:* site de la Fédération internationale de natation (www.fina.org): http://www.fina.org/project/index.php?option=com_content&task=view&id=42&Itemid=119 (31.05.2010).
155 Constitution FIVB du 25 octobre 2006.
156 Constitution and General Regulations 2008 ISU, *in:* site de l'International Skating Union (www.isu.org): http://www.isu.org/vsite/vfile/page/fileurl/0,11040,4844-192306-209529-141863-0-file,00.pdf (31.05.2010).
157 Articles de l'association AIBA du 9 février 2007, *in:* site de l'Association Internationale de Boxe Amateur (www.aiba.org): http://www.aiba.org/documents/site1/Articles%20&%20Rules/2007%20AIBA%20ARTICLES%20-%20Fran%C3%A7ais.pdf (31.05.2010).

rallier à la dénomination de «statuts»[158]. Ces choix rédactionnels, encore une fois, n'ont pas d'incidence sur la validité du document en cause.

2.2.2 Interprétation

Dans un arrêt de décembre 2008, le Tribunal fédéral envisage différentes manières d'interpréter les statuts d'une personne morale de droit privé[159]. Il admet que ceux-ci doivent normalement être interprétés selon le principe de la confiance, «à savoir selon le sens qu'une personne de bonne foi peut raisonnablement leur donner, compte tenu des circonstances»[160], à l'instar des déclarations de volonté contractuelles[161]. Il considère néanmoins que

> une interprétation d'après le sens objectif, comme pour les textes de loi, est aussi concevable [...], voire préférable pour une partie de la doctrine [...]. Il en va notamment ainsi lorsqu'il s'agit, comme c'est ici le cas, d'interpréter des dispositions statutaires relatives à des questions de compétence[162].

C'est cette solution qu'il a retenue en l'espèce. La doctrine, de son côté, est partagée[163].

158 Statuts AIBA du 22 octobre 2007, *in:* site de l'Association Internationale de Boxe Amateur (www.aiba.org): http://www.aiba.org/documents/site1/Articles%20&%20Rules/2008/2008%20Articles%20French.pdf (31.05.2010).

159 Arrêt du TF 4A_392/2008 du 22 décembre 2008. Pour un résumé de cet arrêt, cf. AKIKOL, n° 30 ss; MARGUERAT, p. 81 ss.

160 GUILLOD, n° 412 p. 211 s.

161 Arrêt du TF 4A_392/2008 du 22 décembre 2008, consid. 4.2.1, et les références citées.

162 *Ibid.* Dans le même sens également: HAUSHEER/AEBI-MÜLLER, n° 18.21 p. 329.

163 Arrêt du TF 4A_392/2008 du 22 décembre 2008, consid. 4.2.1., et les références citées. Pour une synthèse plus détaillée des positions de la doctrine, cf. ZEN-RUFFINEN, Droit du sport, n° 168 p. 63, et les références citées; PERRIN /CHAPPUIS, p. 38 s, et les références citées.

2.2.3 La volonté d'être organisé corporativement

A titre liminaire, il convient de relever une incohérence rédactionnelle du législateur. En effet, «ce n'est pas l'association qui exprime la volonté d'être organisée corporativement» mais les fondateurs; la «manifestation de volonté étant une condition d'existence de l'association, celle-ci ne peut pas émettre une déclaration avant d'exister»[164].

La loi est muette quant au mode d'adoption des statuts et à la procédure à suivre pour constituer une association. En pratique, les fondateurs organisent «une assemblée constitutive au cours de laquelle les statuts sont formellement adoptés»[165]. L'approbation des statuts peut toutefois aussi intervenir par voie de circulation[166].

2.2.3.1 Le statut juridique des membres fondateurs et l'acte de fondation

Selon la jurisprudence du Tribunal fédéral[167], la qualité de membre peut être acquise soit par l'acceptation dans l'association (adhésion), soit par la participation à la fondation. Pour ce faire, les fondateurs

> qui ont collaboré à la mise au net et à l'adoption ainsi qu'à la nomination des organes prévus par les statuts [doivent se déclarer] en même temps, par une manifestation de volonté globale, réciproquement membres de l'association et s'accept[er] comme tels[168].

Le Tribunal fédéral lie les actes de fondation et d'adhésion. PERRIN/CHAPPUIS critiquent cette jurisprudence au motif que «celui qui participe à une assemblée constitutive n'assume aucune obligation tant qu'il n'a pas adhéré à l'association» puisque celle-ci n'existe pas tant que les statuts n'ont pas été adoptés[169]. Pour ces auteurs, il faut clairement distinguer actes de

164 PERRIN/CHAPPUIS, p. 6; ZEN-RUFFINEN va dans le même sens mais sans le dire explicitement [ZEN-RUFFINEN, Droit du sport, n° 175 p. 64].
165 GUILLOD, n° 418 p. 214 s. Cf. également BRÜCKNER, n° 1153 p. 348.
166 GUILLOD, n° 418 p. 214 s.
167 ATF 108 II 6, JdT 1983 I 171 (trad.), consid. 2.
168 *Ibid.*
169 PERRIN/CHAPPUIS, p. 7.

fondation et d'adhésion[170]. Selon eux, l'acte de fondation représente, «un acte juridique collectif *sui generis*, régi par le droit de l'association», alors que l'adhésion constitue un acte de nature contractuelle qui suppose une proposition (qui doit être acceptée)[171]. Cette question présente un caractère quelque peu académique. Elle ne s'est en effet jamais véritablement posée en pratique. Des discussions s'élèvent également en ce qui concerne la phase qui précède la fondation proprement dite. Certains auteurs, s'appuyant sur le texte de l'art. 62 CC, considèrent que les fondateurs forment entre eux une société simple[172].

2.2.3.2 Le nombre minimal de membres fondateurs requis

La loi est silencieuse s'agissant du nombre minimal de fondateurs qui doivent prendre part à l'acte constitutif. De son côté, la doctrine est divisée[173]. RIEMER pense qu'il en faut au moins trois afin de respecter le principe de la majorité (*Mehrheitsprinzips*)[174]. PERRIN/CHAPPUIS estiment, quant à eux, qu'il ne faut que deux fondateurs car

> si les sociétaires veulent utiliser toutes les latitudes que procure le principe de l'autonomie organisationnelle, deux personnes peuvent faire fonctionner une association. Il ne [leur] paraît dès lors pas possible de soutenir qu'un nombre supérieur à deux membres fondateurs pourrait être légalement nécessaire[175].

ZEN-RUFFINEN considère la question sans «portée pratique en sport car les statuts sont toujours adoptés par un plus grand nombre de personnes»[176]. Cette remarque peut convenir aux situations qui se présentent à la base de la pyramide du sport (cf. pt. 3), où on trouve le plus de membres. Elle n'est

170 *Id.*, p. 6.
171 *Id.*, p. 7 s.
172 HEINI, p. 27; HONEGGER, p. 75; contra: PERRIN/CHAPPUIS, p. 7 et 31 s.
173 Cf. p. ex. HEINI/SCHERRER, Art. 60 n° 30 p. 446;; ROSENBERG, p. 79; TUOR/SCHNYDER/SCHMID, § 15 n° 35 p. 153.
174 RIEMER, Bkomm, Art. 60 n° 16 p. 308 s. Dans le même sens: COLLAUD, p. 25; HAUSHEER/AEBI-MÜLLER, n° 18.22 p. 330; ROSENBERG, p. 79.
175 PERRIN/CHAPPUIS, p. 16. Dans le même sens: BAUMANN, Personenrecht des ZGB, p. 51; BRÜCKNER, n° 1151 p. 348; GUILLOD, n° 413 p. 212; HEINI/PORTMANN/SEEMANN, n° 2 p. 1; SCHERRER, Verein, n° 30 p. 35.
176 ZEN-RUFFINEN, Droit du sport, n° 176 p. 65.

pas forcément appropriée plus haut dans la pyramide. On ne devrait donc pas refuser à deux associations régionales le droit de fonder une fédération nationale[177].

2.2.4 L'inscription au registre du commerce

2.2.4.1 Généralités

Aux termes de l'art. 61 al. 1 CC, «[l]'association dont les statuts ont été adoptés et qui a constitué sa direction peut se faire inscrire au registre du commerce». Cette disposition, lue en lien avec l'art. 52 al. 2 CC, nous enseigne, comme nous l'avons déjà relevé dans la partie introductive (cf. pt. 1.2.2.1), que l'inscription au RC ne constitue pas une condition d'acquisition de la personnalité juridique pour les associations[178].

La soumission de l'association aux règles de la faillite en cas de poursuites (art. 39 al. 1 ch. 11 de la Loi fédérale sur la poursuite pour dettes et la faillite du 11 avril 1889, LP[179]) représente la première conséquence de l'inscription au RC. La seconde concerne la publicité de l'inscription, qui peut être opposée aux tiers (art. 933 al. 1 CO)[180].

2.2.4.2 L'inscription facultative

Toutes les associations peuvent requérir leur inscription au RC[181], pour autant que leur direction ait été constituée[182].

177 Perrin/Chappuis, p. 16. Cf. également le chapitre consacré à la fédération (pt. 3).

178 Message du Conseil fédéral concernant la modification du code des obligations [obligation de révision dans le droit des sociétés] et la loi fédérale sur l'agrément et la surveillance des réviseurs, FF 2004 p. 3745, 3823. Cf. également Brückner, n° 1036 p. 314; Guillod, n° 419 p. 215 s.; Hausheer/Aebi-Müller, n° 18.23 p. 330; Honegger, p. 75; Perrin/Chappuis, p. 20 et 27.

179 RS 281.1.

180 Brückner, n° 1164 p. 351 s.

181 Schawalder, p. 34.

182 Guillod, n° 419 p. 215 s.; Heini/Portmann/Seemann, n° 108 p. 37 s.; Perrin/Chappuis, p. 24.

2.2.4.3 L'inscription obligatoire

Comme déjà indiqué (cf. pt. 1.2), depuis la révision de l'art. 61 al. 2 CC, l'inscription de l'association au RC est obligatoire si l'une ou l'autre des hypothèses définies aux chiffres 1 et 2 de cet alinéa est réalisée[183].

La première concerne les associations «qui, pour atteindre [leur] but, exerce[nt] une industrie en la forme commerciale» (art. 61 al. 2 ch. 1 CC, qui correspond mot pour mot à l'ancien art. 61 al. 2 CC)[184]. Elle touche principalement les associations qui, pour atteindre leur but au sens strict, déploient une activité économique[185]. L'actuelle Ordonnance sur le registre du commerce du 17 octobre 2007 (ORC)[186] ne fixe plus les limites à partir desquelles l'inscription était rendue obligatoire (recette brute annuelle dépassant 100'000 francs sur les douze derniers mois (art. 54 et 55 al. 1 de l'ancienne Ordonnance sur le registre du commerce du 7 juin 1937, aORC))[187]. On peut donc se demander si toutes les associations qui déploient une industrie en la forme commerciale sont maintenant soumises à l'obligation de s'inscrire[188], indépendamment de l'importance de leurs revenus. Cela ne devrait pas être le cas, car une interprétation littérale de l'ORC reviendrait à vider l'art. 52 al. 2 CC de son sens. En outre, l'art. 36 al. 1 *ab initio* ORC indique que

> [t]oute personne physique qui exploite une entreprise en la forme commerciale et qui obtient, sur une période d'une année, une recette brute de 100'000 francs au moins (chiffre d'affaires annuel) doit requérir l'inscription de son entreprise individuelle au registre du commerce.

Celui-ci devrait donc trouver application par analogie.

Ainsi, les seuils fixés aux art. 54 et 55 al. 1 aORC seraient rétablis et les petites associations ne seraient pas tenues de s'inscrire au RC. Il convient encore de relever que le régime prévu à l'art. 61 al. 2 CC ne contredit pas celui de l'art. 52 al. 2 CC, puisqu'il ne concerne que le but au sens large,

183 Perrin/Chappuis, p. 24.

184 *Ibid.*

185 De manière générale, on peut définir une industrie en la forme commerciale comme étant «l'exercice d'une activité économique organisée et destinée à durer, qui atteint un certain chiffre d'affaires et exige, par sa nature et son importance, la forme commerciale ainsi que la tenue d'une comptabilité régulière» [*Ibid.*].

186 RS 221.411.

187 Heini/Portmann/Seemann, n° 109 p. 38.

188 Perrin/Chappuis, p. 25 s.

c'est-à-dire les moyens mis en œuvre pour atteindre le but au sens strict (cf. pt. 2.2.6.1.1).

La seconde hypothèse vise l'association «qui est soumise à l'obligation de faire réviser ses comptes» (art. 61 al. 2 ch. 2 CC). Le nouvel art. 69b al. 1 CC établit les critères d'assujettissement à cette obligation. Il dispose que

> une association doit soumettre sa comptabilité à un organe de révision si, au cours de deux exercices successifs, deux des valeurs suivantes sont dépassées: 1. total du bilan: 10 millions de francs; 2. chiffre d'affaires: 20 millions de francs; 3. effectif: 50 emplois à plein temps en moyenne annuelle.

Cette nouvelle disposition, entrée en vigueur le 1er janvier 2008, vise à renforcer et compléter l'art. 61 al. 2 ch. 1 et 2 CC[189]. Néanmoins, comme l'indique le Message du Conseil fédéral, sa portée

> est limitée, car la plupart des associations soumises à l'obligation de révision en vertu de l'art. 69b P CC exploitent une industrie en la forme commerciale et doivent donc de toute façon être inscrites au registre du commerce[190].

Il appert donc que seule une petite minorité d'associations, comme par exemple des œuvres de charité de grande importance qui, à la différence des fédérations de sport, déploient une activité économique restreinte (et n'avait pas l'obligation de s'inscrire au RC), sont directement concernées par l'art. 61 al. 2 ch. 2 CC. Selon le Conseil fédéral, cette extension, certes minime, était «nécessaire pour la sauvegarde d'intérêts publics et de tiers»[191].

189 Heini/Portmann/Seemann, n° 110 p. 38 s. A ce sujet, cf. également Blümle, p. 36 ss.

190 Message du Conseil fédéral du 23 juin 2004 concernant la modification du code des obligations [obligation de révision dans le droit des sociétés] et la loi fédérale sur l'agrément et la surveillance des réviseurs, FF 2004 p. 3745, 3822.

191 *Ibid.* Pour plus de détails sur le nouvel art. 69b CC, cf. Cavegn, p. 183 ss; Dias, p. 38 s.

2.2.5 Les conditions de forme

2.2.5.1 La forme simple

Les statuts doivent être rédigés par écrit (art. 60 al. 2 CC). Il n'est cependant pas nécessaire qu'ils le soient en la forme authentique, comme exigé, par exemple, pour les actes constitutifs des SA (art. 629 CO).

2.2.5.2 La signature des statuts

ZEN-RUFFINEN et PERRIN/CHAPPUIS s'opposent sur l'obligation, pour les fondateurs, de signer un exemplaire des statuts. Le premier est d'avis que «la forme écrite [prévue à l'art. 60 al. 2 CC] n'est pas celle de l'art. 13 CO. Par conséquent, la signature des statuts par les fondateurs n'est pas une condition de leur validité»[192]. Les seconds soutiennent qu'en vertu du principe général de l'art. 7 CC, l'art. 13 CO s'applique par analogie[193]. Un très ancien arrêt du Tribunal fédéral semble confirmer cette position[194]. On doit cependant relever qu'un tel raisonnement contient une contradiction. En effet, l'art. 13 al. 1 CO prévoit que «[l]e contrat pour lequel la loi exige la forme écrite doit être signé par toutes les personnes auxquelles il impose des obligations». Or, PERRIN/CHAPPUIS prétendent que «celui qui participe à une assemblée constitutive n'assume aucune obligation tant qu'il n'a pas adhéré à l'association» (cf. pt. 2.2.3.1)[195].

Dans tous les cas, cette divergence doctrinale ne concerne pas les associations qui doivent requérir leur inscription au RC. En effet, les art. 90 al. 1 let. a et 23 al. 2 ORC leur imposent de fournir un procès-verbal de l'assemblée constitutive, signé par son président et la personne qui l'a rédigé.

192 ZEN-RUFFINEN, Droit du sport, n° 178 p. 65. Dans le même sens: HEINI/PORTMANN/SEEMANN, n° 89 p. 32, qui relèvent toutefois que la signature des statuts est une condition nécessaire pour l'inscription au RC. Cf. également HEINI/PORTMANN, n° 110 p. 59; HEINI/SCHERRER, Art. 60 n° 40 p. 448; RIEMER, BKomm, Art. 60 n° 82 p. 333, est d'avis que le greffier de l'assemblée constitutive peut simplement signer seul le procès-verbal de celle-ci.

193 PERRIN/CHAPPUIS, p. 17. Dans le même sens: GUILLOD, n° 418 p. 214 s.

194 Arrêt du TF du 26 octobre 1921, *in:* SJ 1922 177.

195 PERRIN/CHAPPUIS, p. 7.

2.2.5.3 La langue utilisée

La loi est muette au sujet de la langue dans laquelle les statuts doivent être rédigés. La jurisprudence n'a pas eu à se prononcer sur cette question, mais la doctrine considère unanimement que l'association dispose d'une totale liberté à ce sujet[196]. Une association pourrait néanmoins être amenée à devoir produire une version de ses statuts rédigée dans une langue facilement accessible, en cas de litige ou dans le cadre de démarches officielles[197]. Beaucoup d'associations internationales basées en Suisse ont des statuts rédigés dans des langues étrangères et les statuts de certaines, comme l'International Baseball Federation (IBAF), ne disposent d'aucune version officielle dans l'une de nos langues nationales. Même si elle a son siège à Lausanne, cette fédération ne reconnaît, en effet, que l'anglais et l'espagnol comme langues officielles[198].

2.2.6 Le contenu

La loi définit le contenu minimal des statuts[199]. L'art. 60 al. 2 CC exige que les statuts contiennent des dispositions sur le but, les ressources et l'organisation de l'association (dispositions dites «obligatoires»). De plus, comme on l'a vu (cf. pt. 1.2.2.1.2), la doctrine exige la mention d'un nom[200]. Pour le surplus, la solution légale s'applique dans toutes les situations où les statuts ne prévoient rien.

196 Perrin/Chappuis, p. 18; Riemer, BKomm, Art. 60 n° 84 p. 334 s.

197 Perrin/Chappuis, p. 18, note 48; Riemer, BKomm, Art. 60 n° 84 p. 334 s.

198 Art. 3 et 79 Statuts IBAF du 2 novembre 1999.

199 Brückner, n° 1154 p. 349; Tuor/Schnyder/Schmid, § 16 n° 10 p. 158.

200 Baddeley, L'association sportive, p. 25 s.; Brückner, n° 1147 p. 347; Collaud, p. 26 s.; Hausheer/Aebi-Müller, n° 18.20 p. 329; Heini/Portmann, n° 120 p. 63; Heini/Portmann/Seemann, n° 98 p. 34; Honegger, p. 75; Montavon, Droit civil, p. 101; Perrin/Chappuis, p. 13 s.; Riemer, BKomm, n° 48 p. 49; Schawalder, p. 30 s.; Scherrer, Verein, n° 27 p. 32 s.; Zen-Ruffinen, Droit du sport, n° 146 p. 56.

2.2.6.1 Le but

Selon Guillod, «[l]e but est la raison d'être de la personne morale, qui conditionne le cercle de ses activités»[201]. La loi impose que toute association poursuive un but clairement énoncé. Celui-ci doit être licite et conforme aux mœurs (art. 52 al. 3 CC). Il s'agit d'une condition impérative pour l'acquisition de la personnalité juridique[202]. Ainsi, une association dont le but consisterait à faire la promotion de la consommation de cocaïne ne pourrait exister et acquérir la personnalité juridique[203]. En revanche, une association dont le but consisterait à faire lever l'interdiction de courses sur circuit en Suisse ne poursuivrait pas un but illicite en soi, pour autant, bien sûr, que les moyens mis en œuvre soient adéquats[204]. En effet, le but de l'association ne reviendrait pas à organiser des courses sur circuit (qui sont actuellement interdites), mais à faire modifier une loi, la Loi fédérale sur la circulation routière du 19 décembre 1958 (LCR)[205]. Autre exemple, lors de la période troublée de l'entre-deux-guerres, le Tribunal fédéral a jugé à plusieurs reprises que le parti communiste, constitué sous la forme d'une association, représentait une menace pour l'ordre étatique et qu'il poursuivait dès lors un but illicite. Cela justifiait son interdiction[206].

2.2.6.1.1 Le but au sens strict et au sens large

La doctrine opère une distinction entre le but de l'association au sens strict et le but au sens large. Le but au sens strict, qui peut être qualifié de «final» ou «social», représente le résultat visé par l'activité commune des sociétaires[207].

Le but au sens large (but «médiat») peut se définir comme les moyens mis en œuvre pour atteindre le but au sens strict[208]. Perrin/Chappuis voient dans l'énumération des buts au sens large l'avantage «de délimiter les pouvoirs des organes sociaux»[209], notamment dans leur tâche de représentation de l'association auprès de tiers.

201 Guillod, n° 414 p. 212 s. Cf. également Baddeley, L'autonomie, p. 40.
202 ATF 133 III 593, JdT 2009 I 178 (rés.), = SJ 2008 I 93, consid. 4.7.
203 Heini/Portmann, n° 117 p. 61 s.
204 ATF 133 III 593, JdT 2009 I 178 (rés.), = SJ 2008 I 93, consid. 4.1.
205 En particulier les art. 52 et 53 LCR (RS 741.01).
206 ATF 63 I 281 = JdT 1938 I 133, consid. 3 ss; ATF 61 I 264 = JdT 1935 I 595, consid. 3. Pour une vue d'ensemble et diverses définitions du but de l'association, cf. Klaus, p. 107 ss.
207 Beretta, Vereine, p. 74 s.; Heini/Portmann, n° 116 p. 61; Perrin/Chappuis, p. 9 s.
208 Beretta, Vereine, p. 74 s.; Heini/Portmann, n° 119 p. 62.
209 Perrin/Chappuis, p. 10.

2.2.6.1.2 Le but idéal et le but économique

Conformément à l'art. 60 al. 1 CC, «les associations [...] qui n'ont pas un but économique acquièrent la personnalité dès qu'elles expriment dans leurs statuts la volonté d'être organisées corporativement». Par conséquent, le but final (à distinguer du but médiat; cf. pt. 2.2.6.1.1) d'une personne morale constituée sous l'empire des art. 60 ss CC, doit être non économique. Il s'agit d'une condition impérative pour que l'association soit valablement constituée[210]. L'art. 59 al. 2 CC prévoit d'ailleurs que «[l]es organisations corporatives qui ont un but économique sont régies par les dispositions applicables aux sociétés», c'est-à-dire par le Code des obligations[211]. Le système est donc cohérent et les associations ne peuvent poursuivre qu'un but final idéal (non économique).

Une controverse alimente la doctrine au sujet de la définition du but «idéal» ou, a contrario, du but «économique», dans la mesure où ni la loi ni la jurisprudence ne le délimitent clairement[212]. En effet, le législateur s'est contenté d'une liste exemplative à l'art. 60 al. 1 CC[213]. Celle-ci mentionne les «associations politiques, religieuses, scientifiques, artistiques, de bienfaisance, de recréation ou autres». Quant aux juges, ils ne se sont prononcés qu'au cas par cas. Par exemple, le Tribunal fédéral a estimé en 1901 qu'une association qui instaurait un système de solidarité financière entre ses membres (sorte d'assurance) ne pouvait être considérée comme poursuivant un but idéal[214]. Plus tard, en 1918, la Haute Cour a refusé de voir une association dans une société de secours mutuel d'ordre religieux. Elle l'a qualifiée de société coopérative, au motif qu'indépendamment de

> sa tendance confessionnelle très marquée, l'Union rurale [la société en question] n'en [était] pas moins, en première ligne, une société de Secours mutuels, destinée à procurer à ses membres des subsides en cas de maladie et à contribuer ainsi à leur bien-être matériel[215].

En 1940, le Tribunal fédéral a jugé que le but caritatif d'une association «se détermine selon le cercle des bénéficiaires et la manière dont l'asso-

210 Heini/Scherrer, Art. 60 n° 16 p. 445; Perrin/Chappuis, p. 2.

211 Beretta, Vereine, p. 3; Hausheer/Aebi-Müller, n° 18.05 p. 326 s.; Heini/Scherrer, Art. 60 n° 2 p. 443; Perrin/Chappuis, p. 2 s.

212 Baddeley, L'association sportive, p. 31.

213 Brückner, n° 1135 p. 344; Heini/Scherrer, Art. 60 n° 3 p. 443.

214 ATF 27 II 174, consid. 3. A noter qu'on se trouve ici avant l'adoption du Code civil.

215 ATF 44 II 77 = JdT 1918 I 564, consid. 1.

ciation se procure ses moyens et ressources»[216]. Il sous-entend qu'un but de prévoyance ne constitue pas un but économique, mais sans développer cette question, puisque la demande était mal fondée pour d'autres raisons.

A défaut de solutions légales et jurisprudentielles claires, la doctrine majoritaire, résumée par RIEMER et traduite par ZEN-RUFFINEN, considère,

> de façon générale, que le but est économique lorsqu'il vise à offrir par le biais de l'association des avantages économiques, en argent ou en nature, à ses membres; il est idéal s'il ne vise pas à offrir ce type d'avantage à ses membres ou s'il vise à l'offrir à des tiers non-membres[217].

Cette position découle de deux arrêts du Tribunal fédéral, exposés ci-dessous[218]. BADDELEY se montre toutefois plus réservée sur l'admission d'un but idéal pour les grandes fédérations internationales de sport[219]. Cet auteur invoque le fait que leurs besoins financiers dépassent «la capacité contributive des membres»[220]. En fait, ces fédérations s'assurent des revenus importants grâce, notamment, aux contrats de télévision qu'elles négocient. Pour BADDELEY, il est «proprement illusoire de vouloir opérer cette distinction [entre but idéal et but économique] en employant comme seul critère les activités commerciales ou les moyens à la disposition des diverses associations»[221]. Dans le même sens, BERETTA juge cette distinction impraticable et suggère d'appliquer les règles relatives aux sociétés commerciales aux associations qui déploient une activité économique[222]. BADDELEY tempère cependant son opinion en relevant que «[c]ette interprétation entraînerait l'invalidité de la plus grande partie des associations

216 BADDELEY, L'association sportive, p. 31, citant l'ATF 66 I 176, JdT 1940 I 514 (trad. rés.), consid. 1.

217 ZEN-RUFFINEN, Droit du sport, n° 187 p. 68. Cf. également BERETTA, Vereine, p. 4 s.; DIAS, p. 7 et 53 ss; HEINI/PORTMANN, n° 17 p. 11 s.; HEINI/SCHERRER, Art. 60 n° 5 p. 443; RIEMER, BKomm, Art. 60 n° 47 p. 321; RIEMER, ZGB, n° 607 p. 228; SCHERRER, Verein, n° 23 p. 29 ss; SCHERRER, Sportlebens, p. 29.

218 Pour un état des lieux avant ces deux arrêts, cf. la thèse de FLURY consacrée au but de l'association, en particulier p. 41 ss.

219 BADDELEY, L'association sportive, p. 38 ss. Cf. également BERETTA, Vereine, p. 7 ss; HEINI/PORTMANN, n° 42 p. 22 ss; HEINI/SCHERRER, Art. 60 n° 11 p. 444 s.; RIEMER, ZGB, n° 612 p. 231 s.

220 BADDELEY, L'association sportive, p. 38.

221 *Id.*, p. 38 s.

222 BERETTA, Vereine, p. 115 ss, 127 ss et 229 ss. Dans le même sens, RIEMER, BKomm, n° 361 p. 154 s.

sans pour autant remplir une fonction utile dans le contexte actuel»[223]. Cet auteur souligne également qu'«il n'existe aucune solution de rechange combinant autant de liberté et de facilités dans l'organisation sociale avec un meilleur contrôle financier préventif et véritablement efficace»[224]. Il convient de relever que cette question a perdu de sa pertinence avec la modification législative de 2008, qui impose à ces grandes associations de s'inscrire au RC (cf. pts 1.2.1; 2.2.4.3).

Jusqu'en 1962, le Tribunal fédéral s'est montré relativement souple avec les associations économiques, puisqu'il tolérait celles qui déployaient une activité économique en appui de leur but idéal[225]. Le 11 septembre 1962, notre Haute Cour a cependant opéré, avec l'arrêt Miniera (SA, grossiste en fer)[226], un revirement de jurisprudence spectaculaire. Elle a jugé, en effet, qu'un but

> est économique non seulement lorsqu'il s'épuise dans l'exercice d'une industrie et dans l'encaissement des recettes qui en proviennent, mais encore lorsqu'il consiste à favoriser la prospérité matérielle, non par l'un des buts «idéaux» énumérés à l'art. 60 al. 1 CC ou autres semblables, mais d'une manière différente, par exemple en procurant des avantages dans la vie économique aux membres, au groupement ou à un cercle de personnes plus étendu. Peu importe qu'il ne soit visé qu'indirectement[227].

Cet arrêt mettait en cause non pas la recherche de gains par une association, mais la forme utilisée pour y parvenir[228].

A la suite de nombreuses critiques de la doctrine, le Tribunal fédéral est revenu, en 1964, à sa jurisprudence antérieure avec l'arrêt Alex Martin (SA, exploitant un commerce de tabac en gros)[229]. Il a rappelé que le législateur n'avait prévu qu'une classification bipartite des corporations de droit privé. Celle-ci oppose les associations (sans but lucratif et, par

223 Baddeley, L'association sportive, p. 39.

224 *Id.*, p. 39. Pour une étude des avis divergents dans la doctrine, cf. Baddeley, L'association sportive, p. 45 ss.

225 Guillod, n° 415 p. 213, note que les associations économiques étaient interdites sous cette forme juridique depuis l'entrée en vigueur du Code civil en 1912, et que ce n'est qu'à la suite d'un revirement de jurisprudence du Tribunal fédéral en 1934 que celles-ci ont été admises à se constituer en association. Cf. également Hausheer/Aebi-Müller, n° 18.10 p. 327.

226 ATF 88 II 209, JdT 1963 I 109 (trad.), Miniera.

227 Pellet, p. 197.

228 Perrin/Chappuis, p. 2 ss.

229 ATF 90 II 333 = JdT 1965 I 201, = SJ 1965 229, Alex Martin.

conséquent, dispensées d'inscription au RC) aux sociétés commerciales (avec but lucratif et obligées de s'inscrire). Il a aussi fait remarquer que

> le législateur n'a[vait] apparemment pas saisi l'importance ni prévu le développement considérable des «associations économiques». Celles-ci se caractérisent par le fait que, sans participer directement à l'activité économique, elles ont pour but de servir médiatement les intérêts économiques de leurs membres[230].

Cette lacune était comblée[231], jusqu'à l'arrêt Miniera, par une jurisprudence souple qui permettait aux groupements économiques de s'organiser en association. Avec l'arrêt Alex Martin, le Tribunal fédéral est revenu à cette souplesse, mais en précisant tout de même que, si la corporation exerce pour elle-même une industrie en la forme commerciale, elle ne peut pas revêtir la forme de l'association. Elle doit obligatoirement se constituer en société commerciale[232].

On peut donc retenir que l'interprétation restrictive du Tribunal fédéral concernant le but économique des associations signifie qu'il faut substituer «au critère légal du but celui des moyens utilisés pour l'atteindre»[233]. Outre la sécurité du droit et la cohérence de l'ordre juridique[234], le Tribunal fédéral voit trois avantages dans cette solution. En premier lieu, celle-ci est conforme à l'esprit libéral du Code civil. Elle permet ensuite aux associations économiques de choisir la forme qu'elles considèrent comme la plus appropriée à leurs activités. Enfin, il est beaucoup plus facile de contrôler l'activité effective d'une association que de connaître la réelle volonté de ses membres fondateurs lorsqu'ils ont déterminé son but. Le Tribunal fédéral s'est tenu à cette jurisprudence depuis lors[235].

Il ressort aussi de l'arrêt Alex Martin que, par souci de clarté et pour protéger les tiers, le Tribunal fédéral était favorable à une inscription obligatoire des associations au RC. Il précisait cependant que cette obligation

230 *Id.*, consid. 2.

231 Piotet, p. 195. Cet auteur critique le point de vue du Tribunal fédéral sur cette question. Selon lui, «c'est l'arrêt Miniera qui créait cette lacune». Cet auteur va même plus loin, en postulant que si l'on se place «dans l'optique de l'arrêt Miniera, on devrait […] se demander si la pratique constante [de tolérer les associations économiques] confirmée par une jurisprudence trentenaire n'a pas créé une coutume (art. 1er al. 2 CC)». Cf. également les critiques de Beretta, Vereine, p. 65 ss et 101 ss, et les références citées.

232 ATF 90 II 333 = JdT 1965 I 201, = SJ 1965 229, Alex Martin, consid. 7.

233 *Id.*, consid. 2.

234 *Ibid.*

235 *Ibid.* Pour plus de détails, notamment jurisprudentiels, cf. Beretta, Vereine, p. 34 ss.

devait reposer sur une base légale qui faisait défaut et invitait le législateur à la créer[236]. Ce n'est que plus de quarante ans plus tard que le législateur a répondu à cet appel en modifiant l'art. 61 al. 2 CC relatif à l'inscription des associations au RC (cf. pt. 1.2; 2.2.4.3).

2.2.6.2 Les ressources

Le Code civil impose à l'association d'énumérer ses sources potentielles de revenus, soit d'indiquer comment et dans quelles limites elle entend financer la réalisation de ses buts statutaires[237]. Très souvent, la perception d'une cotisation représente la première source de revenu pour les associations, surtout de celles qui n'ont qu'une envergure limitée[238]. Pour les plus grandes,

> les cotisations des membres ne jouent qu'un rôle négligeable. Les droits de télévision, le merchandising, le sponsoring, les droits d'entrée aux manifestations sportives constituent des ressources bien plus considérables[239].

Pour la FIFA, elles représentent par exemple un peu plus de 60'000 francs sur un budget annuel de plusieurs millions[240]. La question des cotisations est étudiée plus en détails dans le chapitre relatif aux obligations des sociétaires (cf. pts. 2.3.4 ss).

En règle générale, les statuts prévoient que l'association peut recevoir des libéralités tant privées que publiques[241]. Une telle disposition statutaire permet aux associations de toucher des subsides de l'Etat ou de bénéficier du mécénat[242].

236 *Id.*, consid. 2.
237 PERRIN/CHAPPUIS, p. 10 s.
238 SCHAWALDER, p. 96.
239 ZEN-RUFFINEN, Droit du sport, n° 193 p. 70. Sur les diverses sources de financement des associations, cf. RIEMER, SpuRt 1/1999, p. 40 s.
240 Cf. Rapport financier 2009 de la FIFA (en particulier p. 57 ss et 104, *in:* site de la FIFA (www.fifa.com): http://fr.fifa.com/mm/document/affederation/administration/01/18/31/86/fifa_fr09_fr.pdf. Au sujet des associations membres (208 au total): http://fr.fifa.com/aboutfifa/federation/associations.html (31.05.2010).
241 BADDELEY, La protection de membres, p. 194; HEINI/PORTMANN/SEEMANN, n° 61 p. 22.
242 A titres d'exemples, on peut mentionner le Fonds des sports de la République et Canton de Neuchâtel (cf. le Règlement du fonds des sports du 19 avril 2006 (RSN 417.110)) et Jeunesse & Sports dirigée conjointement par la Confédération et les cantons.

Théoriquement, les associations ne devraient pas accepter des ressources que leurs statuts ne prévoient pas. Il est évident aussi qu'aucune disposition ne peut légitimer l'acceptation de fonds dont l'origine est douteuse. Le cas échéant, les normes pénales relatives au recel et au blanchiment d'argent (respectivement les art. 160 et 305bis CP) s'appliquent. Par conséquent, l'association est soumise à une obligation de diligence. Si elle ne la respecte pas, elle risque d'engager sa responsabilité et celle de ses membres dirigeants.

En conclusion, il est utile de prévoir statutairement un éventail de financement le plus large possible, de sorte que les besoins financiers de l'association puissent être couverts à tout moment et évoluer avec le temps.

2.2.6.3 L'organisation de l'association

2.2.6.3.1 Les organes en général

La loi impose, en principe, l'existence de deux organes seulement: l'assemblée générale (art. 64 à 68 CC) et la direction (art. 69 CC). Il découle toutefois de la modification législative du 1er janvier 2008 que certaines associations doivent maintenant disposer, en sus, d'un organe de révision (art. 69b CC) (cf. pt. 2.2.4.3)[243]. Pour le surplus, les fondateurs sont libres de s'organiser comme ils l'entendent[244]. La plupart des associations ont ainsi prévu d'autres organes, en plus de ceux qui sont obligatoires, afin de mener à bien les différentes tâches qu'elles doivent accomplir[245]. Ces organes exercent souvent une fonction spécifique. C'est le cas de l'organe de contrôle, d'une commission technique, d'un tribunal «arbitral», etc[246]. Au CIO, le Président constitue un organe pour lui-même (Règle 17 ChO). Ceci est plutôt inhabituel mais s'explique par la dispersion géographique des personnes formant les deux autres organes, la Session et la Commission exécutive.

Les compétences respectives des organes doivent être clairement définies afin d'éviter des conflits. La doctrine estime que, s'agissant des deux

243 Baumann, Personenrecht des ZGB, p. 61; Handschin, p. 90; Heini/Portmann, n° 356 p. 163; Heini/Portmann/Seemann, n° 301 p. 97; Montavon, Droit civil, p. 102; Perrin/Chappuis, p. 109; Scherrer/Greter, p. 15 s.; Riemer, Reformen, p. 579 s.; Tuor/Schnyder/Schmid, § 16 n° 16 p. 160.

244 Heini/Portmann, n° 355 p. 163; Riemer, ZGB, n° 622 p. 237; Scherrer/Greter, p. 15 s.

245 Heini/Portmann/Seemann, n° 300 p. 97.

246 Heini/Portmann, n° 355 p. 163.

organes obligatoires, le silence des statuts ne signifie pas nécessairement que l'association n'a pas été valablement constituée et qu'elle n'a pas d'existence juridique[247]. L'art. 63 al. 1 CC dispose en effet que «[l]es articles suivants sont applicables, si les statuts ne renferment pas de règles concernant l'organisation de l'association et ses rapports avec les sociétaires».

2.2.6.3.2 L'assemblée générale

2.2.6.3.2.1 Généralités

A titre liminaire, il convient de préciser que l'utilisation du terme «assemblée générale» n'est pas impérative[248]. Le CIO nomme son assemblée générale «Session»[249], Swiss Olympic l'intitule «Parlement»[250] alors que la grande majorité des associations de sport, parmi lesquelles la FINA[251], la FIFA[252], ou la Fédération internationale des sociétés d'aviron (FISA)[253] utilisent le terme de «Congrès».

Selon le Code civil, «[l]'assemblée générale est le pouvoir suprême de l'association» (art. 64 al. 1 CC). En ce sens, elle peut être comparée au parlement d'un Etat. Il est important que chaque membre puisse participer à la formation de la volonté de l'association. En doctrine, les discussions concernent plutôt la manière dont les décisions de l'assemblée générale se prennent. Il existe des alternatives à une réunion formelle[254]. La première est légale puisque l'art. 66 al. 2 CC prévoit que «[l]a proposition à laquelle

247 Zen-Ruffinen, Droit du sport, n° 205 et note 192 p. 74. Cf. également Perrin/Chappuis, p. 38.

248 Honegger, p. 133.

249 Règle 18 ChO.

250 Art. 4 Statuts Swiss Olympic du 6 novembre 2009, *in:* site de la Swiss Olympic Association (www.swissolympic.ch): http://www.swissolympic.ch/fr/Portaldata/41/Resources/01_ueber_uns/organisation/Statuten_FR.pdf (31.05.2010).

251 Art. C 15 Constitution FINA 2009-2013.

252 Art. 21 Statuts FIFA du 3 juin 2009, *in:* site de la Fédération internationale de football association (www.fifa.com): http://fr.fifa.com/mm/document/affederation/federation/01/24/fifastatuten2009_f.pdf (31.05.2010).

253 Art. 19 ss Statuts FISA 2010 (du 14 février 2009), *in:* site de la Fédération internationale des sociétés d'aviron (www.worldrowing.com): http://www.worldrowing.com/medias/docs/media_360789.pdf (31.05.2010).

254 Baumann, Personenrecht des ZGB, p. 63; Brückner, n° 1211 p. 366; Handschin, p. 62; Hausheer/Aebi-Müller, n° 18.30 p. 332; Heini/Portmann, n° 456 ss p. 200 ss; Heini/Portmann/Seemann, n° 385 ss p. 121 ss; Heini/Scherrer, Art. 65 n° 29 s. p. 460; Madörin, p. 35 et 39; Tuor/Schnyder/Schmid, § 16 n° 19 p. 161.

tous les sociétaires ont adhéré par écrit équivaut à une décision de l'assemblée générale». Le Tribunal fédéral a d'ailleurs concrétisé ce principe dans un arrêt datant de 1922[255]. Par la suite, il a rappelé que la forme écrite était nécessaire pour que la manifestation de volonté émise par voie de circulation présente la même portée qu'une décision de l'assemblée générale[256]. Il convient encore de relever que l'art. 66 al. 2 CC, qui n'est pas de droit impératif, prévoit le principe de l'unanimité[257]. En l'absence de disposition statutaire contraire, une décision écrite prise à la majorité n'est donc pas valable[258]. La seconde est celle des assemblées de délégués[259], possibilité utilisée en particulier par les fédérations et les grandes associations telles que le Touring Club Suisse (TCS)[260]. «[L]e TF a admis, pour des raisons qui ont trait à la taille de certaines associations, le principe d'une délégation du droit de vote et le système des assemblées de délégués»[261].

La loi laisse à la discrétion de l'association le soin d'organiser le déroulement de l'assemblée générale[262]. Certaines possèdent un règlement spécifique à ce sujet, alors que d'autres se fondent simplement sur la pratique qu'elles ont toujours suivie et sur certaines règles communément admises[263]. La FIFA, par exemple, a adopté un «Règlement du Congrès» lors de son Congrès de Doha, le 19 octobre 2003[264].

255 ATF 48 II 145, JdT 1923 I 2 (trad.), consid. 5.

256 Arrêt du TF 5C.177/2006 du 19 décembre 2006, consid. 4.2 [pour un résumé de cet arrêt, cf. Jakob, p. 24 s.]; ATF 127 III 506, JdT 2002 I 306 (trad.), consid. 3.

257 Perrin/Chappuis, p. 65 s.

258 ATF 132 III 503, JdT 2009 I 165 (trad.), consid. 3.3 et 4. *Contra:* Wolfer, n° 5, qui estime que la flexibilité du droit suisse doit permettre une telle pratique en dépit du texte de l'art. 66 al. 2 CC.

259 Brückner, n° 1172 p. 354; Guillod, n° 422 p. 216 s.; Hausheer/Aebi-Müller, n° 18.32 p. 332; Heini/Portmann/Seemann, n° 385 p. 121 s.; Honegger, p. 133 s.; Scherrer, Verein, n° 27 p. 44.

260 Art. 10 ss Statuts TCS du 19 juin 2009, *in:* site du Touring Club Suisse (www.tcs.ch): http://www.tcs.ch/main/fr/home/der_tcs/ueber_uns/organisation.RightColumn.0002.CtxLinkDownloadFile3.pdf/Status_09_fr.pdf (31.05.2010).

261 Perrin/Chappuis, p. 47 s.

262 Guillod, n° 426 p. 218; Heini/Portmann, n° 424 p. 190; Heini/Portmann/Seemann, n° 356 p. 114; Madörin, p. 35 s.

263 Scherrer/Greter, p. 8.

264 Le Règlement du Congrès FIFA du 19 octobre 2003 se trouve dans le même document que les Statuts de la FIFA, *in:* site de la Fédération internationale de football association (www.fifa.com): http://fr.fifa.com/mm/document/affederation/federation/01/24/fifastatuten2009_f.pdf (31.05.2010).

2.2.6.3.2.2 Les compétences de l'assemblée générale

En qualité d'«organe suprême», l'assemblée générale assume les responsabilités et compétences les plus importantes de l'association. L'art. 65 al. 1 CC les définit. Certaines de ces compétences peuvent être transférées à un autre organe, alors que d'autres sont inaliénables. Nous retenons parmi celles-ci la haute surveillance des autres organes sociaux et leur révocation pour justes motifs en cas de manquements graves (art. 65 al. 2 et 3 CC), la modification des statuts, l'octroi de la décharge et la dissolution de l'association[265]. La décision des fondateurs de se constituer en association doit être assimilée à la première décision de l'assemblée générale et, de ce fait, représente aussi une compétence inaliénable de celle-ci.

A contrario, toutes les compétences autres que ces dernières peuvent être déléguées à d'autres organes sociaux. A titre d'exemple, on peut citer «la compétence de nommer la direction, celle d'admettre ou d'exclure des membres, celle de procéder au contrôle financier [sous réserve de la décision de décharge]»[266]. Par ailleurs, dans le cadre de la révision du Code des obligations (qui aurait, le cas échéant, des répercussions dans divers autres domaines, tels que le droit de l'association)[267], le législateur a prévu de compléter l'art. 65 CC avec un quatrième alinéa, dont la teneur serait la suivante[268]: «sauf dispositions contraires des statuts, l'assemblée générale fixe l'indemnité de la direction».

265 Cf. À ce sujet Baumann, Personenrecht des ZGB, p. 61 s.; Brückner, n° 1177 p. 355; Guillod, n° 423 p. 217; Handschin, p. 61; Hausheer/Aebi-Müller, n° 18.29 p. 331; Heini/Portmann, n° 410 p. 185; Heini/Scherrer, Art. 64 n° 17 p. 458 et Art. 65 n° 5 ss p. 461 s.; Madörin, p. 34; Perrin/Chappuis, p. 57, 62 s., 163 et 195; Riemer, BKomm, Art. 64-69 n° 15 p. 419 s.; Tuor/Schnyder/Schmid, § 16 n° 24 p. 162; Zen-Ruffinen, Droit du sport, n° 225 ss p. 79.

266 Zen-Ruffinen, Droit du sport, n° 228 p. 79. Dans le même sens: Brückner, n° 1178 p. 355; Handschin, p. 61.

267 Message du Conseil fédéral du 21 décembre 2007 concernant la révision du code des obligations (Droit de la société anonyme et droit comptable; adaptation des droits de la société en nom collectif, de la société en commandite, de la société à responsabilité limitée, de la société coopérative, du registre du commerce et des raisons de commerce), FF 2008 p. 1407, 1557.

268 Projet de modification du code des obligations (Droit de la société anonyme et droit comptable; adaptation des droits de la société en nom collectif, de la société en commandite, de la société à responsabilité limitée, de la société coopérative, du registre du commerce et des raisons de commerce), FF 2008 p. 1571, 1631.

Les associations pourraient également, si elles le souhaitaient, transférer cette future compétence de l'assemblée générale à un autre organe[269].

2.2.6.3.2.3 Les compétences résiduelles

L'art. 65 al. 1 *in fine* CC pose le principe d'une compétence résiduelle de l'assemblée générale puisqu'elle «règle les affaires qui ne sont pas du ressort d'autres organes sociaux». Cela «signifie que toutes les compétences que les statuts n'attribuent pas expressément à un autre organe relèvent de l'assemblée générale»[270]. L'art. 65 al. 1 *in fine* CC ne revêt toutefois pas un caractère impératif. De ce fait, de nombreuses associations y ont dérogé en transférant la «clause générale d'attribution de compétence en faveur de la direction»[271]. Il est souvent plus efficace, surtout dans les associations internationales, de procéder de la sorte. C'est le cas, notamment, de la FISA et du CIO[272].

2.2.6.3.2.4 La convocation de l'assemblée générale

La convocation de l'assemblée générale incombe à la direction en vertu de l'art. 64 al. 2 CC[273]. Toutefois, les statuts peuvent prévoir qu'un autre organe ou un représentant d'un organe, le président par exemple, ait la possibilité de convoquer l'assemblée générale[274]. Les sociétaires ont également le droit inaliénable de demander la tenue d'une assemblée générale[275], le plus souvent extraordinaire. Pour mémoire, l'art. 64 al. 3 *in fine* CC est de nature relativement impérative[276]. L'organe compétent, valablement saisi d'une demande de convocation par les sociétaires et qui ne s'exécuterait pas, pourrait être contraint de le faire par une décision du juge du siège

269 Pour plus de détails, cf. JAKOB, p. 17; JAKOB/SCHWEIZER/STUDEN, p. 10; RIEMER, Entwicklungen 2008, p. 18.

270 ZEN-RUFFINEN, Droit du sport, n° 229 p. 80. Dans le même sens: BAUMANN, Personenrecht des ZGB, p. 61; BRÜCKNER, n° 1177 p. 355; DIAS, p. 136; HAUSHEER/AEBI-MÜLLER, n° 18.28 p. 331; MADÖRIN, p. 34.

271 BADDELEY, L'association sportive, p. 135.

272 Art. 50 ch. 9 Statuts FISA; Règle 19.3.13 ChO.

273 BRÜCKNER, n° 1179 p. 356; GUILLOD, n° 424 p. 217 s.; HANDSCHIN, p. 62; HONEGGER, p. 134; MONTAVON, Droit civil, p. 109; ROSENBERG, p. 43; SCHERRER, Verein, n° 51 p. 44; SCHERRER/GRETER, p. 6.

274 BAUMANN, Personenrecht des ZGB, p. 62; HEINI/SCHERRER, Art. 64 n° 20 p. 459; MONTAVON, Droit civil, p. 109; SCHERRER, Verein, n° 51 p. 44; SCHERRER/GRETER, p. 8.

275 TUOR/SCHNYDER/SCHMID, § 16 n° 23 p. 162; HAUSHEER/AEBI-MÜLLER, n° 18.30 p. 332.

276 GUILLOD, n° 424 p. 217 s.; HONEGGER, p. 134; MADÖRIN, p. 35.

de l'association (art. 75 et 56 CC)[277]. «La convocation doit être adressée à tous les membres qui ont le droit de participer à l'assemblée générale, bien que la loi ne le précise pas expressément. Les statuts peuvent élargir le cercle des destinataires»[278].

L'organe compétent pour convoquer les assemblées ordinaires l'est aussi pour les assemblées générales extraordinaires. Pour ces dernières, toutefois, les délais de convocation sont souvent plus courts et aucun quorum n'est pas requis pour délibérer[279]. Les décisions prises par l'assemblée générale revêtent la même valeur, que celle-ci soit ordinaire ou extraordinaire[280].

Le Code civil ne prescrit ni délai minimal, ni délai maximal pour procéder à la convocation de l'assemblée générale, ordinaire ou extraordinaire[281]. Ce sont les statuts qui règlent cette question[282]. En cas de silence, il faut s'en tenir à l'exigence d'un délai convenable, compatible avec les règles de la bonne foi (art. 2 CC)[283]. Le Tribunal fédéral a, par exemple, jugé qu'un délai de deux jours était trop court, mais qu'un délai d'une semaine était admissible[284].

La loi ne prévoit pas le mode de convocation de l'assemblée générale[285]. Comme pour le délai de convocation, ce sont les statuts qui doivent définir le ou les modes de convocation[286]. En règle générale, la convocation intervient par simple courrier, voire par courriel ou même oralement, notamment lorsque la date a été fixée à l'assemblée générale précédente[287]. L'Association des anciens étudiants de la Faculté de droit de l'Université de Neuchâtel (UniNExt) a adopté une solution originale. Elle prévoit dans ses statuts une convocation par un avis électronique sur le site internet de

277 Brückner, n° 1180 p. 356; Heini/Portmann, n° 418 p. 188; Heini/Portmann/Seemann, n° 352 p. 113; Heini/Scherrer, Art. 64 n° 23 p. 459; Perrin/Chappuis, p. 49.
278 Zen-Ruffinen, Droit du sport, n° 214 p. 76.
279 *Id.*, n° 223 p. 78.
280 Guillod, n° 421 p. 216.
281 Baumann, Personenrecht des ZGB, p. 62; Heini/Portmann, n° 415 p. 187; Heini/Portmann/Seemann, n° 349 p. 112.
282 Rosenberg, p. 48
283 Perrin/Chappuis, p. 50 s.; Zen-Ruffinen, Droit du sport, n° 215 p. 76.
284 ATF 90 II 346, = JdT 1965 I 258, = SJ 1965 401, consid. 2.
285 Heini/Portmann/Seemann, n° 349 p. 112.
286 Baumann, Personenrecht des ZGB, p. 62; Scherrer, Verein, n° 54 p. 45; Scherrer/Greter, p. 6 s.
287 Perrin/Chappuis, p. 51.

la faculté pour les membres dont elle est sans nouvelles[288]. Ceux-ci perdent donc leur droit à une convocation individuelle.

De même, la périodicité de l'assemblée générale n'est pas régie par le Code civil[289]. Elle est laissée à la discrétion de l'association[290]. Les petites associations prévoient souvent une assemblée annuelle, alors que les plus grandes se contentent parfois d'une assemblée générale tous les deux ans ou même tous les quatre ans (p. ex. l'AIBA et la FIBA)[291]. On peut se demander si cette liberté est sans limite et si une association pourrait ne convoquer son assemblée générale que tous les dix ans. Dans un tel cas, le but recherché par le législateur ne serait sans doute plus atteint et, à notre avis, un espace de quatre ans devrait constituer un maximum[292]. A l'inverse, rien ne s'oppose à ce qu'il y ait deux assemblées générales par année, l'une ordinaire, l'autre extraordinaire, ou, même, toutes les deux ordinaires. Il convient encore de relever que le Tribunal fédéral considère qu'«on est en présence d'une décision nulle et non seulement annulable quand l'assemblée générale a été convoquée par une personne qui n'avait pas qualité pour le faire d'après la loi et les statuts»[293]. Si, cependant, tous les membres sont présents et disposent des informations nécessaires, ils peuvent décider souverainement que leurs décisions seront valables. Qu'en est-il d'une association qui est en veilleuse et ne déploie plus d'activité? En principe, une telle association reste tenue par ses statuts, mais, dans les faits, personne ne se donne plus la peine de convoquer l'assemblée générale, ni ne prend l'initiative de s'en plaindre. Elle peut donc «dormir en paix», en tout cas aussi longtemps qu'une autorité externe (p. ex. le fisc) n'intervient pas.

288 Art. 13 par. 4 Statuts UniNExt au 19 février 2010, *in:* site de l'Université de Neuchâtel (www2.unine.ch): http://www2.unine.ch/webdav/site/uninext/shared/documents/UniNext_Statuts_version_19_2_2010.pdf (31.05.2010).

289 Guillod, n° 424 p. 217 s.; Heini/Portmann, n° 416 p. 187; Heini/Portmann/Seemann, n° 350 p. 112.

290 Rosenberg, p. 45 ss.

291 Art. 23 al. 2 Statuts AIBA; art. 14.8 Statuts généraux 2006-2010 FIBA, *in:* site de la Fédération internationale de basketball (www.fiba.com): http://www.fiba.com/asp_scripts/downMana.asp?fileID=733 (31.05.2010).

292 Heini/Portmann, n° 416 p. 187, relèvent que cette question est sans objet pour les associations soumises à l'obligation de faire réviser leurs comptes puisqu'elles sont tenues de présenter un bilan annuellement.

293 ATF 71 I 383, JdT 1946 I 135 (trad.), consid. 2a. Les différences entre la nullité et l'annulabilité d'une décision seront étudiées dans le chapitre relatif aux droits des sociétaires (cf. pt. 2.3.3) puisqu'elles concernent essentiellement le délai de recours contre la décision associative.

2.2.6.3.2.5 L'ordre du jour

En vue de l'assemblée générale, la direction établit un ordre du jour indiquant les objets qui seront traités, certains devant obligatoirement y figurer aux termes de la loi et des statuts[294]. Juridiquement, l'ordre du jour représente «une communication émise [par l'organe compétent pour convoquer l'assemblée générale] en application de la loi ou des statuts. [...]. Il s'agit d'un acte juridique soumis à réception»[295]. Dans le Code civil, seul l'art. 67 al. 3 CC fait référence à un ordre du jour. La formulation adoptée, à savoir qu'«elles [les décisions] ne peuvent être prises en dehors de l'ordre du jour que si les statuts le permettent expressément», indique que l'existence d'un ordre du jour représente une condition préalable à toute décision[296]. En effet, cette solution est la plus à même de garantir la libre formation de la volonté des membres de l'association, tout en évitant les risques de manipulation. Le Tribunal fédéral a d'ailleurs considéré qu'«un objet est dûment porté à l'ordre du jour lorsqu'il est indiqué de telle manière que les membres ne soient pas surpris et puissent se préparer à en débattre»[297]. Ces indications sont importantes dans la mesure où beaucoup de sociétaires décident de participer ou non à une assemble générale en fonction de cet élément[298]. HEINI/PORTMANN/SEEMANN précisent que le membre faisant l'objet d'une procédure d'exclusion doit être cité nommément dans l'ordre du jour afin que les autres sociétaires soient pleinement informés. Ils sont d'avis que les candidats à une élection n'ont, quant à eux, pas besoin d'être cités nommément dans l'ordre du jour[299].

En revanche, comme nous venons de le voir, en cas de silence des statuts, de nouveaux points ne peuvent pas être ajoutés à l'ordre du jour. Lorsque des propositions individuelles sont présentées en cours de séance, il convient de déterminer si elles sont en relation suffisamment étroite avec un point de l'ordre du jour pour être traitées ou si elles doivent être

294 HEINI/PORTMANN, n° 420 p. 189, sont d'avis que les sociétaires ont aussi le droit de faire des propositions en vue d'établir l'ordre du jour. Dans le même sens: HEINI/PORTMANN/SEEMANN, n° 353 ss p. 113 s.; HEINI/SCHERRER, Art. 64 n° 26 p. 459.

295 PERRIN/CHAPPUIS, p. 78.

296 SCHERRER/GRETER, p. 7.

297 ATF 114 II 193, JdT 1990 I 285 (rés.), consid. 5b. En reprenant le mot «dûment», le Tribunal fédéral fait référence aux versions allemande et italienne du Code civil qui utilisent les termes de *gehörig angekündigt* et de *debitamente preannunciati* pour préciser que les objets soumis à discussion doivent être dûment mis à l'ordre du jour.

298 BRÜCKNER, n° 1182 s. p. 356 s.

299 HEINI/PORTMANN/SEEMANN, n° 355 p. 114.

renvoyées à une assemblée ultérieure. Cependant, de nombreuses associations permettent une dérogation expresse à l'art. 67 al. 3 CC, notamment pour pouvoir tenir compte de l'évolution de l'actualité et prévenir des cas d'urgence[300], mais en requérant l'approbation d'une majorité[301]. A titre d'exemple, le CIO prévoit, en plus du quorum usuel qui veut que l'on ne puisse délibérer que si plus de la moitié des membres sont présents, que l'on ne peut ajouter un point à l'ordre du jour que si le tiers des membres ou le Président de séance admettent cette adjonction[302]. Cependant, même dans cette hypothèse, ce nouveau point ne peut faire l'objet que d'une discussion et non pas d'un vote[303]. Dans tous les cas, la bonne foi peut être invoquée en tant qu'*ultima ratio* pour prévenir tout abus[304]. Il est parfois délicat de déterminer si une discussion, un amendement ou une contre-proposition demeure dans les limites de l'ordre du jour ou constitue un point nouveau. En ce sens, si un ordre du jour ne prévoit que des objets mineurs, l'assemblée générale ne pourra pas prendre, par exemple, une décision qui implique un engagement financier important. Elle ne pourra pas non plus procéder à une modification de ses statuts et encore moins prononcer sa

300 Heini/Scherrer, Art. 67 n° 19 p. 469; Zen-Ruffinen, Droit du sport, n° 218 p. 77.

301 Perrin/Chappuis, p. 78.

302 Règle 18.3 ChO et Texte d'application de la Règle (TAR) 18.4 ChO. A noter que le TAR 18 ChO manque de clarté. En effet, il ne précise pas sur quelle base doit être calculé le tiers requis pour l'obtention du quorum (sur le total des membres du CIO ou sur le total du nombre de membres présents à la Session?). Bien que théorique, cette question pourrait permettre à un sociétaire, en application de l'art. 75 CC, d'attaquer la décision prise par la Session devant une instance extérieure et de la faire annuler. Au vu de la rédaction du Code civil, notamment de l'art. 67 al. 2 CC, et du caractère supplétif des art. 60 ss CC, il faut à notre avis retenir que la majorité se compte par rapport au nombre de membres présents à la Session.

303 TAR 18.4 ChO. Pour pouvoir prendre une décision relative à une adjonction, il faut convoquer une Session extraordinaire ou attendre la Session ordinaire suivante. Lors de la 118e Session du CIO à Turin, certains membres ont souhaité un nouveau vote sur l'exclusion du softball et du baseball du programme des Jeux Olympiques de Londres en 2012. Du fait que ce point ne figurait pas à l'ordre du jour, en conformité avec la Charte, il n'y aurait pas dû y avoir de vote sur cet objet. Cependant, dans un souci de pragmatisme, notamment pour éviter la convocation d'une Session extraordinaire, les membres présents ont admis la tenue d'un vote. Pour plus de détails concernant le Programme olympique pour Londres 2012, cf. site du Mouvement olympique (www.olympic.org): http://www.olympic.org/fr/content/Olympic-Games/All-Future-Olympic-Games/Summer/London-2012/?articleNewsGroup=-1&articleId=72490 (31.05.2010).

304 Perrin/Chappuis, p. 78.

dissolution puisque le législateur a imposé pour cela des règles particulières sur lesquelles nous aurons l'occasion de revenir (cf. pt. 2.3.3.3.4).

2.2.6.3.2.6 Le droit de vote

Selon l'art. 67 al. 2 CC, «[l]es décisions sont prises à la majorité des voix des membres présents». Cela signifie que

> les membres absents ne peuvent pas voter, même en utilisant un moyen de communication à distance comme le téléphone, le fax, la lettre, la messagerie électronique ou la procuration donnée à un autre membre. Les statuts peuvent toutefois conférer expressément le droit de vote aux membres absents[305].

Ainsi, «les statuts peuvent prévoir le vote par représentation, exercé par un représentant (art. 32 ss CO) ou un mandataire (art. 396 al. 2 CO). En cas de silence des statuts et d'absence d'usage associatif, [...] la représentation est exclue»[306]. Si la représentation par un membre de l'association demeure envisageable, la représentation par un non-membre soulève quelques réticences et est considérée par certains comme «incompatible avec les principes essentiels de l'indépendance et de l'autodétermination de l'association»[307]. En effet, l'association se fonde sur un engagement personnel de ses membres en faveur d'un but commun. Les personnes non-membres n'ont pas souscrit à ce but commun, d'où l'importance de bien définir les droits de chacun[308].

2.2.6.3.2.6.1 La procédure de vote

Dans ce paragraphe, nous ne traiterons que de la procédure de vote. La titularité du droit de vote en tant que telle, y compris le vote par correspondance ou par représentation, seront étudiés dans la partie relative au sociétariat (cf. pts. 2.3 ss). Juridiquement, une décision de l'assemblée générale est assimilée à l'expression de la volonté de l'association[309]. Encore faut-il savoir comment celle-ci est exprimée. Ce sont les art. 66, 67 et 68 CC qui régissent cette matière, mais seule la dernière de ces dispositions revêt un

305 ZEN-RUFFINEN, Droit du sport, n° 235 p. 81 s. Dans le même sens: HEINI/PORTMANN/SEEMANN, n° 357 p. 114 s.; SCHERRER/GRETER, p. 11.

306 ZEN-RUFFINEN, Droit du sport, n° 291 p. 100. Cf. également PERRIN/CHAPPUIS, p. 72 et 95; RIEMER, BKomm, Art. 67 n° 35 p. 506 s.

307 BADDELEY, L'association sportive, p. 141.

308 A titre d'exemple, la Règle 18.4 ChO, le TAR 19.6 ChO et l'art. 23 ch. 1 Statuts FIFA interdisent le vote par procuration.

309 HEINI/SCHERRER, Art. 66 n° 19 p. 465; PERRIN/CHAPPUIS, p. 83.

caractère impératif[310]. La loi ne règle, «à défaut», qu'une petite partie de la procédure. Par exemple, elle ne se prononce pas sur la majorité et le quorum requis pour que les décisions de l'assemblée générale soient valables[311], le caractère secret ou non des votes, et la manière d'obtenir une telle procédure. De ce fait, les statuts doivent donc définir la procédure de vote, de sorte qu'elle corresponde à la réelle volonté des sociétaires.

2.2.6.3.2.6.2 Le quorum

Très souvent, les statuts prévoient un quorum de présence pour que l'assemblée générale soit compétente pour délibérer et prendre ses décisions[312]. Ce quorum suppose, en général, la présence de la moitié des membres. Comme relevé précédemment (cf. pt. 2.2.6.3.2.6.1), la loi n'impose pas cette exigence[313]. ZEN-RUFFINEN ajoute que «[l]orsqu'ils prévoient un quorum, les statuts devraient indiquer les mesures à prendre lorsqu'il n'est pas atteint»[314]. A titre d'exemple, on peut citer l'art. 4.4 al. 3 des Statuts de Swiss Olympic qui indique que

> [s]i le quorum n'est pas atteint dans une assemblée, une deuxième assemblée doit être convoquée dans les six semaines qui suivent. Elle sera habilitée à prendre valablement des décisions indépendamment du nombre de fédérations membres et de voix représentées.

2.2.6.3.2.6.3 Le calcul de la majorité

Pour ce qui est du calcul de la majorité, le fait que «[l]es décisions so[ie]nt prises à la majorité des voix des membres présents» (art. 67 al. 2 CC) pose deux problèmes. En effet, «membres présents› n'est pas synonyme de «membres votants»[315]. En premier lieu donc, «il faut soustraire du nombre des membres présents, le nombre des sociétaires dépourvus du droit de vote» pour calculer la majorité[316]. Ensuite, il convient de constater que, même ainsi, le calcul de la majorité peut être faussé par les abstentions et

310 SCHERRER/GRETER, p. 9.
311 HEINI/PORTMANN/SEEMANN, n° 361 ss p. 116 ss.
312 HEINI/PORTMANN, n° 429 p. 192; SCHERRER/GRETER, p. 11.
313 HEINI/PORTMANN/SEEMANN, n° 361 ss p. 116 ss.
314 ZEN-RUFFINEN, Droit du sport, n° 238 p. 83.
315 PERRIN/CHAPPUIS, p. 75. Cf. également HEINI/PORTMANN/SEEMANN, n° 362 ss p. 116 s.; RIEMER, BKomm, Art. 67 n° 56 p. 512 ss; TUOR/SCHNYDER/SCHMID, § 16 n° 21 p. 161 s.; ZEN-RUFFINEN, Droit du sport, n° 235 p. 81 s.
316 PERRIN/CHAPPUIS, p. 77. Cf. également SCHERRER/GRETER, p. 9.

les votes nuls. En effet, ceux-ci emportent, pour le calcul de la majorité, la même conséquence que les votes négatifs puisqu'il faut une majorité de «oui» pour qu'une proposition soit acceptée. Pourtant, une personne qui s'abstient n'entend pas s'opposer mais ne veut simplement pas prendre parti[317]. Les problèmes engendrés par l'art. 67 al. 2 CC doivent donc être écartés par des précisions statutaires. Comme cette disposition est de droit dispositif[318], il est judicieux de prévoir que la majorité se calcule selon les membres votants, les votes nuls et blancs n'étant pas pris en compte.

Par ailleurs, il est important que les statuts précisent, dans chaque cas, la majorité requise[319]. A défaut d'exigence fixée par le législateur, une partie de la doctrine estime que la majorité simple s'applique[320]. En pratique, les décisions sociales les plus importantes sont toujours assorties d'une majorité qualifiée des deux-tiers, voire des trois-quarts[321]. Certaines règles statutaires particulières peuvent influencer l'établissement de la majorité. Tel est le cas lorsqu'une personne dispose d'une voix prépondérante, d'un droit de veto ou qu'une décision doit être prise à l'unanimité[322].

2.2.6.3.2.6.4 Les élections

Le système d'élection est relativement libre. Généralement, le principe de la majorité absolue régit les élections au premier tour. Si aucun candidat n'est élu, on peut prévoir deux variantes. Dans la première, le deuxième tour se passe à la majorité relative[323]. Dans la deuxième, le candidat qui a obtenu le moins de suffrages est éliminé du tour suivant[324], et ainsi de

317 Zen-Ruffinen, Droit du sport, n° 235 p. 81 s.

318 Brückner, n° 1189 p. 359; Scherrer/Greter, p. 9.

319 Heini/Portmann, n° 432 ss p. 193 s.; Scherrer/Greter, p. 10.

320 Engel, p. 303; Perrin/Chappuis, p. 76 s. *Contra:* Heini/Portmann, n° 441 p. 194 et n° 447 p. 196 s.; Heini/Portmann/Seemann, n° 378 p. 119; Heini/Scherrer, Art. 67 n° 8 p. 467; Meier-Hayoz/Forstmoser, § 20 n° 63 p. 643; Riemer, BKomm, Art. 67 n° 53 p. 511 s.;

321 Majorité qualifiée des deux-tiers: décision de la Session d'exclure un membre du CIO (Règle 16.3.8.2 ChO). Majorité des trois-quarts: décision du Congrès de modifier les Statuts de la FIFA (art. 26 ch. 4 Statuts FIFA).

322 Heini/Portmann/Seemann, n° 369 ss p. 118.

323 Zen-Ruffinen, Droit du sport, n° 239 p. 83.

324 Procédure d'élection lors de la 117ème Session du 6 juillet 2005 à Singapour pour l'attribution de la XXXe Olympiade, *in:* site du Mouvement olympique (www.olympic.org): http://www.olympic.org/fr/content/Olympic-Games/All-Future-Olympic-Games/Summer/London-2012/?articleNewsGroup=-1&articleId=72490, rubrique «plus d'infos sur l'élection» (31.05.2010).

suite jusqu'à ce qu'un candidat obtienne la majorité absolue. Dans cette deuxième hypothèse, il n'est pas rare qu'on doive effectuer suffisamment de tours pour qu'il ne reste plus que deux candidats. Les procédures de sélection des villes organisatrices de Jeux Olympiques se déroulent selon ce principe et il faut, presque toujours, de nombreux tours de scrutin pour finaliser le choix. Salt Lake City, élue au premier tour, a constitué une exception[325]. Certains statuts prévoient qu'en cas d'égalité, notamment pour les élections, le sort en décide, à moins que le président ne dispose d'un vote prépondérant (plus rare en matière d'élections que de décisions)[326].

2.2.6.3.3 La direction

2.2.6.3.3.1 Généralités

La direction constitue l'organe exécutif de l'association[327]. Dans une structure étatique, elle représenterait le gouvernement. Bien que le législateur n'ait consacré que deux articles à la direction (art. 69 et 69a CC), cet organe n'en demeure pas moins essentiel[328]. En effet, la loi dispose que «[l]'association est dissoute de plein droit [...] lorsque la direction ne peut plus être constituée statutairement» (art. 77 CC)[329].

A titre informatif, il est utile de préciser que l'organe imposé par les art. 69 s. CC peut prendre d'autres noms que celui de «direction». Parfois, on le désigne comme «comité»[330], «comité exécutif», «comité central», «commission exécutive» ou «conseil exécutif»[331] (cette liste n'est pas exhaustive).

2.2.6.3.3.2 La désignation des membres de la direction

En vertu de l'art. 65 al. 1 CC, il incombe à l'assemblée générale de désigner les membres de la direction. Cet article est toutefois de nature dispositive[332]. Dès lors, les statuts peuvent prévoir d'autres modes de dési-

325 Il s'agissait de l'élection pour les Jeux Olympiques de 2002. Pour plus de détails concernant l'historique des votes des Jeux Olympiques, cf. LUNZENFICHTER, p. 292 ss.

326 P. ex. art. 18 par. 3 Statuts UniNExt.

327 ZEN-RUFFINEN, Droit du sport, n° 250 p. 86. Cf. également GUILLOD, n° 427 p. 219; MADÖRIN, p. 39; MONTAVON, Droit civil, p. 114; SCHAWALDER, p. 50; SCHERRER/GRETER, p. 11.

328 HEINI/SCHERRER, Art. 69 n° 1 p. 472; ROSENBERG, p. 83.

329 HEINI/PORTMANN, n° 463 p. 203; HEINI/PORTMANN/SEEMANN, n° 391 p. 124.

330 GUILLOD, n° 427 p. 219.

331 BADDELEY, L'association sportive, p. 134; ZEN-RUFFINEN, Droit du sport, n° 250 p. 86.

332 BADDELEY, L'association sportive, p. 135; BRÜCKNER, n° 1230 p. 370; GUILLOD,

gnation des membres de la direction. On peut, par exemple, instituer des membres *ex officio*[333], avoir recours à la cooptation ou attribuer la compétence de choisir les membres de la direction à un autre organe, spécialisé en la matière[334].

La loi ne fixe pas le nombre de personnes qui doivent faire partie de la direction, ce qui signifie que, sur ce point, l'association est libre[335]. Fréquemment, les statuts prévoient que le nombre des membres de la direction se situe entre un minimum et un maximum, avec quelques postes fixes et d'autres optionnels[336]. Par ailleurs, SCHERRER/GRETER relèvent qu'il peut y avoir confusion entre les membres de l'association et ceux de la direction lorsque celle-ci est très petite[337]. On parle alors d'union personnelle[338].

Le pouvoir de révoquer les membres de la direction correspond à celui de les désigner. L'assemblée générale dispose de cette compétence inaliénable en vertu de l'art. 65 al. 2 CC[339]. Cette disposition ne s'oppose toutefois pas à ce que les statuts octroient, en parallèle, ce pouvoir à d'autres organes, ou qu'ils le fassent dépendre de la survenance d'une clause résolutoire.

2.2.6.3.3.3 Les conditions d'éligibilité

Ce sont principalement les statuts de l'association qui déterminent les conditions d'éligibilité à un poste directif. En cas de silence, un non-membre peut, selon le Tribunal fédéral, être élu à la direction de l'association[340]. Il doit alors pouvoir y voter, mais ne dispose pas forcément de ce même

---

n° 427 p. 219; HAUSHEER/AEBI-MÜLLER, n° 18.33 p. 332 s.; HEINI/PORTMANN, n° 463 p. 203; HEINI/PORTMANN/SEEMANN, n° 391 p. 124; HONEGGER, p. 135; MADÖRIN, p. 39; PERRIN/CHAPPUIS, p. 88 s.; RIEMER, BKomm, Art. 69 n° 5 p. 540; SCHERRER/GRETER, p. 11; ZEN-RUFFINEN, Droit du sport, n° 256 p. 88.

333 A titre d'exemple, on peut citer le cas des membres suisses du CIO qui sont automatiquement intégrés au Conseil exécutif de Swiss Olympic (art. 5.1 al. 1 Statuts Swiss Olympic). Il s'agit d'une obligation imposée par le CIO à la Règle 29.1.1.1. ChO.

334 BRÜCKNER, n° 1230 p. 370; HEINI/PORTMANN, n° 465 ss p. 203 s.; HEINI/PORTMANN/SEEMANN, n° 392 ss p. 124; HEINI/SCHERRER, Art. 69 n° 4 ss p. 473; MADÖRIN, p. 39; PERRIN/CHAPPUIS, p. 89; ROSENBERG, p. 86 s.; SCHERRER/GRETER, p. 11; ZEN-RUFFINEN, Droit du sport, n° 256 p. 88.

335 HAUSHEER/AEBI-MÜLLER, n° 18.33 p. 332 s.

336 PERRIN/CHAPPUIS, p. 94.

337 SCHERRER/GRETER, p. 12.

338 HEINI/SCHERRER, Art. 69 n° 1 p. 472.

339 HEINI/PORTMANN, n° 468 p. 204; ROSENBERG, p. 90 ss; SCHERRER/GRETER, p. 12.

340 ATF 97 II 108, JdT 1972 I 648 (trad. rés.), consid. 2; ATF 73 II 1, JdT 1947 I 233 (trad.).

droit à l'assemblée générale puisqu'il n'en fait, en principe, pas partie. Il est aussi possible de prévoir qu'un mineur fasse partie de la direction[341]. Dans ce cas, toutefois, celui-ci ne pourra ni disposer d'un droit de vote complet ni s'impliquer dans des matières où sa responsabilité financière serait éventuellement engagée. Par ailleurs, la loi n'impose pas de conditions de domicile ou de nationalité pour les membres de la direction[342]. Ainsi, les statuts des petites associations ne contiennent, en général, pas de dispositions sur ce point, au vu de leur rayon d'activité limité. En revanche, les fédérations internationales ou continentales adoptent souvent des règles destinées à assurer un certain équilibre géographique entre les différentes fédérations qui leur sont affiliées[343].

La loi exclut expressément qu'une personne morale puisse être membre de l'administration d'une SA ou d'une société coopérative (art. 707 al. 3 et 894 al. 2 CO). Elle est toutefois muette sur ce point quant à l'association[344]. La question demeure controversée en doctrine[345]. Les auteurs favorables à la possibilité pour une personne morale de faire partie de la direction d'une association rappellent que, selon l'art. 53 CC, les personnes morales peuvent «assumer toutes les obligations qui ne sont pas inséparables des conditions naturelles de l'homme». Or, on doit admettre que la capacité de gérer une association ne présente pas ce caractère. De plus, ils relèvent que, comme pour toute autre interdiction, il faut une base légale. En l'occurrence celle-ci fait défaut, à moins qu'un juge saisi d'une telle affaire estime que la loi comporte une lacune proprement dite et décide de la combler en application de l'art. 1 al. 2 CC[346]. Dans tous les cas, cette controverse doctrinale ne concerne que les associations qui ne sont pas inscrites au RC[347]. En effet, l'art. 120 ORC interdit aux associations qui le sont d'avoir pour organe de direction une personne morale ou une société commerciale.

La durée de la fonction, les conditions de rééligibilité, le cahier des charges (attributions), le mode de fonctionnement et le pouvoir de repré-

341 BUCHER, p. 29 ss; DESCHENAUX/STEINAUER, n° 236 p. 73 s.; MEIER, p. 268 s.

342 PERRIN/CHAPPUIS, p. 90.

343 P. ex., l'art. 30 ch. 3 des Statuts de la FIFA prévoit une clé de répartition des postes selon l'importance des Confédérations.

344 BAUMANN, Personenrecht des ZGB, p. 63 s.

345 Pour cette possibilité: PERRIN/CHAPPUIS, p. 90 s.; HAUSHEER/AEBI-MÜLLER, n° 18.34 p. 333; HONEGGER, p. 135; RIEMER, BKomm, Art. 69 n° 14 p. 543 s. *Contra:* HEINI/PORTMANN, n° 470 p. 205; HEINI/SCHERRER, Art. 69 n° 7 s. p. 473.

346 PERRIN/CHAPPUIS, p. 90 s.

347 HEINI/PORTMANN/SEEMANN, n° 397 p. 125.

sentation de la direction sont, d'ordinaire, prévus statutairement[348]. On peut remarquer qu'habituellement la durée des mandats est plus longue au niveau international que national. Cette différence s'explique aisément par la dimension géographique de la fédération internationale, la dispersion et l'éloignement de ses membres, ainsi que par sa position dans la pyramide du sport (cf. pt. 3), qui l'oblige à faire cascader les informations jusqu'à la base avant qu'une réaction puisse éventuellement revenir au sommet par le même chemin. Ces fédérations doivent donc compter avec une certaine inertie. Tout y est plus lent, plus lourd et il leur faut, par conséquent, plus de temps pour réaliser leurs objectifs. Par exemple, la présidence de la FIFA est d'une durée de quatre ans, renouvelable sans limite[349], alors que le mandat du Président central de l'Association suisse de football (ASF) est seulement de deux ans, renouvelable sans limite, les Statuts de l'ASF ne précisant rien à ce sujet[350]. Beaucoup d'associations restreignent cependant le nombre maximal de mandats successifs qu'un membre de la direction peut exécuter, afin d'assurer un certain renouvellement des dirigeants et éviter une mainmise trop forte d'une personne sur l'association. C'est le cas de Swiss Olympic, qui prévoit à l'art. 5.2 al. 2 de ses Statuts que «[l]es membres du Conseil exécutif peuvent être élus pour trois périodes au plus». De même, le Président du CIO est élu pour une durée de huit ans, renouvelable une fois pour quatre ans[351].

Plus rarement, il est des cas où l'on ne peut plus assumer de fonction dirigeante à la survenance d'un âge limite. Les Statuts de Swiss Olympic disposent, par exemple, que «le mandat des membres élus au Conseil exécutif prend fin dans tous les cas à l'Assemblée ordinaire du Parlement du sport qui correspond à leur septantième année»[352]. Le CIO impose aussi une limite d'âge à 70 ans[353], et la FISA à 65 ou 70 ans suivant les fonctions[354]. Quant à la FIVB, elle fixe à 75 ans l'âge maximum des officiels élus ou nommés à une

348 Madörin, p. 40 s. Cf. également Brückner, n° 1232 s. p. 371, qui précise que le président est souvent directement élu par l'assemblée générale mais que, par la suite, la direction se constitue elle-même.

349 Art. 30 ch. 2 Statuts FIFA.

350 Art. 27 ch. 3 Statuts ASF de janvier 2010, *in:* site de l'Association Suisse de Football (www.football.ch): http://www.football.ch/sfv/cm/Statuts%20édition%20janvier%202010.pdf (31.05.2010).

351 Règle 20.1 ChO.

352 Art. 5.2 al. 4 Statuts Swiss Olympic.

353 Règle 16.3.3 ChO.

354 Art. 39 et 53 par. 6 Statuts FISA.

fonction de niveau continental ou mondial[355] et à 60 ans celui des personnes se portant candidates pour la première fois au Conseil d'administration[356].

2.2.6.3.3.4 La nature du rapport juridique entre l'association et la direction

La nature du rapport juridique qui lie le membre de la direction à l'association est controversée[357]. En principe, on qualifie ce lien de «rapport d'organe» car il est principalement soumis au droit de l'association. Cela signifie que «[l]es droits et les devoirs des membres de la direction, ainsi que ceux de l'association, sont d'abord régis par le droit de l'association, par les statuts et les décisions sociales»[358]. Cependant, dans certains cas, ce lien peut être qualifié de mandat (art. 394 ss CO), dans d'autres de contrat de travail (art. 319 ss CO) et, parfois encore, de contrat *sui generis*[359]. Ces distinctions ne changent rien au fait que «[l]'élection constitue souvent l'offre de conclure un contrat qui doit encore être acceptée, expressément ou tacitement, par la personne élue»[360].

Une situation inverse peut se présenter lorsque le nouvel élu a fait acte de candidature. Dans ce cas, il faut admettre que l'élection a valeur d'acceptation de l'offre[361]. Pour PERRIN/CHAPPUIS, il s'agit d'un contrat *sui generis*. Selon ces auteurs, premièrement, le membre de la direction n'est pas un subordonné. De ce fait, «aucun droit à une rémunération ne naît de la seule activité déployée au sein de la direction (sauf [...] une convention spéciale)»[362]. Deuxièmement, le droit du mandat est inadéquat sur un point essentiel, à savoir le fait que

> les statuts peuvent prévoir une limitation du droit de révoquer l'organe [en l'occurrence la direction] en tout temps puisque l'art. 65 al. 2 CC n'est pas de droit impératif [...]. Une telle limitation n'est pas compatible avec l'art. 404 CO qui instaure impérativement la libre révocabilité du mandat[363].

355 Art. 2.1.4. Constitution FIVB; art. 1.8 Règlement général FIVB du 25 octobre 2006.
356 Art. 1.2.2.2. let. k Règlement général FIVB.
357 BAUMANN, Personenrecht des ZGB, p. 64; HEINI/SCHERRER, Art. 69 n° 11 ss p. 473 s.
358 PERRIN/CHAPPUIS, p. 92.Cf. également HEINI/PORTMANN/SEEMANN, n° 401 ss p. 126 s.
359 BRÜCKNER, n° 1241 p. 373.
360 ZEN-RUFFINEN, Droit du sport, n° 254 p. 87.
361 PERRIN/CHAPPUIS, p. 91.
362 PERRIN/CHAPPUIS, p. 92. Dans le même sens: MADÖRIN, p. 42.
363 PERRIN/CHAPPUIS, p. 92. Cf. également HEINI/PORTMANN, n° 476 ss p. 207 s.

Pour ZEN-RUFFINEN, c'est la contre-prestation pécuniaire qui permet d'opérer une distinction entre les contrats de mandat et de travail. Lorsque la fonction de direction est exercée bénévolement ou contre défraiement, elle est soumise au mandat. En revanche, lorsque l'activité est clairement rémunérée (on dépasse ici la notion de défraiement), elle doit être considérée comme relevant du droit du travail[364]. Dans la direction des associations et des fédérations, on trouve souvent un employé professionnel, le directeur exécutif, appelé aussi parfois secrétaire général, conjointement avec des membres bénévoles. Ces derniers ont donc une qualité de membre, à laquelle un éventuel contrat se superpose.

2.2.6.3.3.5 Les devoirs de la direction

La loi prévoit que «[l]a direction a le droit et le devoir de gérer l'association et de la représenter en conformité des statuts» (art. 69 CC). En plus de la gestion courante de l'association et de la mise en œuvre des décisions de l'assemblée générale, la direction peut se voir confier statutairement l'exécution de tâches spécifiques. Par gestion courante, on entend «toutes les tâches administratives, la préparation du budget et des comptes, le placement de la fortune sociale et la gestion des installations»[365]. Les activités spécifiques sont, en général, plus sporadiques, précises et délimitées, mais toujours en lien avec le but social[366]. Par ailleurs, il est très important de prévoir à quel organe sont dévolues les compétences résiduelles. En effet, comme nous l'avons déjà relevé (cf. pt. 2.2.6.3.2.3), l'art. 65 al. 1 *in fine* CC confère une compétence résiduelle à l'assemblée générale. Pour des questions d'opportunité et, en particulier, en raison du fait que la direction siège plus souvent que l'assemblée générale, il est préférable d'attribuer à celle-là statutairement toutes les compétences résiduelles. Il importe aussi de prévoir que la direction peut interpréter les statuts en cas de doute et combler les éventuelles lacunes (comme le fait p. ex. l'art. 50 par. 4 Statuts FISA). A défaut, on peut parfois se trouver dans des impasses.

Depuis le 1er janvier 2008, la direction est en outre légalement obligée, aux termes de l'art. 69a *ab initio* CC, de tenir une comptabilité des activités de l'association[367]. Auparavant, il ne s'agissait que d'une pratique.

364 ZEN-RUFFINEN, Droit du sport, n° 255 p. 87.

365 ZEN-RUFFINEN, Droit du sport, n° 258 p. 89. Cf. également HEINI/PORTMANN/SEEMANN, n° 406 p. 127 s.

366 PERRIN/CHAPPUIS, p. 96.

367 BAUMANN, Personenrecht des ZGB, p. 64; GUILLOD, n° 427 p. 219; HEINI/PORTMANN/

Par ailleurs, les associations qui doivent requérir leur inscription au RC sont soumises à des règles encore plus strictes, puisque les dispositions du Code des obligations relatives à la comptabilité commerciale leur sont applicables par analogie (art. 69a *in fine* CC).

2.2.6.3.3.6 Le mode de fonctionnement de la direction

La loi est muette sur le mode de fonctionnement de la direction. Quelquefois, les statuts disposent que la direction adopte un règlement de fonctionnement interne[368]. Celui-ci peut, par exemple, prévoir un quorum de présence pour que la direction soit apte à siéger et définir les modalités de prises de décisions, notamment le type de majorité requise[369]. Toutefois, la plupart du temps, on se fonde sur des coutumes ou des pratiques largement reconnues. Les dates des réunions sont souvent fixées d'une séance à l'autre. A défaut, il incombe au président de l'association de convoquer les réunions de la direction[370]. Il peut aussi devoir le faire à la demande d'un certains nombre de membres[371].

2.2.6.3.3.7 Le pouvoir de représentation de la direction

Comme nous l'avons déjà mentionné (cf. pts. 2.2.6.3.1; 2.2.6.3.2.3), il est important de préciser les pouvoirs de représentation de la direction. Lorsque ceux-ci ne font l'objet d'aucune disposition statutaire, il est admis que le président engage l'association[372]. De manière générale, on considère que le pouvoir de représentation de la direction est défini par le but de l'association[373]. Cependant, pour Riemer et Zen-Ruffinen[374], il est

---

Seemann, n° 407 ss p. 128 s.; Riemer, Reformen, p. 580.

368 Perrin/Chappuis, p. 94.

369 Heini/Portmann/Seemann, n° 424 ss p. 132 s.

370 Brückner, n° 1236 p. 372; Heini/Portmann, n° 497 p. 214; Scherrer, Verein, n° 99 p. 73; Scherrer/Greter, p. 12.

371 Heini/Portmann/Seemann, n° 422. p. 132. Madörin, p. 40, est d'avis que l'art. 64 al. 3 CC peut trouver application par analogie. Dans le même sens: Brückner, n° 1236 p. 372; Heini/Scherrer, Art. 69 n° 22 s. p. 474.

372 *Contra:* Heini/Portmann et Perrin/Chappuis, qui estiment que la direction doit agir collégialement [Heini/Portmann, n° 483 p. 209 s.; Perrin/Chappuis, p. 97]. Brückner, n° 1240 p. 373, est d'avis que chaque membre de la direction peut engager l'association.

373 Brückner, n° 1239 p. 372 s.; Honegger, p. 138; Madörin, p. 41; Scherrer, Verein, n° 98 p. 73; Scherrer/Greter, p. 13.

374 Riemer, BKomm, Art. 69 n° 67 p. 561 s.; Zen-Ruffinen, Droit du sport, n° 258 p. 89. Du même avis: Madörin, p. 41; Scherrer/Greter, p. 13.

important qu'on n'exige pas «d'un tiers qu'il fasse des recherches pour savoir comment l'association a réglé le pouvoir de représentation»[375]. Cet argument vaut également pour les associations dont les statuts prévoient un régime de représentation et celles qui ne sont pas inscrites au RC[376]. Ces dernières doivent se laisser opposer tous les actes conclus par leurs membres qui donnent l'apparence d'être légitimés, même s'ils ne le sont pas formellement. Les cas d'abus de droit ou de comportements contraires à la bonne foi sont réservés[377]. Dans les cas où l'association souhaite se départir d'un contrat signé par un membre non-légitimé, l'art. 39 CO trouve application[378]. Cette disposition peut amener l'association à devoir indemniser le tiers de bonne foi. A contrario, lorsqu'une association est pourvue de dispositions relatives à la représentation et est inscrite au RC, elle peut opposer la publicité de cette mention aux tiers[379], à moins qu'elle n'ait pas respecté les règles qu'elle s'est fixées. En effet, si elle reconnaît et ratifie tous les actes d'une personne sans pouvoirs individuels, elle pourra, après un certain temps, se voir opposer cette tolérance[380].

2.2.6.3.3.8 La responsabilité pour faute des membres de la direction

La responsabilité des membres de la direction de l'association ne diffère pas du cas général prévu à l'art. 55 CC[381]. Pour rappel, on distingue la responsabilité interne de la responsabilité externe. La première est dirigée envers l'association[382]. Le membre de la direction répond de ses actes illicites (art. 41 CO)[383] ou de la violation de son devoir de diligence. Dans ce dernier cas, si le rapport juridique entre l'association et le membre de la direction est qualifié de mandat, c'est l'art. 398 CO qui s'applique; s'il est

375 ZEN-RUFFINEN, Droit du sport, n° 258 p. 89.
376 HEINI/PORTMANN/SEEMANN, n° 414 s. p. 130.
377 HEINI/PORTMANN, n° 486 p. 210 s.; HEINI/PORTMANN/SEEMANN, n° 416 p. 130; HEINI/SCHERRER, Art. 69 n° 32 p. 476; MADÖRIN, p. 41; MEIER-HAYOZ/FORSTMOSER, § 2 n° 24 p. 51 s.; PERRIN/CHAPPUIS, p. 98.
378 HEINI/PORTMANN/SEEMANN, n° 418 p. 131.
379 HEINI/SCHERRER, Art. 69 n° 33 p. 477; HONEGGER, p. 154; SCHERRER/GRETER, p. 13.
380 PERRIN/CHAPPUIS, p. 99. Dans le même sens: HEINI/PORTMANN/SEEMANN, n° 417 p. 130 s. A ce sujet, cf. également l'exemple mentionné à la fin du pt. 1.2.2.1.1.
381 MADÖRIN, p. 41; SCHERRER/GRETER, p. 13.
382 HEINI/SCHERRER, Art. 69 n° 36 p. 477.
383 BRÜCKNER, n° 1242 p. 373; HONEGGER, p. 158; MADÖRIN, p. 42; TUOR/SCHNYDER/SCHMID, § 15 n° 19 p. 149.

qualifié de contrat de travail, c'est l'art. 321e CO[384]. Le cumul des responsabilités pour acte illicite et pour violation des obligations contractuelles est possible selon le Tribunal fédéral[385]. Il convient de souligner que

> [l]a décharge est une déclaration de volonté qui émane de l'association, c'est-à-dire de l'assemblée générale, [...] [et qui] constitue l'expression de l'intention de ne pas invoquer la responsabilité contractuelle ou délictuelle du ou des membres de l'organe dirigeant[386].

Madörin rappelle que la loi ne prévoit pas explicitement l'institution de la décharge[387].

La seconde responsabilité (externe) est instituée envers les tiers[388]. Le membre de la direction ou l'organe de fait (cf. pt. 1.2.2.1.1) répondent personnellement du dommage causé, aux conditions de l'art. 41 CO[389] voire des art. 28 ss CC[390]. En cas de pluralité de responsables, ceux-ci répondent solidairement du dommage (art. 50 al. 1 et 143 CO)[391]. L'association est, quant à elle, responsable vis-à-vis du tiers sur la base de l'art. 55 CC[392].

2.2.6.3.3.9 La fin du rapport d'organe entre l'association et la direction

En temps normal, le rapport d'organe liant l'association à chacun des membres de la direction cesse au terme de la période pour laquelle ceux-ci ont été élus[393]. Parfois, ce rapport peut s'achever avant la fin de la durée prévue, notamment par la démission d'un membre de la direction ou lorsque l'assemblée générale fait usage de son droit inaliénable de révoquer en tout temps les organes sociaux (art. 65 al. 2 CC)[394].

384 Heini/Portmann/Seemann, n° 335 ss p. 107 ss; Madörin, p. 41. Cf. également Honegger, p. 159;
385 Riemer, BKomm, Art. 69 n° 122 p. 581, citant un arrêt non publié du TF du 16 février 1984, consid. 3.
386 Perrin/Chappuis, p. 101. Cf. également Madörin, p. 43.
387 Madörin, p. 43. Dans le même sens: Brückner, n° 1247 p. 375.
388 Heini/Portmann, n° 492 p. 212 s.; Heini/Scherrer, Art. 69 n° 36 p. 477 s.
389 Honegger, p. 155.; Perrin/Chappuis, p. 100.
390 Honegger, p. 155; Zen-Ruffinen, Droit du sport, n° 260 p. 90.
391 Brückner, n° 1243 p. 373; Honegger, p. 160 s.
392 Perrin/Chappuis, p. 100 s. Dans le même sens: Guillod, n° 402 p. 206; Honegger, p. 155; Madörin, p. 42.
393 Heini/Portmann/Seemann, n° 428 p. 133 s.
394 *Ibid.*

2.2.6.3.4 L'organe de révision

Comme déjà indiqué, depuis le 1er janvier 2008, il existe une nouvelle norme, l'art. 69b CC, qui assujettit certaines catégories d'associations à l'obligation de faire réviser leurs comptes si certaines valeurs sont dépassées (cf. pts. 2.2.4.3; 2.2.6.3.1)[395]. La loi prévoit également la possibilité d'un contrôle restreint «si un membre de l'association responsable individuellement ou tenu d'effectuer des versements supplémentaires l'exige» (art. 69b al. 2 CC)[396]. Dans ces deux cas, les dispositions du Code des obligations relatives à l'organe de révision de la SA (art. 727 ss CO, qui prévoient un contrôle ordinaire ou restreint)[397] s'appliquent par analogie (art. 69b al. 3 CC)[398].

Les associations qui ne répondent pas à ces critères peuvent organiser le contrôle de leur gestion comme elles l'entendent (art. 69b al. 4 CC)[399]. Dans ce cas, l'organe de contrôle, dont la tâche doit être définie statutairement, se limite à un contrôle formel de la comptabilité de l'association. Dans ce but, cet organe établit «un rapport écrit à l'attention de l'assemblée générale, concluant à l'octroi ou au refus de la décharge du caissier et de la direction»[400].

Dans le domaine du sport, l'existence de cette base légale formelle a été rendue nécessaire par le fait que le sport amateur est souvent dirigé par des personnes certes très dévouées, mais qui ne disposent pas toujours des qualifications nécessaires à la gestion d'une entité juridique complexe, aux activités variées et au chiffre d'affaires d'une certaine importance. Comme le relève BADDELEY,

> [l]e manque de professionnalisme dans l'administration et la gestion financière a conduit, dans le cas de beaucoup d'associations et fédérations, à une situation caractérisée par l'absence de transparence spécialement dans les affaires financières et par un

395 Avant cette date, les associations étaient libres d'instaurer ou non un contrôle de leur comptabilité [HEINI/PORTMANN, n° 507 p. 218; SCHERRER/GRETER, p. 15].

396 HAUSHEER/AEBI-MÜLLER, n° 18.35b p. 333; HEINI/PORTMANN/SEEMANN, n° 430 ss p. 135 s.; MEISTERHANS, p. 195; RIEMER, Entwicklungen 2007, p. 125.

397 Sur ce sujet, cf. FORNITO, p. 7 ss. Pour plus de détails sur le contrôle restreint, cf. également CAVEGN, p. 192 ss.

398 RIEMER, Entwicklungen 2007, p. 125.

399 HEINI/PORTMANN, n° 512 p. 220; HEINI/PORTMANN/SEEMANN, n° 434 ss p. 136 s.; MEISTERHANS, p. 196; PERRIN/CHAPPUIS, p. 112, qui renvoient au Message du Conseil fédéral du 24 juin 2004 concernant la modification du code des obligations [obligation de révision dans le droit des sociétés] et la loi fédérale sur l'agrément et la surveillance des réviseurs, FF 2004 p. 3745, 3777 et 3825; RIEMER, Entwicklungen 2007, p. 124; SCHERRER, Verein, n° 105 p. 76; SCHERRER/GRETER, p. 16.

400 ZEN-RUFFINEN, Droit du sport, n° 263 p. 91.

endettement mettant en danger les intérêts des créanciers et ceux, parfois vitaux, des employés, dont les sportifs rémunérés[401].

Si l'on ajoute à cela quelques cas inévitables de malversations, on comprend qu'il était indispensable qu'un organe de contrôle externe soit imposé aux associations dans certaines situations.

Le sport professionnel est généralement mieux structuré et le «recours à des institutions spécialisées et qualifiées (fiduciaires) externes à l'association» est très fréquent[402], même s'il n'est pas obligatoire. De ce fait, les sociétaires ont la garantie que l'association est gérée de manière adéquate. Il convient encore de relever que de plus en plus de clubs constitués en associations choisissent – voire même sont obligés – d'adopter la forme juridique d'une société commerciale. En Suisse, par exemple, leurs fédérations nationales respectives imposent aux clubs de l'élite du football et du hockey sur glace de se soumettre aux dispositions du droit de la SA (cf. pts. 5.4.1.1 s.)[403] qui imposent la nomination d'un organe de contrôle externe à la société (art. 906 ss CO)[404].

2.2.6.3.5 Les autres organes

Comme nous l'avons déjà relevé (cf. pt. 2.2.6.3.1), la loi impose, au minimum, l'existence de deux organes: l'assemblée générale et la direction et, parfois encore, un organe de révision. Toutefois,

> [c]omme l'indique l'article 63 CC, les associations sont libres non seulement de créer des organes, mais également de déterminer leurs fonctions et compétences, leur mode d'élection ou de désignation et leur mode de fonctionnement, notamment les modalités de la prise de décisions en leur sein, ainsi que la hiérarchie entre les organes[405].

401 Baddeley, L'association sportive, p. 63.

402 Zen-Ruffinen, Droit du sport, n° 263 p. 91.

403 Art. 9 ch. 4 Statuts ASF et 10 let. b ch. 1 Statuts SFL de mai 2008, *in:* site de la Swiss Football League (www.football.ch): http://www.football.ch/sfl/cm/Statuten_f%2006-09.pdf; art. 7 ch. 1 Statuts National League du 13 juin 2008, *in:* site de la National League (www.nationalleague.ch): http://www.nationalleague.ch/media/native/pdf/nl/ueberuns/statuts_ln_13-06-2008_f.pdf et 5 al. 1 let. b Règlement pour l'attribution de l'autorisation de jouer en Ligue Nationale A et B du 13 juin 2008, *in:* site de la National League (/www.nationalleague.ch): http://www.nationalleague.ch/media/native/pdf/nl/ueberuns/reglement_pour_l'attribution_de_l'autorisation_de_jouer_13-06-2008.pdf (31.05.2010).

404 Sur l'organe de révision et la révision en général, cf. Cavegn, p. 181 ss et 203 ss.

405 Baddeley, L'association sportive, p. 142. Dans le même sens: Guillod, n° 399 p. 205; Scherrer/Greter, p. 14.

Selon l'art. 63 al. 2 CC, la création de nouveaux organes peut cependant être limitée en vertu de dispositions impératives de la loi. On ne pourrait pas, par exemple, prévoir un organe (comme un conseil des fondateurs avec un droit de veto) qui détiendrait la compétence de contrôler et de valider les décisions de l'assemblée générale, puisque celle-ci constitue l'autorité suprême de l'association[406].

La plupart des associations, en particulier les associations de sport, ont fait usage de ce droit. Certaines ne l'ont fait que pour instaurer, sur une base volontaire, un organe de contrôle des comptes (toutes les associations en sont dotées), alors que d'autres ont également utilisé leur marge de manoeuvre pour établir des organes juridictionnels, qui «comprennent toutes les commissions disposant d'une compétence décisionnelle de droit ou de fait, chargées de régler toutes sortes de questions à l'intérieur de l'association»[407]. Ces commissions spécialisées peuvent détenir des pouvoirs dans les domaines juridiques, disciplinaires, d'appel, d'octroi des licences ou constituer des instances juridictionnelles chargées de régler les litiges internes à l'association[408]. Mais très souvent aussi, ces commissions spécialisées n'ont qu'une compétence consultative et aident la direction ou l'assemblée générale à prendre certaines décisions, notamment dans les domaines techniques[409].

Pour qu'une commission soit qualifiée d'organe, elle doit être dotée d'un pouvoir décisionnel[410]. D'ordinaire, les commissions ont pour but d'épauler la direction dans leur sphère de compétences. En effet, ces commissions sont souvent composées de spécialistes qui sont mieux à même que la direction de comprendre ou de prendre position sur certains problèmes spécifiques. A titre d'exemple, on peut citer les Commissions médicale et d'éthique du CIO qui, respectivement, ont élaboré des directives relatives aux soins médicaux et à la santé des athlètes et un Code d'éthique[411]. Ces Commissions n'émettent que des recommandations ou des avis consultatifs qui ne lient pas la direction. Elles n'ont donc pas qualité d'organe.

406 ATF 97 II 108, JdT 1972 I 648 (trad. rés.), consid. 3 ss.

407 Zen-Ruffinen, Droit du sport, n° 263 p. 91 s.

408 Baddeley, L'association sportive, p. 143; Honegger, p. 139; Zen-Ruffinen, Droit du sport, n° 263 p. 91 s.

409 Guillod, n° 429 p. 220.

410 Zen-Ruffinen, Droit du sport, n° 261 p. 90.

411 TAR 21.7 ss ChO et Règle 22 ChO. Le Code d'éthique 2009 est disponible *in:* site du site du Mouvement olympique (www.olympic.org): http://www.olympic.org/Documents/Reports/FR/Code-Ethique-2009-WebFR.pdf (31.05.2010).

Beaucoup d'associations de sport d'importances nationale et internationale ont créé des organes juridictionnels appelés à trancher les litiges internes[412]. Ces organes ne sont pas indépendants de l'association parce que celle-ci les a, d'une part, institués et, d'autre part, en nomme les membres parmi son sociétariat. Les membres bénéficient donc encore du droit d'attaquer les décisions de l'association devant un tribunal externe (étatique ou arbitral) (art. 75 CC). Comme certaines associations comptent plus d'un niveau de juridiction interne, seules les décisions définitives peuvent être attaquées en justice.

412 BADDELEY, L'autonomie, p. 37; SCHERRER/GRETER, p. 14. La problématique des organes juridictionnels sera étudiée plus tard, cf. pts. 2.4.3 ss.

2.3 Le sociétariat

Le sociétariat est «le lien juridique personnel qui relie une personne à l'association à laquelle elle a adhéré»[413]. HAUSHEER/AEBI-MÜLLER qualifient le sociétariat de lien hautement personnel[414]. Comme le rappelle BADDELEY, «[l]'acquisition de la qualité de membre d'une association par une personne physique ou morale résulte de sa participation à la fondation de l'association ou de son adhésion consécutive»[415]. A ces deux cas, il convient d'ajouter les personnes qui deviennent membre *ex officio* de l'association. Comme nous avons déjà traité de la nature juridique de l'acte de fondation (cf. pt. 2.2.3.1), nous ne reviendrons pas sur ce sujet. Nous nous attarderons essentiellement sur l'adhésion, soit l'acquisition de la qualité de membre postérieurement à la fondation de l'association.

2.3.1 L'entrée dans l'association

2.3.1.1 Les conditions d'accès au sociétariat

2.3.1.1.1 La liberté associative

Pour mémoire, l'aspect positif de la liberté associative donne le droit à tout un chacun «de créer des associations, d'y adhérer ou d'y appartenir et de participer aux activités associatives» (art. 23 al. 2 Cst.). Dans son aspect négatif, la liberté associative prévoit que «[n]ul ne peut être contraint

413 GUILLOD, n° 430 p. 220. Cf. également BRÜCKNER, n° 1250 p. 376; HAUSHEER/AEBI-MÜLLER, n° 18.36 p. 334; SCHERRER, Verein, n° 106 p. 77.

414 HAUSHEER/AEBI-MÜLLER, n° 18.37 p. 334.

415 BADDELEY, L'association sportive, p. 75. Dans le même sens: BAUMANN, Personenrecht des ZGB, p. 54; GUILLOD, n° 431 p. 220; HAUSHEER/AEBI-MÜLLER, n° 18.38 p. 334; HEINI/PORTMANN, n° 225 ss p. 106 s.; HEINI/SCHERRER, Art. 70 n° 32 s. p. 483; MADÖRIN, p. 59; RIEMER, ZGB, n° 641 ss p. 245 ss; ROSENBERG, p. 80; SCHERRER, Verein, n° 107 p. 77.

d'adhérer à une association ou d'y appartenir» (art. 23 al. 3 Cst.), ce qui signifie aussi que chacun a le droit de sortir d'une association dont il est membre[416] (cf. pt. 1.3.2.3 ss).

2.3.1.1.2 La règle générale: pas de droit à l'admission

Le Code civil, notamment l'art. 70 CC, ne pose aucune exigence quant aux conditions qu'il faut remplir pour accéder à la qualité de membre, pas plus qu'il ne décrit les conditions qui permettent d'acquérir cette qualité. Selon la doctrine, il s'agit d'un silence qualifié[417]. Par conséquent, «le législateur n'a pas conféré un droit à faire partie d'une association»[418] pas plus qu'il n'en a imposé l'obligation. HEINI résume bien ces principes lorsqu'il écrit: «Im Gegensatz zu den öffentlichrechtlichen Körperschaften ist ein Beitrittszwang beim Verein undenkbar. Andererseits gibt es kein Recht auf Mitgliedschaft; der Verein ist völlig frei, wenn er aufnehmen will»[419]. Il convient toutefois de veiller à ne pas rédiger les statuts de telle manière qu'on puisse en déduire un tel droit, en évitant par exemple les formules telles que «toute personne qui… a le droit de devenir membre de l'association x». En effet, en vertu de leur autonomie associative, les associations sont libres de définir les critères d'admission dans leurs statuts ou leurs règlements[420]. Ces dispositions déterminent, d'une part, les conditions d'appartenance à l'association et fournissent, d'autre part, des précisions sur la procédure à suivre pour demander son affiliation. Très souvent, il faut présenter une demande écrite sur une formule préétablie qui contient un renvoi exprès aux statuts et règlements de l'association[421].

Les conditions d'appartenance dépendent souvent des buts de l'association. Si le but consiste, par exemple, à pratiquer la musique de chambre, la maîtrise d'un instrument représentera une condition d'admission. Si le

416 AUBERT/MAHON, art. 23 Cst. n° 8 p. 199 s.; AUER/MALINVERNI/HOTTELIER, vol. 2, n° 740 p. 353 s.; ROHNER, art. 23 Cst. n° 13 p. 468.

417 BADDELEY, L'association sportive, p. 82; PERRIN/CHAPPUIS, p. 120.

418 ZEN-RUFFINEN, Droit du sport, n° 270 p. 94. Cf. également BAUMANN, Personenrecht des ZGB, p. 54; BRÜCKNER, n° 1255 p. 377; HEINI/PORTMANN, n° 231 p. 108 s.; HEINI/PORTMANN/SEEMANN, n° 192 p. 63 s.; HEINI/SCHERRER, Art. 70 n° 36 p. 483; MADÖRIN, p. 59; SCHAWALDER, p. 40; SCHERRER, Verein, n° 108 p. 77 s.; TUOR/SCHNYDER/SCHMID, § 16 n° 32 p. 164.

419 HEINI, p. 48 s.

420 BAUMANN, Personenrecht des ZGB, p. 54.

421 BADDELEY, L'association sportive, p. 75; PERRIN/CHAPPUIS, p. 121; RIEMER, BKomm, Art. 70 n° 45 ss p. 622 ss; ZEN-RUFFINEN, Droit du sport, n° 277 p. 97.

but tend à réunir les contemporains de 1980, il faudra être né cette année-là pour pouvoir devenir membre de l'association. Certaines associations conditionnent l'admission d'un candidat à des qualifications professionnelles ou des titres dont il doit être titulaire[422]. On peut mentionner le cas d'UniNExt, qui prévoit à l'art. 4 par. 1 de ses Statuts que toute personne titulaire d'un titre universitaire ou doctorat en droit de l'Université de Neuchâtel peut devenir membre actif. D'autres associations n'admettent que les hommes ou que les femmes, ou encore que des personnes physiques ou que des personnes morales (en général, les associations faîtières et les fédérations qui ne peuvent compter comme membres que les associations inférieures).

Précisons que ces limitations ne constituent pas des discriminations si elles se fondent sur des critères objectifs licites et proportionnés. Il convient encore, bien sûr, que ceux-ci soient appliqués de manière linéaire, uniforme et impersonnelle et qu'ils ne tolèrent aucune exception. En réalité, les conditions d'adhésion aux associations sont rarement ouvertement discriminatoires, même si elles sont toujours limitatives car il n'existe pas d'association à but universel et au sociétariat illimité. C'est, en réalité, dans les cas d'application qu'on trouve parfois des discriminations.

Si nous revenons à notre exemple d'association musicale, les statuts pourront prévoir le refus de celui qui ne joue d'aucun instrument, qui ne présente pas un niveau technique et artistique suffisant ou qui ne peut valablement compléter l'orchestre, par exemple parce que celui-ci compte déjà suffisamment de violoncellistes. Il s'agira là d'une limitation acceptable à l'admission. Si, en revanche, le musicien en question est très bon, qu'il y a place pour un violoncelliste mais qu'on le refuse parce qu'il est homosexuel, on fera clairement face à un cas de discrimination.

Il y a en résumé trois conditions à remplir pour pouvoir adhérer à une association: des conditions objectives (p. ex. être né en 1980 dans l'exemple ci-dessus), des conditions subjectives (p. ex. ne pas avoir une mauvaise réputation) et des conditions formelles (p. ex. la manière de présenter sa demande d'admission)[423].

422 PERRIN/CHAPPUIS, p. 122.
423 HEINI/PORTMANN, n° 231 ss p. 108 s.

La doctrine majoritaire[424] et la jurisprudence[425] admettent, en vertu du principe de la liberté associative, que les associations n'ont ni l'obligation de motiver une décision de refus, «ni de traiter de manière égale les postulants»[426].

2.3.1.1.3 Les exceptions

Le pouvoir discrétionnaire des associations en matière d'accès au sociétariat n'est pas sans limite[427]. Il peut violer certains droits fondamentaux de l'individu et, dans d'autres cas, un droit spécifique à l'admission.

Le Tribunal fédéral a ainsi jugé que ce pouvoir pouvait correspondre à un boycott et qu'il était

> inadmissible lorsque le but qu'il se propose ou les moyens qu'il emploie sont illicites ou contraires aux mœurs ou encore s'il existe une disproportion manifeste entre l'avantage recherché par l'auteur du boycott et le dommage subi par le boycotté[428].

C'est le cas lorsque le boycott atteint le droit personnel au libre exercice de l'activité économique. Selon le Tribunal fédéral, «[u]ne exception se justifie seulement lorsque l'auteur du boycott défend des intérêts légitimes et prépondérants qui ne peuvent être sauvegardés d'une autre façon»[429].

Des plaideurs ont aussi invoqué avec succès devant le Tribunal fédéral l'interdiction de l'abus de droit (art. 2 CC)[430]. Ce dernier a rappelé que l'argument de l'autonomie de la volonté ne peut être soulevé sans intérêt légitime ou pour sauvegarder (même sans intention dolosive) des intérêts que la loi n'a pas pour but de protéger[431].

Selon BADDELEY, une «association peut [également] être sujette au devoir d'admettre de nouveaux membres, sur la base de l'art. 28 CC, à

424 BADDELEY, L'association sportive, p. 76 s.; PERRIN/CHAPPUIS, p. 121; RIEMER, BKomm, Art. 70 n° 56 p. 628 s.; ZEN-RUFFINEN, Droit du sport, n° 270 p. 94.

425 ZBJV 116 (1980) p. 222.

426 BADDELEY, L'association sportive, p. 76 s.

427 ATF 113 II 37, JdT 1987 I 471 (trad.), consid. 4; ATF 86 II 365, JdT 1961 I 164 (trad.), SJ 1961 314 (trad. rés.), consid. 4; ATF 82 II 292, JdT 1957 I 202 (trad.), SJ 1957 86 (trad.), consid. 2 et 4; ATF 73 II 65, JdT 1948 I 11, consid. 6.

428 ATF 113 II 37, JdT 1987 I 471 (trad.), consid. 4a.

429 *Ibid.*

430 HEINI/PORTMANN, n° 235 p. 110; HEINI/PORTMANN/SEEMANN, n° 196 p. 64; PERRIN/CHAPPUIS, p. 121; RIEMER, BKomm, Art. 70 n° 73 p. 635.

431 ATF 113 II 37, JdT 1987 I 471 (trad.), consid. 4.

la condition toutefois qu'elle jouisse d'un monopole dans son secteur d'activité»[432]. En matière sportive, cet auteur rappelle que

> [l]e refus d'un club de sport local d'accepter un sportif amateur qui peut trouver un autre club sans problèmes n'empêche naturellement pas celui-ci de pratiquer son sport au niveau voulu. Il en découle que le problème ne se posera, en principe, que pour le sportif de haut niveau ou pour une association. L'un et l'autre n'ont souvent pas d'alternative valable[433].

Cependant, l'art. 28 al. 2 *in fine* CC permet toujours de justifier un refus, notamment si le nombre maximal des membres a été atteint ou si le comportement du candidat est incompatible avec les statuts[434].

Cela signifie que le droit des cartels peut s'appliquer lorsqu'un groupement d'associations dispose d'une position monopolistique[435]. En sport et dans d'autres domaines également, les associations faîtières disposent d'un tel pouvoir lorsqu'elles peuvent réglementer certaines activités comme l'accès à leurs compétitions. Leur position est assimilable à celle des associations professionnelles[436]. Dans certains cas, ces associations peuvent être contraintes d'admettre un candidat pour préserver sa liberté économique ou sa personnalité[437]. PERRIN/CHAPPUIS estiment «qu'une voie judiciaire de contrôle des refus d'admission devrait exister»[438]. A tout le moins, «la jurisprudence pourrait d'ores et déjà admettre les actions en constatation du caractère illicite des refus d'admission, assorties de dommages-intérêts»[439]. On sait que, pour l'instant, tel n'est pas le cas.

La deuxième limite au pouvoir discrétionnaire de l'association concerne les candidats au bénéfice d'un droit à l'admission. Ce droit peut résulter des statuts ou du rôle particulier de l'association concernée. C'est

432 BADDELEY, L'association sportive, p. 83. D'autres auteurs sont du même avis: GUILLOD, n° 431 p. 221; HEINI/PORTMANN/SEEMANN, n° 195 p. 64; PERRIN/CHAPPUIS, p. 121 s.; RIEMER, BKomm, Art. 70 n° 74 p. 635 s.; SCHAWALDER, p. 41; SCHERRER, Verein, n° 108 p. 77 s.; ZEN-RUFFINEN, Droit du sport, n° 269 p. 94.

433 BADDELEY, L'association sportive, note 42 p. 84. Dans le même sens: HEINI/PORTMANN, n° 234 p. 109; HEINI/SCHERRER, Art. 70 n° 38 p. 483; PERRIN/CHAPPUIS, p. 123.

434 BADDELEY, L'association sportive, p. 86 s.

435 BAUMANN, Personenrecht des ZGB, p. 54; HEINI/PORTMANN, n° 232 p. 109; HEINI/PORTMANN/SEEMANN, n° 194 p. 64; PERRIN/CHAPPUIS, p. 122.

436 BADDELEY, L'association sportive, p. 84.

437 BADDELEY, L'association sportive, p. 84; PERRIN/CHAPPUIS, p. 121 s.; TUOR/SCHNYDER/SCHMID, § 16 n° 32 p. 164.

438 PERRIN/CHAPPUIS, p. 123.

439 *Ibid.*

le cas des associations auxquelles l'Etat a délégué des tâches[440]. On peut citer comme exemples les associations professionnelles ou de défense des étudiants (cf. pts. 1.3.2.3.3; 2.3.2.3.4)[441].

Dans ce cas, le postulant pourrait attaquer, sur la base de l'atteinte à la personnalité (art. 28 CC), l'association qui le refuserait et demander son intégration par voie judiciaire (l'art. 75 CC ne peut pas être invoqué, le candidat n'étant pas encore sociétaire)[442].

2.3.1.1.4 La limitation du nombre de membres

Dans le monde sportif, il arrive qu'une association restreigne statutairement le nombre de ses membres[443]. Cette décision peut être motivée par la taille des installations dont elle bénéficie ou le manque d'encadrement à disposition. Dans un autre registre, le CIO a décidé de limiter le nombre de ses membres à cent quinze[444]. Ce choix s'explique par la volonté d'assurer une représentation déterminée des différentes composantes du Mouvement olympique (membres individuels et «représentants» des athlètes, des fédérations internationales (FI) et des comités nationaux olympiques (CNO)), de limiter les frais de fonctionnement de l'institution et d'éviter un gigantisme qui rendrait l'association difficilement gérable.

Nous avons exposé plus haut les conditions à remplir pour que de telles limitations ne soient pas discriminatoires (cf. pt. 2.3.1.1.2).

440 Heini/Portmann, n° 229 p. 108; Philipp, p. 30 .

441 ATF 104 Ia 440, JdT 1980 I 514 (trad.), consid. 3.

442 Baddeley, L'association sportive, p. 83, qui précise que l'association doit jouir d'un monopole dans le domaine concerné; Heini, p. 49; Heini/Scherrer, Art. 70 n° 34 p. 483; Perrin/Chappuis, p. 122; Riemer, BKomm, Art. 70 n° 67 ss p. 632 ss. A noter qu'on se trouve hors du cadre de la controverse qui anime certains auteurs en matière de contrôle judiciaire des décisions de refus puisque le candidat possède un droit à l'admission (l'association a limité son autonomie décisionnelle).

443 Perrin/Chappuis, p. 123.

444 Règle 16.1.1 ChO, sous réserve du TAR 16.2.7.4 ChO, qui prévoit que le nombre maximal de membres du CIO pouvait atteindre cent trente jusqu'au 31 décembre 2007 (disposition transitoire).

2.3.1.2 La nature juridique de l'acte d'adhésion

La doctrine majoritaire s'accorde pour qualifier l'acte d'adhésion de contrat bilatéral[445] innommé[446]. Dans les faits, l'admission dans une association est assimilable à un contrat d'adhésion[447]. Cela signifie qu'il n'y a pas négociation entre les parties sur les modalités du contrat. On l'accepte ou on le refuse. Même si, dans la plupart des cas, on considère que l'offre (ou la demande) de contracter est le fait du tiers postulant, il n'est pas impossible qu'elle puisse émaner de l'association, notamment lorsqu'elle confère un droit d'admission au candidat ou que l'association tient à la présence d'une personne particulière dans ses rangs. Dans ce cas, il faut assimiler la demande d'adhésion à une acceptation de l'offre de l'association.

Seuls BADDELEY et HEINI/PORTMANN pensent que l'acte d'adhésion peut également revêtir la forme d'une déclaration unilatérale[448]. On ne voit pas dans quelle hypothèse cette théorie pourrait s'appliquer. Même pour les «membres soutien» qui ne participent pas activement à la vie de l'association, la demande d'adhésion peut être refusée, par exemple parce que l'association a des doutes sur l'origine des fonds versés au titre de soutien.

Comme nous venons de le voir, l'acte d'adhésion à une association constitue un contrat bilatéral. Sa conclusion repose donc sur l'expression de la volonté des deux parties et d'engagements réciproques. Pour les mineurs, leur manifestation de volonté est suffisante car l'adhésion à une association représente un droit strictement personnel dont l'exercice ne requiert pas le consentement du représentant légal (art. 19 al. 2 CC)[449]. Il y a une exception si le sociétariat implique des obligations financières importantes[450] ou si l'appartenance à l'association en question peut représenter un risque pour le bon développement – physique et psychique – du mineur[451].

L'acte d'adhésion peut entraîner la conclusion de relations juridiques particulières telles que la renonciation au juge ordinaire et l'acceptation

445 BADDELEY, L'association sportive, p. 75; MADÖRIN, p. 59; MONTAVON, Droit civil, p. 121; PERRIN/CHAPPUIS, p. 120; RIEMER, BKomm, Art. 70 n° 42 p. 620; ZEN-RUFFINEN, Droit du sport, n° 275 p. 96.

446 ZEN-RUFFINEN, Droit du sport, n° 275 p. 96.

447 HEINI/PORTMANN, n° 226 p. 106; JAQUIER, n° 162 p. 78 s.

448 BADDELEY, L'association sportive, p. 75; HEINI/PORTMANN, n° 226 p. 106.

449 HEINI/PORTMANN, n° 227 p. 107.

450 RIEMER, BKomm, Art. 70 n° 17 p. 611 s.

451 FRANK, p. 344 s.

d'une clause compromissoire en faveur d'un tribunal arbitral. La portée de ces obligations annexes est parfois controversée. En effet, tous les pays n'admettent pas les clauses d'arbitrage par référence. C'est la raison pour laquelle beaucoup d'associations de sport, comme les fédérations internationales ou le CIO, préfèrent conditionner la participation d'un athlète à une grande compétition à la signature d'une convention d'arbitrage spécifique en faveur du Tribunal Arbitral du Sport (TAS). Ce dernier est d'ailleurs maintenant suffisamment connu et établi pour que les clauses fondant sa compétence ne soient plus considérées comme insolites selon la jurisprudence du Tribunal fédéral[452]. On ne sait toutefois pas ce qu'il serait advenu de la reconnaissance signée avec la mention *under protest* par Butch Reynolds aux Jeux Olympiques de 1996 si un juge avait dû se prononcer.

2.3.1.3 Les spécificités sportives

2.3.1.3.1 La double affiliation

On parle de «double affiliation» dans deux situations différentes. Tout d'abord, lorsqu'une personne est membre de deux associations exerçant des activités ressortissant du même domaine (p. ex. le sport) mais qui sont indépendantes et sans autres relations entre elles. Les statistiques indiquent ainsi le nombre de personnes affiliées à des clubs de sport en Suisse. Ce nombre ne correspond toutefois pas au nombre de personnes qui pratiquent le sport dans un club, car il y a des «doubles affiliations», soit des personnes qui font partie de deux associations différentes. On parle également de «double affiliation» ou même parfois de «triple affiliation» lorsque l'affiliation à une association de base entraîne automatiquement l'appartenance à une ou plusieurs autres associations, en principe hiérarchiquement supérieures[453]. C'est de cette deuxième situation que nous traiterons ici.

Le monde du sport est organisé selon une structure pyramidale (cf. pt. 3)[454]. Cela signifie que le membre pratiquant est affilié à un club (association), lui-

452 Pour plus de détails, cf. Rigozzi, L'arbitrage, n° 821 ss p. 426 ss, et les arrêts cités, notamment: arrêt du TF 4P.230/2000 du 7 février 2001, Roberts, consid. 2 ss (commenté notamment par Knöfel, p. 49 ss) et arrêt du TF 4C.44/1996 du 31 octobre 1996, Nagel, consid. 2 ss, *in:* Reeb, Rec. I, p. 577 ss.

453 Heini/Portmann, n° 228 p. 107; Heini/Scherrer, Art. 70 n° 35 p. 483.

454 Arrêt du TF 4P.172/2006 du 22 mars 2007, Cañas, consid. 4.3.2.2. Pour un commentaire de cet arrêt, cf. Baddeley, Arbitrage, p. 155 ss.

même réuni avec d'autres au niveau régional ou national dans une fédération (association d'associations). Les fédérations nationales sont, quant à elles, chapeautées par une fédération internationale, quand il n'y a pas encore une structure intermédiaire, au niveau continental par exemple. Le principe de la double (voire triple) affiliation veut que le membre de base devienne également membre des entités hiérarchiquement supérieures. «L'affiliation ultérieure peut se faire automatiquement ou suite à une demande d'admission que le membre est obligé de soumettre aux organisations secondaires»[455]. La doctrine majoritaire admet le principe de la double affiliation «pour autant que les réglementations des associations impliquées en fassent état, de sorte que les candidats en soient conscients et y consentent»[456].

A titre d'exemple, on peut mentionner le cas des sociétaires des clubs de volleyball qui, par le paiement de leur licence, deviennent automatiquement membres individuels de Swiss Volley. En même temps, ils sont attribués à une association régionale[457]. Swiss Volley, de son côté, est membre de la FIVB[458]. Or, l'art. 2.1.2 de la «Constitution» de cette fédération, qui répertorie ses membres, inclut à sa lettre h «les ligues nationales, les clubs, les équipes et leurs dirigeants, les managers d'équipe, les joueurs, les entraîneurs et les arbitres affiliés à la FN de leur pays». Celui qui adhère à un club de volleyball devient donc non seulement membre de celui-ci mais également automatiquement et sans nouvelle demande d'adhésion, membre de Swiss Volley et de la FIVB. On peut relever que la liste des membres de la FIVB est inhabituellement large puisqu'on y trouve aussi, par exemple, «les personnes élues ou nommées à un poste dans les institutions de soutien de la FIVB» (let. e) ou «les Comités organisateurs des compétitions de la FIVB» (let. f). De cette manière, cette fédération s'assure que tous ceux qui, de près ou de loin, sont impliqués dans le volleyball, sont soumis à son autorité directe.

La nécessité d'une structure pyramidale hiérarchisée dans le monde du sport s'explique aisément par plusieurs facteurs. Elle donne autorité à

455 BADDELEY, L'association sportive, p. 79. Cf. également ZEN-RUFFINEN, Droit du sport, n° 271 p. 95.

456 BADDELEY, L'association sportive, p. 79. Cf. également HEINI/PORTMANN, n° 228 p. 107; PERRIN/CHAPPUIS, p. 123 s.; RIEMER, BKomm, n° 508 ss p. 218 ss; SATTIVA SPRING, p. 152; ZEN-RUFFINEN, Droit du sport, n° 271 p. 95.

457 Art. 7 Statuts Swiss Volley du 20 novembre 2005, *in:* site de Swiss Volley (www.volleball.ch): http://www.swissvolley.ch/uploads/media/01.1_f_Statuten_Swiss_Volley.pdf (31.05.2010).

458 Art. 3 al. 1 Statuts Swiss Volley.

l'organisation faîtière d'imposer ses règles et décisions à toutes les entités inférieures jusqu'aux pratiquants eux-mêmes. En effet, «[l]a qualité de membre de la fédération accordée aux sociétaires de la section aura pour conséquence de les soumettre directement aux ordres de la superstructure; ils sont donc astreints à certaines obligations envers elle, même si, bien souvent, la section fait office d'intermédiaire»[459]. Ainsi, elle permet au sport de dépasser les frontières géopolitiques. Elle assure son unicité et une pratique harmonieuse. Dans ce cas, on parle de sociétariat direct. A contrario, lorsque seule l'entité inférieure est membre de l'entité supérieure, on parle de sociétariat indirect pour les membres de l'entité inférieure. La nature directe ou non du sociétariat revêt une importance toute particulière pour les membres de base, notamment sur le plan des sanctions disciplinaires. En cas de sociétariat direct, ces sanctions peuvent être infligées directement par l'entité supérieure. La portée des sanctions indirectes est discutée. Si l'on se tient à une approche formelle, l'entité intermédiaire constitue une barrière qui empêche de sanctionner directement le membre indirect. Par conséquent, le membre de base n'est pas touché, à moins qu'il ait conclu une convention à ce sujet avec l'association faîtière, comme c'est de plus en plus le cas dans le sport international. Selon RIEMER, il faut, dans ce cas, recourir à la notion de fonctionnalité (efficacité) et, selon la structure et le but de l'association, admettre la sanction directe du sociétaire[460].

En règle générale, les statuts des associations en cause règlent les questions de sociétariat direct ou indirect. On distingue trois cas de figures. Le premier, le plus courant, implique une coordination (avec renvois éventuels) entre les statuts des deux autres entités concernées[461]. De toute manière, les statuts des associations inférieures ne doivent pas être en contradiction avec ceux des associations supérieures. Dans le deuxième cas, seule l'entité inférieure fait référence à l'entité supérieure. Cette situation n'est pas problématique dans la mesure où l'on peut assimiler cette référence à une restriction volontaire de l'autonomie associative de l'association membre. Le troisième cas de figure est plus complexe. Il postule que seule l'entité supérieure fasse référence à l'entité inférieure. Cela signifie qu'elle impose des obligations sans être sûre qu'elles seront respectées. Il est utile, par conséquent, de prévoir un principe de mise en

459 SATTIVA SPRING, p. 179.
460 RIEMER, BKomm, n° 508 ss p. 218 ss.
461 A ce sujet, cf. BADDELEY, L'autonomie, p. 38.

conformité des statuts des associations membres (approbation des statuts lors de l'adhésion) et un contrôle continu de ceux-ci durant tout le temps de l'affiliation. C'est ce que prévoit le CIO[462].

2.3.1.3.2 Le boycott

Dans la structure pyramidale du sport que nous connaissons (cf. pt. 3), chaque organisation ne reconnaît qu'une organisation au niveau géographique qui lui est immédiatement inférieur. Les associations de sport régionales, nationales, continentales ou mondiales qui font partie de cette filière jouissent donc d'une situation de quasi-monopole sur la discipline sportive qu'elles régissent. Ce quasi-monopole a pour conséquence d'évincer les athlètes qui ne font pas partie de ladite filière, et de les empêcher de participer aux compétitions mises sur pied par ses membres. D'une certaine manière, cela les exclut de la pratique d'un certain sport[463]. Dans la mesure où il n'y a guère de possibilité de pratiquer le sport de compétition en dehors de cette structure, on parle de boycott (on peut y voir une certaine analogie avec les situations qu'on rencontre dans le droit du travail ou de la concurrence économique). Celui-ci peut revêtir deux formes: le boycott d'assujettissement et la mise à l'écart. Dans le premier cas, une organisation sportive refuse d'accueillir un sportif, et de lui permettre de s'affilier, le cas échéant en lui refusant une licence. Elle lui interdit ainsi de pratiquer son sport. Les motifs peuvent naturellement varier et être justifiés ou non. Si un athlète ne remplit pas les conditions d'admission dans l'association ou, plus spécifiquement, s'il n'a pas reçu de lettre de sortie[464] de son ancien club, il n'y a pas de boycott, à moins que le refus de lettre de sortie soit abusif. En revanche, il n'est pas admissible que l'association le refuse simplement à cause de sa religion ou de la couleur de sa peau, par exemple.

Dans le deuxième cas, une fédération interdit à ses athlètes de participer à une certaine compétition, en les menaçant d'exclusion ou d'une autre sanction s'ils ne se plient pas. La fédération a des raisons propres d'agir ainsi, parce qu'elle est en litige avec l'organisateur en cause, ou a par exemple autorisé un athlète suspendu à s'aligner. Toute interdiction de participer à une compétition, sous menace de sanctions telles que l'exclu-

462 Règle 3.2 ChO.

463 Perrin/Chappuis, p. 122 s. Arrêt du TF 4P.172/2006, Cañas, consid. 4.3.2.2.

464 Cf. le chapitre relatif à la sortie volontaire de l'association (pt. 2.3.2.1).

sion, est, en principe, constitutive de boycott, soit d'une atteinte aux droits de la personnalité (art. 28 CC).

Une telle violation est particulièrement grave pour un sportif professionnel puisqu'il est économiquement dépendant de son activité sportive. Si elle n'est pas justifiée et respectueuse de la proportionnalité, la décision prise à son égard peut violer non seulement l'art. 28 CC (droits de la personnalité), mais également l'art. 27 Cst. (liberté économique) et le droit des cartels[465].

Les tribunaux ont eu l'occasion de se prononcer à plusieurs reprises sur la validité de certaines réglementations limitant l'accès à l'activité sportive, notamment en matière de transferts, d'octroi de licences et de suspensions. Le Tribunal fédéral a ainsi jugé que

> [l]e refus de la lettre de sortie qu'autorise la réglementation adoptée par l'association des clubs équivaut [...] à un boycott d'assujettissement. Portant atteinte au droit personnel du joueur d'exercer librement son activité économique et sportive, il est en principe illicite, à moins que le club n'établisse qu'il agit pour protéger des intérêts légitimes, manifestement prépondérants, qu'il ne peut garantir par d'autres moyens[466].

De même, le Tribunal cantonal de Saint-Gall a admis le recours du joueur de hockey sur glace d'origine roumaine Daniel Herlea, à qui la Ligue Suisse de Hockey sur Glace (LSHG, aujourd'hui connue sous le nom de Swiss Ice Hockey Association, SIHA) avait refusé une licence au motif qu'un étranger n'était pas autorisé à jouer en 1ère ligue[467]. Ce joueur, qui avait été requérant d'asile et aurait pu, à ce titre, bénéficier d'une autorisation exceptionnelle, s'était ensuite marié avec une Suissesse et avait, de ce fait, perdu son statut initial. Il ne pouvait donc plus profiter de la clause d'exception accordée aux requérants. On constate à cet égard que

> [l]es juges saint-gallois ont considéré que la position de monopole de la LSHG créait une situation de boycott. Celle-ci interdisait tout simplement la pratique du hockey sur glace à ce joueur, ce qui, à défaut d'intérêt contraire prépondérant, constituait une atteinte illicite à ses droits personnels au sens de l'art. 28 CCS[468].

465 Baddeley, L'association sportive, p. 86 s.; Perrin/Chappuis, p. 122 s.
466 ATF 102 II 211, JdT 1977 I 126 (rés.), = SJ 1977 449, Perroud, consid. 7. Sur le même ce sujet, cf. également l'arrêt de la Cour civile du Tribunal cantonal vaudois du 26 février 1981, puis du Tribunal fédéral du 25 mai 1981, résumées et commentées *in:* Bondallaz, p. 81 s.
467 SJZ 1991 p. 284, Herlea. Pour un résumé et un commentaire de cet arrêt, cf. Bondallaz, p. 7 ss.
468 Dans le même sens, cf. Oswald, Le règlement, p. 74. Pour un autre exemple jurisprudentiel, cf. SJZ 1979 p. 75 ss (arrêt également résumé et commenté dans Bondallaz, p. 9 ss).

Autre exemple, après sa médaille de bronze aux Championnats du monde d'athlétisme de 1987, Sandra Gasser a été suspendue par la Fédération internationale d'athlétisme amateur (devenue l'Association internationale des fédérations d'athlétisme, IAAF), pour une durée de deux ans pour dopage. L'athlète a alors saisi le Richteramt III du district de Berne qui, sous prétexte que certains droits de procédure n'avaient pas été respectés, a rendu une ordonnance de mesures provisionnelles levant la décision de l'IAAF[469]. L'association a refusé de se soumettre à la décision du juge bernois et, comme celle-ci n'avait aucune portée extraterritoriale, a menacé de suspension tout athlète qui s'alignerait dans une course à l'étranger où Sandra Gasser serait partante. Le rapport des forces en présence a privé la décision du juge bernois de tout effet pratique[470]. Il convient de préciser que le recours au fond a ensuite été traité par un tribunal de Londres où l'IAAF avait son siège. Cette dernière n'aurait alors pas pu ignorer la décision des juges britanniques. La question ne s'est toutefois pas posée dans la mesure où le tribunal londonien a confirmé la suspension prononcée par l'IAAF. Relevons encore qu'à cette époque, l'IAAF n'avait pas reconnu le TAS et qu'aucune clause compromissoire en faveur de ce dernier ne figurait dans ses statuts.

Pour apprécier si l'on est en présence d'un abus de position dominante et, par conséquent d'un boycott, les juges prennent en compte la compétence territoriale de l'organisation qui a rendu la décision susceptible d'être constitutive de boycott, et sa position hiérarchique (club, fédération nationale ou internationale)[471] dans la structure du sport en question. En effet, plus cette organisation est élevée dans la hiérarchie, plus elle est, en quelque sorte, «unique» et plus sa décision est limitative pour la personne concernée. Si le refus émane d'un club, par exemple, il existe d'autres clubs qui seront probablement prêts à l'accueillir et à lui permettre de déployer une activité sportive. En revanche, si la décision émane de la fédération internationale qui régit l'ensemble du sport en question, il n'y a guère d'alternative pour ce sportif et les chances qu'on retienne un boycott sont beaucoup plus grandes[472].

469 SJZ 1988 p. 85, Sandra Gasser. Cet arrêt est également résumé et commenté dans BADDELEY, L'autonomie, p. 47 et BONDALLAZ, p. 31 ss.

470 OSWALD, Le règlement, p. 76.

471 *Id.*, p. 74.

472 BADDELEY, L'association sportive, note 42 p. 84; OSWALD, Le règlement, p. 74.

2.3.2 La sortie de l'association

Le sociétariat peut cesser de trois manières. Premièrement, lorsque le membre fait part de sa décision de quitter l'association. Deuxièmement, parce qu'il a été exclu de l'association. Troisièmement, parce qu'il a automatiquement perdu la qualité de membre suite à son décès, à la dissolution de l'association ou à la survenance d'une condition résolutoire[473]. On constate donc que la sortie peut être volontaire ou non et découler soit d'une décision du membre, soit d'une décision de l'association, soit encore de la survenance de circonstances particulières. La jurisprudence a déterminé qu'il était aussi possible de quitter une association par l'établissement d'une convention entre les parties intéressées[474]. Il ne s'agit pour nous que d'une forme particulière de sortie volontaire.

2.3.2.1 La sortie volontaire

2.3.2.1.1 Généralités

L'art. 70 al. 2 *ab initio* CC précise que «[c]haque sociétaire est autorisé de par la loi à sortir de l'association». Cet article représente une concrétisation législative de l'aspect négatif de la liberté associative (art. 23 al. 3 Cst.)[475]. Par ailleurs, selon le Code civil, la sortie sans indication de motifs est possible (sous réserve de la sortie immédiate pour justes motifs). Il s'agit d'un silence qualifié de la loi. Néanmoins, il est admis, tant en doctrine que par la jurisprudence, que «[l]es statuts peuvent faire dépendre la sortie de certaines conditions, mais celles-ci ne sauraient entraver l'exercice de ce droit légal»[476]. Si c'est le cas, les dispositions statutaires concernées sont nulles au sens de l'art. 20 CO. Par exemple, dans le sport organisé, il n'est pas rare de voir le droit de sortie réglementé par un protocole très rigide qui aboutit, en règle générale, à la délivrance d'une lettre de sortie. Ce document permet l'affiliation à une autre association.

473 BADERTSCHER, p. 4; BAUMANN, Personenrecht des ZGB, p. 54; MADÖRIN, p. 59.

474 ATF 134 III 625, consid. 3.5.2. Cet arrêt est résumé *in:* KEISER, p. 51.

475 BADDELEY, L'autonomie, p. 43; BAUMANN, Personenrecht des ZGB, p. 55; HANDSCHIN, p. 113; HEINI/PORTMANN, n° 324 p. 148; HEINI/PORTMANN/SEEMANN, n° 272 p. 88.

476 ZEN-RUFFINEN, Droit du sport, n° 281 p. 97 s. Dans le même sens: MADÖRIN, p. 60; HEINI/SCHERRER, Art. 70 n° 47 p. 484; SCHERRER, Verein, n° 116 p. 83 s.; ROSENBERG, p. 9.

Il n'est pas impossible qu'en cas de litige financier, notamment en matière de cotisations, ou pour un autre motif, le club refuse de remettre la lettre de sortie au sociétaire. Cette situation implique que le sportif «n'a d'autre choix que de demeurer affilié à l'ancien club contre son gré ou de cesser de pratiquer la compétition»[477]. A notre sens, ces pratiques sont contraires à l'art. 70 al. 2 CC, à l'art. 27 Cst et à une éventuelle clause de prohibition de concurrence. C'est d'ailleurs ce que tend à confirmer une jurisprudence cantonale[478]. Le fait de ne pas s'être acquitté de toutes ses obligations envers l'association, par exemple, de ne pas avoir versé toutes les cotisations dues, ne devrait pas empêcher la sortie de l'association, cette dernière conservant simplement une créance contre le membre démissionnaire[479]. On ne peut même pas refuser la démission d'un membre dans un esprit positif, pour lui montrer son attachement, par exemple lorsqu'il démissionne parce qu'il estime ne pas avoir été à la hauteur de sa tâche dans une circonstance donnée, ou qu'il rencontre des problèmes personnels. Ce refus n'aura qu'une valeur morale et il incitera peut-être le membre en question à retirer sa démission, mais en aucun cas il ne l'empêchera de quitter l'association s'il persiste dans sa volonté.

En parallèle aux règles générales du Code civil, l'art. 19 al. 1 de la Loi fédérale sur la fusion, la scission, la transformation et le transfert de patrimoine du 3 octobre 2003 (LFus)[480] dispose que «[l]es membres de l'association sont libres de quitter cette dernière dans les deux mois qui suivent la décision de fusion». Il ne s'agit pas d'un cas de sortie avec effet immédiat pour justes motifs, mais d'un cas d'application d'une *lex specialis*[481].

Comme nous l'avons vu dans le chapitre consacré à l'entrée dans l'association (cf. pt. 2.3.1.3.1), le sociétariat peut entraîner l'affiliation automatique à une deuxième association (double affiliation). Il est donc logique que, lorsque le sociétaire quitte l'association de base, il perde également la qualité de membre de l'association supérieure[482].

477 Perrin/Chappuis, p. 125.

478 RFJ 1998 p. 51, consid. 3. Cet arrêt ne se prononce toutefois qu'en lien avec les art. 27 al. 2, 28 ss et 70 al. 2 CC.

479 Dans tous les cas, la somme en question ne doit pas être de nature à entraver le droit de sortie du sociétaire [Heini/Portmann, n° 335 p. 152]. Cf. également Heini/Portmann/Seemann, n° 277 p. 88; Schawalder, p. 44 s.

480 RS 221.301.

481 Heini/Portmann/Seemann, n° 274 p. 88.

482 Heini/Portmann, n° 328 p. 149 s.

2.3.2.1.2 Nature juridique

Dans le langage courant, la sortie volontaire d'une association est appelée «démission». Juridiquement, «[i]l s'agit d'un acte [...] unilatéral soumis à réception, mais non à acceptation»[483]. Par conséquent, comme nous venons de le souligner, le fait de refuser la démission d'un membre représente un acte purement moral qui ne déploie aucun effet juridique.

La loi ne pose aucune exigence quant à la forme que doit revêtir la démission[484]. Pour PERRIN/CHAPPUIS, «la forme orale est suffisante» en vertu de l'art. 11 CO si les statuts n'exigent pas une démission écrite (cas d'application de l'art. 16 CO)[485]. En cas de contestation, la démission écrite aura l'avantage de constituer une preuve et, peut-être, d'éviter un litige.

Le délai de six mois prévu à l'art. 70 al. 2 *in fine* CC pour annoncer sa sortie de l'association est de nature relativement impérative[486]. Il peut donc être repris tel quel, réduit ou supprimé, mais en aucun cas prolongé[487]. Comme en droit du bail (art. 266a CO), la sortie de l'association se fait pour un terme[488]. La loi en prévoit deux (art. 70 al. 2 *in fine* CC), l'un excluant l'autre. Le premier est fixé à la fin de l'année civile et le second à la clôture de l'exercice administratif. De plus, la démission doit être annoncée six mois avant le terme. Ce système ne manque pas de poser de fréquents problèmes. Beaucoup de membres qui donnent leur démission sont surpris que celle-ci n'ait qu'un effet différé et, surtout, qu'ils aient encore à payer des cotisations pour une assez longue période[489]. Cette dernière peut atteindre dix-huit mois si la démission intervient en juillet (elle ne prendra effet qu'en décembre de l'année suivante)[490]. En effet, le membre qui donne sa démission doit, en principe, verser une cotisation jusqu'à la fin du sociétariat (qui

483 PERRIN/CHAPPUIS, p. 124. Cf. également BADDELEY, L'association sportive, p. 90; MADÖRIN, p. 60.

484 GUILLOD, n° 441 p. 227; ROSENBERG, p. 13.

485 PERRIN/CHAPPUIS, p. 124.

486 BRÜCKNER, n° 1260 p. 378; GUILLOD, n° 441 p. 227; HEINI/PORTMANN/SEEMANN, n° 272 p. 88; MONTAVON, Droit civil, p. 121; PERRIN/CHAPPUIS, p. 125; ROSENBERG, p. 13; TUOR/SCHNYDER/SCHMID, § 16 n° 33 p. 164 s.; ZEN-RUFFINEN, Droit du sport, n° 282 p. 98.

487 ATF 117 V 53, consid. 3c s.

488 HEINI/PORTMANN, n° 324 p. 148; HEINI/SCHERRER, Art. 70 n° 45 p. 484; MADÖRIN, p. 60; TUOR/SCHNYDER/SCHMID, § 16 n° 33 p. 164 s.

489 HANDSCHIN, p. 113 s.; HEINI/PORTMANN, n° 334 p. 151 s.

490 HEINI/SCHERRER, Art. 70 n° 46 p. 484.

coïncide d'ordinaire avec la fin de l'exercice ou de l'année)[491]. Dans ce contexte, le risque envisagé par PERRIN/CHAPPUIS qu'il n'y ait pas coïncidence entre la fin du sociétariat et de l'exercice ou de l'année demeure très théorique[492].

Comme l'art. 70 al. 2 *in fine* CC est de nature relativement impérative, beaucoup d'associations s'écartent cependant des termes légaux.

2.3.2.1.3 La sortie avec effet immédiat

Le Code civil ne prévoit pas le principe d'un droit de sortie avec effet immédiat pour justes motifs[493]. Comme nous venons de le voir (cf. pt. 2.3.2.1.2), cette question n'est pas sans importance, la différence entre une sortie immédiate et une sortie à terme pouvant représenter jusqu'à dix-huit mois[494]. Le Tribunal fédéral a considéré, dans un arrêt de 1945, que les sociétaires d'une association étaient titulaires d'un droit de sortie immédiate[495]. Pour étayer son raisonnement, il s'est fondé sur la révision de la partie du Code des obligations relative aux sociétés coopératives. En effet, le législateur a codifié, à l'art. 843 al. 2 CO, une jurisprudence[496] de la Haute Cour autorisant la sortie des associés en tout temps. Le Tribunal fédéral a admis le principe d'un droit de sortie avec effet immédiat pour justes motifs en raisonnant selon le principe de l'*argumentum a maiori ad minus*. Il considère que «la sortie d'un sociétaire [d'une association] est, en règle générale, moins importante que dans une société coopérative»[497]. Dans son arrêt, le Tribunal fédéral juge que seul un motif grave peut justifier la sortie immédiate. Selon lui,

> [i]l faut considérer comme des motifs graves ceux qui ne permettent plus d'exiger d'un sociétaire, eu égard à sa situation personnelle – sa personnalité économique étant aussi prise en considération – qu'il continue de faire partie de l'association jusqu'à l'expiration du délai ordinaire de sortie…[498]

491 PERRIN /CHAPPUIS, p. 155 s. Cf. également SCHERRER, Verein, n° 121 p. 87.
492 PERRIN /CHAPPUIS, p. 155 s.
493 PERRIN/CHAPPUIS, p. 125. Cf. également HEINI/PORTMANN, n° 325 p. 148; HEINI/SCHERRER, Art. 70 n° 48 p. 484.
494 HEINI/SCHERRER, Art. 70 n° 46 p. 484.
495 ATF 71 II 194, JdT 1946 I 11 (trad.).
496 ATF 61 II 188, JdT 1936 I 53 (trad.), consid. 3 s.
497 ATF 71 II 194, JdT 1946 I 11 (trad.).
498 *Ibid.*

On peut imaginer qu'une personne victime d'un grave accident ne veuille pas rester membre d'un club de sport. Il en va de même de celui qui doit partir pour une longue période à l'étranger. L'implication de l'association dans des agissements illégaux qui risquent de porter préjudice à la réputation de ceux qui en font partie peut aussi justifier une sortie immédiate. Dans un arrêt relatif à la société simple et aux causes de dissolution selon l'art. 545 CO, le Tribunal fédéral y ajoute l'art. 27 al. 2 CC[499]. Il considère que

> [t]oute limitation contractuelle de cette faculté de se déterminer librement irait à l'encontre de la protection accordée par le CCS à la personnalité individuelle. L'entrave mise contractuellement à la libre décision constituerait une restriction inadmissible de la liberté au regard de l'art. 27 al. 2 CCS.

Dès lors, on peut considérer qu'il existe un droit de sortie immédiate lorsque, selon les cas, l'obligation de rester membre d'une association constituerait une atteinte à cette liberté[500].

Il convient de souligner que,

> si les statuts admettent [...] que les membres de la société peuvent en sortir immédiatement et en tout temps, à condition d'indiquer leurs motifs, toute démission satisfaisant à cette [...] condition devient immédiatement effective et ne saurait dépendre, en particulier, de l'assentiment de la société[501].

En effet, dès cet instant, la personne n'est déjà plus membre de l'association (pour rappel, la démission est un acte juridique unilatéral soumis à réception et non à acceptation)[502]. De ce fait, l'association ne dispose plus d'aucun pouvoir disciplinaire à son égard.

Comme les cotisations sont, en principe, dues jusqu'à la fin du sociétariat (cf. pt. 2.3.2.1.2)[503], le montant dû (ou le trop-payé à restituer) est établi *pro rata temporis*, en application des règles sur l'enrichissement illégitime (art. 62 ss CO).

499 ATF 48 II 439, JdT 1923 I 176 (trad.), consid. 2.

500 Rosenberg, p. 13, précise que ce droit ne saurait être restreint par une disposition statutaire.

501 ATF 63 II 353, JdT 1938 I 194 (trad.).

502 Heini/Portmann, n° 326 p. 148 s.

503 Perrin /Chappuis, p. 155 s. Cf. également Scherrer, Verein, n° 121 p. 87.

2.3.2.2 La sortie automatique

2.3.2.2.1 Généralités

Comme nous l'avons déjà relevé (cf. pt. 2.3.2), la sortie automatique peut intervenir de trois manières. La première découle du décès du sociétaire. L'art. 70 al. 3 CC dispose, en effet, que «[l]a qualité de sociétaire est inaliénable et ne passe point aux héritiers». La deuxième s'inscrit dans le contexte des art. 76 ss CC relatifs aux causes de dissolution des associations (cf. pts 2.5 ss). Bien que le Code civil n'y fasse pas référence, la perte automatique du sociétariat en est une conséquence logique[504], puisqu'on ne saurait faire partie d'une association qui n'existe plus. Enfin, la troisième découle de l'avènement d'une condition résolutoire.

2.3.2.2.2 La clause résolutoire

La sortie peut aussi être automatique à la survenance d'une clause résolutoire, par exemple, lorsqu'une condition d'admission n'est plus remplie[505]. Ces auteurs citent, à titre d'exemples, «le changement de domicile, de profession, de nationalité, etc.»[506] soit des éléments qui constituent parfois des conditions nécessaires à l'admission dans des associations telles que les clubs services. Certaines associations prévoient aussi qu'un retard d'une certaine durée dans le paiement des cotisations entraîne automatiquement, après sommation, la perte de la qualité de membre[507]. On peut encore imaginer la survenance d'un certain âge dans des associations qui connaissent une telle limite, comme la «Table Ronde». L'avènement de la condition entraîne donc la perte de la qualité de membre[508]. D'autres associations prévoient que sans avoir d'effet automatique, le non paiement des cotisations puisse également constituer, comme d'autres éléments, une cause d'exclusion (cf. pt. 2.3.2.3 ss). En tous les cas, un organe de l'association doit rendre une décision pour constater la survenance de la condi-

504 BADDELEY, L'association sportive, p. 88.

505 Dans le même sens: BRÜCKNER, n° 1262 p. 379; HEINI/PORTMANN/SEEMANN, n° 298 p. 95.

506 PERRIN/CHAPPUIS, p. 126. Dans le même sens: BADERTSCHER, p. 33; HEINI/SCHERRER, Art. 70 n° 40 p. 484; KELLER, p. 65; MADÖRIN, p. 61; MONTAVON, Droit civil, p. 122.

507 GUILLOD, n° 445 p. 229; HEINI/PORTMANN, n° 342 p. 154 s. et n° 352 p. 159; HEINI/PORTMANN/SEEMANN, n° 298 p. 95.

508 BAUMANN, Personenrecht des ZGB, p. 55.

tion, en particulier lorsqu'il y a contestation, et notifier la perte de qualité de membre à la personne concernée (pour une éventuelle restitution de cotisations, cf. pt. 2.3.2.1.3)[509].

2.3.2.3 La décision d'exclusion

2.3.2.3.1 Généralités

En marge des causes générales de sortie, le législateur a choisi de consacrer une disposition particulière à l'exclusion (art. 72 CC)[510]. Paradoxalement, ce choix s'explique par la plus grande autonomie qu'il a voulu conférer aux associations. Comme nous le verrons par la suite (cf. pt. 2.3.2.3.4), cette disposition permet à l'association de limiter le droit de regard du juge sur ses décisions[511].

2.3.2.3.2 Nature juridique

L'exclusion est à l'association ce que la sortie est au membre[512]. Par conséquent, l'exclusion représente également un acte juridique unilatéral, soumis à réception, «par lequel l'association prive un sociétaire de sa qualité de membre, contre sa volonté, avec effet *ex nunc*»[513]. La compétence d'exclure un membre est dévolue, selon la loi, à l'assemblée générale (art. 65 al. 1 CC), mais les statuts peuvent l'attribuer à la direction, voire à un organe spécialisé[514]. Si elle relève de la compétence exclusive de l'assemblée générale, la sanction d'exclusion doit être portée à l'ordre du jour[515].

509 Heini/Portmann, n° 353 p. 159. *Contra:* Badertscher, p. 26; Keller, p. 66.
510 Pour plus de détails concernant les conditions d'exclusion d'un parti politique en Suisse, cf. Jaggi, p. 2 ss.
511 Baumann, Personenrecht des ZGB, p. 55; Beretta, Vereine, p. 162 s.; Heini/Portmann, n° 336 s. p. 153; Heini/Scherrer, Art. 72 n° 7 p. 488; Perrin/Chappuis, p. 145; Scherrer, Verein, n° 119 p. 85 s.
512 Perrin/Chappuis, p. 146. Cf. également Heini/Portmann, n° 336 p. 153; Heini/Portmann/Seemann, n° 283 p. 91.
513 Zen-Ruffinen, Droit du sport, n° 328 p. 111. Cf. également Badertscher, p. 11 ss et 20; Keller, p. 8 ss; Riemer, BKomm, Art. 72 n° 6 p. 759 s.
514 Brückner, n° 1263 p. 379; Handschin, p. 114; Hausheer/Aebi-Müller, n° 18.41 p. 335; Heini/Portmann, n° 347 p. 157; Heini/Portmann/Seemann, n° 293 p. 94; Heini/Scherrer, Art. 72 n° 3 p. 487; Madörin, p. 60.
515 ATF 114 II 193, JdT 1990 I 285 (rés.), = SJ 1988 449, consid. 5.

2.3.2.3.3 Les causes d'exclusion

Les statuts énumèrent, parfois, les causes qui permettent à une association d'exclure un membre[516]. Les associations se contentent souvent de permettre l'exclusion à des conditions exprimées en termes très généraux. La plupart du temps, l'exclusion constitue une punition qui sanctionne le membre qui a violé les statuts. Elle peut aussi toucher celui qui a adopté un comportement contraire à l'intérêt de l'association, lui a porté préjudice, n'a pas rempli ses obligations envers elle ou s'est déshonoré à tel point que son appartenance à l'association n'est plus souhaitable.

Plus rarement, les motifs ne présentent pas un caractère punitif, mais visent le membre qui n'est pas suffisamment actif ou présent, qui a perdu son attachement envers l'association ou son intérêt pour elle ou qui ne remplit plus certaines conditions de base[517]. Comme le relève CORBAT, «[i]l est des cas dans lesquels un groupement élimine un de ses participants sans que cela revête un caractère punitif parce qu'il n'y a pas de lésion du lien social»[518]. Cet auteur mentionne aussi l'exemple du membre d'un groupement de grossistes qui cesserait son activité pour s'adonner au commerce de détail. Dans cette situation, l'exclusion vise à ce «qu'il ne puisse plus bénéficier des rabais consentis par les fabricants»[519]. Il s'agit là d'une exclusion de principe. Néanmoins, les exclusions punitives et de principe ont les mêmes conséquences, soit «la perte de la qualité de membre et de tous les avantages, idéaux et matériels, que cette qualité conférait»[520].

2.3.2.3.4 L'exclusion avec ou sans indication de motifs

L'art. 72 al. 1 CC dispose que «[l]es statuts peuvent déterminer les motifs d'exclusion d'un sociétaire; ils peuvent aussi permettre l'exclusion sans indication de motifs». Il convient de traiter ces deux situations séparément. L'exclusion avec indication des motifs présuppose que les statuts énumèrent les comportements «qui sont répréhensibles du point de vue des intérêts que l'association tente de promouvoir»[521]. Le plus souvent, il s'agit d'une liste fermée. Le fait que l'association considère le comporte-

516 BAUMANN, Personenrecht des ZGB, p. 55; TUOR/SCHNYDER/SCHMID, § 16 n° 36 p. 165.
517 KELLER, p. 72 ss.
518 CORBAT, p. 104. Cf. également KELLER, p. 27.
519 CORBAT, p. 104 note 3.
520 *Id.*, p. 104.
521 PERRIN/CHAPPUIS, p. 143. Dans le même sens: BAUMANN, Personenrecht des ZGB, p. 55.

ment du sociétaire comme illicite ne la dispense pas d'entendre le membre fautif. En effet, le sociétaire reste au bénéfice des garanties habituelles de procédure et une décision d'exclusion rendue en violation du droit d'être entendu pourrait être annulée pour vice de forme[522]. Par ailleurs, le sociétaire est autorisé à «présenter ses moyens de défense sous n'importe quelle forme, avant que son exclusion soit définitivement prononcée»[523]. L'exclusion automatique doit obligatoirement faire l'objet «d'une décision écrite et doit être motivée en termes clairs et compréhensibles»[524].

L'association peut aussi exclure un membre en se fondant sur une clause générale et indéterminée. Même si une telle disposition est insérée dans les statuts et qu'un motif est indiqué par l'association, le Tribunal fédéral[525] considère qu'on est en présence, dans une telle situation, d'une exclusion sans indication de motifs[526].

L'exclusion sans indication de motifs proprement dite constitue un cas d'application de l'art. 72 al. 1 *in fine* CC[527]. Cette solution doit faire l'objet d'une disposition statutaire expresse[528]. Une procédure d'exclusion sans indication de motifs présente l'avantage de dispenser l'association de l'obligation de motiver sa décision d'exclusion. Toutefois, elle n'autorise en aucun cas l'association à exclure un sociétaire sans motif ou cause valables[529]. Ceux-ci resteront cependant confidentiels.

En ce qui concerne le contrôle judiciaire des décisions d'exclusion, Perrin/Chappuis relèvent que

> [l]es deux situations visées par l'al. 1 de l'art. 72 CC [à savoir les exclusions avec et sans indication des motifs] sont regroupées par l'al. 2 de la même disposition. On peut donc dire [...] que dès que les statuts contiennent un contenu quelconque au sujet des motifs d'exclusion, le contrôle judiciaire ne peut pas porter sur les motifs de la décision[530].

522 Heini/Portmann, n° 339 p. 154; Perrin/Chappuis, p. 144.
523 ATF 90 II 346 = JdT 1965 I 258, = SJ 1965 401, consid. 2.
524 Perrin/Chappuis, p. 144. Cf. également ATF 118 V 264.
525 ATF 131 III 97, JdT 2005 I 188 (trad.), consid. 2.; ATF 90 II 346 = JdT 1965 I 258, = SJ 1965 401, consid. 3.
526 Scherrer, Verein, n° 117 p. 84 s.
527 Baumann, Personenrecht des ZGB, p. 55.
528 Perrin/Chappuis, p. 145.
529 Perrin/Chappuis, p. 145. Cf. également Guillod, n° 443 p. 227 s.; Heini/Portmann, n° 338 p. 153; Keller, p. 71.
530 Perrin/Chappuis, p. 145. Dans le même sens: Baumann, Personenrecht des ZGB, p. 55; Beretta, Vereine, p. 162 s.; Heini/Portmann, n° 337 p. 153; Heini/Scherrer, Art. 72 n° 7 p. 488; Scherrer, Verein, n° 119 p. 85 s.

En fait, seule la procédure d'exclusion peut faire l'objet d'un recours puisque, selon la jurisprudence, le pouvoir de cognition du juge est limité à l'arbitraire[531]. Celui-ci porte sur la compétence de l'organe qui a rendu la décision d'exclusion et la régularité statutaire de la formation de la volonté sociale[532]. Par exemple, le Tribunal fédéral a admis le recours d'un sociétaire contre une décision d'exclusion rendue par un organe incompétent mais confirmée, ultérieurement, par l'organe compétent[533].

Indépendamment de la règle générale de l'art. 72 al. 2 CC, il est des situations où le pouvoir discrétionnaire de l'association est réduit. Tel est le cas lorsque l'association jouit d'une position dominante ou d'un monopole[534] vis-à-vis du public, des autorités et de ses membres. Si, comme dans le Canton du Jura, un avocat doit obligatoirement faire partie de l'Ordre des avocats jurassiens pour pratiquer le barreau (cf. pt. 1.3.2.3.3), une exclusion de cette association professionnelle équivaut à une interdiction de pratiquer. Elle ne peut donc intervenir que pour des motifs extrêmement graves. On entend par là des motifs qui autorisent une interdiction professionnelle, et pas simplement des motifs qui, usuellement, permettent l'exclusion d'une association[535]. En effet, le Tribunal fédéral reconnaît, sur la base de l'art. 28 CC, le droit de chaque membre au développement de sa personnalité, notamment économique[536]. Par conséquent,

> une exclusion ne peut [...] être admise que si [...] les intérêts de l'association à l'exclusion sont supérieurs à celui du membre à conserver son statut ou, en d'autres termes, que s'il existe de justes motifs de la prononcer[537].

531 ATF 90 II 346 = JdT 1965 I 258, = SJ 1965 401, consid. 1. Cf. également BADDELEY, L'autonomie, p. 41; BADERTSCHER, p. 160 ss.

532 BADDELEY, L'autonomie, p. 41; GUILLOD, n° 443 p. 227 s.; HAUSHEER/AEBI-MÜLLER, n° 18.42 p. 335.

533 ATF 63 II 353, JdT 1938 I 194 (trad.).

534 En pratique, il n'est pas rare que des associations professionnelles ou sportives se trouvent dans cette situation [BAUMANN, Personenrecht des ZGB, p. 56; GUILLOD, n° 443 p. 227 s.; HEINI/PORTMANN/SEEMANN, n° 290 ss p. 93; HEINI/SCHERRER, Art. 72 n° 11 ss p. 488 s].

535 ATF 123 III 193, JdT 1997 I 658 (trad.), consid. 2bb s.

536 BAUMANN, Personenrecht des ZGB, p. 56. Cf. également BERETTA, Vereine, p. 165; BRÜCKNER, n° 1266 p. 380.

537 ATF 123 III 193, JdT 1997 I 658 (trad.), consid. 2a. Cf. également arrêt du TF 5C.64/2006 du 3 juillet 2006, consid. 3; ATF 131 III 97, JdT 2005 I 188 (trad.), consid. 3.

La bonne foi constitue la deuxième restriction à l'art. 72 al. 2 CC[538]. La régularité d'une décision, par rapport à l'art. 2 CC, se mesure au regard du but social. Selon la jurisprudence, l'exclusion ne doit pas être manifestement incompatible avec celui-ci[539].

2.3.2.3.5 Le silence des statuts relativement à l'exclusion

L'art. 72 al. 3 CC prévoit que «[s]i les statuts ne disposent rien à cet égard, l'exclusion n'est prononcée que par décision de la société et pour de justes motifs». Pour PERRIN/CHAPPUIS, la formulation de l'art. 72 al. 3 CC, en particulier le terme «à cet égard» de la première phrase peut signifier qu'il n'existe «aucune disposition statutaire concernant l'exclusion», ou qu'il n'y a «aucune disposition statutaire concernant les motifs d'exclusion»[540].

C'est à l'assemblée générale qu'il incombe de prendre la décision d'exclusion, sous réserve d'une attribution expresse de cette compétence à un autre organe (art. 65 al. 1 et 63 al. 2 CC)[541]. La notion de justes motifs développée à l'art. 72 al. 3 CC est «déterminé[e] dans le cadre de l'exercice du pouvoir d'appréciation de l'organe qui prononce» l'exclusion[542]. PERRIN/CHAPPUIS précisent que «[c]ette notion est mise en œuvre selon le schéma méthodologique de l'art. 4 CC. Les ‹justes motifs› sont des motifs ‹importants› (*wichtige Gründe*) du point de vue des intérêts dont l'association fait la promotion»[543]. Le Tribunal fédéral a considéré que tel est le cas lorsque ces intérêts prévalent sur ceux du membre de rester sociétaire[544].

Au vu de la rédaction de l'art. 72 CC, on remarque que la principale différence entre les alinéas 1 et 2 et l'alinéa 3 porte sur l'étendue du contrôle judiciaire. Dans les deux cas, les décisions d'exclusion peuvent être soumises au juge sur la base de l'art. 75 CC[545]. Cependant, le juge dispose d'un pouvoir d'examen plus large lorsqu'elles sont prises en application de l'alinéa 3[546]. En effet, «[s]i le législateur a prévu l'exclusion du contrôle

538 PERRIN/CHAPPUIS, p. 146. Cf. également BAUMANN, Personenrecht des ZGB, p. 55; KELLER, p. 168.
539 ATF 90 II 346 = JdT 1965 I 258, = SJ 1965 401, consid. 4.
540 PERRIN/CHAPPUIS, p. 149.
541 HEINI/PORTMANN, n° 341 p. 154; HEINI/SCHERRER, Art. 70 n° 5 p. 487.
542 PERRIN/CHAPPUIS, p. 149.
543 PERRIN/CHAPPUIS, p. 149. Cf. également BADERTSCHER, p. 58 ss; KELLER, p. 107.
544 Arrêt du TF 5C.64/2006 du 3 juillet 2006, consid. 3.
545 BADERTSCHER, p. 131; GUILLOD, n° 444 p. 228 s.; HAUSHEER/AEBI-MÜLLER, n° 18.62 p. 340.
546 BADERTSCHER, p. 161, BAUMANN, Personenrecht des ZGB, p. 56; HEINI/PORTMANN, n° 341 p. 154; HEINI/PORTMANN/SEEMANN, n° 284 p. 91; KELLER, p. 171.

judiciaire portant sur les motifs dans l'alinéa deuxième, c'est qu'il a voulu permettre ce contrôle pour les cas qui tombent sous le coup de l'alinéa troisième»[547]. Cet état de fait nous permet de conclure que, pour statuer, le juge peut substituer son pouvoir d'appréciation à celui de l'autorité qui a prononcé l'exclusion[548]. Toutefois, en pratique, il se limite à sanctionner l'excès et l'abus de pouvoir d'appréciation[549].

Quid du cas où les statuts d'une association prévoient seulement une exclusion pour justes motifs? La question revient à déterminer si les rédacteurs des statuts ont opéré un choix en faveur de l'art. 72 al. 1 CC ou d'une codification du principe de l'art. 72 al. 3 CC. La doctrine est partagée à ce sujet. D'un côté, PERRIN/CHAPPUIS soutiennent que les justes motifs représentent, par définition, une notion indéterminée et qu'ils peuvent être assimilés à une clause générale autorisant l'exclusion sans indication de motifs[550]. D'autres, notamment HEINI et BODMER, sont d'avis que le principe de l'art. 72 al. 2 CC constitue une exception au principe du plein pouvoir de cognition du juge et que, de ce fait, son champ d'application doit être interprété restrictivement[551]. Dans un arrêt non publié du 21 décembre 1998, le Tribunal fédéral a tranché en faveur de cette seconde opinion[552]. Il s'est distancé là de sa jurisprudence constante. En effet, il avait déjà jugé, en 1964, que l'art. 72 al. 3 CC devait être assimilé à l'art. 72 al. 1 *in fine* CC[553]. Dans un arrêt beaucoup plus récent[554], le Tribunal fédéral a retracé la genèse de l'art. 72 CC. Il a conclu que cette disposition «montre clairement que le législateur historique avait à cœur de concrétiser, dans la forme la plus étendue possible, le principe de l'autonomie de l'association, en particulier en ce qui concerne la question de l'exclusion de membres. En conséquence, le législateur a limité également les voies de recours du sociétaire exclu qui voudrait contester au fond une décision d'exclusion»[555]. En conclusion, il faut retenir que «[l]'indication d'un mo-

547 PERRIN/CHAPPUIS, p. 150.

548 ATF 51 II 237, JdT 1926 I 98 (trad.), consid. 2.

549 GUILLOD, n° 444 p. 228 s.; PERRIN/CHAPPUIS, p. 150; RIEMER, BKomm, Art. 72 n° 93 p. 795.

550 PERRIN/CHAPPUIS, p. 151.

551 BODMER, p. 194 ss; HEINI, p. 64. Dans le même sens: HEINI/SCHERRER, Art. 72 n° 9 p. 488.

552 Arrêt du TF 5C.224/1998 du 21 décembre 1998, consid. 2b s., *in:* Rep. 1999 p. 55 ss.

553 ATF 90 II 346 = JdT 1965 I 258, = SJ 1965 401, consid. 3.

554 ATF 131 III 97, JdT 2005 I 188 (trad.).

555 *Id.*, consid. 2.1.

tif (trop vague) indique clairement que l'association entend exclure une contestation»[556] et qu'elle opte pour le système de l'exclusion sans indication de motifs.

2.3.2.4 Conflit de normes: quid de la décision d'exclusion en dépit de la sortie volontaire du sociétaire?

Le Tribunal fédéral a eu récemment à connaître d'un litige portant sur l'exclusion d'un membre d'une association qui en avait postérieurement démissionné[557]. La doctrine est divisée quant aux effets d'une telle démission[558].

Dans son jugement, la Haute Cour relève que

> [l]orsque la démission intervient consécutivement à une procédure d'exclusion, l'association peut soit constater que la démission rend sans objet la procédure d'exclusion en cours et ses effets accessoires (publication, communication à des organisations intéressées), et radier en conséquence cette procédure, soit décider de maintenir le prononcé d'exclusion avec ses effets accessoires malgré la démission[559].

Il ressort clairement du texte de l'arrêt que le Tribunal fédéral laisse à la discrétion de l'association la possibilité d'opter pour une solution plutôt que pour l'autre.

Dans le premier cas envisagé par le Tribunal fédéral, l'association met un terme à la procédure d'exclusion. Dès lors, le membre n'a plus d'intérêt juridiquement protégé à faire contrôler la régularité de son exclusion et, partant, n'a plus qualité pour recourir auprès du juge en application de l'art. 75 CC. Dans le second cas, le Tribunal fédéral indique, au contraire, que l'ex-sociétaire doit se voir reconnaître un droit «à faire examiner par le juge la régularité de son exclusion et des effets accessoires de celle-ci» [560]. C'est le cas notamment lorsque ceux-ci peuvent porter atteinte à sa personnalité ou à ses intérêts économiques. Le Tribunal fédéral précise en outre que «[c]ette qualité pour agir ne se fonde toutefois pas sur la perte

556 *Ibid.*
557 Arrêt du TF 5A_10/2009 du 1er septembre 2009.
558 Pour un commentaire de l'arrêt et un résumé des positions doctrinales en la matière, cf. SCHIESS RÜTIMANN, n° 15 ss. Cf. également ROSENBERG, p. 20 ss.
559 Arrêt du TF 5A_10/2009 du 1er septembre 2009, consid. 2.2.2.
560 *Ibid.*

des avantages sociaux, qui résulte de la démission, mais exclusivement sur les inconvénients liés aux effets accessoires de l'exclusion»[561]. Cela signifie que l'ex-sociétaire ne peut s'opposer à la procédure d'exclusion que par le biais de l'art. 28 CC. Conformément à l'alinéa 2 de cette disposition, l'association peut faire valoir un intérêt prépondérant privé pour justifier la poursuite de la procédure d'exclusion. Tel est le cas lorsqu'il est d'intérêt public de savoir si l'ex-sociétaire d'une association professionnelle a quitté l'association de son plein gré ou, s'il en a été exclu, par exemple, pour avoir violé ses normes déontologiques[562]. Cet argument est d'autant plus valable que l'exclusion de ce type d'association se fonde, en règle générale, sur des motifs graves (cf. pt. 2.3.2.3.4).

2.3.3 Les droits des sociétaires

2.3.3.1 Les droits sociaux

2.3.3.1.1 Le droit de vote et l'égalité des voix

2.3.3.1.1.1 Généralités

Le droit de vote constitue l'une des prérogatives les plus importantes des sociétaires[563]. A cet effet, l'art. 67 al. 1 CC dispose que «[t]ous les sociétaires ont un droit de vote égal dans l'assemblée générale». Cet article est de nature dispositive[564]. L'association peut y déroger en attribuant des droits de vote différenciés à diverses catégories de membres. Elle peut même priver certains sociétaires de leur droit de vote[565]. Il est fréquent, par exemple, que les associations comptent des membres «soutien» ou «passifs» qui ne prennent pas une part active à ses activités et qui disposent

561 *Ibid.*
562 Schiess Rütimann, n° 19.
563 Brückner, n° 1274 p. 382; Hausheer/Aebi-Müller, n° 18.50 p. 337; Scherrer, Verein, n° 76 p. 59.
564 ATF 90 II 333 = JdT 1965 I 201, = SJ 1965 229, Alex Martin, consid. 5b.
565 Baumann, Personenrecht des ZGB, p. 58 s.; Hausheer/Aebi-Müller, n° 18.50 p. 337; Heini/Portmann/Seemann, n° 202 p. 66; Heini/Scherrer, Art. 67 n° 4 p. 466; Madörin, p. 67; Montavon, Droit civil, p. 113; Schawalder, p. 43; Tuor/Schnyder/Schmid, § 16 n° 21 p. 161.

d'un droit de vote limité voire même d'aucun droit de vote[566]. D'autres catégories de sociétaires peuvent également être privées de ce droit. On pense, par exemple, aux mineurs[567] et aux employés de l'association[568]. On peut aussi différencier le nombre de voix de sociétaires de la même catégorie, en se fondant sur certains critères particuliers. Il n'est pas rare, par exemple, que les membres fondateurs d'une association s'octroient un droit de vote double, afin de conserver un certain contrôle sur la marche de l'association[569]. Parfois, les votes au sein des assemblées des délégués sont pondérés en fonction du nombre de membres que compte chaque association affiliée[570]. C'est notamment le cas de Swiss Olympic, qui instaure une différenciation selon le nombre d'affiliés de chaque membre, avec pour conséquence qu'actuellement certaines fédérations bénéficient de treize voix alors que d'autres n'en ont qu'une[571]. Ce système confère aussi deux voix supplémentaires aux fédérations olympiques[572]. Enfin, autre particularité de Swiss Olympic, résultant de la Charte olympique, seules les fédérations olympiques, parmi ses membres, votent sur les matières purement olympiques[573]. Plus rarement, la pondération peut être liée à la participation financière au capital de l'association[574] ou au chiffre d'affaires du sociétaire[575]. En pratique, «[c]ette manière de compter les suffrages est pour le moins atypique dès lors qu'il s'agit d'une corporation qui ne peut servir qu'indirectement les intérêts économiques de ses membres»[576]. Ces

566 Baumann, Personenrecht des ZGB, p. 58; Guillod, n° 433 p. 221 s.

567 Guillod, n° 433 p. 221 s., précise à ce sujet que le droit de vote est un droit strictement personnel (art. 19 al. 2 CC). Par conséquent, ce dernier peut être directement exercé par le sociétaire mineur, pour autant que le vote ne porte pas sur des engagements financiers importants, par exemple.

568 Perrin/Chappuis, p. 71.

569 Heini/Scherrer, Art. 67 n° 5 p. 467; Perrin/Chappuis, p. 71; Zen-Ruffinen, Droit du sport, n° 290 p. 99 s.

570 Baumann, Personenrecht des ZGB, p. 59.

571 Art. 4.3 al. 2 des Statuts de Swiss Olympic et Commentaire et tendances concernant les résultats de l'enquête sur le nombre de membres et d'associations au sein des fédérations sportives suisses, *in:* site de la Swiss Olympic Association (www.swissolympic.ch): http://www.swissolympic.ch/fr/desktopdefault.aspx/tabid-3243/ (31.05.2010).

572 Art. 4.3 al. 3 Statuts Swiss Olympic.

573 Règle 29.3 ChO.

574 Heini/Portmann, n° 242 p. 112 s.; Perrin/Chappuis, p. 71.

575 Felder, p. 179.

576 Perrin/Chappuis, p. 71.

auteurs ajoutent néanmoins que, du moment que la constitution de cartels en association est tolérée, cette solution doit être admise[577].

Plusieurs fédérations sportives connaissent un système de vote différencié. Il y a quelques années encore, l'IAAF, répartissait ses membres en trois groupes bénéficiant de, respectivement, huit, six ou quatre voix, selon leur importance[578]. Sous la pression de plusieurs fédérations nationales, l'IAAF a été contrainte d'abandonner cette solution et, actuellement, chaque fédération membre dispose d'une voix[579].

La FISA, de son côté, a maintenu une différenciation entre ses membres. Certains sont au bénéfice d'une voix et d'autres de trois[580]. Pour bénéficier de trois voix durant un cycle olympique de quatre ans, une fédération doit avoir participé avec un certain nombre d'équipages aux championnats de la FISA du cycle précédent. On a voulu ainsi que les fédérations participantes déterminent la marche de la fédération et non les fédérations moins actives qui, par définition, ne bénéficient pas de la même expérience et ne sont pas touchées au même degré par les décisions. Ce principe qui, à première vue, peut paraître anti-démocratique, empêche la formation de «majorités de hasard» ou des interférences trop marquées de la part de ceux qui n'ont pas à subir les conséquences des décisions prises. Précisons qu'un membre qui jouit de plus d'une voix doit exprimer celles-ci de manière compacte.

S'agissant de la Fédération internationale de gymnastique (FIG), il convient de distinguer plusieurs situations. Lors des élections au Congrès, chaque fédération affiliée dispose d'une voix[581]. Dans les autres cas[582], une fédération peut bénéficier de voix supplémentaires (au maximum trois),

577 *Id.*, p. 71 s.

578 Art. 4 al. 3 anciens Statuts IAAF.

579 Art. 4 ch. 7 Statuts IAAF en vigueur au 1er novembre 2009, *in:* site de l'International Association of Athletics Federations (www.iaaf.org): http://www.iaaf.org/mm/Document/AboutIAAF/Publications/05/50/23/20091230040703_httppostedfile_LesStatuts-OK_17678.pdf (31.05.2010).

580 Art. 35 par. 2 et 3 Statuts FISA.

581 Art. 11.17.2 Statuts FIG du 21 novembre 2008, *in:* site de la Fédération internationale de gymnastique (www.fig-gymnastics.com) http://www.sportcentric.com/vsite/vnavsite/page/directory/0,10853,5187-188050-205272-nav-list,00.html (31.05.2010).

582 Art. 11.12.3, ch. 7, 8, 10 à 13 Statuts FIG: affaires financières, admissions, démissions, suspensions et exclusions, nomination de l'organe de contrôle financier, attribution du lieu du prochain Congrès, propositions des autorités de la FIG et des fédérations nationales, distinctions honorifiques.

une pour chaque discipline olympique et une pour la gymnastique générale, pour autant qu'elle puisse faire valoir une participation au niveau international au cours du dernier cycle olympique (Jeux Olympiques, Championnats du Monde, Gymnaestrada Mondiale[583]). Lors de toutes les autres séances des autorités de la FIG, chaque membre dispose d'une seule voix.

Les statuts ou les règlements peuvent subordonner l'exercice du droit de vote à certaines conditions (dans les limites des art. 19 al. 2 et 20 CO). Les statuts peuvent également rendre le vote obligatoire. Cette obligation ne doit cependant pas contrevenir aux droits de la personnalité[584].

2.3.3.1.1.2 La représentation

Comme nous l'avons déjà relevé (cf. pt. 2.2.6.3.2.6), la doctrine est d'avis qu'en cas de silence des statuts, la représentation est exclue, à moins qu'il existe un usage associatif[585]. Cette affirmation découle d'une interprétation littérale de l'art. 67 al. 2 CC qui prévoit que «[l]es décisions sont prises à la majorité des voix des membres présents», c'est-à-dire de ceux qui assistent physiquement à l'assemblée générale. Néanmoins, cette disposition étant de droit dispositif[586], les statuts peuvent y déroger en instaurant un vote par correspondance ou par représentation. Le vote personnel étant la règle et correspondant aussi à l'esprit de l'association, les dérogations statutaires sur ce point sont plutôt rares. ZEN-RUFFINEN pense qu'en tous les cas, il faut que «des mesures soient prises afin que l'identité du membre et sa volonté

583 La Gymnaestrada mondiale est le nom officiel utilisé par la FIG et l'événement mondial au sommet en matière de gymnastique générale. Elle a lieu tous les quatre ans dans un pays de l'une des fédérations membres affiliées à la FIG et elle attire habituellement plus de vingt mille participants de tout âge. L'idée d'une fête de gymnastique internationale s'est concrétisée pour la première fois en 1939, sous l'égide de la Fédération de gymnastique suédoise; ce n'est que lors de l'Assemblée générale de la FIG de 1949 que l'on a proposé que la FIG organise une telle fête. Puis, lors de l'Assemblée générale de 1950, une «Fête de gymnastique internationale» a été adoptée dans le programme des événements officiels, sous le nom de Gymnaestrada. La première Gymnaestrada a eu lieu en 1953 à Rotterdam, et la prochaine se déroulera à Lausanne en 2011. Pour plus de détails, cf. le site de la Fédération internationale de gymnastique (www.fig-gymnastics.com): http://www.fig-gymnastics.com/vsite/vcontent/page/custom/0,8510,5187-195229-212452-46492-294133-custom-item,00.html (31.05.2009).

584 HEINI/SCHERRER, Art. 67 n° 2 p. 466; PERRIN/CHAPPUIS, p. 74 s.

585 PERRIN/CHAPPUIS, p. 72 et 95; RIEMER, BKomm, Art. 67 n° 35 p. 506 s.; ZEN-RUFFINEN, Droit du sport, n° 291 p. 100.

586 PERRIN/CHAPPUIS, p. 75.

puissent être clairement déterminées»[587]. De plus, depuis 1922, et sans pour autant impliquer une acceptation générale de la représentation, le Tribunal fédéral[588] admet «le principe d'une délégation du droit de vote et le système des assemblées de délégués»[589]. Les conséquences de cette pratique ne sont pas négligeables pour le sociétaire puisqu'il se voit déchu du droit de participer personnellement à l'assemblée des délégués de l'association. De plus, son droit de vote ne peut plus être utilisé individuellement. Il est «fondu dans la masse». BADDELEY précise qu'«[i]l s'agit d'une restriction durable du droit de vote des membres, acceptée par la doctrine et la jurisprudence pour des raisons d'ordre pratique»[590]. Cet auteur préconise toutefois, dans un souci de protéger les sociétaires, que ceux-ci soient en mesure de choisir leurs délégués (par une élection à l'interne) et qu'ils puissent leur assigner un mandat précis (p. ex. en imposant ce qu'ils devront voter)[591].

2.3.3.1.1.3 La suppression ou la suspension du droit de vote

La loi prévoit une suspension automatique du droit de vote dans certaines situations[592]. De telles hypothèses sont, notamment, envisagées à l'art. 68 CC:

> Tout sociétaire est de par la loi privé de son droit de vote dans les décisions relatives à une affaire ou un procès de l'association, lorsque lui-même, son conjoint ou ses parents ou alliés en ligne directe sont parties en cause.

La loi ne prive le sociétaire que de son droit de vote. Toutefois, la pratique veut que celui-ci quitte la salle des débats au moment du vote[593].

Cependant, «il est admis, sauf prescription contraire expresse des statuts, qu'un membre puisse participer aux élections auxquelles il se présente comme candidat et, partant, puisse voter pour lui»[594]. Outre la loi,

587 ZEN-RUFFINEN, Droit du sport, n° 235 p. 82. Cf. également RIEMER, BKomm, Art. 67 n° 72 p. 518.
588 ATF 48 II 145, JdT 1923 I 2 (trad.), consid. 5.
589 PERRIN/CHAPPUIS, p. 47 s. Cf. également BADDELEY, L'association sportive, p. 172; ZEN-RUFFINEN, Droit du sport, n° 291 p. 100.
590 BADDELEY, L'association sportive, p. 172.
591 *Ibid.*, p. 172 s.
592 MADÖRIN, p. 67, précise que c'est notamment le cas lorsqu'un organe prend la décision d'infliger une peine statutaire à un sociétaire. Le membre sanctionné est alors dépossédé de son droit de vote. Cf. également HAUSHEER/AEBI-MÜLLER, n° 18.51 p. 337; HEINI/SCHERRER, Art. 67 n° 4 p. 466 et Art. 68 n° 1 ss p. 470 ss; ROSENBERG, p. 33 ss.
593 BRÜCKNER, n° 1210 p. 364.
594 GUILLOD, n° 434 p. 222 s.

les principes généraux de «l'interdiction de l'abus de droit, des bonnes mœurs et de l'ordre public»[595] limitent l'autonomie organisationnelle de l'association, en matière de privation du droit de vote. A cette énumération s'ajoutent, selon RIEMER, les droits fondamentaux[596].

2.3.3.1.2 La convocation à l'assemblée générale

Le droit à la convocation à l'assemblée générale prévu par l'art. 64 al. 3 CC représente une prérogative fondamentale du sociétaire[597]. Il tend à ce qu'aucune décision importante ne soit prise à son insu. En effet, faute de convocation, le membre ne saura pas qu'une assemblée générale est prévue et ne sera pas en mesure de faire valoir ses droits.

2.3.3.1.3 La participation à l'assemblée générale

L'accès à l'assemblée générale doit être libre pour les membres mais aussi, en principe, réservé à ceux-ci[598]. Ce droit n'est cependant pas absolu. Comme nous le verrons en détails (cf. pt. 3.2.3.1), les grandes associations, notamment les fédérations, pratiquent le système des assemblées de délégués. Le membre perd donc son droit «de participer activement et à titre personnel à une assemblée législative plénière»[599]. De plus, certaines associations acceptent la présence d'observateurs, d'invités et des médias[600].

2.3.3.1.4 La communication de l'ordre du jour

Comme nous l'avons déjà indiqué (cf. pt. 2.2.6.3.2.5), l'établissement d'un ordre du jour et sa communication aux membres constituent une obligation légale découlant de l'art. 67 al. 3 CC[601]. Cette disposition indique que les décisions de l'assemblée générale «ne peuvent être prises en dehors de l'ordre du jour que si les statuts le permettent expressément»[602]. Quelque-

595 PERRIN/CHAPPUIS, p. 71.

596 RIEMER, Causa Sport 3/2008, p. 318.

597 BRÜCKNER, n° 1274 p. 382; HEINI/PORTMANN, n° 248 p. 115 s.

598 *Ibid.*

599 BADDELEY, L'association sportive, p. 172.

600 La situation des observateurs n'est pas réglée par le Code civil [ATF 110 Ia 36, JdT 1985 I 229 (trad.), consid. 4 ss].

601 SCHERRER/GRETER, p. 7.

602 Cf. également HEINI/PORTMANN/SEEMANN, n° 207 p. 67 s.; ROSENBERG, p. 39; TUOR/SCHNYDER/SCHMID, § 16 n° 26 p. 162.

fois, les statuts autorisent l'association à ajouter un point à l'ordre du jour, pour autant que la majorité des membres l'acceptent. Une discussion est alors possible, mais sans prise de décision. C'est le cas par exemple de la Charte olympique[603].

2.3.3.1.5 La consultation des documents de l'association

BADDELEY rappelle que «[l]a loi ne spécifie pas expressément le droit du membre à être informé par les divers organes de la société sur la marche des affaires sociales»[604]. Néanmoins, il convient de relever que celui-ci existe «en tant que droit d'administration ou de contrôle *sui generis*»[605], pour permettre l'exercice du droit dévolu aux membres par l'art. 65 al. 2 et 3 CC de contrôler (et éventuellement de révoquer) les organes sociaux. L'importance du droit aux renseignements varie considérablement selon la taille de l'association. Plus celle-ci est petite, plus le lien social entre le membre et l'association est grand. En effet, le sociétaire dispose de plus de possibilités de participer activement à la vie associative en amenant des idées ou en devenant membre de la direction. A contrario, dans les grandes associations, le membre n'est souvent qu'un «consommateur» des services fournis par ces dernières. Généralement, ses obligations sont plus limitées et «[l]e besoin en renseignement des membres sera, en principe, satisfait par le rapport annuel de la Direction, complété par le rapport des Contrôleurs aux Comptes et par des indications sommaires sur les projets futurs»[606].

2.3.3.2 Les droits patrimoniaux

2.3.3.2.1 Au sens large

Les droits patrimoniaux au sens large consistent principalement à bénéficier des services offerts par l'association à ses membres[607]. Ces prestations varient selon la nature et les buts de l'association. Comme le ferait de ses

603 TAR 18.4 ChO.

604 BADDELEY, L'association sportive, p. 173. Dans le même sens: HEINI/PORTMANN, n° 264 p. 121 s.

605 BADDELEY, L'association sportive, p. 173.

606 *Id.*, p. 174.

607 BAUMANN, Personenrecht des ZGB, p. 59; GUILLOD, n° 425 p. 223; MADÖRIN, p. 68; HEINI/PORTMANN/SEEMANN, n° 209 ss p. 68 s.; MONTAVON, Droit civil, p. 123.

courts et moniteurs un club de tennis, une association musicale mettra à disposition une salle de répétition, ainsi qu'un encadrement permettant la formation des musiciens et la pratique de la musique. En effet, les services fournis par l'association correspondent souvent à un droit d'usage, notamment dans le sport[608]. Ceux-ci peuvent être restreints, en particulier pour assurer une certaine égalité d'accès et de traitement entre les sociétaires[609].

2.3.3.2.2 Au sens étroit

Au sens étroit, les droits patrimoniaux représentent des contributions financières que l'association peut accorder à ses membres[610]. Certaines associations, en effet, développent une activité rémunératrice ou récoltent des fonds de diverses manières et en font bénéficier leurs membres. Cette distribution d'argent ne constitue pas leur but. Il s'agit de prestations accessoires destinées à assister leurs membres dans leurs actions de développement et de promotion du sport. La FIFA, par exemple, réalise des revenus importants à l'occasion de sa Coupe du Monde. Elle redistribue aux participants une partie du produit «des droits de télévision, de sponsoring ou de marketing»[611], qui est extrêmement élevé. Une autre partie lui permet de verser à chaque fédération nationale, même à celles qui n'ont pas participé à la compétition, un subside d'un million de dollars pour quatre ans[612] afin que chacune d'elles puisse disposer d'un centre administratif adéquat.

Lorsque le but consiste à distribuer des subsides, la forme de l'association peut aussi être légalement admise si les bénéficiaires ne sont pas membres de l'association et/ou s'il s'agit de contributions de nature

608 Brückner, n° 1275 p. 382; Hausheer/Aebi-Müller, n° 18.52 p. 337; Heini/Portmann, n° 250 p. 117.

609 Baddeley, L'association sportive, p. 179; Baumann, Personenrecht des ZGB, p. 59; Heini/Portmann, n° 251 p. 117.; Madörin, p. 68.

610 Heini/Portmann, n° 254 p. 118 s.

611 Zen-Ruffinen, Droit du sport, n° 295 p. 101.

612 Programme d'assistance financière de la FIFA (Règlement du Programme d'Assistance Financière de la FIFA du 20 décembre 2008), *in:* Fédération Internationale de Football Association (www.fifa.com): http://fr.fifa.com/mm/document/afdeveloping/finassprogr/50/16/69/fap_regulations_en_de_fr_es_022009.pdf et rapport financier FIFA 2009 (en particulier p. 80): http://fr.fifa.com/mm/document/affederation/administration/01/18/31/86/fifa_fr09_fr.pdf (31.05.2010).

caritative (cf. pt. 2.2.6.1.2). Pour ce genre d'activité d'ailleurs, la forme de la fondation est plus fréquente que celle de l'association (p. ex., l'Aide Sportive Suisse, ASS[613]; cf. pts. 4.9.2 ss).

2.3.3.3 Les droits de protection

Les droits dits «de protection» tendent à garantir les droits des sociétaires envers l'association en empêchant cette dernière, notamment, de violer la loi ou les statuts[614].

2.3.3.3.1 Le droit de sortie

Le droit de sortie permet à chaque membre de quitter l'association aux conditions prévues par les statuts. Demeurent réservés le droit non écrit de quitter l'association avec effet immédiat pour justes motifs[615] et celui prévu à l'art. 19 al. 1 LFus, selon lequel «[l]es membres de l'association sont libres de quitter cette dernière dans les deux mois qui suivent la décision de fusion».

2.3.3.3.2 Le droit au maintien du but social

2.3.3.3.2.1 La nature juridique de l'art. 74 CC

L'art. 74 CC concrétise le droit au maintien du but social. Il dispose que «[l]a transformation du but social ne peut être imposée à aucun sociétaire». L'art. 74 CC représente donc, prima facie, une contrainte assez lourde pour les associations.

Certaines associations ont toutefois prévu dans leurs statuts l'interdiction pour leurs membres de s'opposer à une modification du but social voulue par la majorité (éventuellement qualifiée). La validité d'une telle disposition est controversée en doctrine. PERRIN/CHAPPUIS, par exemple, l'admettent, mais considèrent qu'elle n'est opposable qu'aux membres

613 Art. 1 al. 1 Statuts ASS du 24 juin 2008, *in:* site de l'ASS (www.sporthilfe.ch): http://www.aidesportive.ch/data/downloads/fr/statuten_fr.pdf (31.05.2010).

614 HEINI/PORTMANN, n° 256 p. 119 s.; ZEN-RUFFINEN, Droit du sport, n° 296 p. 101.

615 ATF 71 II 194, JdT 1946 I 11 (trad.).

entrés dans l'association après son adoption, ceux-ci ayant accepté d'être privés de ce droit lors de leur adhésion. L'art. 74 CC serait ainsi relativement impératif[616].

2.3.3.3.2.2 La transformation du but social

Selon le Tribunal fédéral, il y a transformation du but social lorsque l'association change purement et simplement de but (en abandonnant le précédent), lorsqu'elle en ajoute lorsqu'elle en retranche un[617]. C'est d'après les règles de la bonne foi qu'il faut apprécier l'importance du changement de but pour le sociétaire[618] et examiner s'il a un motif justificatif suffisant pour quitter l'association de ce chef[619]. Il importe donc de savoir

> si le changement décidé a une importance telle que s'il avait été par hypothèse connu de ce membre, au moment de son adhésion, cette circonstance l'aurait incité à ne pas demander son admission au sein de l'association[620].

Enfin, lorsqu'il y a fusion d'associations, qu'une association est dissoute par le fait de la fusion et que l'autre association subsiste seule, cela ne constitue pas une transformation du but social[621].

2.3.3.3.2.3 L'exercice du droit au maintien du but social

Le membre qui s'oppose à la transformation du but social peut faire valoir son désaccord et, s'il n'est pas suivi, engager une procédure en annulation ou exercer son droit de sortie avec effet immédiat[622].

616 PERRIN/CHAPPUIS, p. 163 ss. Cf. également GUILLOD, n° 437 p. 223 s.; HEINI/PORTMANN, n° 270 p. 124; HEINI/SCHERRER, Art. 74 n° 9 p. 493; RIEMER, BKomm, Art. 74 n° 5, p. 821. Pour une synthèse des positions de la doctrine, cf. également BERETTA, Vereine, p. 147; KLAUS, p. 20 s. et 248 ss.

617 ATF 86 II 389, JdT 1961 I 290 (trad.), consid. 5. A ce sujet, cf. également ATF 52 II 175.

618 HEINI/PORTMANN, n° 269 p. 123; HEINI/PORTMANN/SEEMANN, no225 p. 72 s.; HEINI/SCHERRER, Art. 74 n° 7 p. 493; ROSENBERG, p. 103 s.; TUOR/SCHNYDER/SCHMID, § 16 n° 38 p. 166 s.

619 MADÖRIN, p. 70.

620 PERRIN/CHAPPUIS, p. 161.

621 ATF 53 II 1, JdT 1927 I 266 (trad.), consid. 3.

622 BAUMANN, Personenrecht des ZGB, p. 60; HEINI/PORTMANN, n° 270 p. 124; KLAUS, p. 251 s.; MADÖRIN, p. 69.

Dans le premier cas, le droit au maintien du but social s'exerce aux conditions prévues par l'art. 75 CC[623]. HEINI/PORTMANN précisent que le grief invoqué doit être l'illégalité de la décision prise par la majorité des membres[624]. L'art. 74 CC confère, en quelque sorte, un droit de veto au membre. En effet, ce dernier peut s'opposer – et, éventuellement, être le seul à le faire – à la volonté de la majorité des membres[625]. Il est vraisemblable qu'un tribunal aura tendance à se montrer assez pointilleux sur l'impossibilité d'imposer le changement de but, lorsqu'un seul, ou une poignée de membres seulement, s'opposent à la modification. La conséquence peut être néanmoins que, devant l'impossibilité de modifier le but de l'association, certains membres démissionnent ou décident de la dissolution de l'association et en créent une nouvelle avec des buts conformes à leurs désirs[626]. On peut donc constater que la modification du but d'une association requiert une décision unanime des membres, ou, à tout le moins, que les membres qui se sont éventuellement opposés n'attaquent pas la décision en justice et finissent ainsi par l'accepter tacitement[627].

Dans le second cas, les membres qui n'adhèrent pas à la décision de modifier le but de l'association peuvent exercer leur droit, non écrit, de sortir immédiatement pour justes motifs[628].

2.3.3.3.3 Le droit d'attaquer en justice les décisions illégales ou contraires aux statuts selon l'art. 75 CC

2.3.3.3.3.1 Généralités

L'association représente une organisation de droit privé à laquelle le législateur accorde une grande liberté d'organisation et de fonctionnement. Cette liberté n'est toutefois pas sans limite et l'Etat se réserve le droit

623 ATF 52 II 175, JdT 1927 I 2 (trad.), résumé et commenté *in:* BONDALLAZ, p. 53. Cf. également BRÜCKNER, n° 1282 ss p. 384 s.; KLAUS, p. 89 ss; PERRIN/CHAPPUIS, p. 165; SCHERRER, Verein, n° 129 p. 91; TUOR/SCHNYDER/SCHMID, § 16 n° 38 p. 166 s.

624 HEINI/PORTMANN, n° 270 p. 124; ROSENBERG, p. 104.

625 MADÖRIN, p. 70.

626 HAUSHEER/AEBI-MÜLLER, n° 18.57 p. 338.

627 BADDELEY, L'autonomie, p. 42; HEINI/SCHERRER, Art. 74, n° 8 p. 493.

628 BADDELEY, L'autonomie, p. 38; BAUMANN, Personenrecht des ZGB, p. 60; HAUSHEER/AEBI-MÜLLER, n° 18.54 p. 338; HEINI/PORTMANN, n° 270 p. 124; KLAUS, p. 251 s.; MADÖRIN, p. 69; ROSENBERG, p. 101 ss; SCHERRER, Verein, n° 129 p. 91. Pour plus de détails sur la problématique de la protection du but social en général, cf. la thèse de KLAUS.

d'exercer un certain contrôle sur les associations. Plus exactement, il offre son assistance aux membres qui estimeraient que l'association abuse de sa liberté et ne respecte pas la loi ou ses propres statuts[629]. En effet, l'art. 75 CC autorise tout sociétaire «à attaquer en justice, dans le mois à compter du jour où il en a eu connaissance, les décisions auxquelles il n'a pas adhéré et qui violent des dispositions légales ou statutaires». On admet, dans ce contexte, que le membre qui s'est abstenu, comme celui qui n'était tout simplement pas présent, n'a pas adhéré à la décision[630].

2.3.3.3.3.2 La légitimation active

L'action de l'art. 75 CC est réservée aux membres de l'association concernée[631]. Les tiers ne peuvent donc agir que par les voies de droit ordinaires en invoquant, par exemple, la violation des droits de la personnalité, les règles relatives à la responsabilité (contractuelle ou extracontractuelle) de l'association et les principes généraux du droit tels que l'interdiction de l'abus de droit[632]. Rien n'empêche toutefois l'association d'étendre, statutairement, le cercle des bénéficiaires de l'art. 75 CC[633]. Par ailleurs,

> [l]e membre indirect peut, lui aussi, attaquer les décisions de l'association, conformément à l'art. 75 CC, ou faire examiner par le juge les sanctions (peines statutaires) qui lui ont été infligées [...]. Dans le cas des sanctions, cette protection juridique doit même être accordée à la personne qui n'est pas membre de l'association, si elle s'est soumise à la réglementation établie par cette dernière, par exemple lorsque pareille démarche est une condition à remplir pour pouvoir participer à une manifestation organisée par l'association[634].

629 Baddeley, La protection des membres, p. 195; Hausheer/Aebi-Müller, n° 18.58 p. 339; Heini/Portmann, n° 272 p. 124 s.; Heini/Scherrer, Art. 75 n° 2 p. 495; Madörin, p. 68 et 70; Oswald, Recueil, p. 240.

630 Scherrer/Greter, p. 21.

631 ATF 132 III 503, JdT 2009 I 165 (trad.), consid. 3; ATF 51 II 525, JdT 1926 I 81 (trad.), consid. 3. Cf. également Montavon, Droit civil, p. 126; Perrin/Chappuis, p. 168; Hausheer/Aebi-Müller, n° 18.60 p. 339; Scherrer, Verein, n° 135 p. 96, qui précise que dans certains cas la direction peut être titulaire de ce droit.

632 Heini/Scherrer, Art. 75 n° 16 p. 497; Perrin/Chappuis, p. 168.

633 Hausheer/Aebi-Müller, n° 18.60 p. 339; Heini/Portmann, n° 283 p. 131; Madörin, p. 71; Oswald, Recueil, p. 240 s.

634 ATF 119 II 271, JdT 1994 I 384 (rés.), = SJ 1993 621, Gundel, consid. 3b. Cet arrêt est également résumé dans Bondallaz, p. 29 s.

2.3.3.3.3.3 La légitimation passive

La légitimation passive appartient toujours à l'association, quelque soit l'organe qui a pris la décision[635]. En effet, celle-ci peut être le fait de l'assemblée générale ou de tout autre organe qui a statué dans les limites de sa compétence en dernière instance[636]. Rappellons en effet que seule une décision définitive peut faire l'objet d'une action en justice au sens de l'art. 75 CC, ce qui signifie qu'il faut avoir épuisé au préalable les voies de droit internes[637].

2.3.3.3.3.4 La nature de la norme violée

Par dispositions légales, on entend toutes les normes contenues dans la partie générale du droit des personnes morales (art. 52 ss CC) et celles, plus spécifiques, qui traitent de l'association (art. 60 ss CC)[638]. Les règles-relatives aux autres sociétés, qui s'appliquent par analogie, entrent aussi dans cette catégorie[639]. Notons que, selon PERRIN/CHAPPUIS, la

> distinction entre les dispositions [susmentionnées] et les autres normes légales est nécessaire car la sanction de la violation d'autres textes (notamment les art. 28 CC et 20 CO) doit pouvoir intervenir indépendamment des conditions posées par l'art. 75 CC[640].

ROSENBERG relève que l'absence de décision, notamment lorsque la loi ou les statuts imposent d'en prendre une, constitue également une violation des dispositions légales au sens de l'art. 75 CC[641].

635 Arrêt du TF 4A_490/2009 du 13 avril 2010, consid. 2.2.2; ATF 132 III 503, JdT 2009 I 165 (trad.), consid. 3.1.

636 BAUMANN, Personenrecht des ZGB, p. 60; GUILLOD, n° 438 p. 224 ss; HEINI/PORTMANN, n° 278 p. 128; HEINI/PORTMANN/SEEMANN, n° 233 p. 75 s.; HEINI/SCHERRER, Art. 75 n° 3 ss p. 495 s.; MADÖRIN, p. 69; OSWALD, Recueil, p. 241; ROSENBERG, p. 24; SCHERRER/GRETER, p. 20; TUOR/SCHNYDER/SCHMID, § 16 n° 39 p. 167. Cf. également Sentence TAS 95/139 du 21 décembre 1995, HC Y./Ligue Suisse de Hockey sur Glace (LSHG), *in:* REEB, Rec. I, p. 323 ss N. 16.

637 ATF 118 II 12, JdT 1995 I 547 (rés.), Kindle, consid. 3. Pour un résumé et un commentaire de cet arrêt, cf. BONDALLAZ, p. 21 ss.

638 GUILLOD, n° 438 p. 224 ss; HEINI/PORTMANN, n° 279 p. 129; HEINI/SCHERRER, Art. 75 n° 10 ss p. 496 s.; MADÖRIN, p. 70; MONTAVON, Droit civil, p. 126; OSWALD, Recueil, p. 241; SCHERRER/GRETER, p. 21.

639 GUILLOD, n° 438 p. 224 ss; HEINI/PORTMANN, n° 279 p. 129; OSWALD, Recueil, p. 241; SCHERRER/GRETER, p. 21.

640 PERRIN/CHAPPUIS, p. 171.

641 ROSENBERG, p. 70 ss.

Dans le volet statutaire au sens strict, il faut également inclure les règlements internes de l'association, lorsque «[c]es textes sont les prolongements des statuts»[642], qu'ils ont été adoptés valablement et qu'ils sont contraignants[643]. Certaines règles associatives, les règles de jeu notamment (cf. pts. 2.4.2 ss), échappent au contrôle judiciaire[644].

2.3.3.3.3.5 Le tribunal compétent

L'art. 75 CC prévoit que le sociétaire est autorisé «à attaquer en justice» les décisions de l'association. L'art. 75 CC «ne précise pas que l'action doit nécessairement être intentée devant la juridiction étatique»[645]. La rédaction choisie par le législateur permet donc aussi aux parties de soumettre leur litige à une juridiction arbitrale[646]. S'il s'agit d'un arbitrage international, un recours en matière civile (au sens des art. 72 ss Loi sur le Tribunal fédéral du 17 juin 2005, LTF[647]) pourra être adressé par la suite au Tribunal fédéral. Si on a affaire à un arbitrage interne, un tel recours devra être déposé devant l'instance cantonale compétente, avant d'être éventuellement soumis au Tribunal fédéral. Ce choix en faveur de l'arbitrage n'est valable que si le «tribunal arbitral» répond à toutes les garanties d'impartialité et d'indépendance qu'exige la Constitution fédérale (art. 29 et 30 Cst.)[648] et qu'il respecte les garanties fondamentales de procédure, telles que le droit d'être entendu. A défaut, il sera considéré comme la dernière instance interne de l'association et le membre concerné aura la possibilité d'attaquer sa décision devant le tribunal étatique compétent (cf. pt. 2.2.6.3.5; cf. également pt. 2.4.3.2)[649]. Ce dernier est celui de siège de

642 PERRIN/CHAPPUIS, p. 171 s. Dans le même sens: HEINI/SCHERRER, Art. 75 n° 10 p. 496; MADÖRIN, p. 70 s.; SCHERRER, n° 134 p. 95; SCHERRER/GRETER, p. 20.

643 GUILLOD, n° 438 p. 224 ss.

644 BAUMANN, Personenrecht des ZGB, p. 60 s.; COLOMB, p. 66; GUILLOD, n° 438 p. 224 s.

645 PERRIN/CHAPPUIS, p. 177. Cf. également Sentence TAS 95/139 du 21 décembre 1995, HC Y./Ligue Suisse de Hockey sur Glace (LSHG), *in:* REEB, Rec. I, p. 323 ss, N. 5.

646 BAUMANN, Personenrecht des ZGB, p. 61; HEINI/PORTMANN, n° 285 p. 131 s.; HEINI/SCHERRER, Art. 75 n° 29 p. 499; OSWALD, Recueil, p. 242; ROSENBERG, p. 26; SCHERRER, Verein, n° 133 p. 94.

647 RS 173.110.

648 Le TAS est considéré comme une véritable juridiction par le Tribunal fédéral. Il présente toutes les garanties d'indépendance et d'impartialité nécessaires, y compris lorsque le CIO est partie à la procédure (cf. pt. 2.4.3.2).

649 HEINI/PORTMANN/SEEMANN, n° 269 p. 86, PERRIN/CHAPPUIS, p. 178 s.; ZEN-RUFFINEN, Droit du sport, n° 1383 p. 485.

l'association (art. 3 al. 1 let. b Loi fédérale sur les fors en matière civile du 24 mars 2000, LFors[650])[651]. Le tribunal saisi, étatique ou arbitral, ne pourra que casser la décision attaquée et non la réformer, puisque l'action de l'art. 75 CC est de nature cassatoire[652] (à ce sujet, cf. toutefois pt. 2.3.3.3.3.7).

2.3.3.3.3.6 Les décisions nulles et les décisions annulables

Le délai d'un mois prévu à l'art. 75 CC est péremptoire et son inobservation doit être relevée d'office[653]. Cette règle ne concerne toutefois que les décisions annulables, puisque les décisions nulles peuvent être attaquées en tout temps[654]. La distinction entre les décisions fondamentalement nulles et les décisions annulables n'est pas toujours facile à opérer[655]. Il n'existe pas de critère absolu pour différencier les deux types de décisions. Cette distinction s'effectue en appréciant toutes les circonstances à disposition[656]. En cas de doute, on optera pour l'annulabilité[657]. A relever que la constatation judiciaire de la nullité et le prononcé de l'annulation déploient tous les deux un effet *erga omnes*[658].

2.3.3.3.3.6.1 La décision nulle

La décision nulle ne déploie aucun effet juridique[659]; elle est en fait inexistante. De manière générale, la décision nulle doit comporter un vice grave.

650 RS 272.
651 GUILLOD, n° 438 p. 225; ROSENBERG, p. 26.
652 ATF 134 III 193, consid. 2.2 [non reproduit mais qui peut être trouvé à la référence suivante: arrêt du TF 4C.248/2006 du 23 août 2007]; ATF 118 II 12, JdT 1995 I 547 (rés.), Kindle, consid. 1 (résumé et commenté *in:* BONDALLAZ, p. 21 ss); PERRIN/CHAPPUIS, p. 175; RIGOZZI, L'arbitrage, n° 1326 p. 674.
653 ATF 135 III 489, JdT 2010 I 181 (trad.), consid. 3 ss (cf. également le résumé de LEUBA, p. 85); ATF 132 III 503, JdT 2009 I 165 (trad.), consid. 3.2; ATF 85 II 525, JdT 1960 I 538 (trad.), consid. 3.; arrêt du Bezirksgericht Zürich 1 (CG030235/U), Galatasaray Spor Kulübülu gegen FIFA, du 7 février 2005, consid. 7.3. Cf. également HEINI/SCHERRER, Art. 75 n° 22 p. 498; PERRIN/CHAPPUIS, p. 184.
654 ATF 71 I 383, JdT 1946 I 135 (trad.), consid. 2.
655 HEINI/SCHERRER, Art. 75 n° 39 p. 501.
656 RIEMER, BKomm, Art. 75 n° 89 ss p. 876 s.
657 BADDELEY, L'association sportive, p. 311; HEINI/PORTMANN, n° 274 p. 126; HEINI/SCHERRER, Art. 75 n° 40 p. 502; SCHERRER/GRETER, p. 22; ZEN-RUFFINEN, Droit du sport, n° 1407 p. 493 s.
658 Arrêt du TF 4A_490/209 du 13 avril 2009, consid. 2.2.2.
659 BRÜCKNER, n° 1212 p. 365; ZEN-RUFFINEN, Droit du sport, n° 1408 p. 494 s.

Il s'agit donc de «[t]oute décision qui viole l'ordre public, le droit objectif impératif, les règles fondamentales de l'association ou qui a été prise en violation des règles de procédure de celle-ci»[660]. Un sociétaire ou un tiers peut invoquer, en tout temps et devant n'importe quelle autorité, la nullité d'une décision[661]. Le juge doit la constater d'office[662]. Par conséquent, l'écoulement du temps ne peut la «guérir». La nullité de la décision a un effet *ex tunc*.

2.3.3.3.3.6.2 La décision annulable

Lorsqu'une décision potentiellement annulable n'est pas attaquée dans le délai d'un mois de l'art. 75 CC[663], elle subsiste malgré ses vices et déploie ses effets de manière définitive[664]. Ce type de décision comporte «des vices moins graves, considérés comme guéris si le membre n'intente pas l'action dans le mois qui suit la prise de décision»[665]. Contrairement à la théorie générale sur l'annulation, l'action en annulation de l'art. 75 CC a un effet *ex tunc* (et non *ex nunc*), comme la décision nulle[666].

660 Baddeley, L'association sportive, p. 31. Cf. également Heini/Portmann, n° 276 p. 127; Heini/Scherrer, Art. 75 n° 37 p. 501; Oswald, Recueil, p. 245. Cas de nullité: décision qui en raison d'un vice de forme ne peut être considérée comme telle, décision prise par l'assemblée générale convoquée par un organe qui n'est pas compétent ou décision contraire à l'ordre public [ATF 80 II 271, JdT 1955 I 333 (trad.), consid. 1a; ATF 78 III 33, JdT 1952 I 403 (trad.), consid. 9; ATF 71 I 383, JdT 1946 I 135 (trad.), consid. 2].

661 Baumann, Personenrecht des ZGB, p. 61; Hausheer/Aebi-Müller, n° 18.64 p. 340 s.; Heini/Portmann, n° 273 p. 125 s.; Heini/Portmann/Seemann, n° 229 p. 74; Heini/Scherrer, Art. 75 n° 38 p. 501; Oswald, Recueil, p. 245; Rosenberg, p. 70; Scherrer, Verein, n° 136 p. 96 s.; Scherrer/Greter, p. 22.

662 Heini/Scherrer, Art. 75 n° 39 p. 501; Rosenberg, p. 69. A noter qu'une telle affirmation est en principe également valable pour les fondations corporatives, le droit de l'association s'appliquant par analogie, à titre supplétif (soit lorsque l'acte ou le règlement de fondation ne prévoient rien d'autre; ATF 129 III 641, JdT 129 III 641 (trad.), consid. 3.4, résumé *in:* Keiser, p. 54).

663 Oswald, Recueil, p. 243 ss et 247 s. Cf. également Baumann, Personenrecht des ZGB, p. 60; Heini/Portmann, n° 281 p. 130; Heini/Scherrer, Art. 75 n° 22 ss p. 498 ss; Madörin, p. 69 ss; Montavon, Droit civil, p. 127; Scherrer/Greter, p. 21.

664 Hausheer/Aebi-Müller, n° 18.64 p. 340 s.; Oswald, Recueil, p. 246; Zen-Ruffinen, Droit du sport, n° 1399 p. 491. Sans le dire expressément: Heini/Portmann, n° 281 p. 130.

665 Baddeley, L'association sportive, p. 311; Zen-Ruffinen, Droit du sport, n° 1409 p. 495. Cas d'annulabilité: décision qui viole les statuts, une disposition facultative de la loi ou une disposition impérative qui touche un intérêt privé du sociétaire [ATF 80 II 271, JdT 1955 I 333 (trad.), consid. 1a; ATF 78 III 33, JdT 1952 I 403 (trad.), consid. 9; ATF 71 I 383, JdT 1946 I 135 (trad.), consid. 2].

666 Oswald, Recueil, p. 247; Zen-Ruffinen, Droit du sport, n° 1402 p. 493.

S'agissant du *dies a quo*, la solution diffère de celle retenue pour les sociétés de capitaux (SA, art. 706a CO; Sàrl, art. 808c CO; société coopérative (Scoop), art. 891 al. 2 CO). Ce n'est pas la date de l'assemblée générale qui marque le point de départ du délai d'un mois, mais la connaissance de la décision[667]. Cela signifie que, par rapport à la prise de la décision attaquée, ce délai peut largement dépasser un mois si le membre n'a, par exemple, pas assisté à l'assemblée générale et n'a appris que postérieurement la décision prise. Il s'ensuit que le temps disponible pour recourir peut également varier d'un membre à l'autre[668]. Cette situation ne manque pas de créer une grande incertitude juridique, ceci d'autant plus que le législateur n'a pas prévu de délai absolu. En théorie donc, un membre pourrait encore attaquer une décision plusieurs années après son adoption, s'il établit qu'il n'en a pas eu connaissance plus tôt. Relevons encore que, selon RIEMER[669], il n'est pas nécessaire que la violation de la loi ou des statuts soit reconnaissable ou d'emblée évidente pour que le délai commence à courir. Pour HEINI/SCHERRER, le principe de la bonne foi commande que le délai coure dès que le sociétaire aurait eu la possibilité de connaître la décision litigieuse[670]. ROSENBERG précise que, dans le cas où une association aurait dû prendre une décision et qu'elle ne l'a pas fait, le délai de l'art. 75 CC débute le jour où cette décision aurait dû être rendue[671].

On comprend bien que la difficulté consiste d'abord à déterminer le moment auquel le membre a pris connaissance de la décision litigieuse. S'il a assisté à l'assemblée générale, c'est, en principe, à ce moment-là que le délai de l'art. 75 CC a commencé à courir. Sinon, ce sera le moment où la décision est entrée dans sa sphère d'influence, en application de la théorie de la réception de l'acte juridique. On peut attendre du membre un certain effort de renseignement. A ce titre, la manière dont l'association est organisée peut jouer un rôle. Si celle-ci envoie systématiquement un procès-verbal de décisions à ses membres, ce moment sera plus facilement déterminable que si elle se contente, comme la loi le lui permet, d'une lecture du procès-verbal au début de l'assemblée générale suivante.

667 HEINI/SCHERRER, Art. 75 n° 22 ss p.498 s.

668 GUILLOD, n° 438 p. 224 ss; SCHERRER, Verein, n° 131 p. 93 s.

669 RIEMER, BKomm, Art. 75, n° 71 p. 867.

670 ATF 132 III 503, JdT 2009 I 165 (trad.), consid. 3.2. Cf également HEINI/SCHERRER, Art. 75 n° 22 ss p.498 s. Dans le même sens: BRÜCKNER, n° 1285 p. 385.

671 ROSENBERG, p. 71.

Les associations représentent le royaume du bénévolat et la rigueur administrative n'en constitue pas toujours la caractéristique première. Le point de départ du délai de péremption est donc souvent difficile à établir. Il convient encore de relever que si la décision porte sur l'exclusion d'un membre et qu'elle est motivée, le délai commence à courir non pas lorsque le membre a pris connaissance de la décision elle-même, mais des motifs se trouvant à la base de celle-ci. Cela doit permettre à ce membre de mesurer ses chances de succès dans une éventuelle action en justice[672]. On constate donc que le délai d'un mois figurant dans la loi peut, pour les différentes raisons invoquées ci-dessus, être finalement beaucoup plus long. Cette longueur varie même en fonction de la situation respective des membres[673].

2.3.3.3.3.7 Du caractère impératif de l'art. 75 CC

Comme nous l'avons relevé (cf. pt. 2.3.3.3.3 ss), l'art. 75 CC prévoit que les décisions de l'association peuvent être attaquées en justice et que cette dernière peut aussi être de nature arbitrale. En matière sportive, on a ainsi souvent recours à l'arbitrage pour régler les conflits et la plupart des organisations sportives ont prévu la compétence du TAS dans leurs statuts. Or, le Code de l'arbitrage en matière de sport (Code TAS)[674] déroge à l'art. 75 CC sur trois points contenus dans deux dispositions, les art. R49 et R57, dont la teneur est la suivante:

> **R49 Code TAS**
>
> En l'absence de délai d'appel fixé par les statuts ou règlements de la fédération, de l'association ou de l'organisme sportif concerné ou par la convention particulière préalablement conclue, le délai d'appel est de vingt-et-un jours dès la réception de la décision faisant l'objet de l'appel [...].
>
> **R57 Code TAS**
>
> La formation revoit les faits et le droit avec plein pouvoir d'examen. Elle peut soit rendre une nouvelle décision se substituant à la décision attaquée, soit annuler cette décision et renvoyer la cause à l'autorité qui a statué en dernier [...].

672 ATF 90 II 346 = JdT 1965 I 258, = SJ 1965 401, consid.1.
673 Le passage sur le *dies a quo* s'inspire de OSWALD, Recueil, p. 247 s.
674 Code TAS du 22 novembre 1994, version 2010, *in:* site du Tribunal Arbitral du Sport (www.tas-cas.org): http://www.tas-cas.org/d2wfiles/document/3924/5048/0/Code%202010%20(fr).pdf (31.05.2010).

Comme on peut le constater, ces trois dérogations portent sur le *dies a quo* (dès la réception de la décision à l'art. R49, dès sa connaissance à l'art. 75 CC), sur la durée du délai (vingt et un jours à l'art. R49 au lieu d'un mois à l'art. 75 CC) et, enfin, sur le pouvoir de réforme accordé par l'art. R57, alors que l'art. 75 CC ne reconnaît au juge qu'une compétence cassatoire. Nous allons reprendre chacune de ces dérogations.

Le point de départ du délai, tout d'abord, n'est évidemment pas sans importance pour la procédure à mener. En effet, le membre peut avoir pris connaissance de la décision avant que celle-ci lui soit formellement notifiée, par exemple par une communication orale à l'audience. Il bénéficie alors d'une sorte d'extension du délai réglementaire d'appel et l'écart entre la connaissance et la notification peut correspondre à plusieurs semaines. Un délai, à première vue raccourci, peut ainsi se révéler, en réalité, plus long que le délai légal. La deuxième différence, qui porte sur la durée formelle du délai prévue par les deux dispositions, ne justifie pas de commentaire particulier, ceci d'autant plus que cette différence peut être annihilée ou même inversée, comme on vient de le voir. Enfin, la reconnaissance d'un pouvoir de réforme ou d'un pouvoir cassatoire reflète une philosophie et une approche différentes du rôle de l'instance d'appel[675].

A notre connaissance, le Tribunal fédéral n'a pas encore eu à se prononcer sur la validité des règles du Code TAS[676]. En revanche, le TAS lui-même l'a fait dans l'affaire qui a opposé, en 2005, le skieur autri-

675 Sur la nature cassatoire de l'art. 75 CC, cf. les avis divergents de HANDSCHIN/TRUNINGER, p. 142 ss et ZEN-RUFFINEN/SCHERRER, p. 473 ss. Cf. également AGUET, n° 89 ss; GUILLOD, n° 438 p. 224 ss; HEINI/PORTMANN/SEEMANN, n° 236 p. 76 s.; HEINI/SCHERRER, Art. 75 n° 31 p. 500; MADÖRIN, p. 69; NATER/TUCHSCHMID, p. 142 s.; OSWALD, Recueil, p. 242 et 250; RIGOZZI, Jusletter, n° 5 ss; SCHERRER, Festschrift, p. 299 ss et 309; SCHERRER, Rechtsfragen, p. 61 s.; SCHERRER, Verein, n° 132 p. 94; SCHERRER/GRETER, p. 22.

676 A noter toutefois que dans l'affaire Hondo (arrêt non publié du Tribunal cantonal vaudois du 16 mai 2006, p. 32), les juges cantonaux ont admis la compétence réformatoire du TAS et rejeté l'argument du recourant, qui soutenait que ce dernier ne pouvait qu'annuler la décision attaquée, et non la réformer. Pour parvenir à cette conclusion, le Tribunal cantonal se fonde notamment sur l'arrêt du TF 5P.83/1999, Lu Na Wang, disponible *in:* REEB, Rec. II, p. 767 ss, dans lequel le Tribunal fédéral aurait implicitement accepté une entorse à la nature cassatoire de l'art. 75 CC. Cette interprétation nous paraît cependant erronée. En effet, dans le cas précité, il n'est nullement question de pouvoir réformatoire, la décision de suspension infligée par la Commission de dopage de la FINA ayant été simplement confirmée tant par le TAS que par le Tribunal fédéral.

chien Hans Knauss à la Fédération internationale de ski (FIS)[677]. Après avoir constaté que la FIS était une association au sens des art. 60 ss CC et qu'elle avait son siège en Suisse, la Formation a privilégié l'autonomie de l'association et reconnu la validité de l'art. R49 du Code de l'arbitrage.

Cette sentence a soulevé quelques critiques dans la doctrine, principalement à propos de son paragraphe 7.1.:

> Pursuant to Article R57 of the Code, the Panel has full power to review the matter in dispute. Insofar as Article 75 of the Swiss Civil Code (hereinafter referred to as the «CC») curtails the state courts' power of review, this is not binding on the Panel. Although it is correct that – provided the parties have not agreed otherwise – a court of arbitration generally has the same powers as a state court, this principle is not mandatory. Rather the parties can also agree something else. Thus, they can, as an example, grant a court of arbitration – unlike state courts – the authority to decide the dispute *ex aequo et bono*, to close gaps in the agreement or to establish and confirm the rights of the parties, but also to alter or modify those rights. Furthermore, the parties can grant an arbitrator the powers of a mediator or an adjudicator as well as the mandate to administer justice. If, therefore, the powers of a court of arbitration do not necessarily coincide with those of a state court, the mandate granted to the Panel by the parties is what is relevant in the present case. However, as is demonstrated by Article R57 of the Code, this mandate carries with it «full power to review the facts and the law» of the case. Article 75 CC can then, at most, limit this clear will of the parties if the provision comprises mandatory law, i.e., the law restricting the autonomy of the parties. In the Panel's opinion, however, this is not the case with regard to the settlement of disputes by arbitration, because the basis for the state courts' limited power to review the decisions of sports associations under Article 75 CC is intended mainly to protect the autonomy of associations from state interference. However, since the powers of the present court of arbitration are of a private nature, not of a state nature, there is, in the Panel's opinion, from the very outset, an absence of any legitimate grounds for application of Article 75 CC in the context of the present proceedings.

Il convient de relever que, dans cette affaire, la Formation du TAS a examiné cette question du point de vue du pouvoir de cognition du tribunal. La problématique se pose cependant dans les mêmes termes en ce qui concerne le délai d'appel et le point de départ du délai, puisque c'est le caractère impératif de l'art. 75 CC dans son ensemble qui est en cause. RIEMER a mis en doute l'approche précitée. Il n'admet pas de déroger au caractère impératif de l'art. 75 CC ni en ce qui concerne son principe cas-

677 Sentence CAS 2005/A/847 du 20 juillet 2005, Hans Knauss v/FIS. Cette sentence a ensuite été confirmée par divers arrêts, tels que TAS 2008/A/1505 du 30 mai 2008, Club L. c/ Ligue A.

satoire, ni en ce qui touche son point de départ[678]. De même, il considère qu'une sentence rejetant un appel pour tardiveté, alors même que le délai de péremption d'un mois ne serait pas encore échu, pourrait être annulé pour contrariété à l'ordre public au sens de l'art. 190 al. 2 let. e de la Loi fédérale sur le droit international privé du 18 décembre 1987 (LDIP)[679]. Pour harmoniser ces deux dispositions, il faudrait selon lui soit raccourcir le délai légal, soit considérer cet article comme étant de droit dispositif, ce à quoi il se refuse[680].

Peu d'auteurs se sont prononcés de manière globale sur le caractère impératif de l'art. 75 CC, mais plusieurs l'ont fait en étudiant un aspect ou l'autre, en particulier la question du délai. Sans véritablement donner d'argument, FENNERS est convaincu que le délai de l'art. 75 CC est absolument impératif et a pour conséquence que «die Frist vorgängig nicht verkürzt werden darf»[681].

Pour parvenir à un autre avis, plus pragmatique, RIGOZZI se fonde sur l'interprétation de la convention d'arbitrage et sur la volonté des parties[682]. Si l'on considère un délai conventionnel comme une condition résolutoire dont est assortie la convention d'arbitrage, «son inobservation entraîne l'incompétence du tribunal arbitral et par ricochet la compétence des tribunaux étatiques»[683]. Or, ce n'est sans doute pas le but voulu par les organisations sportives ayant fixé un délai plus court que celui de l'art. 75 CC[684]. RIGOZZI propose plutôt de «considérer que le délai pour introduire l'arbitrage est un délai de péremption qui remplace celui prévu par le droit matériel»[685]. Cela se justifie, d'une part, par le fait que seule la déclaration d'appel doit être introduite dans le délai de l'art. R49 Code TAS et, d'autre part, par la possibilité de déposer le mémoire d'appel dans un délai de

678 RIEMER, Causa Sport 4/2005b, p. 359. Cf. également GUILLOD, n° 438 p. 224 ss.

679 RS 291; RIEMER, Causa Sport 4/2005b, p. 360. Cf. également AGUET, n° 87.

680 RIEMER, Causa Sport 4/2005b, p. 360.

681 FENNERS, n° 377 p. 109. Dans le même sens GUILLOD, n° 438 p. 224 ss.

682 RIGOZZI, L'arbitrage, n° 1037 ss p. 532 ss.

683 *Id.*, n° 1038 p. 532. Cf. également RIGOZZI, Recueil, p. 266. Tel est notamment l'avis de WENGER/MÜLLER, n° 83 art. 178 p. 1556. C'est d'ailleurs à cette conclusion qu'est arrivé le Tribunal fédéral dans un arrêt du 17 août 1995, publié *in:* Bull. ASA 1996, p. 673 ss (suivi d'une note critique de SCHWEIZER, p. 680 ss). Sur ce sujet, cf. également RIGOZZI, Recueil, p. 266.

684 RIGOZZI, Recueil, p. 266 ss.

685 RIGOZZI, L'arbitrage, n° 1039 p. 533 s. Cf. également RIGOZZI, Recueil, p. 269. *Contra:* AGUET, n° 87.

dix jours supplémentaires[686]. Il est également possible de demander une prolongation de ce délai, si les circonstances le justifient[687]. D'autres arguments, notamment relatifs à la nature même de l'arbitrage et au milieu sportif, viennent corroborer cet avis. En effet, si les parties ont décidé de soumettre leur litige à l'arbitrage «c'est précisément pour être jugées différemment que devant les tribunaux étatiques»[688] avec des règles qu'elles ont elles-mêmes choisies de respecter. Sur un plan sportif, si le délai d'appel dépendait du droit applicable au fond du litige, cela pourrait conduire à des inégalités de traitement entre athlètes[689] et serait contraire à l'équité sportive. On ne saurait toutefois admettre de racourcir ce délai à l'excès. Ainsi, on peut légitimement se demander si la période de dix jours prévue par l'UEFA[690] pour faire appel au TAS est acceptable. C'est pourquoi Rigozzi réserve le «caractère raisonnable»[691] de ce type de délai et s'appuie sur les arguments de Bernasconi/Huber[692]:

> lorsque le délai d'appel arbitral confère une «mindestens gleichwertigen Rechtsschutz» que celle qu'assurerait un tribunal étatique pouvant être saisi dans un délai d'un mois, le délai arbitral (par hypothèse plus court) prime: passé ce délai, «der vom Verein getroffene Entscheid nicht mehr anfechtbar ist». A noter encore que pour ces auteurs, un délai de dix jours pour saisir le TAS est parfaitement raisonnable. En tant que «mit der Branche vertrautes Schiedsgericht», le TAS met en effet à disposition une procédure moins onéreuse et plus rapide, de sorte que «die Rechtsausübung durch die Mietglieder wird nicht nur nicht erschwert – trotz der kürzeren Frist – gar wesentlich erleichtert»[693].

Il est vrai qu'admettre un délai plus court qu'un mois signifie qu'une norme associative prend le pas sur une règle de droit positif suisse. Le problème peut devenir aigu si un plaideur, méconnaissant la clause d'arbitrage, s'adresse à un tribunal ordinaire dans le délai d'un mois et que ce tribunal se déclare incompétent en raison précisément de l'existence de

686 Art. R51 par. 1 Code TAS.
687 art. R32 par. 2 Code TAS; Rigozzi, Recueil, p. 262 ss.
688 Rigozzi, L'arbitrage, n° 1041 p. 534.
689 Rigozzi, Recueil, p. 267; Rigozzi, L'arbitrage, n° 1040 p. 534.
690 Art. 62 al. 3 Statuts UEFA du 25 mars 2010, *in:* site de l'Union des associations européennes de football (www.uefa.com): http://fr.uefa.com/MultimediaFiles/Download/Regulations/uefaorg/General/01/47/69/99/1476999_DOWNLOAD.pdf (31.05.2010).
691 Rigozzi, Recueil, p. 269.
692 Bernasconi/Huber, p. 268 ss.
693 Rigozzi, L'arbitrage, n° 1039 p. 533 s., note 2908, et les références citées.

ladite clause d'arbitrage. En effet, au moment de s'adresser en deuxième lieu au TAS, le délai de vingt et un jours sera probablement échu. Le plaideur n'aura alors d'aute choix que de tenter d'obtenir, en ultime recours, une restitution de délai ou un délai supplémentaire.

En guise de conclusion, on peut constater que deux courants doctrinaux s'opposent dans ce contexte. La thèse de RIEMER s'inscrit dans un raisonnement et une culture juridique très formalistes. Cet auteur considère que les termes «de par la loi» rendent l'art. 75 CC impératif. Les partisans de la thèse de RIGOZZI défendent une vue plus pragmatique. Celle-ci convient mieux aux besoins liés à la résolution des conflits en matière de sport et aux récents développements qu'a connus ce milieu. On ne peut donc pas exclure qu'avec le temps, la jurisprudence «se laisse séduire» et qu'elle déclare l'art. 75 CC relativement impératif. Cela signifierait que seul l'accès à la justice aurait un caractère impératif, et non le délai mentionné dans cette disposition. Une telle interprétation de l'art. 75 CC conviendrait aux organisations à vocation internationale[694]. Finalement, on peut reprendre la constatation de NATER/TUCHSCHMID, selon lesquels l'«Art. 75 ZGB [CC] ist eine ungeeignete Norm für das Sporrecht»[695]. Pour l'heure, toutefois, l'art. 75 CC demeure impératif.

2.3.3.3.4 Le droit de demander la dissolution de l'association

Aux termes de l'art. 78 CC, «[l]a dissolution est prononcée par le juge, à la demande de l'autorité compétente ou d'un intéressé, lorsque le but de l'association est illicite ou contraire aux mœurs». Cette disposition vise le cas où le but de l'association est devenu illicite ou contraire aux mœurs de manière subséquente [696]. Cette situation se distingue de l'illicéité initiale qui, elle, empêche l'association d'être valablement constituée et d'acquérir la personnalité juridique (art. 52 al. 3 CC)[697]. Les notions d'«illicéité» et de «contravention aux mœurs» s'apprécient au regard des art. 19 et 20 CO[698]. Elles peuvent se recouper. Est illicite le but qui viole «une règle de droit impératif en vigueur, quelle que soit sa nature. Il peut donc s'agir de droit

694 OSWALD, Recueil, p. 250.

695 NATER/TUCHSCHMID, p. 144.

696 BAUMANN, Personenrecht des ZGB, p. 66; HEINI, p. 39, est d'avis que l'illégalité des activités de l'association doit s'apprécier dans la durée.

697 BAUMANN, Personenrecht des ZGB, p. 66; HEINI/PORTMANN, n° 164 p. 79 s.; HEINI/SCHERRER, Art. 78 n° 1 p. 509.

698 HEINI/PORTMANN, n° 166 p. 80.

fédéral ou cantonal (voire communal), pénal, public, privé impératif»[699]. On qualifie un but de contraire aux mœurs «lorsqu'il va à l'encontre des conceptions morales admises au sein de la population de la circonscription où le juge siège»[700].

En dehors des buts statutaires, il arrive qu'une association poursuive dans les faits des buts illégaux[701]. Ceux-ci peuvent se développer au cours de la vie associative parallèlement au but initial (p. ex. un fan-club dont les membres entonnent des chants néo-nazis). Il faut que de tels actes présentent une certaine permanence ou qu'ils se répètent régulièrement sur une longue période, et que les membres en soient conscients et les approuvent au moins implicitement pour qu'on puisse parler de «but caché»[702].

Il ne faut évidemment pas confondre la poursuite d'un but illicite et l'exercice d'activités illicites par un organe de l'association pour atteindre un but licite (cas d'application de l'art. 55 al. 3 CC)[703].

Selon RIEMER, il n'y a pas d'autres causes de dissolution judiciaire et, en particulier, les justes motifs n'en constituent pas une (contrairement à la SA et à la Sàrl; art. 736 ch. 4 CO; 820 ch. 4 et 822 al. 2 CO). Il n'est même pas possible de prévoir une telle possibilité dans les statuts[704].

Si les buts de l'association ne sont plus conformes, les sociétaires ont le choix d'invoquer l'art. 78 CC s'ils souhaitent que l'association soit dissoute, ou l'art. 74 CC (protection du but social) s'ils souhaitent qu'elle subsiste mais en se mettant en conformité. Cette dernière solution présuppose toutefois que le but n'ait été ni illicite ni contraire aux mœurs dès l'origine. Ainsi, c'est le but réel et non le but simulé de l'association qui est déterminant pour juger de la licéité de celui-ci[705]. La question de la «séparabilité» du but d'une association entre ce qui est licite et ce qui est illicite ou contraire aux mœurs est controversée en doctrine. En réalité, il convient de déterminer si l'art. 20 al. 2 CO (nullité partielle) peut trouver application par analogie. HEINI estime que lorsque l'un des buts effectivement poursuivis par l'association, même d'importance mineure,

699 PERRIN/CHAPPUIS, p. 215. Cf. également HEINI/SCHERRER, Art. 78 n° 3 p. 509; LADINA WIDMER, n° 5 p. 6 s.

700 ZEN-RUFFINEN, Droit du sport, n° 349 p. 116.

701 ATF 54 II 160, consid. 2.

702 HEINI, p. 39; HEINI/PORTMANN, n° 170 p. 82; HEINI/SCHERRER, Art. 78 n° 3 p. 509; PERRIN/CHAPPUIS, p. 216.

703 PERRIN/CHAPPUIS, p. 216.

704 RIEMER, BKomm, n° 29 p. 916. Cf. également HEINI/SCHERRER, Art. 78 n° 6 p. 509 s.

705 ATF 54 II 160, consid. 2.

est illicite ou contraire aux mœurs, le recours à l'art. 20 al. 2 CO n'est pas justifié: «Eine Analogie zur Teilnichtigkeit i. s. vom Art. 20 Abs. 2 OR ist schon deshalb untauglich, weil deren Gegenstand nur eine (privatautonome) Norm, nicht aber eine Tätigkeit sein kann»[706]. Cet auteur considère cependant que l'application de l'art. 20 al. 2 CO est possible lorsque le but secondaire inadmissible, tel qu'inscrit dans le cahier des charges, n'est pas réellement suivi[707]. KICK et RIEMER admettent l'application par analogie de l'art. 20 al. 2 CO et, de ce fait, que l'association subsiste si l'un de ses buts mineurs est illégal ou contraire aux mœurs[708]. Par conséquent, cette association échappe selon eux à la rigueur de l'art. 52 al. 3 CC. PERRIN/CHAPPUIS sont d'avis que le but revêt une importance telle qu'il ne peut être «découpé» par le juge[709]. Ils considèrent néanmoins le problème comme théorique en ce sens que les sociétaires, de bonne foi, qui se rendent compte de l'illicéité d'un point mineur, y remédieront en modifiant les statuts ou en dissolvant eux-mêmes l'association.

Dans un arrêt de 2007, le Tribunal fédéral a eu l'occasion de préciser plusieurs points importants en relation avec l'action de l'art. 78 CC[710]. Il s'est notamment penché sur la question controversée de l'applicabilité de l'art. 20 al. 2 CO à une association dont les buts seraient partiellement nuls. Bien qu'elle n'ait pas formellement tranché la question, notre Haute Cour a admis la position de l'instance cantonale qui «est parvenue au résultat que le but illicite de la recourante était prédominant par rapport aux autres buts statutaires, puisque celle-ci avait avant tout été créée aux fins de l'atteindre»[711]. Par ailleurs, le Tribunal fédéral a confirmé la dissolution de l'association avec un effet *ex tunc*, celle-ci ayant poursuivi un but illicite dès sa fondation[712]. Dans un tel cas, il incombe aux liquidateurs de déterminer le sort des relations juridiques nouées par l'association.

706 HEINI, p. 39.
707 *Ibid.*
708 KICK, p. 79; RIEMER, ZSR NF 97/I, p. 97 note 90.
709 PERRIN/CHAPPUIS, p. 217.
710 ATF 133 III 593, JdT 2009 I 178 (rés.), = SJ 2008 I 93, consid. 4.
711 *Id.*, consid. 4.6. Le Tribunal fédéral a admis l'application de l'art. 20 al. 2 CO pour une fondation [ATF 73 II 81, JdT 1948 I 66, consid. 7 (trad.)] et un coopérative [ATF 80 II 123, JdT 1955 I 168 (trad.), consid. 3c s.]. En ce qui concerne les associations, la question est débattue en doctrine. Pour: RIEMER, BKomm, n° 40 p. 919. Contra: HEINI/PORTMANN, n° 169 p. 81 s.; HEINI/SCHERRER, Art. 78 n° 3 p. 509; PERRIN/CHAPPUIS, p. 217
712 ATF 133 III 593, JdT 2009 I 178 (rés.), = SJ 2008 I 93, consid. 4.7.

La compétence de dissoudre l'association revient au juge civil du lieu du siège de l'association (art. 3 al. 1 let. b LFors)[713]. Les sociétaires ont la qualité d'intéressés au sens de cette disposition[714]. La notion d'«intéressé» est très large puisqu'elle est conférée à «[t]oute personne qui peut justifier d'un intérêt légitime au prononcé de la dissolution» de l'association par le juge[715]. Sont des intéressés au sens de cette disposition, les sociétaires, les créanciers et les débiteurs, les tiers, notamment les concurrents «qui poursuivent un but licite ou le même but mais avec des moyens licites»[716] ainsi que les autorités compétentes dont l'association relève par son but (Confédération, canton, commune)[717]. L'action de l'art. 78 CC ne constitue cependant pas une action «populaire». Une personne qui ne dispose pas d'un intérêt privé légitime à la dissolution de l'association n'a pas la possibilité de requérir l'intervention du juge[718]. Il est toutefois possible, dans tous les cas, d'avertir l'autorité de l'existence d'une association dont le but est illicite. Cette autorité défendra alors l'intérêt public en requérant, si nécessaire, la dissolution de l'association.

2.3.3.3.5 Le droit à l'égalité de traitement

Le principe de l'égalité des membres constitue un droit non écrit[719]. Celui-ci n'est pas intangible puisqu'il n'empêche pas l'association de créer plusieurs catégories de membres avec des droits différenciés, y compris sur le plan du droit de vote[720]. Cependant, l'association doit cependant assurer l'égalité de traitement de ses membres appartenant à la même catégorie[721] et présentant les mêmes qualifications ou caractéristiques. En fait, cela signifie que l'association peut accorder des droits différents mais que la dis-

713 ATF 58 I 84, consid. 5; GUILLOD, n° 451 p. 232; HEINI /PORTMANN, n° 173 p. 83; HEINI/PORTMANN/SEEMANN, n° 238 s. p. 77 s.; HEINI /SCHERRER, Art. 78 n° 8 p. 510; MADÖRIN, p. 80; PERRIN/CHAPPUIS, p. 214; RIEMER, BKomm, n° 53 p. 928 et n° 60 p. 931; ZEN-RUFFINEN, Droit du sport, n° 351 p. 116.

714 PERRIN/CHAPPUIS, p. 213.

715 PERRIN/CHAPPUIS, p. 213. Cf. également ZEN-RUFFINEN, Droit du sport, n° 252 p. 116 s.

716 PERRIN/CHAPPUIS, p. 213.

717 ZEN-RUFFINEN, Droit du sport, n° 252 p. 116 s.

718 RIEMER, BKomm, n° 52 p. 927 s.

719 HEINI/PORTMANN, n° 260 p. 120 s.; HEINI/PORTMANN/SEEMANN, n° 218 p. 71.

720 BAUMANN, Personenrecht des ZGB, p. 58; BRÜCKNER, n° 1272 p. 381; HEINI/PORTMANN/SEEMANN, n° 183 p. 60 s.

721 HEINI/PORTMANN, n° 261 p. 121; ZEN-RUFFINEN, Droit du sport, n° 297 p. 101 s.

tinction ne doit pas être discriminatoire. Elle doit reposer sur des critères objectifs, justifiés et proportionnés. Ainsi, un club de sport pourra réserver l'utilisation de son meilleur matériel ou de son équipement le plus difficile à maîtriser (bateaux, chevaux, etc.) à ses membres les plus qualifiés et les plus expérimentés (pour la distinction entre limitation et discrimination, cf. pt. 2.3.1.1.2)[722].

Par ailleurs, dans le monde du sport, l'accès aux compétitions peut être limité, notamment en fonction de l'âge ou du niveau. Paradoxalement, ces réglementations imposent des différences précisément pour assurer une certaine égalité des chances entre les participants.

2.3.3.3.6 Le respect des principes généraux du droit

Les dispositions du Code civil relatives à l'association ne constituent pas le seul moyen de protéger le sociétaire. De manière plus générale, les droits de protection peuvent se fonder sur les principes généraux ou d'autres branches du droit[723]. Par exemple, le sociétaire est en mesure d'invoquer les droits de la personnalité (art. 27 ss CC), le droit à la protection des données[724], les garanties générales de procédure (art. 29 Cst.), ainsi que «le droit à l'action en responsabilité contre les organes, issu de l'article 55 III CC»[725].

722 BAUMANN, Personenrecht des ZGB, p. 59.

723 BADDELEY, L'association sportive, p. 181; BRÜCKNER, n° 1290 p. 386 s.

724 JURIUS, n° 1 ss. Pour plus de détails, cf. HEINI/PORTMANN/SEEMANN, n° 67 ss p. 25 s.; SCHAWALDER, p. 167 ss.

725 BADDELEY, L'association sportive, p. 181. Cf. également ZEN-RUFFINEN, Droit du sport, n° 296 p. 101.

2.3.4 Les obligations des sociétaires

2.3.4.1 Les obligations pécuniaires

2.3.4.1.1 Les cotisations

Le législateur a consacré une seule et unique disposition aux obligations des sociétaires[726]. Il s'agit de l'art. 71 CC, qui traite des cotisations. Cette disposition a fait l'objet d'une révision le 17 décembre 2004, entrée en vigueur le 1er juin 2005, à la suite d'une initiative parlementaire[727]. Selon l'ancien art. 71 al. 1 CC, «[l]es cotisations [étaient] fixées par les statuts». Cette rédaction a longtemps provoqué un débat au sein de la doctrine quant à savoir si la *ratio legis* de cet article impliquait que ce soit le principe ou le montant des cotisations qui devaient figurer dans les statuts[728]. La nouvelle rédaction de l'art. 71 CC ne laisse plus planer de doute aujourd'hui. Elle dispose que «[l]es membres de l'association peuvent être tenus de verser des cotisations si les statuts le prévoient». Cette rédaction est judicieuse dans la mesure où elle n'impose pas de modifier les statuts à chaque adaptation du montant des cotisations[729]. En règle générale, il revient à l'assemblée générale ou à la direction de fixer ce montant, si cette compétence lui a été transférée[730].

726 Baddeley, La protection des membres, p. 195.

727 RO 2005 p. 2117 s.; Initiative parlementaire [du Conseiller aux Etats Hermann Bürgi] – Cotisations des membres d'associations – Modification du code civil pour leur fixation – Rapport du 22 avril 2004, FF 2004 p. 4529 ss; Projet de modification du code civil Suisse (fixation des cotisations des membres d'associations), FF 2004 p. 4535 s.; Initiative parlementaire – Cotisations des membres d'associations – Modification du code civil pour leur fixation – Avis du Conseil fédéral du 18 août 2004, FF 2004 p. 4537 s.

728 Auteurs en faveur du principe de cotisations dans les statuts: Perrin/Chappuis, p. 136; Riemer, BKomm, Art. 71 n° 19 p. 744 s.; Riemer, Causa Sport 1/2005, p. 52; Zen-Ruffinen, Droit du sport, n° 309 p. 105. Selon Perrin/Chappuis, p. 137 note 272, dans un arrêt non publié du 8 octobre 2002 [arrêt du TF 5P.292.2002], «[l]e Tribunal fédéral n'avait tranché le problème que sous l'angle de l'arbitraire, dans le cadre d'un recours de droit public». Auteur en faveur de la fixation d'un montant dans les statuts: Heini, p. 59. Pour les deux possibilités: Baddeley, L'association sportive, p. 151. Sur d'autres éléments en lien, cf. Baddeley, Durchgriff; Scherrer, Rechtsfragen, p. 63; Riemer, Reformen, p. 579.

729 Heini/Portmann/Seemann, n° 258 p. 83.

730 Baddeley, La protection des membres, p. 200 s.; Guillod, n° 439 p. 226.

Sous l'ancien droit, la cotisation jouait aussi un rôle protecteur pour les membres, puisque ces derniers ne pouvaient être recherchés pour les dettes de l'association au-delà du montant de cette contribution[731]. En revanche, s'ils n'étaient pas astreints à payer de cotisation, ils devaient parfois répondre sur leurs propres deniers des dettes sociales[732]. Beaucoup d'associations prévoyaient donc une contribution annuelle, parfois même très basse, pour protéger leurs membres, alors que leurs ressources auraient pu les en dispenser. Le montant ne devait toutefois pas être artificiellement bas et donc inadapté aux activités de l'association[733].

Parallèlement à la révision de l'art. 71 CC, le législateur a inséré dans le Code civil, en 2004, une nouvelle disposition relative à la responsabilité de l'association pour ses dettes[734]. Le nouvel art. 75a CC a abrogé l'art 71 al. 2 CC et prévoit que «[s]auf disposition contraire des statuts, l'association répond seule de ses dettes, qui sont garanties par sa fortune sociale»[735]. L'initiative parlementaire fait référence à la situation de la société coopérative (art. 868 CO) et relève qu'

> [i]l paraît dès lors peu approprié que les membres d'une société à but lucratif n'engagent en principe pas leur responsabilité personnelle alors que les membres d'une association, qui poursuit généralement un but non lucratif, engagent en principe leur responsabilité[736].

Par conséquent, aujourd'hui,

> seul le patrimoine de l'association est engagé, à moins que les statuts ne prévoient expressément une réglementation différente[[737]]. Indépendamment de la question de savoir si le montant des cotisations à verser a été fixé ou non, c'est désormais la fortune

731 Baddeley, La protection des membres, p. 198. Cf. également ATF 133 III 105, JdT 2007 I 135 (rés.), consid. 2.2.1.

732 ATF 133 III 105, JdT 2007 I 135 (rés.), consid. 2.2.1; Scherrer, Falle, n° 2.

733 Baddeley, La protection des membres, p. 199.

734 *Id.*, p. 201.

735 Sur ce sujet, cf. Scherrer, Verein, n° 125 p. 89; Riemer, Reformen, p. 579; Riemer, Entwicklungen 2006, p. 18 s.; Riemer, Causa Sport 1/2005, p. 52 s. Concernant les questions relatives à un éventuel effet rétroactif de cette disposition, cf. ATF 133 III 105, JdT 2007 I 135 (rés.), consid. 2 ss.

736 Initiative parlementaire – Cotisations des membres d'associations – Modification du code civil pour leur fixation – Rapport du 22 avril 2004, FF 2004 p. 4529, 4532.

737 Hausheer/Aebi-Müller, n° 18.48 p. 336 s.; Heini/Portmann, n° 82 p. 43; Heini/Scherrer, Art. 75a n° 2 p. 502; Riemer, Reformen, p. 579; Riemer, Entwicklungen 2006, p. 19; Riemer, Causa Sport 1/2005, p. 52.

sociale et elle seule – sous réserve de disposition contraire des statuts – qui répond des dettes de l'association[738].

Il est par ailleurs utile de rappeler que l'art. 75a CC n'exonère pas les organes de leurs responsabilités en cas de faute au sens de l'art. 55 al. 3 CC[739].

Le principe de l'égalité de traitement commande que les obligations pécuniaires, en particulier les cotisations, soient les mêmes pour tous. Néanmoins, comme en matière de droit de vote, l'association peut différencier le montant des cotisations prélevées «selon notamment la catégorie de membre [...] dans la mesure où la distinction opérée est objectivement fondée»[740]. On peut par exemple imaginer des adaptations pour les juniors ou les familles.

2.3.4.1.2 Les frais annexes

Dans certains cas, les membres sont tenus de s'acquitter d'une certaine somme d'argent en sus de leur cotisation. Il peut s'agir, pour une personne sollicitant son affiliation, d'une finance d'entrée, destinée à couvrir les frais administratifs de l'association relatifs à sa candidature et à son enregistrement. Parfois, cette finance tend à éviter les candidatures présentées «à la légère», quand elle ne constitue pas tout simplement une barrière sociale et économique, comme dans certains clubs de golf[741].

Les autres frais annexes peuvent revêtir la forme d'une licence payée à une fédération, d'un billet d'entrée à une manifestation organisée par un club ou de la location d'installations ou de matériel[742].

738 Initiative parlementaire – Cotisations des membres d'associations – Modification du code civil pour leur fixation – Rapport du 22 avril 2004, FF 2004 p. 4529, 4533. Pour plus de détails, cf. DIAS, p. 177 ss.

739 BADDELEY, La protection des membres, p. 204 s.; RIEMER, Reformen, p. 579; RIEMER, Causa Sport 1/2005, p. 53; RIEMER, Gesetzgebung, p. 46; SCHERRER, Falle, n° 8.

740 BADDELEY, L'association sportive, p. 153. Pour un exemple concret, cf. p. ex. l'art. 1.3.1. du Règlement financier de la FIVB du 25 octobre 2010.

741 BAUMANN, Personenrecht des ZGB, p. 58.

742 BADDELEY, L'association sportive, p. 152.

2.3.4.2 Les obligations non pécuniaires

Les obligations non pécuniaires ne font pas l'objet de dispositions spécifiques dans la loi[743]. Cependant, la plupart de ces obligations découlent logiquement du lien personnel qui unit le sociétaire à l'association et du but de celle-ci[744]. Ce lien impose aux membres un devoir de fidélité qui implique, au premier chef, le respect des statuts, règlements et décisions de l'association[745]. Il inclut ensuite une obligation de faire (le CIO et les clubs services exigent par exemple une participation minimale aux activités sociales)[746], un devoir de tolérer (p. ex. le fait que les joueurs de la première équipe bénéficient d'une priorité dans l'utilisation des installations du club) et, enfin, une obligation de s'abstenir (p. ex. de ne pas porter une autre tenue que celle fournie par le sponsor du club)[747].

Le devoir de fidélité constitue certainement l'obligation non pécuniaire la plus importante[748]. Il s'agit d'une obligation non écrite[749], contrairement à ce que prévoit le droit de la coopérative (art. 866 CO). Elle découle du principe général de la bonne foi[750]. D'ordinaire, ce devoir se mesure «d'après les circonstances particulières du cas»[751]. Le devoir de fidélité tend, à l'interne, au bon fonctionnement de l'association, notamment en contraignant le sociétaire à participer à certaines activités en lien avec le but social[752]. A l'externe, il a pour objectif de garantir un comportement adéquat des sociétaires en livrant une image positive de l'association et des buts qu'elle défend et de «ne pas divulguer aux tiers des faits ou décisions que l'association ne voudrait pas voir portés à la connaissance du public»[753].

743 Heini/Portmann, n° 305 p. 140, qui précisent que ces obligations non pécuniaires doivent néanmoins faire l'objet d'une disposition statutaire.

744 Baumann, Personenrecht des ZGB, p. 58.

745 *Ibid.*

746 Madörin, p. 61.

747 Heini/Portmann, n° 307 p. 14. Baddeley et Zen-Ruffinen s'expriment dans le même sens [Baddeley, L'association sportive, p. 159 ss; Zen-Ruffinen, Droit du sport, n° 300 p. 103].

748 Madörin, p. 61.

749 Heini/Portmann, n° 306 p. 140 s.

750 Baddeley, L'association sportive, p. 159; Baumann, Personenrecht des ZGB, p. 57 s.

751 Zen-Ruffinen, Droit du sport, n° 300 p. 103.

752 Baddeley, L'association sportive, p. 161.

753 *Id.*, p. 160. Cf. également ATF 90 II 346 = JdT 1965 I 258, = SJ 1965 401 consid. 2, qui traite du devoir de discrétion.

2.4 Le contentieux et les mesures disciplinaires au sein des associations

2.4.1 Le pouvoir réglementaire des associations

2.4.1.1 Introduction

Le droit du sport ne représente pas un domaine homogène aux contours parfaitement délimités. En effet, l'activité sportive et tout l'encadrement relatif à son organisation, ses structures et son fonctionnement sont régis par des normes juridiques variées provenant de sources différentes. On en distingue principalement trois: le droit étatique (et supra-étatique) ordinaire appliqué aux situations particulières que l'on rencontre dans le sport, les législations traitant expressément de sport (p. ex., en droit suisse, la Loi fédérale encourageant la gymnastique et les sports du 17 mars 1972 (LGS))[754] et l'ensemble des règles adoptées par les clubs, les fédérations ou autres sociétés de droit privé actives dans le domaine du sport (droit organique)[755]. Il convient d'ajouter que la doctrine et la jurisprudence constituent des sources complémentaires, en appui des sources principales, notamment au niveau de l'interprétation. Dans cette première partie de chapitre, nous nous concentrerons uniquement sur le droit organique. Le cas du droit étatique ordinaire et du droit supra-étatique sera traité dans le cadre du pouvoir juridictionnel des associations (cf. pt. 2.4.3). Nous ne

754 RS 415.0. A noter que la loi est en cours de révision.

755 Jolidon a souligné le caractère imparfait de ce terme et a très clairement mis en exergue l'importance du fait que cette notion, en apparence spécifique, englobait avant tout le droit commun: «Certes, cette dénomination n'est pas parfaite et prête à discussion. Il faut marquer sans ambiguïté qu'elle ne vise pas spécialement le droit au sport, ni la réglementation interne des organisations sportives, ni les règles relatives au sport que le législateur étatique national ou international peut avoir édictées. Certes, il s'agit aussi de tout cela. Mais beaucoup plus largement, c'est le droit commun dans son ensemble qui est d'abord visé, dans toute la mesure où il doit régir la pratique des sports et les activités connexes qui, plus ou moins intensément, participent de la même spécificité» [Jolidon, p. 392].

mentionnerons le droit étatique spécifique au sport que dans la mesure des besoins.

Même si réglementations sportives et étatiques entrent parfois en conflit, l'exercice d'un tel pouvoir réglementaire par les associations est légitime, s'il respecte certaines limites. Il résulte en fait d'une volonté délibérée de l'Etat de laisser à ces organisations une certaine sphère d'autonomie, des espaces d'autodétermination[756]. S'agissant, plus spécifiquement, de la liberté d'association, AUER/MALINVERNI/HOTTELIER exposent que

> [l]'association se présente comme la forme d'organisation la plus souple et la plus ouverte sur la diversité des intérêts qui entendent se structurer au sein de la société civile. En garantissant la liberté d'association, l'Etat accorde donc une protection constitutionnelle à cette forme d'organisation, qui permet aux différents éléments de la société civile de se constituer, de se structurer et de travailler. Il ouvre ainsi des espaces possibles à des organisations sociales qui lui sont extérieures. En même temps, il renonce à occuper lui-même cet espace et à prétendre au monopole du pouvoir social[757].

Ce pouvoir ainsi «octroyé» par l'Etat[758], notamment aux fédérations de sport, n'est bien sûr pas illimité. En effet, lesdites organisations ne peuvent «édicter des règles ou des normes de portée juridique que dans les limites de leur autonomie privée, c'est-à-dire dans le cadre que le droit étatique laisse à leur libre disposition»[759]. L'autonomie reconnue aux associations ne leur permet en aucun cas de soustraire au droit les domaines relevant de leur sphère d'activité. De plus, leurs règles ne doivent pas entrer en contradiction avec le droit étatique ou les principes généraux du droit[760].

Le champ dans lequel peut s'exercer ce pouvoir réglementaire privé est aussi restreint par l'association elle-même, et ce, notamment lorsqu'elle

756 AUER/MALINVERNI/HOTTELIER, vol. 1, n° 9 p. 7 s.
757 AUER/MALINVERNI/HOTTELIER, vol. 2, n° 710 p. 343.
758 ZEN-RUFFINEN, Droit du sport, n° 16 ss p. 8 s. Contrairement au droit français, le droit suisse ne connaît toutefois pas de délégation de pouvoirs de l'Etat à l'ordre sportif. Les organisations sportives n'exercent donc pas de pouvoirs étatiques. Il serait dès lors plus approprié de considérer que le droit étatique suisse laisse une sphère d'autonomie aux organisations sociales et ce, qu'elles soient sportives ou non. Celles-ci sont libres de l'occuper en réglementant leur sphère d'activité conformément à leurs besoins. Ces organisations sociales jouissent ainsi d'un pouvoir qui leur est propre mais qu'elles se doivent d'exercer dans les limites de l'autonomie que leur a conférée le droit étatique. Cf. également JAQUIER, n° 24 p. 12 s.
759 OSWALD, Le pouvoir, p. 43.
760 STEINER, p. 45 ss.

procède à la détermination de son but social[761]. En effet, l'association ne peut régir que les matières en relation avec le but social. Cela inclut, pour les organisations de sport, tant les activités spécifiques que les questions de structure et de fonctionnement du groupement[762].

Ces règles corporatives ne subissent aucun contrôle automatique ou systématique abstrait de la part de l'Etat. Elles sont, en principe, valables dès leur adoption, indépendamment de leur conformité au droit étatique ou de la régularité de leur procédure d'adoption. Les membres touchés peuvent néanmoins les contester, à certaines conditions, au moment de leur adoption ou à l'occasion d'un cas d'application (art. 75 CC). Les tribunaux ont ainsi été parfois amenés à déclarer contraires au droit certaines normes associatives qui avaient été appliquées sans contestation pendant des années[763]. Les instances judiciaires n'acceptent cependant pas de revoir n'importe quelle norme ou décision associative. On peut donc trouver là une première façon de catégoriser les normes associatives, soit en séparant celles que les tribunaux acceptent de revoir de celles que les associations peuvent adopter en toute indépendance, sans droit de regard externe. On distingue ainsi les règles justiciables et les règles non justiciables. Il est également possible de les répertorier selon leur nature, voire selon leur siège, dans le système juridique de l'association. C'est ce que nous allons faire maintenant.

Nous distinguerons dans les chapitres suivants six catégories de règles corporatives: les règles statutaires, les règles du sport ou règles techniques au sens étroit, les règles relatives à l'organisation des compétitions, les règles économiques, les règles disciplinaires et, finalement, les règles déontologiques. Le choix de ces différentes catégories revêt indéniablement un caractère subjectif. On peut certainement envisager d'autres classifications. En outre, certaines règles pourraient appartenir à plusieurs de ces catégories. Ce système de classification n'a donc pas d'autre ambition que de déterminer la nature des principales règles adoptées par les organisations de sport et de clarifier quelque peu le sujet.

761 Jaquier, n° 21 p. 11.

762 *Id.*, n° 25 p. 13.

763 ATF 102 II 211, JdT 1977 I 126 (rés.), = SJ 1977 449, Perroud. Sur le même ce sujet, cf. également l'arrêt de la Cour civile du Tribunal cantonal vaudois du 26 février 1981, puis du Tribunal fédéral du 25 mai 1981, résumés et commentés *in:* Bondallaz, p. 81 s.

2.4.1.2 Les règles statutaires

La plupart des sportifs font partie d'un club, lui-même régi par des statuts. Toute association doit, en effet, se doter de statuts pour exister (art. 60 al. 1 CC). Ceux-ci constituent le fondement de l'association. Ils déterminent, en particulier, son but, sa structure, son organisation, son fonctionnement et ses ressources (cf. pt. 2.2).

Les clubs sont constitués en associations régionales et en fédérations nationales. Les fédérations nationales de sport sont elles-mêmes regroupées dans des fédérations internationales[764] qui, à leur tour, sont affiliées à des organisations faîtières telles que l'Association générale des fédérations internationales de sport (AGFIS, devenue SportAccord), l'Association des fédérations internationales des sports olympiques d'été (ASOIF), l'Association des fédérations internationales des sports olympiques d'hiver (AIOWF), ou encore le CIO, dont la Charte réglemente notamment l'appartenance au Mouvement olympique et la participation à ses activités, en particulier à la célébration des Jeux Olympiques. A chaque niveau de la pyramide (cf. pt. 3), des statuts régissent ces diverses organisations[765]. Ceux-ci fixent les droits et obligations de leurs membres et, à défaut d'harmonie entre eux, sont susceptibles d'être sources de conflits. Pour éviter que ces derniers ne se concrétisent et de créer une certaine cohérence, de nombreuses règles statutaires prévoient des renvois aux statuts et règlements d'autres associations d'un niveau inférieur ou supérieur. Ces renvois sont parfois doublés de règles de conflit, afin d'éviter les difficultés qui peuvent découler de l'application simultanée de telles réglementations dans un cas concret[766].

2.4.1.3 Les règles du sport ou règles techniques au sens étroit

En sus des règles associatives usuelles qui déterminent leur organisation et leur fonctionnement, les associations de sport adoptent également des règles techniques, destinées à définir le sport dont elles ont la responsabilité et à régir sa pratique. Contrairement à la règle de droit qui, couramment, codifie une pratique ou une relation préexistante, les règles sportives tech-

764 Jaquier, n° 34 p. 18.

765 Si les règles régissant le fonctionnement interne des associations sont souvent désignées par le terme «statuts», tel n'est toutefois pas toujours le cas (cf. pt. 2.2.1).

766 Baddeley, L'association sportive, p. 9.

niques, que nous entendrons *stricto sensu* dans ce chapitre, revêtent souvent un caractère fondateur. C'est par leur promulgation, en effet, que le sport se crée[767] et se perpétue:

> Dès avant toute codification, les hommes ont couru par-dessus les haies. Mais, en tant que sport, la course de haies n'existe que du jour où l'on pose en règle qu'il faudra l'emporter sur une certaine distance après avoir franchi une série d'obstacles dont le règlement fixe le nombre, l'emplacement et la hauteur…[768].

Ces règles techniques ont une portée considérable. En plus de définir le sport et de le régir, elles tendent aussi, grâce à leur universalité, à lui permettre d'atteindre les buts qui constituent son essence même, soit une pratique uniforme dans tous les pays et la tenue de compétitions entre athlètes et équipes du monde entier[769]. C'est l'adoption de ces règles au sein d'une organisation faîtière où les différentes entités nationales sont représentées qui garantit cette universalité. Celle-ci constitue une exigence fondamentale du sport, car on ne concevrait pas, par exemple, que deux équipes de football doivent s'entendre d'abord sur la largeur des buts ou la distance du point de penalty avant de s'affronter. C'est d'ailleurs ce qui se passait au XIXe siècle avant la codification du sport. Préalablement à leurs confrontations dans différents sports, les capitaines des équipes d'Oxford et de Cambridge, par exemple, se rencontraient pour se mettre d'accord sur les modalités de l'épreuve qui allait les opposer!

Il convient à ce propos de rappeler que c'est précisément dans le but d'harmoniser des règles nationales divergentes et de permettre la tenue de compétitions entre sportifs de différents pays que la plupart des fédérations internationales de sport ont été fondées[770]. En aviron, par exemple, les compétitions ne se disputaient pas dans tous les pays en ligne droite sur 2'000 mètres et dans les mêmes classes de bateaux. Cette situation quelque peu anarchique a alors incité des sociétés d'aviron de Belgique, France, Italie, Suisse et de l'Adriatique à s'entendre pour créer, il y a plus de cent ans, le 25 juin 1892, la première fédération internationale de sport, la FISA[771].

Les règles techniques, en imposant des normes et standards précis, permettent aussi une évaluation comparative des performances et, même,

767 DUVAL, p. 53 s.
768 DUVAL, p. 53, qui reprend en partie les propos de JESTAZ, p. 315.
769 GUTTMANN, p. 78 ss; RIGOZZI, L'arbitrage, n° 33 p. 22 s.
770 BADDELEY, L'association sportive, p. 5 ss; JACQ, p. 1 ss; WILL, Les structures, p. 21 ss.
771 Art. 1 Statuts FISA.

dans certaines disciplines, une sorte de confrontation à distance[772]. Ainsi, le javelot ou le disque sont identiques, quel que soit le pays ou continent dans lequel ils sont lancés, et un record du monde peut être établi pratiquement partout. Comme le relève RIGOZZI, «la compétition implique l'existence de règles visant à garantir aux participants la *par condicio* nécessaire pour comparer objectivement leurs résultats et donc établir un classement de valeurs»[773]. Ces règles visent également d'autres buts. Elles tendent à permettre un déroulement ordonné[774] des épreuves et à réduire les risques de contestations. Elles ont aussi pour objectif de rendre les compétitions équitables, en catégorisant les athlètes et les équipes, en fixant les conditions de participation. Elles tendent enfin à réduire les risques d'accident et à protéger l'intégrité physique des uns et des autres en interdisant certains gestes et comportements et en imposant du matériel et des équipements adéquats ainsi que des normes de sécurité.

Pour assurer l'universalité complète de ces règles techniques et préparer leurs propres sportifs aux compétitions internationales, les associations nationales procèdent encore à l'incorporation de ces règles dans leur propre système[775]. Cela ne les empêche pas, parfois, d'établir, sur des points mineurs, des normes divergentes qui tiennent compte des particularités de certaines compétitions, nationales ou régionales, ou des caractéristiques des participants. C'est le cas, en particulier, des épreuves pour les enfants, les militaires, les handicapés, etc.[776], où l'on va, par exemple, parcourir une distance plus courte, jouer sur un terrain aux dimensions réduites ou imposer des équipements adaptés.

Les règles techniques au sens étroit se caractérisent également par une certaine stabilité. Celle-ci vise à faciliter la pénétration du sport concerné dans la conscience collective, assurer son développement et sa pérennité,

772 Cf. aussi GUTTMANN, p. 83, qui mentionne que la notion de record est «la merveilleuse abstraction qui permet la compétition non seulement entre ceux qui se rencontrent sur le terrain de sport, mais aussi entre eux et d'autres s'en trouvant à distance spatiale ou temporelle»; RIGOZZI, L'arbitrage, n° 35 p. 24.

773 RIGOZZI, L'arbitrage, n° 18 p. 14 s.

774 A titre d'exemple, on peut se référer aux Lois du Jeu FIFA 2009/2010 qui définissent le football actuel, *in:* site de la Fédération internationale de football association (www.fifa.com): http://fr.fifa.com/mm/document/affederation/federation/81/42/36/lawsofthegamefr.pdf (31.05.2010).

775 VEROW/LAWRENCE/MCCORMICK, p. 21.

776 En ce sens, cf. p. ex. Lois du jeu FIFA 2009/2010, Remarques, p. 3.

ainsi qu'à permettre la comparaison des performances dans le temps[777]. Elles sont toutefois loin d'être intangibles. On rencontre de nombreux exemples où, pour diverses raisons, notamment pour augmenter l'attractivité de son sport à la télévision ou tenir compte de possibilités offertes par des développements technologiques nouveaux, un organe faîtier a modifié certaines règles fondamentales du sport qu'il régit. Nous ne citerons ici que quelques exemples pour illustrer nos propos:

- La FIFA a proscrit la passe en retrait au gardien et limité le temps pendant lequel celui-ci peut conserver le ballon avant de le remettre en jeu. Elle a également adopté la victoire à trois points plutôt qu'à deux.
- La Fédération internationale de tennis (ITF) a introduit le tie-break, pour éviter que les sets ne durent trop longtemps.
- La Fédération internationale d'escrime (FIE) a abandonné les tenues entièrement blanches, de manière à ce que la nationalité des concurrents soit plus facilement identifiable. Elle a aussi imposé des masques transparents afin d'humaniser le sport et de permettre un contact direct entre le spectateur ou téléspectateur et le sportif.
- La FIVB a imposé des tenues standard très légères pour les athlètes féminines de beach-volley. Elle a également supprimé le système selon lequel une équipe devait d'abord gagner l'avantage avant de pouvoir marquer un point.
- La Fédération internationale de judo (FIJ) a remplacé les kimonos uniformément blancs par des kimonos de couleur.
- La Fédération internationale de tennis de table (FITT) a agrandi la taille de la balle, afin qu'elle soit plus visible pour les spectateurs et téléspectateurs et que le jeu se trouve un peu ralenti. Les matches sont plus courts, avec un système de points plus simple et plus direct.
- La FIS a instauré un nouveau système pour le combiné nordique, où les départs de l'épreuve de ski de fond sont donnés dans l'ordre du résultat du saut, avec des écarts correspondants en secondes. De cette manière, celui qui est en tête de l'épreuve de ski de fond est aussi le vainqueur du classement général.
- L'International Ice Hockey Federation (IIHF) a supprimé l'interdiction de la passe à travers deux lignes afin d'accélérer le jeu et de l'interrompre moins souvent.

777 Rigozzi, L'arbitrage, n° 35 p. 24.

Personne ne conteste la compétence exclusive des fédérations internationales s'agissant de toutes les questions techniques touchant leur sport. Cela leur en donne le contrôle et la maîtrise, même aux Jeux Olympiques. En effet, le texte d'application de la Règle 47 ChO prévoit expressément que ce sont les fédérations internationales qui sont chargées, dans le cadre des Jeux Olympiques,

> [d']établir les règles techniques[778] pour leurs propres sports, disciplines et épreuves, y compris, mais sans s'y limiter, les critères des résultats, les spécifications techniques de l'équipement, des infrastructures et des installations, les règles sur les mouvements techniques, les exercices ou les jeux, les règles de disqualification technique et les règles sur l'arbitrage et le chronométrage[779].

Les fédérations assurent ainsi, par l'application de leurs règles techniques, le bon déroulement de leurs compétitions olympiques, comme elles le font pour leurs propres championnats du monde.

2.4.1.4 Les règles techniques au sens large, y compris les règles relatives à l'organisation des compétitions

Les règles techniques au sens large incluent les dispositions qui réglementent le transfert des athlètes, l'éligibilité de ceux-ci aux compétitions internationales et l'organisation des compétitions proprement dites[780]. Nous nous concentrerons sur les règles relatives à l'organisation des compétitions.

Chaque fédération de sport organise, sous son égide, de multiples compétitions et de nombreux championnats. Ceux-ci doivent naturellement être régis par des règles spécifiques qui, entre autres, permettent à la manifestation de prendre forme et de se réaliser. Ces règles établissent, en particulier, les bases légales de la manifestation. Elles déterminent aussi la procédure d'attribution à un organisateur, le cahier des charges de ce dernier, ainsi que ses droits et obligations. Elles imposent parfois encore la forme juridique qu'il doit revêtir. Elles précisent aussi les conditions de participation, les prix et récompenses attribués, les diverses questions de responsabilité, ainsi

778 En général, les fédérations internationales n'établissent pas des règles spécifiques pour chaque Jeux Olympiques mais appliquent simplement leurs règles usuelles de compétition.

779 TAR 47.1.1 ChO.

780 Jaquier, n° 254 p. 120; Rigozzi, L'arbitrage, n° 36 ss p. 24 ss.

que le format et les modalités des divers championnats organisés (niveaux, conditions de participation, groupes, ascension, relégation, etc.).

Les organisations sportives «propriétaires» de manifestations ou titulaires des droits qui s'y rapportent émettent de telles règles sur une base durable et elles les appliquent à toutes leurs manifestations. Elles mettent ces règles à jour régulièrement en fonction des expériences réalisées. Le contrat de ville-hôte pour l'organisation des Jeux Olympiques, par exemple, est modifié après chaque édition pour mieux couvrir les problèmes rencontrés et tenir compte de l'évolution technologique, notamment dans la transmission des images et des informations. Les organisations sportives émettent aussi souvent des règles particulières à l'occasion d'une compétition spécifique, notamment une manifestation de très grande envergure. C'est le cas, par exemple, de la FIFA avec les Règlements relatifs à la Coupe du Monde de la FIFA Afrique du Sud 2010[781] et à la Coupe du Monde des Clubs de la FIFA Emirats arabes unis 2009[782] ou de la FIS avec les Règles pour l'organisation des Championnats du monde de la FIS[783]. La compétence d'établir de tels règlements et d'autres règles de portée générale se trouve dans les statuts[784] de l'organisation en cause. Aux Jeux Olympiques, bien sûr, la Charte olympique s'applique et sert de référence, mais elle renvoie aussi à divers règlements séparés et, notamment, à ceux des fédérations internationales. Rappelons que le rôle

781 Cf. p. ex. Règlement de la Coupe du Monde de la FIFA Afrique du Sud 2010, *in:* site de la Fédération internationale de football association (www.fifa.com): http://fr.fifa.com/mm/document/tournament/competition/fifa_wc_south_africa_2010_reglement_fr_14124.pdf et Règlement 2010 FIFA World Cup South Africa, FIFA Public information shit: http://fr.fifa.com/mm/document/affederation/marketing/53/42/06/2010_fifa_public_guidelines_en_260908.pdf. Pour une vue d'ensemble: http://fr.fifa.com/worldcup/organisation/documents/index.html (31.05.2010).

782 Règlement de la Coupe du Monde des clubs de la FIFA Emirats arabes unis 2009, *in:* site de la Fédération internationale de football association (www.fifa.com): http://fr.fifa.com/mm/document/tournament/competition/01/09/02/65/reglulationsfcwcuae2009_fr_7oct2009.pdf (07.03.2010).

783 Règlements pour l'organisation des Championnats du monde de la FIS, *in:* site de la Fédération internationale de ski (www.fis-ski.com): http://www.fis-ski.com/data/document/wsc-rules-2008-clean.pdf (31.05.2010).

784 Art. 74 s. Statuts FIFA et 3 ss Règlement d'application des Statuts FIFA du 3 juin 2009. Le Règlement d'application des statuts de la FIFA se trouve sur le même document que les statuts de la FIFA, *in:* site de la Fédération internationale de football association (www.fifa.com): http://fr.fifa.com/mm/document/affederation/federation/01/24/fifastatuten2009_f.pdf (31.05.2010).

technique de ces dernières demeure essentiel[785], aussi bien dans la préparation des Jeux que dans l'organisation et le déroulement des compétitions (cf. pt. 2.4.1.3 ss).

Comme nous l'avons déjà relevé (cf. pt. 2.4.1.3), les fédérations nationales, dans un souci d'universalité et dans l'intérêt de leurs sportifs, appliquent la plupart des règles internationales à leurs propres compétitions. C'est également le cas dans les domaines où les fédérations internationales leur laissent toute liberté, comme la mise sur pied de leur championnat national.

Les règles associatives doivent toujours respecter le droit étatique et, le cas échéant, le juge (étatique ou arbitral) peut être appelé à vérifier leur conformité au moment de leur adoption ou à l'occasion d'un cas d'application. On considère toutefois souvent que les règles techniques au sens étroit ou les règles relatives à l'organisation des compétitions relèvent de la libre compétence des associations de sport et que, dès lors, les tribunaux ne sont pas compétents pour les revoir. Cette question est toutefois complexe et controversée et nous y reviendrons plus en détails dans une autre partie de cet ouvrage (cf. pts. 2.4.2 ss).

Il convient enfin de relever qu'on rencontre parfois, dans les réglementations relatives aux compétitions sportives, des normes à caractère disciplinaire destinées à sanctionner les comportements inadéquats (p. ex. les violences, les actes dangereux, les injures, le recours au dopage). On y trouve également des règles destinées à régir tous les aspects économiques des compétitions sportives qui, c'est notoire, prennent une importance toujours plus grande. Au vu de leur portée, nous avons classé ces règles disciplinaires et économiques dans deux catégories distinctes. Nous les examinerons dans les chapitres suivants (cf. pts. 2.4.1.5 s.).

785 Cf. la Règle 27 ChO, qui traite de la mission et du rôle des fédérations internationales au sein du Mouvement olympique.

2.4.1.5 Les règles économiques

Au vu de l'importance économique et commerciale grandissante du sport[786], les règles économiques sont aujourd'hui de plus en plus nombreuses et complexes[787].

Elles régissent l'exploitation des droits commerciaux et de marketing[788], les droits des médias et de retransmission télévisée, ainsi que la répartition des bénéfices y relatifs. Elles se chargent également de l'organisation de la billetterie et de l'attribution des recettes qui en découlent, ainsi que de l'utilisation des emblèmes, désignations et mascottes officielles. Ce sont elles encore qui réglementent la dimension des inscriptions publicitaires, l'apparition des marques des fabricants ou d'autres publicités sur les maillots des sportifs, ainsi que sur tout autre matériel ou accessoire, etc.[789]. De manière générale, elles déterminent «what can and cannot be done in terms of commercial exploitation of the game»[790].

Les règles précitées jouent souvent un rôle important. Elles peuvent même porter sur la structure des clubs en leur imposant, par exemple, une

786 Selon les chiffres repris par Sobry, p. 10, d'un article paru *in:* Journal Le Monde Economie du 8 février 2000, au niveau mondial, «[l]e sponsoring engendrerait 15 milliards de dollars de recettes, la vente des droits de retransmission télévisée représenterait 42 milliards de dollars et la vente de tickets dans les stades atteindrait 50 milliards de dollars. La part de l'Europe dans cet ensemble serait de 36% contre 42% pour les Etats-Unis».

787 Rigozzi, L'arbitrage, n° 40 p. 27.

788 Les droits marketing recouvrent un ensemble de droits très larges comme l'illustre, p. ex., l'art. 40 al. 2 du Règlement de la Coupe du Monde de la FIFA Allemagne 2006, qui dispose: «Par droits de marketing on entend tous les droits d'exploitation sous quelque forme que ce soit de tout type de publicité (notamment électronique) promotion, marketing, marchandisage (englobant notamment publications, compositions musicales, pièces de monnaie, timbres, DVD, vidéos, programme d'hospitalité, jeux électroniques en tous genres), octroi de licences, franchisage, sponsoring, hospitalité, publications et tout autre droit et/ou possibilité commerciale dérivée en relation avec la Coupe du Monde de la FIFA 2006 telle que publicité, franchisage, affichage, échantillonnage et vente de droits de toutes natures aux stades de la compétition et sur tout autre site officiel. Les droits de marketing incluent également les droits exclusifs d'utiliser ou de concéder des sous-licences pour l'usage des marques».

789 Cf. à titre d'exemple les art. 25 ss du Règlement de la Coupe du Monde de la FIFA Afrique du Sud 2010, qui illustrent parfaitement le degré de détails que peuvent contenir de telles dispositions.

790 Verow/Lawrence/McCormick, p. 22.

forme sociale spécifique[791]. Ainsi, comme nous le verrons en détails par la suite (cf. pt. 5.4.1.1 s.), en Suisse, on ne peut pas aligner une équipe de hockey sur glace en ligue nationale A et B si le club n'est pas organisé en SA[792]. Il en va de même pour les équipes de football jouant en Super League[793]. En effet, en plus du club sportif de base qui doit obligatoirement revêtir la forme de l'association en football, une SA doit assumer les droits et obligations financiers de l'équipe[794]. Selon Rigozzi, les «règles limitant la participation à une même compétition de clubs contrôlés par la même entité économique (multipropriété), dont la validité a d'ailleurs fait l'objet d'un célèbre arbitrage devant le TAS»[795], constituent le cas le plus représentatif dans le domaine économique.

Dans cette catégorie de règles, et en sus de celles qui sont liées à l'exploitation commerciale de la manifestation sportive, on peut encore ranger les dispositions relatives à la prise en charge des frais liés aux différentes compétitions, à la rémunération des arbitres ou, même, des équipes, suivant le stade qu'elles atteignent dans la compétition, comme à la Coupe du Monde de football. On peut encore ajouter les contrats-types adoptés par certaines fédérations[796], l'obligation pour les équipes de porter la marque du sponsor de la fédération internationale en plus de celle de leur propre sponsor (p. ex. hockey sur glace et aviron) ou de revêtir des maillots d'un fabricant particulier, etc.

2.4.1.6 Les règles disciplinaires

La compétition sportive tend à désigner et récompenser les meilleurs. Pour ce faire et pour préserver l'incertitude du résultat qui en fait un attrait essentiel, des règles tendent à assurer le respect de l'équité, de l'égalité des chances et de la régularité des compétitions. Ces règles interdisent donc certains comportements comme le recours au dopage ou les mani-

791 Rigozzi, L'arbitrage, n° 40 p. 27.

792 Art. 7 ch. 1 Statuts National League et 5 al. 1 let. b Règlement pour l'attribution de l'autorisation de jouer en Ligue Nationale A et B.

793 Art. 9 ch. 4 Statuts ASF et 10 let. b ch. 1 Statuts SFL.

794 Rigozzi, L'arbitrage, n° 40 p. 27.

795 Rigozzi, L'arbitrage, n° 40 p. 27, citant la décision du TAS CAS 98/2000 du 20 août 1999, AEK Athens and SK Slavia Prague/Union of European Football Associations (UEFA), *in:* Reeb, Rec. II, p. 38 ss.

796 Karaquillo, p. 49.

pulations de toutes sortes, provoquées par exemple par des paris illégaux. Elles en prescrivent d'autres destinées à protéger l'intégrité physique et à réduire les risques de blessures (p. ex. interdiction de certains gestes, coups et contacts irréguliers ou obligation de porter un casque ou d'autres protections). D'autres encore découlent de l'esprit du sport, quand il ne s'agit pas simplement de coutumes (p. ex. les joueurs de hockey sur glace se serrent la main à la fin d'un match, les joueurs de football rendent le ballon à l'équipe qui l'a mis en touche pour provoquer un arrêt de jeu lorsqu'un joueur est blessé, etc.).

Les athlètes sont donc soumis à des règles de comportement techniques, mais aussi à des règles plus générales d'éthique et de fair-play, que nous examinerons ci-après (cf. pt. 2.4.1.7). Ces règles, dont la violation peut naturellement entraîner une sanction[797], trouvent leur fondement dans de multiples types de réglementations. On rencontre, en effet, des règles de nature disciplinaire aussi bien dans les statuts des fédérations (suspension et exclusion des membres, établissement d'une commission disciplinaire, voies de recours contre ses décisions, inventaire des mesures disciplinaires susceptibles d'être appliquées, etc.), que dans les règlements relatifs à certaines compétitions spécifiques, dans les règles du jeu et dans les règlements internes des clubs[798]. En outre, certaines réglementations sont exclusivement consacrées à la répression du dopage[799], puisque la Règle 44 ChO impose à toutes les fédérations internationales et à tous les Comités nationaux olympiques d'adopter et d'appliquer le Code mondial antidopage (CMAD)[800].

797 Relevons ici que l'application d'une sanction disciplinaire n'empêchera pas l'application d'une sanction pénale ou administrative. Ces dernières n'étant pas de même nature, le principe *ne bis in idem* n'est en effet pas pertinent. Pour une analyse détaillée de la relation juridique entre les fédérations internationales et les tiers en matière disciplinaire, cf. AGUET, n° 1 ss. Sur le fondement du pouvoir disciplinaire des fédérations sportives et sa problématique générale, cf. FUCHS, p. 7 ss; STEINER, p. 61 ss.

798 Pour un aperçu de la procédure disciplinaire au sein de la Swiss Football League, cf. FRÉSARD, n° 1 ss. Cf. également SCHERRER, Bussen, p. 59 s.

799 Pour une analyse de la justiciabilité des règles antidopage et les limites de l'autonomie réglementaire de fédérations en la matière, cf. VIRET/FAVRE-BULLE, n° 5 ss.

800 Code Mondial Antidopage 2009, *in:* site de l'Agence Mondiale Antidopage (www.wada-ama.org): http://www.wada-ama.org/rtecontent/document/code_v2009_Fr.pdf (31.05.2010). Pour plus de précisions sur le CMAD et le rôle joué par l'AMA, cf. pts. 4.9.1 ss.

principes ainsi que des règles générales d'éthique, notamment l'interdiction des conflits d'intérêt. Conformément à la Règle 22 ChO, les prérogatives de cette Commission sont les suivantes:

> La commission d'éthique du CIO est chargée de définir et de mettre à jour un cadre de principes éthiques comprenant un Code d'éthique fondé sur les valeurs et principes défendus dans la Charte olympique, dont ledit code fait partie intégrante. En outre, elle enquête sur les plaintes déposées en relation avec la méconnaissance de ces principes éthiques, y compris les cas de violations du Code d'éthique et propose éventuellement des sanctions à la commission exécutive du CIO.

Tous les membres de la famille olympique doivent donc adhérer à ces principes et les respecter au risque de leur exclusion ou d'un retrait de leur reconnaissance, selon qu'il s'agit d'une personne physique ou morale. La Commission d'éthique peut être saisie

> soit par des membres de la famille olympique (notamment des membres du CIO, Comité national olympique, fédération internationale ou nationale, participants aux Jeux Olympiques) soit par toute personne concernée par un manquement aux règles de l'éthique olympique[807].

Elle ne peut agir d'office, mais en cas de violation présumée de ces principes, elle est habilitée à en informer le Président du CIO. La Commission d'éthique peut proposer à la Commission exécutive du CIO de prendre des sanctions en cas de violation avérée. Par leur insertion dans le Code d'éthique du CIO, dans des règlements de fédérations de sport ou de comités olympiques, ou par des créations jurisprudentielles, de nombreuses règles éthiques et morales sont devenues de véritables principes juridiques, dont la violation est souvent assortie de sanctions. D'autres organisations, comme la FIVB[808], ont aussi adopté des codes ou règlements d'éthique.

Il sied toutefois de relever que, si de tels principes sont d'application aisée lorsqu'ils font l'objet de réglementations détaillées[809], l'apport «jurisprudentiel» se révèle crucial lorsque, comme le relève Karaquillo, la formulation est allusive[810]. Tel est souvent le cas, comme lorsqu'un règle-

807 La Commission d'éthique, *in:* site du Mouvement olympique (www.olympic.org): http://www.olympic.org/fr/content/Le-CIO/Commissions/Ethique/?Tab=3 (31.05.2010).

808 Cf. Code de conduite FIVB du 25 octobre 2006.

809 Cf. p. ex. Code de conduite FIVB.

810 Karaquillo, p. 50 ss.

ment se réfère, par exemple, au manquement à la «morale sportive»[811] ou à un comportement contraire au «best interest of the sport»[812].

2.4.2 Les normes associatives, justiciables ou non

2.4.2.1 L'incompétence du juge étatique à revoir des décisions relatives à l'application des règles de jeu

Quelle que soit la terminologie utilisée, il est généralement reconnu que l'application de certaines règles en matière de sport doit échapper à la compétence du juge ou de l'arbitre[813]. Il s'agit des règles techniques au sens étroit, qualifiées aussi souvent de règles de jeu. Leur but consiste à assurer un déroulement ordonné des compétitions[814]. Au-delà des règles fondamentales qui définissent le sport (comme jouer au football avec les pieds et au basketball avec les mains ou la manière de compter les points), on peut inclure sous cette acception toute la réglementation qui touche

811 *Id.*, p. 50.

812 RIGOZZI, L'arbitrage, n° 41 p. 28, qui relève que cette terminologie est celle utilisée par les ligues professionnelles nord-américaines. Au vu de l'importance de ce concept outre-Atlantique, il est intéressant de reproduire ici, à titre anecdotique, ce résumé de l'affaire qui a suscité son émergence: «In 1919 when it was discovered that eight members of the Chicago White Sox fixed the outcome of the World Series Game and caused their team to loose to the Cincinnati Reds, the favorite All-American past time was tarnished. To regain the respect of Americans and to discourage and punish gamblers and unethical players, the American and the National Leagues named Judge Kenesaw Mountain Landis as the first Commissioner of Major League Baseball. As part of his mandate, he was given the power to take any actions and impose any sanctions for acts against ‹the best interest of the sport›». Résumé trouvé sur www.sportlawnews.com: http://www.sportslawnews.com/archive/jargon/LJBest%20Interests.htm (24.09.2008, cette page n'existe plus). Ce concept a ensuite été repris par de très nombreuses ligues professionnelles américaines et est ainsi devenu le principal standard selon lequel leurs *commissioners* évaluent le comportement des sportifs soumis à leur autorité disciplinaire. Pour davantage de détails, cf. WEILER/ROBERTS, p. 1 ss.

813 BADDELEY, L'autonomie, p. 43; BAUMANN, Personenrecht des ZGB, p. 60 s.; COLOMB, p. 66; GUILLOD, n° 438 p. 224 s.

814 BADDELEY, L'autonomie, p. 43 s.; BAUMANN, Personenrecht des ZGB, p. 60 s.; HEINI/PORTMANN, n° 291 p. 134; JAQUIER, n° 250 ss p. 119 s.; RIGOZZI, L'arbitrage, n° 34 p. 23.

l'aire de jeu (dimension, nature du sol, position de certains points critiques comme le point de penalty). Les dispositions qui concernent le matériel (dimension et qualité du ballon, poids du bateau d'aviron, dimension de la raquette de tennis, etc.) constituent également de telles règles[815]. Cette sorte d'«immunité» des règles techniques signifie aussi que les tribunaux se déclarent incompétents pour revoir les décisions qui les mettent en œuvre, par exemple, les décisions des arbitres qui sanctionnent d'un penalty la bousculade d'un joueur dans les seize mètres. Comme l'a souligné le Tribunal fédéral, «le jeu ne doit pas être constamment interrompu par des recours au juge»[816].

2.4.2.1.1 La position du Tribunal fédéral

Tout en faisant souvent référence aux règles de jeu et règles de droit (soit à la théorie développée par le Professeur KUMMER[817]), le Tribunal fédéral a reconnu la difficulté de classifier dans l'une ou l'autre catégorie les différentes situations qui se présentent[818]. Il refuse donc de s'enfermer dans un schéma rigide. Il préfère déterminer de cas en cas si les juridictions étatiques sont compétentes ou s'il s'agit, au contraire, de règles que les associations de sport peuvent élaborer et appliquer en toute indépendance dans le cadre de leur autonomie. Pour le Tribunal fédéral, il importe essentiellement de déterminer dans quelle mesure la sanction ou la décision touche les intérêts personnels de la personne concernée[819]. Tel est le cas, par exemple, lorsqu'un sportif se voit retirer un titre et les prix afférents à celui-ci[820]. Ce sont donc, avant tout, les conséquences de la décision qui importent, plus que la nature même de celle-ci[821]. A ce titre, on peut reprendre la formulation du Tribunal fédéral dans l'arrêt Dubé[822]:

815 BADDELEY, L'autonomie, p. 43 s.; HEINI/PORTMANN, n° 291 p. 134; JAQUIER, n° 252 p. 120.
816 ATF 118 II 12, JdT 1995 I 547 (rés.), Kindle, consid. 2 (résumé et commenté *in:* BONDALLAZ, p. 21 ss).
817 KUMMER, p. 40 ss. Pour un résumé de cette théorie: COLOMB, p. 66 ss; HEINI/PORTMANN, n° 291 ss p. 134 ss.
818 ATF 103 Ia 410, consid. 3. Cf également BADDELEY, L'autonomie, p. 45; HEINI/PORTMANN/SEEMANN, n° 245 p. 79 s.
819 Cf. p. ex. ATF 119 II 271, JdT 1994 I 384 (rés.), = SJ 1993 621, Gundel, consid. 3c (résumé *in:* BONDALLAZ, p. 29 s.); ATF 108 II 15, JdT 1983 I 162 (trad.), consid. 3.
820 ATF 134 III 193, consid. 4.5; Arrêt du TF 4P.105/2006, consid. 3.3.
821 ATF 134 III 193, consid. 4.5. Pour un commentaire de cette jurisprudence, cf. PERRIN, Décisions, p. 297 ss; VIRET/FAVRE-BULLE, n° 9 s.
822 ATF 120 II 369 = JdT 1997 I 314, Dubé, consid. 2.

> La distinction entre règles de jeu et règles de droit est dénuée de pertinence en cas d'atteinte aux droits de la personnalité [...]. L'«atteinte», au sens des art. 28 ss CC, est réalisée par tout comportement humain, tout acte de tiers, qui cause de quelque façon un trouble aux biens de la personnalité d'autrui en violation des droits qui la protègent [...]; même l'application d'une règle de jeu peut dès lors violer les droits de la personnalité.

Finalement, il convient de relever que l'autorité judiciaire qui connaît d'un litige relatif à une atteinte aux droits de la personnalité d'un athlète dispose de son plein pouvoir de cognition[823].

2.4.2.1.2 Les tendances de la doctrine et de la jurisprudence

2.4.2.1.2.1 La doctrine

Certains auteurs souhaitent une ouverture plus large du contrôle judiciaire des décisions des associations de sport[824]. En effet, l'application des règles de jeu peut parfois avoir des conséquences financières (p. ex. l'annulation d'un but peut empêcher une qualification qui assure une progression dans la compétition et des recettes supplémentaires) ou constituer une atteinte au droit de la personnalité non économique[825]. BADDELEY en arrive même à la conclusion que «l'immunité judiciaire de la règle de jeu est [...] insoutenable»[826]. Elle relève notamment que cette distinction supprime la protection juridique qui doit être garantie dans tous les cas où un droit absolu est violé de manière injustifiée ou lorsqu'un intérêt légitime est invoqué. Il importe pour elle que les tribunaux puissent statuer dans de telles situations.

C'est d'ailleurs bien dans ce sens qu'évolue la jurisprudence. En effet, depuis trois décennies, on observe que les tribunaux, tant étatiques qu'arbitraux, suisses ou étrangers, ont jeté les bases d'une «politique» beaucoup plus interventionniste en matière de droit du sport. Cette tendance peut être illustrée par trois exemples venant de l'Obergericht de Zurich, du TAS et de la Cour d'appel de Rennes, en France (cf. pts. 2.4.2.1.2.2 ss).

823 ATF 134 III 193, consid. 4.4.

824 BADDELEY, Le sportif, p. 240 s.; BADDELEY, L'association sportive, p. 364 ss; HEINI/PORTMANN/SEEMANN, n° 245 ss p. 79 ss; JAQUIER, n° 271 ss p. 128 ss; PERRIN/CHAPPUIS, p. 172 ss; RIGOZZI, L'arbitrage, n° 863 ss p. 448 ss.

825 COLOMB, p. 69.

826 BADDELEY, L'association sportive, p. 366.

2.4.2.1.2.2 La jurisprudence

2.4.2.1.2.2.1 La jurisprudence suisse

Lors d'un match de hockey sur glace de l'équipe de Niederhasli (ZH), une bagarre générale a éclaté. Le match a dû être interrompu. La LSHG (l'actuelle Swiss Ice Hockey Association) a considéré le comportement de l'ensemble de l'équipe de Niederhasli comme grave. En guise de sanction, elle a déclaré le match perdu par forfait, retiré des points à l'équipe et privé le club de son droit de vote lors de l'assemblée générale de la Ligue. Elle a infligé, en outre, une peine pécuniaire. Saisi, l'Obergericht de Zurich a opéré une distinction entre les différentes sanctions prononcées. Il a considéré que la perte du match par forfait et la perte de points représentaient des sanctions techniques qui ne relevaient pas de sa compétence. Il a d'autre part jugé que la perte du droit de vote à l'assemblée générale et la peine pécuniaire touchaient les droits de la personnalité de l'association et qu'il était, par conséquent, en droit de les revoir[827].

2.4.2.1.2.2.2 La jurisprudence du Tribunal Arbitral du Sport (TAS)

Selon la jurisprudence du TAS, une Formation n'est pas compétente pour revoir les décisions techniques des fédérations, sous réserve des cas où ces décisions ont été rendues de mauvaise foi, en violation des droits du sportif, ou à la suite de pressions ou de manipulations[828]. Cette jurisprudence a été inaugurée dans l'affaire Mendi, aux Jeux Olympiques d'Atlanta[829]. Elle peut paraître contradictoire, puisque le TAS, bien qu'en principe incompétent, doit néanmoins instruire l'affaire pour examiner si l'on se trouve éventuellement dans l'une de ces situations particulières où il serait exceptionnellement compétent. Le TAS a eu l'occasion de préciser sa jurisprudence lors des Jeux Olympiques d'été de 2000[830]. Le Comité

827 Oswald, Le règlement, p. 76.

828 Sentence CAS 2008/A/1641 du 6 mars 2009, Netherlands Antilles Olympic Committee (NAOC) v. International Association of Athletics Federations (IAAF) & United States Olympic Committee (USOC), § 37; Sentence CAS OG 02/002 du 23 février 2002, Korean Olympic Committee (KOC)/International Skating Union (ISU), § 17.

829 Sentence TAS JO 96/006 du 1er août 1996, M./Association Internationale de Boxe Amateur (AIBA), *in:* Reeb, Rec. I, p. 409 ss. Cet arrêt est également résumé et commenté *in:* Bondallaz, p. 45 s.

830 Sentence TAS JO 2000/004 du 18 septembre 2000, Comité Olympique Congolais (COC) et Jesus Kibunde/Association Internationale de Boxe Amateur (AIBA), *in:* Reeb, Rec. II, p. 617 ss.

d'organisation s'était engagé à prendre en charge les frais de transport des athlètes jusqu'en Australie. Kibunde, un athlète africain, a éprouvé beaucoup de difficultés à rejoindre l'Australie, à la suite de diverses annulations de vols. Son périple l'a finalement amené à passer par différents pays pour lesquels il ne possédait pas de visa. De ce fait, il est arrivé à Sydney trop tard pour participer à la pesée et, dès lors, pour prendre part au tournoi olympique de boxe. Le TAS a jugé que la règle de la pesée constituait une règle technique et que, de ce fait, il n'était pas compétent pour revoir les décisions prises en application de celle-ci. Mais, comme dans le cas précédent, il est néanmoins entré en matière pour vérifier la régularité de la décision en cause, qui avait eu des conséquences graves pour Kibunde. Il a finalement conclu que la décision avait été prise de manière régulière et qu'elle ne devait pas être remise en cause.

Le classement des concurrents est aussi considéré comme l'application d'une règle technique[831]. Il échappe donc à la compétence du TAS[832]. Dans l'affaire du marcheur Segura, la Chambre ad hoc du TAS[833] a confirmé qu'en principe, le TAS n'était pas compétent pour revoir les décisions des juges de terrain, pas plus que les questions purement techniques. Il a toutefois considéré qu'en l'occurrence, le problème était différent, puisqu'il convenait de déterminer si la disqualification notifiée à Segura dans l'épreuve des 20 km marche avait été communiquée «immédiatement», comme le règlement l'exige, ou si, au contraire, cette notification avait été tardive et, par conséquent, nulle. Il s'est donc déclaré compétent[834].

831 Sentence CAS 2008/A/1641 du 6 mars 2009, Netherlans Antilles Olympic Committee (NAOC) v. International Association of Athletics Federations (IAAF) & United States Olympic Committee (USOC).

832 Sentence CAS JO 2000/012 du 29 septembre 2000, Rumyana Dimitrova Neykova/International Rowing Federation (FISA) and International Olympic Committee (IOC), *in:* REEB, Rec. II, p. 674 ss.

833 Sentence CAS JO 2000/013 du 30 septembre 2000, Bernardo Segura/International Amateur Athletic Federation (IAAF), *in:* REEB, Rec. II, p. 680 ss.

834 A noter que la TAS a encore évoqué très récemment la distinction entre règles de jeu et règles de droit. Le litige concernait la participation d'un joueur togolais à un match des éliminatoires de la zone Afrique pour la Coupe du Monde 2010, en dépit d'une suspension (second avertissement). A cette occasion, il a précisé qu'il ne devait pas déterminer «si les cartons jaunes pris par le joueur [...] étaient justifiés [...] mais uniquement décider si ce joueur était non qualifiable pour le match [en question] et, si tel était le cas, quelles [devaient être] les conséquences pour la rencontre» [Sentence TAS du 12 novembre 2009, Fédération Royale Marocaine de Football c/ FIFA, retranscrit et commenté par HASCHER/LOQUIN, p. 260 ss, en particulier p. 276].

En fait, le TAS dispose d'une compétence provisoire pour déterminer s'il peut examiner l'affaire au fond. Depuis les Jeux Olympiques de Sydney, les recours de ce type ont tendance à augmenter, notamment en raison de la présence sur place de Chambres ad hoc facilement accessibles. Le déroulement de certaines compétitions peut s'en trouver perturbé. Fort de cette constatation, le Président de l'ASOIF est intervenu afin que le recourant apporte certains éléments de vraisemblance quant à l'irrégularité de la décision rendue avant que sa cause soit examinée au fond. Le Conseil international de l'arbitrage en matière de sport (CIAS) a retenu cette suggestion et décidé de l'appliquer à partir des Jeux de Turin. Aucun cas d'application ne s'est toutefois présenté depuis. Cette nouvelle mesure n'a dès lors pas encore été mise à l'épreuve.

2.4.2.1.2.2.3 La jurisprudence française

On peut encore relever avec intérêt l'arrêt rendu par la Cour d'appel de Rennes, qui respecte le caractère technique des décisions prises durant le cours du jeu. En l'espèce, l'Association culturelle des Camerounais de Loire-Atlantique (ACC) réclamait depuis quatre ans des dommages et intérêts à la FIFA pour une décision rendue par l'un de ses arbitres au cours de la rencontre de Coupe du Monde Chili-Cameroun du 23 juin 1998 (score: 1 à 1). Le 25 juin 2002, après une longue procédure, l'ACC a été déboutée de ses demandes, et a même été condamnée à payer 7'000 francs français à la FIFA. La cour d'appel de Rennes a notamment jugé:

> qu'il est de jurisprudence établie [...] que la décision d'un arbitre chargé de suivre et d'arbitrer un match, d'admettre ou de refuser un but, est souveraine, et ne peut dégénérer en faute susceptible d'engager la responsabilité de son auteur ou du commettant de celui-ci que s'il s'agit d'une faute lourde, c'est-à-dire commise volontairement par malice ou mauvaise foi dans le but de nuire, ou d'une erreur équipollente au dol[835].

835 Rapporté *in:* Journal Le Monde du 10 juillet 2002.

2.4.3 Le pouvoir juridictionnel des associations

2.4.3.1 Introduction

Le pouvoir juridictionnel des associations constitue le pendant de leur pouvoir réglementaire[836]. Il paraît logique, en effet, que les associations puissent établir des instances qui surveillent la bonne application des règles qu'elles ont édictées. Ces organes disposent de la compétence de rendre des décisions à caractère juridictionnel. Ils ne sont toutefois pas entièrement libres dans leurs décisions[837]. La loi, en effet, tout en reconnaissant aux associations une grande autonomie, dispose que «[l]es statuts ne peuvent déroger aux règles dont l'application a lieu en vertu d'une disposition impérative de la loi» (art. 63 al. 2 CC). Par conséquent, le Code civil peut imposer des limites à l'autonomie, notamment organisationnelle, des associations et, a fortiori, à leur pouvoir juridictionnel. Ces limites sont de deux ordres, procédural ou matériel (cf. pts 2.4.3.2 ss).

2.4.3.2 Les limites d'ordre procédural

Les instances juridictionnelles internes des associations doivent respecter les principes juridiques fondamentaux du droit, notamment quant à leur constitution et leur fonctionnement. Ces organes doivent être impartiaux et aussi indépendants que possible[838]. Un tribunal externe (ordinaire ou arbitral) peut vérifier leurs décisions[839]. L'art. 75 CC représente le moyen que le législateur met à disposition des sociétaires pour porter un différend associatif, donc de nature privée, devant un juge de métier et, partant, d'ouvrir l'activité de l'association à un contrôle externe.

Les petites associations ne disposent souvent pas d'une véritable instance juridictionnelle. Ce pouvoir incombe alors à la direction ou à l'assemblée générale. Parfois, il existe une commission disciplinaire chargée spécifiquement de traiter le contentieux associatif ou de prendre des mesures disciplinaires. Il arrive aussi que l'association institue son propre

836 Baddeley, L'association sportive, p. 203; Zen-Ruffinen, Droit du sport, n° 1381 p. 484.
837 Colomb, p. 73.
838 *Id.*, p. 73 ss.
839 Perrin/Chappuis, p. 178 s.; Zen-Ruffinen, Droit du sport, n° 1383 p. 485.

tribunal arbitral. Rappelons que selon le Tribunal fédéral, ces tribunaux n'ont d'arbitraux que le nom. En effet, celui-ci les considère comme des instances internes de l'association (cf. pts. 2.2.6.3.5 et 2.3.3.3.3.5)[840]. De ce fait, le recours à un tribunal externe est toujours et encore possible[841]. Pour qu'un tribunal arbitral soit considéré comme l'équivalent d'un tribunal ordinaire, les arbitres ne doivent être liés à l'association d'aucune manière[842]. A ce jour, le Tribunal fédéral n'a reconnu que le TAS, dans le monde du sport, comme véritable autorité juridictionnelle privée, c'est-à-dire rendant des jugements de même portée qu'un tribunal ordinaire[843].

Par ailleurs, il va de soi, en application de l'art. 68 CC, que les personnes concernées par le litige ne peuvent pas siéger au sein du tribunal organique. ZEN-RUFFINEN précise, à juste titre, que «rendre une décision dans sa propre affaire n'est pas compatible avec la garantie d'indépendance»[844]. En plus de cela, les droits de procédure, identiques à ceux octroyés devant les tribunaux ordinaires, en particulier les droits de la défense, doivent être respectés. Ils figurent aux art. 29 et 30 Cst. et 25 du Concordat intercantonal sur l'arbitrage du 27 mars 1969 (CIA). Parmi ceux-ci, on peut citer les droits de «connaître son incrimination et [de] pouvoir se défendre, oralement ou par écrit, avant le prononcé de la sanction»[845]. De plus, la décision du tribunal organique doit être notifiée et motivée[846]. Bien entendu, si sanction il y a, celle-ci devra répondre au principe de la proportionnalité[847]. En cas de violation de ces garanties, la décision de l'association peut être annulée.

Au début de son fonctionnement, le TAS a cassé beaucoup de décisions de fédérations, notamment parce que celles-ci ne respectaient pas le droit d'être entendu des athlètes[848].

840 ATF 119 II 271, JdT 1994 I 384 (rés.), = SJ 1993 621, Gundel, consid. 3c. Cet arrêt est également résumé dans BONDALLAZ, p. 29 s.

841 HEINI/PORTMANN/SEEMANN, n° 269 p. 86.

842 ATF 129 III 445, Lazutina & Danilova, consid. 4.2.2.2; ATF 119 II 271, JdT 1994 I 384 (rés.), = SJ 1993 621, Gundel, consid. 3b.

843 ATF 129 III 445, Lazutina & Danilova, consid. 3.3.4; ATF 119 II 271, JdT 1994 I 384 (rés.), = SJ 1993 621, Gundel, consid. 3c. Sur les critères indépendance et d'impartialité, cf. également les arrêts résumés et commentés *in:* BONDALLAZ, p. 64 ss.

844 ZEN-RUFFINEN, Droit du sport, n° 1386 p. 486.

845 BADDELEY, L'association sportive, p. 244.

846 *Id.*, p. 245. Il est intéressant de relever à ce sujet la pratique de la FIFA, qui ne motive plus certaines de ses decisions, sauf demande expresse en ce sens.

847 RIEMER, BKomm, Art. 70, n° 217 et 221 p. 688 s.; ZEN-RUFFINEN, Droit du sport, n° 322 p. 109.

848 REEB, Rec. I, p. XXI s.

2.4.3.3 Les limites d'ordre matériel

2.4.3.3.1 Les limites statutaires

Dans le cadre des droits de protection des sociétaires (cf. pts. 2.3.3.3), nous avons traité du droit d'attaquer en justice les décisions illégales ou contraires aux statuts. Nous savons que les statuts définissent le but de l'association tant au sens strict qu'au sens large, ainsi que son organisation interne. Nous avons vu également que les règlements édictés par l'association pouvaient être assimilés aux statuts lorsque «ces textes [en] sont les prolongements[849]». Par analogie avec le principe de la légalité, tant les statuts que les règlements définissent ce que l'association peut faire et, a contrario, ce qu'elle ne peut pas faire en matière de décisions sociales. «[U]ne décision [sociale] est contraire aux statuts lorsqu'elle n'est pas compatible avec le texte ou l'esprit d'une disposition statutaire»[850]. La même remarque vaut aussi pour les autres règles émises par l'association. Par exemple, une fédération ne peut assortir du sursis une suspension alors qu'elle ne connaît pas cette institution[851].

2.4.3.3.2 Les limites légales, en particulier celles imposées par l'art. 75 CC

Le canal par lequel le droit étatique s'immisce dans le droit privé associatif ayant déjà fait l'objet d'une analyse dans le cadre des droits de protection des sociétaires (cf. pt. 2.3.3.3.3), nous n'y reviendrons pas en détails. Il convient toutefois de rappeler que les décisions qui contreviennent à des dispositions légales peuvent effectivement être attaquées par la voie de l'art. 75 CC. Ce sont notamment les décisions qui violent les art. 52 ss CC, ainsi que les dispositions qui régissent spécialement l'association (art. 60 ss CC)[852]. Par conséquent, il s'agit aussi bien de règles impératives que de règles de droit dispositif. Il faut ajouter à cette liste les dispositions du droit des sociétés qui sont, par analogie, applicables à l'association[853]. Par ailleurs, il est important de relever qu'une violation des art. 20 CO et 27 ss

849 Perrin/Chappuis, p. 171.

850 *Ibid.*

851 Sentence TAS 2006 du 10 janvier 2006, Hondo c. AMA & UCI, Swiss Olympic et Swiss Cycling § 159 ss.

852 Heini/Scherrer, Art. 75 n° 15 p. 487; Perrin/Chappuis, p. 171.

853 Heini/Portmann, n° 279 p. 129; Madörin, p. 70; Oswald, Recueil, p. 241; Perrin/Chappuis, p. 171; Scherrer/Greter, p. 21.

CC peut toujours faire l'objet d'une action en justice, indépendamment de la voie et du délai prévus par l'art. 75 CC[854].

Nous avons vu que l'Etat ne contrôlait pas automatiquement ou systématiquement les normes associatives (cf. pt. 1.2.2.2). Celles-ci existent dès leur adoption, indépendamment de leur régularité et de leur conformité au droit étatique. Il s'agit en fait d'une apparence de validité. Cette validité se confirme si le délai d'action en annulation n'est pas utilisé et elle subsiste tant et aussi longtemps qu'une autorité compétente n'a pas été amenée à reconnaître une nullité. On distingue deux types de contrôle des normes associatives. La justice peut, tout d'abord, être amenée à procéder à un contrôle abstrait par application de l'art. 75 CC, au moment de l'adoption de la norme, pour autant qu'cllc soit saisie. Elle peut aussi effectuer un contrôle concret lors d'un cas d'application[855]. En pratique, ce type de contrôle est plus fréquent. Il arrive même que certains règlements soient appliqués pendant longtemps avant que l'on ne constate qu'ils sont contraires à certains droits fondamentaux des sociétaires, donc nuls. Sur le plan suisse, on peut citer, à titre d'exemple, l'arrêt Perroud, qui a obligé l'ASF à modifier ses règlements en matière de transferts[856]. Sur le plan européen, l'arrêt Bosman est, bien sûr, le plus connu de la Cour de justice des communautés européennes (CJCE, devenue la Cour de justice de l'Union européenne, CJUE, suite à l'entrée en vigueur du Traité de Lisbonne)[857]. Tout comme l'arrêt Perroud pour l'ASF, cette décision de la CJCE a obligé tant l'UEFA que la FIFA à revoir leurs règlements respectifs sur les transferts.

854 Heini, p. 56; Perrin/Chappuis, p. 171.

855 Dans le cas d'un contrôle concret après l'échéance du délai d'un mois prévu à l'art. 75 CC, le juge doit trancher entre nullité et annulabilité. Dans le premier cas, il peut «casser» la décision, alors que dans le second cas, celle-ci subsiste malgré le vice dont elle souffre. Pour plus de détails, cf. le chapitre consacré à l'art. 75 CC dans le cadre des droits de protection des sociétaires (pt. 2.3.3.3.3.6).

856 ATF 102 II 211, JdT 1977 I 126 (rés.), = SJ 1977 449, Perroud, consid. 5 ss. Sur le même ce sujet, cf. également l'arrêt de la Cour civile du Tribunal cantonal vaudois du 26 février 1981, puis du Tribunal fédéral du 25 mai 1981, résumés et commentés *in:* Bondallaz, p. 81 s.

857 CJCE, arrêt Bosman du 15 décembre 1995, aff. C-415/93, Rec. 1995, p. I-5040 ss.

Dans plusieurs cas, la jurisprudence du Tribunal fédéral a posé une limite quant au pouvoir de cognition des juges[858]. Celle-ci a pour conséquence que certaines règles associatives échappent à un contrôle judiciaire externe[859]. Il s'agit des «règles de jeu», par opposition aux «règles de droit», dont nous avons déjà fait état plus haut (cf. pts. 2.4.2 ss)[860].

2.4.3.3.3 Les limites du droit supranational, particulièrement du droit européen

Il n'existait pas, dans la version initiale du Traité de Rome (Traité instituant la Communauté économique européenne du 25 mars 1957, Traité CEE), de dispositions régissant directement le sport[861]. Il a fallu attendre la fin des années 1990 pour entrevoir les prémisses d'un développement législatif en la matière, qui a trouvé son aboutissement dans l'entrée en vigueur, fin 2009, d'une disposition consacrant expressément la spécificité du sport[862]. Le fait que des règles associatives privées, pour la plupart de nature internationale, le réglementaient de manière plutôt consensuelle explique sans doute cette passivité relative. Ces règles garantissaient au sport une large

858 ATF 129 III 445, Lazutina & Danilova, consid. 2.1 [non reproduit mais qui peut être trouvé à la référence suivante: arrêt du TF 4P.267/2002 du 27 mai 2003]; ATF 119 II 271, JdT 1994 I 384 (rés.), = SJ 1993 621, Gundel, consid. 3b (résumé *in:* BONDALLAZ, p. 29 s.); ATF 118 II 12, Kindle, JdT 1995 I 547 (rés.), consid. 2 (résumé et commenté *in:* BONDALLAZ, p. 21 ss).

859 BADDELEY, L'association sportive, p. 352 ss; HEINI/PORTMANN/SEEMANN, n° 242 ss p. 78 ss; JAQUIER, p. 1 ss; PERRIN/CHAPPUIS, p. 172; RIGOZZI, L'arbitrage, n° 518 p. 271; ZEN-RUFFINEN, Droit du sport, p. 477 ss.

860 BAUMANN, Personenrecht des ZGB, p. 60 s.; HEINI/PORTMANN, n° 291 ss p. 134 ss.

861 Traité de Rome, *in:* site du droit de l'Union européenne (eur-lex.europa.eu): http://eur-lex.europa.eu/fr/treaties/dat/11957E/tif/11957E.html (31.05.2010). Comme nous le verrons au cours de notre exposé, ce traité a été modifié à de nombreuses reprises par la suite (par l'Acte unique européen, signé en 1986 au Luxembourg; par le Traité de Maastricht du 7 février 1992, instituant une «Communauté européenne»; par le Traité d'Amsterdam du 2 octobre 1997; par le Traité de Nice du 26 février 2001; par le Traité de Rome de 2004, également appelé «Traité établissant une Constitution pour l'Europe», signé le 29 octobre 2004 par les dirigeants de l'UE, mais qui n'a toutefois jamais été ratifié; par le Traité de Lisbonne du 13 décembre 2007). Pour les différentes versions de ce traité, cf. site de l'Union européenne (www.europa.eu): http://europa.eu/abc/treaties/index_fr.htm (31.05.2010).

862 Cf. art. 165 Traité sur le fonctionnement de l'Union européenne (TFUE), *in:* site du droit de l'Union européenne (eur-lex.europa.eu): http://eur-lex.europa.eu/LexUriServ/LexUriServ.do?uri=OJ:C:2008:115:0047:0199:FR:PDF (31.05.2010).

autonomie que les autorités sportives se sont toujours attachées à défendre, en affirmant leur indépendance à l'égard des institutions étatiques[863].

Ce manque d'intérêt n'a toutefois pas empêché les instances chargées de la mise en œuvre du droit européen de connaître de quelques litiges relatifs aux règles du sport et de se prononcer sur leur compatibilité avec le droit européen. On peut citer, en premier lieu, les litiges relatifs à la libre circulation des personnes (transferts, clauses de nationalité, etc.). On peut également penser, dans une moindre mesure, aux conflits relatifs à la sélection des athlètes, au dopage, à la billetterie, aux droits de retransmission TV, à la profession d'agent de joueur, à l'organisation territoriale du sport, au contrôle de la régularité des compétitions, aux ententes interdites par les règles du droit de la concurrence, à l'abus de position dominante, aux contrats (sponsoring, licence, etc.), ou encore aux subventions étatiques.

2.4.3.3.3.1 L'évolution des rapports entre le monde du sport et l'Union européenne (UE)

L'évolution des rapports entre le monde du sport et l'UE s'est opérée principalement en deux phases[864], une première où les institutions européennes ont confirmé la primauté du droit communautaire sur le sport et une deuxième où elles ont engagé un dialogue avec les organisations de sport.

2.4.3.3.3.1.1 La première phase

La première phase a consisté en une intervention des institutions de l'Union (Conseil européen, Conseil de l'UE, Parlement Européen, Commission européenne, Comité des régions) contre la volonté d'indépendance et d'autonomie totale du monde du sport. Dans ce contexte, la CJCE a confirmé la primauté du droit communautaire sur le droit sportif, notamment dans les arrêts Walrave[865], Donà[866] et Bosman[867]. Comme nous allons le voir par la suite (cf. pt. 2.4.3.3.3.2.3 s), l'arrêt Bosman en a représenté le point culminant. Il a révolutionné les rapports entre l'UE et le sport et

863 Van den Bogaert, The Court, p. 554; Zen-Ruffinen, Droit du sport, n° 832 p. 281.

864 Kaddous, p. 151. Pour plus de détails sur la place du sport dans l'UE, cf. Dubey, La libre circulation, p. 37 ss.

865 CJCE, arrêt Walrave du 12 décembre 1974, aff. 36/74, Rec. 1974, p. 1405 ss, N 15 ss.

866 CJCE, arrêt Donà du 14 juillet 1976, aff. 13/76, Rec. 1976, p. 1333 ss, N 17 s.

867 CJCE, arrêt Bosman du 15 décembre 1995, aff. C-415/93, Rec. 1995, p. I-5040 ss, N 92 ss.

provoqué un affrontement entre les autorités sportives et les institutions communautaires[868]. La CJCE a, à cette occasion, démontré sa capacité de pression sur les différentes institutions de l'Union.

L'arrêt Walrave, inaugurant la jurisprudence de la CJCE relative à l'applicabilité du droit communautaire au domaine du sport, est, en revanche, passé relativement inaperçu dans les milieux concernés. Ce jugement concernait deux ressortissants néerlandais, MM. Walrave et Koch. Ceux-ci participaient comme entraîneurs, moyennant rémunération, à des courses cyclistes de demi-fond (dites aussi de *stayers*). Lors de ces courses, chaque cycliste pédale dans le sillage d'une moto pilotée par son entraîneur[869].

Ce n'est qu'à partir de 1973, date des Championnats du Monde de Madrid, que des problèmes de compatibilité entre le droit communautaire et les règlements de l'Union cycliste internationale (UCI) sont apparus. En effet, ceux-ci imposaient, pour la première fois, que l'entraîneur et le cycliste soient de la même nationalité. MM. Walrave et Koch, des entraîneurs réputés qui travaillaient avec de nombreux coureurs provenant de différents pays, ont attaqué cette disposition devant le Tribunal d'Utrecht. Ils estimaient que la règle de l'UCI constituait une discrimination fondée sur la nationalité incompatible avec le droit communautaire. Elle empêchait un entraîneur d'un Etat membre de prêter ses services à un coureur d'un autre Etat membre[870].

Le tribunal néerlandais a saisi la CJCE de plusieurs questions préjudicielles relatives aux art. 7 (non-discrimination), 48 (travail) et 59 (services) de l'ancien Traité instituant la Communauté européenne (Traité CE; actuels articles 18, 45 et 56 Traité sur le fonctionnement de l'Union européenne, TFUE)[871], étant donné que, dans ce cas, de nombreux problèmes d'interprétation du droit communautaire se posaient.

Dans son jugement, la Cour a examiné, en premier lieu, si le sport relevait du droit communautaire[872]. Elle a conclu que c'était le cas, à condition que celui-ci constitue l'exercice d'une activité rémunérée au sens de

868 Barani, p. 6 s.

869 Dubey, La libre circulation, p. 89.

870 *Ibid.*

871 Précisons encore que les ouvrages de doctrine qui suivent, de même que quelques arrêts, se réfèrent parfois aux anciens art. 12, 39 et 49 Traité CE (numérotation en vigueur sous l'empire des Traités d'Amsterdam et de Nice).

872 Zen-Ruffinen, Droit du sport, n° 867 p. 294.

l'art. 2 de l'ancien Traité CE[873]. Cela signifie que le droit communautaire ne s'applique qu'aux sportifs professionnels et que le sport amateur et de masse échappe à son champ d'application[874]. Précisons encore que, pour qualifier une activité sportive d'«économique», on se référait à son caractère rémunéré, et non à sa qualification de travail ou de service au sens des art. 48 et 59 ss de l'ancien Traité CE[875].

Le TFUE n'a pas repris textuellement l'art. 2 de l'ancien Traité CE. Le Traité se réfère désormais expressément à divers domaines d'activité spécifiques, parmi lesquels figurent notamment «l'éducation, la formation professionnelle, la jeunesse et le sport» (art. 6 let. e). La jurisprudence développée antérieurement (notamment dans l'arrêt Bosman) reste néanmoins valable et continue de détermincr cc qui constitue une activité économique[876].

La CJCE a rappelé que les art. 48 et 59 ss de l'ancien Traité CE (devenus 45 et 56 ss TFUE) avaient pour but de mettre en œuvre la règle générale de non-discrimination prévue à l'art. 7 de l'ancien Traité CE (art. 18 TFUE) et interdisaient toute discrimination fondée sur la nationalité dans l'exercice des activités qu'ils exerçaient[877], sportives et professionnelles en l'occurrence. La CJCE a toutefois admis une exception à l'interdiction de toute discrimination: la composition d'équipes sportives, en particulier sous forme d'équipes nationales[878]. Elle a considéré que la formation de ces équipes constituait une question intéressant uniquement le sport, étrangère, en tant que telle, à l'activité économique[879]. Elle a toutefois relevé que cette restriction du champ d'application devait rester limitée à son objet propre[880].

En second lieu, la Cour a déterminé que le droit communautaire pouvait aussi s'appliquer à des règlements d'associations de sport privées. En effet, selon la Cour, le droit communautaire s'impose non seulement aux institutions communautaires et aux autorités publiques des Etats membres, mais également aux personnes morales, voire aux personnes

873 CJCE, arrêt Walrave du 12 décembre 1974, aff. 36/74, Rec. 1974, p. 1405 ss, N. 4.
874 Zen-Ruffinen, Droit du sport, n° 867 p. 294.
875 *Id.*, p. 295.
876 CJUE, arrêt Olympique lyonnais du 16 mars 2010, aff. C-325/08, N. 27.
877 CJCE, arrêt Walrave du 12 décembre 1974, aff. 36/74, Rec. 1974, p. 1405 ss, N. 5 ss.
878 Dubey, La libre circulation, p. 90 et 456 ss; Gatsi, p. 100; Van den Bogaert, Mobility, p. 321 ss.
879 CJCE, arrêt Walrave du 12 décembre 1974, aff. 36/74, Rec. 1974, p. 1405 ss, N. 8.
880 *Id.*, N. 9.

physiques de droit privé[881]. La Cour a affirmé que la prohibition des discriminations s'étendait aux règlementations de droit privé visant à régler, de façon collective, le travail salarié et les prestations de services[882]. En effet, le principe de la libre circulation des personnes et des services serait compromis si des obstacles résultant de l'exercice de l'autonomie juridique d'associations ou d'organismes ne relevant pas du droit public pouvaient neutraliser l'abolition des barrières d'origine étatique[883]. Des dispositions des fédérations nationales ou internationales relatives au statut du sportif, comme les clauses de nationalité, les règles de transfert, ou encore les quotas de sélection peuvent constituer de tels obstacles[884].

Par conséquent, il découle de l'arrêt Walrave, ainsi que du nouvel article 6 TFUE, que la réglementation des fédérations sportives doit être conforme au droit communautaire[885].

2.4.3.3.3.1.2 La deuxième phase

La deuxième phase a débuté en 1997. Dès ce moment-là, l'attitude générale des politiciens à l'égard du sport a changé. La concertation, avec les structures nationales et internationales du monde du sport, a remplacé la confrontation. On a enfin accordé au sport le statut d'activité dotée d'une finalité propre, digne de protection et ayant sa place dans les initiatives et la politique de l'Union[886]. Cette deuxième phase s'est concrétisée par l'adoption d'une Déclaration relative au sport annexée au Traité d'Amsterdam, puis dans le lancement d'un débat sur la spécificité du sport[887]. De plus, la Déclaration du Conseil européen de décembre 2000 («Déclaration de Nice»)[888] a reconnu la «spécificité» des activités sportives[889].

881 Zen-Ruffinen, Droit du sport, n° 865 p. 294.

882 CJCE, arrêt Walrave du 12 décembre 1974, aff. 36/74, Rec. 1974, p. 1405 ss, N. 17.

883 *Id.*, N. 18.

884 Zen-Ruffinen, Droit du sport, n° 866 p. 294.

885 Dubey, La libre circulation, p. 201 ss; Van den Bogaert, Mobility, p. 23 ss.

886 Barani, p. 7.

887 Zen-Ruffinen, Droit du sport, n° 837 p. 283.

888 Déclaration de Nice, *in:* site de l'Union européenne (www.europa.eu): http://www.consilium.europa.eu/ueDocs/cms_Data/docs/pressData/fr/ec/00400-r1.%20ann.f0.htm (31.05.2010).

889 Pour plus de détails, cf. Le Livre Blanc sur le sport, p. 14 s, *in:* site du droit de l'Union européenne (eur-lex.europa.eu): http://eur-lex.europa.eu/LexUriServ/LexUriServ.do?uri=COM:2007:0391:FIN:FR:PDF et L'union européenne et le sport: historique et contexte. Document accompagnant le Livre Blanc sur le sport, p. 106,

Bien qu'elle n'ait qu'une valeur politique, cette déclaration a constitué un premier pas vers la reconnaissance d'une véritable «exception sportive», permettant au sport d'échapper à certaines règles communautaires[890], en particulier dans le domaine de la concurrence[891]. Ces deux textes ont permis de mieux définir les rapports entre le monde du sport et les institutions de l'Union. Par ailleurs, le projet de Constitution européenne (Traité établissant une Constitution pour l'Europe du 24 octobre 2004), qui n'a pas abouti, contenait également un article (art. III-282) consacré au sport. Celui-ci disposait, en particulier, à son chiffre 1, que «[l]'Union contribue à la promotion des enjeux européens du sport, tout en tenant compte de ses spécificités, de ses structures fondées sur le volontariat ainsi que de sa fonction sociale et éducative». Le Traité de Lisbonne du 13 décembre 2007, modifiant le Traité sur l'Union européenne (Traité UE) et le Traité instituant la Communauté européenne (Traité CE, désormais nommé «Traité sur le fonctionnement de l'Union européenne», TFUE)[892], entré en vigueur le 1er décembre 2009, et qui remplace le projet de Constitution européenne suite à son refus par plusieurs Etats membres, a repris tel quel cet article (actuel art. 165 TFUE). Cette disposition a fait beaucoup parler d'elle car elle consacre une «spécificité» du sport, sans toutefois que cette notion soit clairement définie[893].

Durant cette période, la Cour a également rendu plusieurs arrêts importants qui seront, pour certains, traités dans les chapitres suivants.

2.4.3.3.3.2 Les limites imposées par le droit européen

2.4.3.3.3.2.1 Le principe de la territorialité dans l'organisation du sport

Le sport est essentiellement organisé sur une base territoriale[894]. Nous étudierons ce principe plus en détail dans le chapitre consacré aux fédérations (cf. pt. 3 ss). Ce territoire correspond presque toujours aux délimitations

---

in: site de la Commission européenne (ec.europa.eu): http://ec.europa.eu/sport/white-paper/doc/doc163_fr.pdf (31.05.2010).

890 Dubey, La libre circulation, p. 436 ss.

891 Zen-Ruffinen, Droit du sport, n° 837 p. 283.

892 Traité de Lisbonne, *in:* site du droit de l'Union européenne (eur-lex.europa.eu): http://eur-lex.europa.eu/JOHtml.do?uri=OJ:C:2007:306:SOM:FR:HTML et versions consolidées des traités en résultant: http://eur-lex.europa.eu/JOHtml.do?uri=OJ:C:2008:115:SOM:FR:HTML (31.05.2010).

893 Pour plus de détails sur ce sujet, cf. Rangeon, p. 302 ss.

894 Rigozzi, L'arbitrage, n° 59 ss p. 34 ss; Will, Les structures, p. 24 ss.

étatiques. Cela signifie, par exemple, que les clubs affiliés à une fédération doivent avoir leur siège juridique et disputer leurs compétitions à domicile, sur le territoire que celle-ci régit. A la suite de diverses tentatives de délocalisation de clubs[895], l'UEFA a adopté une règle pour lutte contre cette tendance[896]. Certains clubs ont mis en cause la conformité de cette réglementation (plus précisément des règles nationales transposant ou appliquant cette règle[897]) avec le droit européen, en particulier avec la libre circulation des personnes. Malgré l'ouverture des frontières, le sport a besoin d'une structure nationale pour permettre sa pratique, son développement et l'éclosion de talents. L'UE a donc admis qu'une telle structure répondait à un besoin et était proportionnée. Sur cette base, l'UEFA a exigé que le club de football belge de l'Excelsior de Mouscron joue un match de Coupe d'Europe sur son petit stade plutôt qu'à Dunkerque, et la Commission a validé cette décision[898].

895 Cf. p. ex. le cas du Wimbledon FC, club anglais, qui désirait s'installer à Dublin tout en continuant de participer au championnat de la Premier League et du club écossais de Clydebank, lui aussi désireux de s'installer en Irlande, tout en restant dans le championnat écossais [aff. IV/37.028, Clydebank Football Club Limited (Clydebank)/The Football Association of Ireland (FAI)]. Pour plus de détails, cf. RATLIFF, p. 5 s.

896 Art. 24 al. 1 Règlement de l'UEFA sur l'octroi de licence aux clubs du 26 septembre 2008 (édition 2008), *in:* site de l'Union des associations européennes de football (www.uefa.com): http://fr.uefa.com/multimediafiles/download/regulations/uefa/others/77/40/17/774017_download.pdf (31.05.2010). Aux termes de cet article, «[l]e candidat à la licence doit disposer d'un stade permettant de disputer des matches de compétitions interclubs de l'UEFA. Ce stade doit être situé sur le territoire de l'association nationale et approuvé par cette dernière».

897 Le fait que l'UEFA ait son siège en Suisse, soit en dehors de l'UE, était donc sans incidence. Concernant le siège de l'UEFA, cf. art. 1 al. 2 Statuts UEFA. Cf. également site du registre du commerce du canton de Vaud (www.zefix.ch/info/fre/VD550.htm): http://www.rc2.vd.ch/registres/hrcintapp-pub/externalCompanyReport.action?companyOfrcId13=CH-550-1017474-1&ofrcLanguage=2 (31.05.2010).

898 Communiqué de presse de la Commission européenne du 9 décembre 1999 (IP/99/965), *in:* site de l'Union européenne (www.europa.eu): http://europa.eu/rapid/searchAction.do;jsessionid=TnS7Mr2Sx8yGC2dtYW23gkDfzPTGmLNt7B1zvnHpKLfbf5fyrrYH!-448069457 (31.05.2010). Pour plus de détails, cf. l'article suivant: La Commission émet un signal clair quant aux limites de l'application des règles de concurrence du Traité au secteur du sport, *in:* site de l'Union européenne (www.europa.eu): http://europa.eu/rapid/pressReleasesAction.do?reference=IP/99/965&format=HTML&aged=1&language=FR&guiLanguage=en (31.05.2010).

2.4.3.3.3.2.2 Le contrôle de la régularité des compétitions

Aujourd'hui, le contrôle de la régularité des compétitions occupe une place toujours plus grande, notamment en raison des importantes sommes d'argent en jeu. Il peut prendre quatre formes.

La première a trait à l'interdiction de la multipropriété des clubs. En football, dans la plupart des pays, les clubs de l'élite ont l'obligation de se constituer en la forme de sociétés anonymes. Il s'agit d'une obligation que les fédérations nationales[899] ou la législation prescrivent. Cette forme juridique impose, notamment, une certaine rigueur comptable et permet de vendre un club en cédant l'ensemble de ses actions. Par conséquent, il se peut qu'une personne devienne propriétaire d'un ou de plusieurs clubs. Cette situation pose immédiatement problème si ces entités ont leur siège dans le même pays et sont membres de la même ligue sportive[900]. Il y a risque d'atteinte à la régularité des compétitions puisqu'on ne peut pas exclure qu'une équipe reçoive des instructions quant à l'issue d'un match ou au nombre de buts à marquer. Une telle situation ne se présente d'ailleurs pas que dans les championnats nationaux. Les compétitions internationales de clubs sont aussi touchées, d'autant plus que l'argent en jeu y est encore plus important. A titre d'exemple, on peut mentionner le cas du groupe britannique ENIC plc. qui, en 1997, détenait majoritairement le capital de trois clubs, l'AEK Athens, le SK Slavia Prague et le Vicenza Calcio, en plus de participations minoritaires dans le FC Bâle et le Glasgow Rangers FC. Lors de la saison 1997/98, les trois premiers clubs nommés ont participé à la Coupe de l'UEFA et ont atteint les quarts de finale. L'UEFA, confrontée à une situation où trois des huit quarts de finalistes appartenaient au même propriétaire, a décidé de légiférer en la matière pour interdire la multipropriété. ENIC plc. a réagi en attaquant ce règlement devant le TAS[901]. Ce dernier a interprété la réglementation de l'UEFA en matière de multipropriété à la lumière du droit européen et a débouté le groupe ENIC plc[902].

La deuxième forme du contrôle de la régularité des compétitions porte sur l'interdiction, pour les chaînes TV, de détenir la propriété d'un club. En 1998, Rupert Murdoch, magnat de la presse écrite et télévisuelle, a lancé une offre publique d'achat (OPA) contre le club de football de Manchester

899 P. ex., art. 10 let. b ch. 1 SFL.

900 Pour une étude de la situation en Allemagne, cf. Weiler, p. 133 ss.

901 Sentence CAS 98/200 du 20 août 2000, AEK Athens and SK Slavia Prague/Union of European Football Associations (UEFA), *in:* Reeb, Rec. II, p. 38 ss.

902 Pour plus de détails sur ce cas, cf. Neven, p. 103 ss.

United dont il était, jusqu'alors, actionnaire minoritaire. Il faut savoir que Murdoch était, en même temps, propriétaire de la chaîne TV britannique BSkyB, titulaire des droits de retransmission exclusifs pour la Premier League, le rugby à XIII et XV et les matches les plus importants de cricket. Face à cette possible concentration des pouvoirs, susceptible de constituer une violation du droit de la concurrence, la Football Association (FA, Fédération anglaise de football) n'a pas réagi. En revanche, le gouvernement britannique a mis son veto à cette OPA, au motif que «l'opération aurait donné à Rupert Murdoch, propriétaire de BSkyB, un avantage disproportionné dans les futures négociations des droits du championnat anglais»[903].

La troisième forme de vérification de la régularité des compétitions porte sur le contrôle de la santé économique des clubs[904]. En pratique, celui-ci prend la forme d'une licence. Juridiquement, «[l]a licence est l'autorisation donnée [par une fédération] à un club de participer à une compétition déterminée»[905]. Généralement, elle n'est délivrée que pour un exercice sportif (saison), ce qui permet un contrôle régulier[906]. Le but de la licence est d'éviter la disparition d'un club en cours de saison[907]. En effet, si cela vient à se produire, la bonne marche des championnats s'en trouve affectée. D'une part, «[l]a diminution du nombre de matches que la disparition d'un club entraîne peut se répercuter sur les contrats de TV et de sponsoring conclus par l'organisateur [souvent la fédération]»[908]. D'autre part, la disparition d'un club peut engendrer un «effet boule de neige», puisque les autres membres de la ligue risquent de souffrir d'un manque à gagner (le championnat se terminera plus tôt et ils joueront de ce fait moins de matches à domicile, ce qui aura une influence négative sur les entrées d'argent). Ainsi, c'est l'existence même du championnat qui, à terme, peut être remise en question si les effets de la disparition d'un club viennent à toucher durement les autres. En plus de viser à protéger la compétition, cette vérification tend aussi à protéger tous les tiers qui traitent avec les clubs de football, afin qu'ils aient face à eux un partenaire solvable. On admet donc que les fédérations ou les ligues ont un intérêt légitime à effectuer de tels contrôles.

903 Site officiel des supporters de Manchester United, French Branch, (www.manutd-france.com): http://www.manutd-france.com/businesshistory5.htm (31.05.2010).

904 Dutoit, n° 8.

905 Zen-Ruffinen, Droit du sport, n° 127 p. 51.

906 *Ibid.*

907 Dutoit, n° 10.

908 Zen-Ruffinen, Droit du sport, n° 123 p. 50.

La quatrième forme consiste dans l'interdiction des conflits d'intérêts en matière de paris sportifs, consacrée, entre autres, dans l'arrêt Liga Portuguesa[909]. A ce sujet, la Cour a considéré que l'art. 56 TFUE (à l'époque, art. 49 ancien Traité CE) ne s'opposait pas à la réglementation d'un Etat membre interdisant à des opérateurs, établis dans d'autres Etats membres, de proposer des jeux de hasard sur internet sur le territoire dudit Etat. Elle a notamment relevé qu'on ne saurait exclure

> la possibilité qu'un opérateur qui parraine certaines compétitions sportives sur lesquelles il prend des paris ainsi que certaines des équipes participant à ces compétitions se trouve dans une situation qui lui permette d'influencer directement ou indirectement le résultat de celles-ci et ainsi d'augmenter ses profits[910].

2.4.3.3.3.2.3 Les normes relatives aux transferts

Comme nous l'avons vu (pt. 2.4.3.3.3.1), les premiers arrêts relatifs au sport rendus par la CJCE datent de 1974 (Walrave) et 1976 (Donà). Il faudra ensuite attendre 1995 pour que la CJCE ait de nouveau à traiter de sport avec l'affaire Bosman, du 15 décembre 1995. L'affirmation claire de la suprématie du droit communautaire sur les normes sportives, dans un sujet aussi sensible et médiatique que les transferts en football, a connu un grand retentissement. Celui-ci a dépassé l'écho des arrêts les plus marquants rendus par la Cour[911]. Précisons encore que si l'arrêt Bosman est emblématique, il est aussi source d'incertitudes[912]. En effet, la CJCE ne s'étant prononcée que sur la libre circulation des travailleurs joueurs, cet arrêt a ouvert la voie à d'autres questions sur la compatibilité de certaines normes sportives avec le droit communautaire[913].

Selon l'ancien règlement de la FIFA (Règlement relatif au Statut et au Transfert des Joueurs), le versement d'une somme de transfert du nouveau club à l'ancien était prévu lorsqu'un joueur professionnel changeait de club[914]. Si les deux clubs n'arrivaient pas à s'entendre, le litige était

909 CJUE, arrêt Liga Portuguesa du 8 septembre 2009, aff. C-42/07.
910 CJUE, sommaire de l'arrêt Liga Portuguesa du 8 septembre 2009, aff. C-42/07, pt. 2.
911 ZEN-RUFFINEN, Droit du sport, n° 878 p. 299.
912 Dans le même sens mais en lien avec l'arrêt Deliège (CJCE, arrêt Deliège du 11 avril 2000, aff. C-51/96 et C-191/97, Rec. 2000, p. I-2549 ss), cf. VAN DEN BOGAERT, The Court, p. 554.
913 ZEN-RUFFINEN, Droit du sport, n° 878 p. 299.
914 Le Règlement de la FIFA relatif au Statut et au Transfert des joueurs prévoit un mécanisme de solidarité entre les clubs. Celui-ci prend la forme d'indemnités de for-

soumis, pour la zone Europe, à l'UEFA, qui elle-même avait adopté un règlement sur la fixation des indemnités de transfert[915].

L'art. 45 TFUE, garantit «la libre circulation des travailleurs [...] à l'intérieur de la Communauté». Il implique également «l'abolition de toute discrimination, fondée sur la nationalité, entre les travailleurs des Etats membres, en ce qui concerne l'emploi, la rémunération et les autres conditions de travail». Cet article s'oppose à toutes les discriminations directes fondées sur la nationalité mais aussi à toutes les autres formes dissimulées de discrimination susceptibles de gêner ou de rendre l'exercice de la libre circulation moins attrayant [916].

Selon la CJCE, la libre circulation des travailleurs constitue un des principes fondamentaux de la Communauté européenne[917]. Les dispositions du Traité CE y relatives visaient, en effet, à faciliter, pour les ressortissants communautaires, l'exercice d'activités professionnelles de toute nature sur le territoire de la Communauté[918]. Les mesures propres à défavoriser ces ressortissants lorsqu'ils souhaitent exercer une activité économique sur le territoire d'un Etat membre violent donc ces principes[919]. C'est le cas des règles relatives aux transferts[920]. Celles-ci sont, en effet, susceptibles de restreindre la libre circulation des joueurs qui souhaitent

---

mation versées, en cas de transfert, au club formateur jusqu'à la fin de la saison où le joueur atteint vingt-trois ans révolus. Le Règlement FIFA du Statut et du Transfert des Joueurs 2009 est disponible *in:* site de la Fédération internationale de football association (www.fifa.com): http://fr.fifa.com/mm/document/affederation/administration/66/98/97/statusandtransfer_fr_2505.pdf (31.05.2010). Cf. également DUBEY, La libre circulation, p. 300 ss et 531 ss; VAN DEN BOGAERT, Mobility, p. 174 ss et 223 ss; ZEN-RUFFINEN, Droit du sport, n° 882 p. 301.

915 ZEN-RUFFINEN, Droit du sport, n° 882 p. 301.

916 BIEBER/MAIANI, p. 166 s.; DUBEY, La libre circulation, p. 542.

917 CJCE, arrêt Bosman du 15 décembre 1995, aff. C-415/93, Rec. 1995, p. I-5040 ss, N. 93.

918 VAN DEN BOGAERT, Mobility, p. 185.

919 CJCE, arrêt Bosman du 15 décembre 1995, aff. C-415/93, Rec. 1995, p. I-5040 ss, N. 94 et les arrêts Stanton du 7 juillet 1988, aff. 143/87, Rec. 1988, p. 3890 ss, N. 13 et Singh du 7 juillet 1992, aff. C-370/90, Rec. 1982, p. I-4288 ss, N. 16.

920 DUBEY, La libre circulation, p. 272 ss et 543. Dans l'arrêt Bosman, la CJCE a défini l'entrave comme étant toute disposition «qui empêch[e] ou dissuad[e] un ressortissant d'un Etat membre de quitter son pays d'origine pour exercer son droit à la libre circulation» (CJCE, arrêt Bosman du 15 décembre 1995, aff. C-415/93, Rec. 1995, p. I-5040 ss, N. 96. La Cour se réfère ici à l'arrêt Masgio du 7 mars 1991, Rec. 1991, p. I-1134 ss, N. 18 s.).

exercer leur activité dans un autre Etat membre. Elles empêchent ceux-ci de quitter leur club, même après l'expiration de leur contrat de travail, puisque le nouveau club doit payer une indemnité de transfert à l'ancien[921].

Il en irait autrement si ces règles poursuivaient un objectif légitime compatible avec le Traité. Il faudrait, en particulier, qu'elles se justifient par des raisons impérieuses d'intérêt général. De plus, ces règles ne devraient pas aller au-delà de ce qui est nécessaire pour l'atteindre[922]. Les arguments invoqués pour justifier les règles de transfert touchaient[923]:

- l'importance de sauvegarder l'organisation du football mondial[924];
- la nécessité de payer aux clubs des indemnités compensatoires pour les dépenses consenties lors du recrutement et de la formation de leurs joueurs[925];
- le maintien d'un équilibre financier et sportif entre les clubs, ainsi que le soutien à la recherche de talents et à la formation des jeunes joueurs[926].

La Cour admet en soi la légitimité de tels objectifs, «[c]ompte tenu de l'importance sociale considérable que revêt l'activité sportive et, plus particulièrement, le football dans la Communauté [européenne]»[927]. Elle relève cependant deux éléments:

- d'une part, ces règles ne constituent pas un moyen adéquat pour maintenir l'équilibre financier et sportif dans le monde du football[928];
- d'autre part, il est impossible de prévoir avec certitude l'avenir sportif des jeunes joueurs et de connaître le nombre de joueurs qui pourront jouer au niveau professionnel. De ce fait, la perspective de percevoir de telles indemnités ne saurait constituer un élément déterminant pour encourager

921 CJCE, arrêt Bosman du 15 décembre 1995, aff. C-415/93, Rec. 1995, p. I-5040 ss, N. 100.

922 *Id.*, N. 104. Cf. également Van den Bogaert, Mobility, p. 187.

923 CJCE, arrêt Bosman du 15 décembre 1995, aff. C-415/93, Rec. 1995, p. I-5040 ss, N. 105.

924 Dubey, La libre circulation, p. 542 et 496 ss, qui précise qu'en principe, la liberté d'association protège les règles des fédérations internationales, mais que dans le cas d'espèce, la CJCE considère qu'elles sont contraires à l'ordre public. Dans le même sens: Van den Bogaert, Mobility, p. 188.

925 Dubey, La libre circulation, p. 563; Van den Bogaert, Mobility, p. 187 et 209 s.

926 Dubey, La libre circulation, p. 545 s. et 560 s.

927 CJCE, arrêt Bosman du 15 décembre 1995, aff. C-415/93, Rec. 1995, p. I-5040 ss, N. 106.

928 *Id.*, N. 107.

le recrutement et la formation des jeunes joueurs, ni un moyen adéquat pour financer ces activités, notamment dans le cadre des petits clubs[929]. En conclusion, la Cour note que d'autres moyens permettraient d'atteindre les mêmes objectifs de manière aussi efficace, sans entraver la libre circulation des travailleurs[930].

En résumé, l'art. 45 TFUE s'oppose aux «règles relatives aux transfert» et plus précisément aux indemnités de transfert, de formation ou de promotion qui rendent plus malaisé le passage d'un joueur d'un Etat membre à un autre Etat membre. On admet cependant que des indemnités de transfert puissent êtres exigées en pratique, dans la mesure où celles-ci sont en rapport avec les coûts de formation des joueurs en fin de contrat. La Commission chargée de faire appliquer l'arrêt Bosman, ainsi que la FIFA, sommée de modifier ses règles sur les transferts internationaux et de réglementer les indemnités de formation, sont d'accord sur ce point[931].

L'arrêt Bosman a eu pour effet d'augmenter considérablement le nombre des transferts et, du même coup, la mobilité des sportifs (à ce sujet, cf. également pt. 2.4.3.3.3.2.4). Il a aussi permis aux joueurs de bénéficier de salaires plus élevés et a fait «exploser» les indemnités compensatoires versées pour résiliations anticipées de contrats.

L'arrêt Lehtonen[932] traite de la limitation des périodes pendant lesquelles les joueurs peuvent être transférés. La CJCE a jugé, à ce propos, que ces limitations constituent aussi des entraves à la libre circulation des sportifs, mais qu'elles «se justifient par des motifs non économiques, intéressant uniquement le sport en tant que tel»[933]. En d'autres termes, les règles qui visent à protéger la régularité des compétitions sont admises, pour autant que des règles moins restrictives ne permettent pas d'atteindre cet objectif[934].

Plus récemment, la Cour a traité de la conformité avec le droit européen de la Charte française[935] qui prévoit que les «joueurs espoir» doivent

929 *Id.*, N. 109. Cf. également Van den Bogaert, Mobility, p. 187.

930 CJCE, arrêt Bosman du 15 décembre 1995, aff. C-415/93, Rec. 1995, p. I-5040 ss, N. 110.

931 Zen-Ruffinen, Droit du sport, n° 889 p. 304.

932 CJCE, arrêt Lehtonen du 13 avril 2000, aff. C-176/96, Rec. 2000, p. I-2714 ss.

933 *Id.*, N. 52.

934 *Id.*, N. 53 ss. Cf. également Dubey, Bosman, p. 50 ss; Dubey, La libre circulation, p. 597 s.

935 Charte du football professionnel (dans ses différentes versions), *in:* site de la Ligue de football professionnel (www.lfp.fr): http://www.lfp.fr/reglements/charteFootball Professionnel.asp?saison=2009/2010 (31.05.2010).

signer leur premier contrat professionnel avec le club qui les a formés[936]. La Cour a considéré une telle clause comme admissible. Elle a admis aussi qu'en cas de non respect, le club acquéreur du joueur doive verser une indemnité[937]. Elle a toutefois estimé que celle-ci devait se fonder sur le coût effectif de la formation du joueur, et non représenter une indemnité pour rupture de contrat sans relation avec ledit coût[938].

2.4.3.3.3.2.4 Les clauses de nationalité

De nombreuses associations nationales de football ont adopté des clauses de nationalité[939]. Celles-ci limitent la possibilité de recruter ou d'aligner en compétition des joueurs possédant un passeport étranger. En date du 1er juillet 1992, l'UEFA a adopté la règle dite du «3+2»[940]. A la suite de son entrée en vigueur, les différentes associations nationales ont, elles aussi, limité à trois le nombre de joueurs étrangers qu'un club pouvait aligner. A ceux-là s'ajoutaient deux joueurs ayant pratiqué dans le pays de l'association nationale en question pendant une période ininterrompue de cinq ans, dont trois ans dans le secteur junior[941]. Cette limitation, examinée également dans le cadre de l'arrêt Bosman, s'appliquait ainsi pour les matches de première division des championnats nationaux, mais aussi pour les matches de compétitions européennes organisées sous l'égide de l'UEFA[942].

Comme nous l'avons déjà mentionné précédemment (cf. pt. 2.4.3.3.3.2.3), l'art. 45 TFUE s'oppose à toute discrimination directe fondée sur la nationalité[943].

Les clauses de nationalités contenues dans les règlements des associations de sport sont particulièrement visées puisqu'elles limitent le droit des ressortissants d'autres Etats membres à participer, comme joueurs professionnels, à des rencontres de football. La Cour a dû examiner si ces clauses violaient l'art. 48 de l'ancien Traité CE (devenu art. 45 TFUE)[944].

936 CJUE, arrêt Olympique lyonnais du 16 mars 2010, aff. C-325/08, N. 18 ss et 27 ss.

937 *Id.*, N. 45.

938 *Id.*, N. 46 ss.

939 Pour une analyse détaillée des clauses de nationalité, cf. DUBEY, Bosman; DUBEY, La libre circulation et VAN DEN BOGAERT, Mobility

940 DUBEY, La libre circulation, p. 251 s.

941 *Ibid.*

942 CJCE, arrêt Bosman du 15 décembre 1995, aff. C-415/93, Rec. 1995, p. I-5040 ss, N. 27.

943 BIEBER/MAIANI, p. 166 s.; DUBEY, La libre circulation, p. 542.

944 CJCE, arrêt Bosman du 15 décembre 1995, aff. C-415/93, Rec. 1995, p. I-5040 ss, N. 119.

Elle a alors considéré que celles-ci ne touchaient pas directement l'emploi des joueurs, qui ne se trouve pas restreint, mais la possibilité pour les clubs de les aligner lors de matches officiels. Or, la participation à ces rencontres constitue l'objet essentiel de l'activité d'un joueur professionnel. Une règle qui limite cette participation restreint donc également les possibilités d'emploi du joueur concerné[945]. Après que la Cour avait établi l'existence de l'entrave à la libre circulation des travailleurs, il convenait encore de voir si celle-ci pouvait se justifier au regard de l'art. 45 TFUE[946].

Les justifications invoquées par les associations de sport portaient notamment sur[947]:

- le lien entre le club et le pays, nécessaire pour l'identification du public avec son équipe[948];
- la création d'une réserve de joueurs nationaux suffisante, permettant aux équipes nationales d'aligner des joueurs de haut niveau[949];
- le maintien de l'équilibre sportif (en empêchant les clubs les plus riches de s'attacher les services des meilleurs joueurs)[950].

La Cour a observé que ces clauses de nationalité s'appliquaient à la totalité des rencontres officielles entre clubs et donc à l'ensemble de l'activité exercée par les joueurs professionnels[951]. Elle a par conséquent jugé que l'art. 45 TFUE s'opposait à l'application de règles édictées par des associations de sport selon lesquelles, lors des matches de compétitions que ces dernières organisaient, les clubs de football ne pouvaient aligner qu'un nombre limité de joueurs professionnels d'autres Etats membres[952].

Précisons encore que la CJCE s'est bornée à examiner les règles en cause au regard de l'art. 48 de l'ancien Traité CE (art. 45 TFUE). Elle a considéré que celles-ci violaient cette disposition et a estimé qu'il n'y avait, dès lors, pas lieu de se prononcer sur l'interprétation des art. 85 et 86 de l'ancien Traité CE (art. 101 et 102 TFUE), relatifs aux accords entre entreprises incompatibles avec le marché intérieur et à l'abus de postion dominante[953].

945 *Id.*, N. 120.
946 *Id.*, N. 121.
947 *Id.*, N. 123 ss.
948 VAN DEN BOGAERT, Mobility, p. 331.
949 *Ibid.*
950 *Ibid.*
951 CJCE, arrêt Bosman du 15 décembre 1995, aff. C-415/93, Rec. 1995, p. I-5040 ss, N. 127 s.
952 *Id.*, N. 137.
953 *Id.*, N. 138.

L'arrêt Bosman a ainsi permis aux sportifs européens d'être considérés comme des travailleurs à part entière qui bénéficient d'une libre circulation totale dans l'ensemble de l'Union, selon l'actuel art. 45 TFUE.

L'art. 45 TFUE interdisant les «clauses de nationalités», les clubs de l'UE sont désormais libres d'aligner autant de joueurs communautaires qu'ils le souhaitent, sans êtres tenus de respecter un quota de joueurs nationaux. Ainsi, il n'est pas rare aujourd'hui de voir évoluer des équipes européennes avec très peu de (voire sans) joueurs nationaux. En décembre 1999, le club de Chelsea est entré dans l'histoire en remportant un match de championnat sans footballeur anglais[954]. En revanche, comme déjà indiqué (cf. pt. 2.4.3.3.3.1.1), cette liberté n'a pas cours pour la composition des équipes nationales[955].

Il convient également de relever qu'il y a quelques années, la Cour a étendu l'interdiction des discriminations fondées sur la nationalité aux ressortissants de certains pays tiers. On pense ici, en particulier, aux ressortissants d'Etats en voie d'adhésion à l'UE et à ceux qui bénéficient d'un accord de non-discrimination réciproque avec elle. Les arrêts Kolpak[956], Simutenkov[957] et Kahveci[958] illustrent cette évolution. En Suisse, les tribunaux ont déclaré à deux reprises que les clauses de nationalité touchant les ressortissants de l'UE étaient contraires aux accords bilatéraux[959].

Par souci d'exhaustivité, on soulignera encore que, dès la saison 2006-2007, l'UEFA a progressivement imposé, dans les compétitions de clubs (Ligue des champions et Coupe de l'UEFA, devenue l'Europa League), un nombre minimum de joueurs formés au sein du club dans la liste des vingt-cinq joueurs sélectionnables[960]. L'UEFA définit ainsi les joueurs for-

954 Ravarino, Ch. 1, section 1, par. 2, let. B.

955 Dubey, La libre circulation, p. 90 et 456 ss; Gatsi, p. 100; Van den Bogaert, Mobility, p. 321 ss.

956 CJCE, arrêt Kolpak du 8 mai 2003, aff. C-438/00, Rec. 2003, p. I-4153 ss. Pour un commentaire de cet arrêt, cf. p. ex. Dubey, Kolpak, p. 499 ss.

957 CJCE, arrêt Simutenkov du 12 avril 2005, aff. C-265/03, Rec. 2005, p. I-2596 ss.

958 CJCE, ordonnance Kahveci du 25 juillet 2008, aff. C-152/08, Rec. 2008 p. I-6294.

959 Arrêt du Gerichtskreis VIII Bern-Laupen, Gerichtspräsidentin 2, (Z 08 1049 SUD), CEP Cortaillod v. Swiss Athletics, du 13 juin 2008; arrêt du Appellationshofes des Kantons Bern, II. Zivilkammer (Entscheid Nr. S-0395/II/2003), Basel Magic v. Unihockey-Verband, du 15 novembre 2003.

960 Art. 18.08 Règlement de l'UEFA Champion's League du 23 mars 2010 (2010/2011), *in:* site de l'Union des associations européennes de football (www.uefa.com): http://fr.uefa.com/MultimediaFiles/Download/Regulations/competitions/Regulations/01/48/42/51/1484251_DOWNLOAD.pdf; art. 18.08 Règlement de l'UEFA Eu-

més localement comme des footballeurs qui, indépendamment de leur nationalité, ont effectué leur formation auprès de leur club ou d'un autre club de la même association nationale pendant au moins trois ans entre l'âge de quinze et vingt-et-un ans[961].

En Suisse, cette règle a été reprise à l'art. 6 du Règlement sur la qualification des joueurs de la Swiss Football League (SFL)[962]. L'art. 3 ch. 2 du Règlement de compétition de la SFL va dans le même sens:

> Les clubs de Super League peuvent aligner simultanément dans leur première équipe au maximum cinq joueurs étrangers (au sens de l'art. 51 al. 3 du Règlement de jeu de l'ASF[963]) lors d'un match. Le nombre de joueurs étrangers sur la carte de match n'est pas limité.
>
> Les clubs de Challenge League peuvent aligner simultanément dans leur première équipe au maximum trois joueurs étrangers (au sens de l'art. 51 al. 3 du Règlement de jeu de l'ASF) lors d'un match. Le nombre des joueurs non formés localement sur la carte de match est limité à sept[964].

Le Président de la FIFA, Sepp Blatter, souhaitait pour sa part introduire la règle du «6+5» (obligation pour les clubs d'aligner six joueurs nationaux dans leur onze de départ). Le 6 octobre 2008, devant les députés européens, il s'était d'ailleurs insurgé contre la perte de l'identité nationale, sans toutefois convaincre. Le Congrès de la FIFA du 5 juin 2009 aux Ba-

---

ropa League du 23 mars 2010 (2010/2011), *in:* site de l'Union des associations européennes de football (www.uefa.com): http://fr.uefa.com/MultimediaFiles/Download/Regulations/competitions/Regulations/01/48/48/92/1484892_DOWNLOAD.pdf (31.05.2010).

961 Art.18.09 ss Règlement de l'UEFA Champion's League 2010/2011; art. 18.09 ss Règlement de l'UEFA Europa League 2010/2011. Cette problématique est également évoquée *in:* site de Patrick Dorffer (www.dorffer-patrick.com): http://www.dorffer-patrick.over-blog.fr/article-32468258.html (31.05.2010).

962 Art. 6 Règlement sur la qualification des joueurs de la SFL de novembre 2009, *in:* site de la Swiss Football League (www.football.ch): http://www.football.ch/sfl/cm/Qualifikation_f%2011-09.pdf (31.05.2010).

963 Au sens de l'art. 51 Règlement de jeu ASF de janvier 2010 (édition 2010), les joueurs étrangers sont ceux qui n'ont ni la nationalité suisse, ni la nationalité liechtensteinoise, et qui n'ont pas été formés localement. Cf. Règlement de jeu ASF 2010, *in:* site de l'Association Suisse de Football (www.football.ch): http://www.football.ch/sfv/cm/WR%20F%20Edition%20janvier%202010.pdf (31.05.2010).

964 Art. 3 ch. 2 Règlement de compétition de la SFL de juin 2009, *in:* site de la Swiss Football League (www.football.ch): http://www.football.ch/sfl/cm/Spielbetrieb_f%20 06-09.pdf (31.05.2010).

hamas a également débattu de cette question. Il a décidé de ralentir la mise en œuvre de ce projet, dans l'attente de l'entrée en vigueur du Traité de Lisbonne, intervenue le 1er décembre 2009[965]. Le Congrès du 10 juin 2010 à Johannesbourg a même renoncé à ce concept[966].

En hockey sur glace, la Ligue nationale suisse (National League) prévoit elle aussi une limitation du nombre de joueurs étrangers[967]. A titre d'exemple, pour la saison 2009/2010, huit joueurs étrangers étaient autorisés à faire partie du contingent; quatre pouvaient être alignés sur la glace[968].

Même si ces règlements, qui marquent en quelque sorte une régression, n'ont (pour l'heure) pas été portés devant un juge, on peut légitimement s'interroger sur leur conformité à la jurisprudence de la CJCE, et notamment à l'arrêt Bosman. En particulier, le Règlement de la Swiss Hockey League constitue une sorte de *gentleman agreement* entre les clubs, et il ne résisterait probablement pas à l'examen d'un juge.

2.4.3.3.3.2.5 Les règles relatives à la sélection des athlètes

Dans l'arrêt Deliège du 11 avril 2002, la CJCE a réaffirmé la primauté du droit communautaire sur l'ordre sportif. Mais la Cour a aussi reconnu aux fédérations de sport leur rôle organisationnel et normatif, ainsi qu'une autonomie relative dans le contexte sportif[969].

Christelle Deliège était une judoka belge qui avait été championne de Belgique et médaillée d'or dans divers tournois internationaux[970]. Cette

965 Site de Patrick Dorffer (www.dorffer-patrick.com): http://www.dorffer-patrick.over-blog.fr/article-32468258.html (31.05.2010). Comme déjà indiqué (cf. pt. 2.4.3.3.3.1.2), ce traité est entré en vigueur le 1er décembre 2009. Cf. également Journal L'Express du 19 mai 2010.

966 Site de la BBC (news.bbc.co.uk): http://news.bbc.co.uk/sport2/hi/football/8733164.stm (10.06.2010).

967 Art. 2 Règlement de jeu de la Ligue nationale du 25 septembre 2008, *in:* site de la National League (www.nationalleague.ch): http://www.nationalleague.ch/media/native/pdf/nl/ueberuns/reglement_de_jeu_25092008_genehmigt.pdf (31.05.2010).

968 Art. 1.3 Directives pour le déroulement du championnat de Ligue nationale A, saison 2009/2010, du 1er septembre 2009, *in:* site de la National League (www.nationalleague.ch): http://www.nationalleague.ch/media/native/pdf/nl/ueberuns/directives_deroulement_championnat_ln_a_2009_10_def_040110.pdf (31.05.2010). Les directives 2010/2011 ne sont pas encore disponibles, mais leur contenu est identique s'agissant de cette problématique (information fournie par la National League en date du 4 juin 2010).

969 ZEN-RUFFINEN, Droit du sport, n° 894 p. 305 ss.

970 DUBEY, La libre circulation, p. 98 s.; VAN DEN BOGAERT, The Court, p. 555.

sportive souhaitait participer aux Jeux Olympiques d'Atlanta en 1996. Pour cela, elle devait réussir un certain nombre de bons résultats dans différentes compétitions de catégorie internationale (catégorie A)[971]. Seule sa fédération nationale[972] était compétente pour l'inscrire à ces compétitions, ce qu'elle a refusé de faire[973]. Le 26 janvier 1996, Mme Deliège a saisi le Tribunal de première instance de Namur. Elle a soutenu que la Fédération belge avait entravé abusivement sa carrière en la privant de participer à des compétitions importantes. Elle estimait qu'elle déployait une activité économique dont le droit communautaire garantissait le libre exercice[974].

Le Tribunal de Namur a posé à la CJCE la question suivante à titre préjudiciel:

> Un règlement qui impose à un sportif professionnel, semi-professionnel ou candidat à un tel statut d'être en possession d'une autorisation ou d'une sélection de sa fédération nationale pour pouvoir concourir dans une compétition internationale et qui prévoit des quotas nationaux d'engagement ou de semblables compétitions, est-il ou non contraire [...] aux art. 59 à 66 [Traité CE (actuels art. 56 ss TFUE)], ainsi qu'aux articles 85 et 86 [actuels art.101 et102 TFUE]?[975].

La CJCE a rappelé tout d'abord que, conformément à sa jurisprudence Bosman, les règles d'organisation du sport devaient respecter le droit communautaire dans la mesure où ce sport constituait une activité économique au sens du traité[976]. Il appartenait au juge national d'apprécier, sur la base des éléments que lui donnait la Cour, si l'activité d'un sportif présentait un caractère économique au sens de l'art. 2 de l'ancien Traité CE et, plus particulièrement, une prestation de services au sens de l'art. 59 de l'ancien Traité CE (art. 56 TFUE)[977].

La CJCE a ensuite constaté que les classements obtenus par les athlètes dans les compétitions internationales de catégorie A étaient pris en

971 CJCE, arrêt Deliège du 11 avril 2000, aff. C-51/96 et C-191/97, Rec. 2000, p. I-2549 ss, N. 2 ss.

972 BELL/TURNER-KERR, p. 257 s.; DUBEY, La libre circulation, p. 99.

973 DUBEY, La libre circulation, p. 99; VAN DEN BOGAERT, The Court, p. 555.

974 BELL/TURNER-KERR, p. 258; DUBEY, La libre circulation, p. 100; VAN DEN BOGAERT, The Court, p. 555 s.

975 CJCE, arrêt Deliège du 11 avril 2000, aff. C-51/96 et C-191/97, Rec. 2000, p. I-2549 ss, N. 16.

976 BELL/TURNER-KERR, p. 2578; VAN DEN BOGAERT, The Court, p. 555.

977 BELL/TURNER-KERR, p. 258; VAN DEN BOGAERT, The Court, p. 557 ss; ZEN-RUFFINEN, Droit du sport, n° 897 p. 306.

compte pour déterminer les pays pouvant inscrire des représentants aux Jeux Olympiques[978]. Selon la Cour, cette pratique ne permet pas de qualifier ces compétitions de «rencontres entre équipes nationales» qui échappent au champ d'application du droit communautaire[979].

La CJCE a néanmoins estimé qu'à la différence des règles applicables dans l'affaire Bosman, les règles de sélection en cause ne déterminaient pas les conditions d'accès des sportifs professionnels au marché du travail. Elles ne comportaient pas non plus de clauses de nationalité limitant le nombre de ressortissants d'autres Etats membres pouvant participer à une compétition[980]. Ce type de règles de sélection a inévitablement pour effet de limiter le nombre de participants à un tournoi. Le bon déroulement d'une compétition sportive internationale de haut niveau implique toutefois l'application de certains critères de sélection[981]. De telles règles ne constituent donc pas des restrictions à la libre prestation des services interdite par l'art. 59 de l'ancien Traité CE (art. 56 TFUE)[982].

De ce fait, la CJCE a estimé que la règle imposant à un sportif professionnel ou semi-professionnel d'être en possession d'une autorisation ou d'une sélection de sa fédération pour être autorisé à participer à une compétition sportive internationale de haut niveau ne constitue pas, en elle-même, une restriction à la libre prestation de services interdite par l'art. 59 de l'ancien Traité CE (art. 56 TFUE)[983]. Elle représente simplement «une nécessité inhérente à l'organisation d'une telle compétition»[984].

Le Tribunal fédéral a aussi eu à connaître d'un litige relatif à la qualification d'un athlète pour une compétition internationale. Il s'agit de l'arrêt Grossen[985]. Dans sa décision, notre Haute Cour a relevé que l'association «qui, peu avant le début d'une compétition et sans raison valable, impose

978 DUBEY, La libre circulation, p. 99; VAN DEN BOGAERT, The Court, p. 555.

979 CJCE, arrêt Deliège du 11 avril 2000, aff. C-51/96 et C-191/97, Rec. 2000, p. I-2549 ss, N. 44.

980 *Id.*, N. 61.

981 BELL/TURNER-KERR, p. 258; DUBEY, Bosman, p. 47 ss; DUBEY, La libre circulation, p. 101.

982 CJCE, arrêt Deliège du 11 avril 2000, aff. C-51/96 et C-191/97, Rec. 2000, p. I-2549 ss, N. 64.

983 *Id.*, N. 69.

984 DUBEY, La libre circulation, p. 101. Cf. également BELL/TURNER-KERR, p. 258; VAN DEN BOGAERT, The Court, p. 556.

985 ATF 121 III 350, JdT 1996 I 187 (rés.), = SJ 1996 197, Grossen. Cet arrêt est également résumé et commenté *in:* BONDALLAZ, p. 143 ss.

une épreuve de sélection supplémentaire à un athlète déjà qualifié selon les critères posés précédemment», «adopte un comportement contraire aux règles de la bonne foi»[986]. Par conséquent, l'association en question «engage, [par son comportement contradictoire], [s]a responsabilité [...] pour le dommage subi par le sportif sélectionné dans un premier temps, puis écarté»[987]. Cet arrêt confirme, peu de temps après l'arrêt Swissair[988], la création prétorienne de la responsabilité fondée sur la confiance.

2.4.3.3.3.2.6 Les agents de joueurs

En football, les agents de joueurs sont apparus avec le développement économique de ce sport. La FIFA a décidé de «légiférer» en la matière en 1994, afin de réglementer cette profession et de mieux protéger les joueurs[989]:

> Le règlement initial [de la FIFA] soumettait l'exercice [de la profession d'agent de joueurs] à la détention d'une licence délivrée par l'association nationale compétente et réservait l'activité en cause aux personnes physiques (art. 1 et 2). La procédure préalable à l'obtention de la licence prévoyait un entretien visant à vérifier les connaissances, en particulier juridiques et sportives, du candidat (art. 6, 7 et 8).[990]

Celui-ci devait également éviter certaines incompatibilités et satisfaire à des conditions de moralité, telles que l'absence de casier judiciaire mentionnant une condamnation pour infractions criminelles (art. 2, 3 et 4). Il devait, en outre, «acquitter une caution bancaire de 200'000 francs suisses (art. 9)»[991]. Un contrat d'une durée maximale de deux ans, renouvelable (art. 12) devait obligatoirement régir les relations entre l'agent et le joueur[992]. En cas de non respect des prescriptions du règlement, l'agent de joueur pouvait faire l'objet de mesures allant de l'admonestation au retrait de la licence.

Peu après l'introduction de cette réglementation par la FIFA, des associations d'agents de joueurs ont déposé plainte auprès de la Commission européenne pour violation des art. 81 et 82 de l'ancien Traité CE (art. 101 et 102 TFUE), relatifs au droit de la concurrence. Les plaignants contes-

986 *Id.*, chapeau d'arrêt (renvoi au consid. 5).
987 *Id.*, chapeau d'arrêt (renvoi au consid. 6).
988 ATF 120 II 331, JT 1995 I 359 (trad.).
989 DURAND, p. 1; HUSTING, p. 148.
990 TPI, arrêt Piau du 26 janvier 2005, aff. T-193/02, Rec. 2005 p. II-217 ss, N. 6.
991 *Ibid.*
992 *Ibid.*

taient, en particulier, le caractère obligatoire de la licence, son impossibilité d'être délivrée à des personnes morales, «l'interdiction faite aux clubs et aux joueurs de recourir à des agents non licenciés, [...] l'exigence d'une caution bancaire et [l'instauration de] sanctions» en cas de non respect du règlement de la FIFA[993]. D'autres agents de joueurs, notamment M. Laurent Piau, de Nantes, ont aussi agi à titre individuel.

En 2000, à la suite de discussions avec la Commission européenne, la FIFA a modifié sa réglementation[994] et notamment apporté deux changements notables. Elle a premièrement remplacé la caution précitée par l'obligation faite aux agents de joueurs «de souscrire une police d'assurance relative à [leur] responsabilité civile professionnelle ou, à défaut, [de] déposer une garantie bancaire de 100'000 francs (art. 6 et 7)»[995]. Deuxièmement, elle a indiqué les éléments nécessaires du contrat:

> [l]es relations entre l'agent et le joueur doivent faire l'objet d'un contrat écrit d'une durée maximale de deux ans, renouvelable. Le contrat doit stipuler la rémunération de l'agent, laquelle est calculée en fonction du salaire de base brut du joueur et fixée, à défaut d'accord des parties, à 5 % dudit salaire [...] (art. 12)[996].

M. Piau a maintenu sa plainte malgré la révision du règlement FIFA, mais sans grand succès[997]. La CJCE n'a pas remis en cause la vision du Tribunal de Première Instance des Communautés européennes (TPI, devenu le Tribunal de Première Instance de l'Union européenne à la suite de l'entrée en vigueur du Traité de Lisbonne), selon laquelle la profession d'agent de joueurs représente une activité économique qui jouit de la protection du droit communautaire[998]. Celle-ci a également confirmé qu'il était possible, en l'absence de toute réglementation étatique, d'accorder une exemption aux règles de la concurrence au sens de l'art. 81 ch. 3 de l'ancien Traité CE (art. 101 ch. 3 TFUE)[999]. En effet, ces règles poursuivent le but d'opérer une sélection qualitative et non quantitative des agents de joueurs. Par conséquent, elles

993 CJCE, Ordonnance Piau du 23 février 2006, aff. C-171/05, N. 2.10.

994 DURAND, p. 1.

995 CJCE, Ordonnance Piau du 23 février 2006, aff. C-171/05, N. 2.14.

996 *Id.*, N. 2.15.

997 DURAND, p. 2 ss, analyse l'arrêt du TPI.

998 TPI, arrêt Piau du 26 janvier 2005, aff. T-193/02, Rec. 2005 p. II-217 ss, N. 105. JELLINGHAUS et HUSTING relèvent que le Livre Blanc sur le Sport de la Commission européenne est muet sur le sujet. Tout au plus se contente-t-il de recommander une étude d'impact à cet égard [JELLINHAUS, p. 91; HUSTING, p. 148].

999 CJCE, Ordonnance Piau du 23 février 2006, aff. C-171/05, N. 9.

ont également pour objectif de protéger les joueurs. Il est à noter que le TPI se réservait le droit de réexaminer le Règlement FIFA en cas de modification de celui-ci ou d'un changement de circonstances extérieures[1000].

Le 1er janvier 2008, le nouveau Règlement FIFA relatif aux agents de joueurs est entré en vigueur[1001]. Désormais, la licence n'est délivrée que pour cinq ans, renouvelables à la condition de passer un nouvel examen[1002]. De plus, la rémunération de l'agent de joueurs a été ramenée de 5 à 3 % du salaire brut du sportif[1003].

2.4.3.3.3.2.7 Le dopage

En 1999, deux nageurs de longue distance, MM. Meca-Medina et Majcen, ont été contrôlés positifs à la nandrolone à la suite d'une course au large de Bahia, au Brésil. Ces deux athlètes soutenaient que l'ingestion d'un plat à base de porc non castré avait entraîné la présence de nandrolone dans leur corps. En vertu du règlement antidopage de la FINA, calqué sur les réglementations du CIO, le TAS a suspendu les deux athlètes pour quatre ans. En 2001, dans le cadre d'un réexamen, le TAS a réduit la durée de la suspension à deux ans pour tenir compte de l'entrée en vigueur du CMAD, qui prévoyait une telle suspension pour ce genre de cas. Les athlètes n'ont pas recouru au Tribunal fédéral, mais ont directement déposé plainte auprès de la Commission européenne:

> Les requérants mettaient en cause la compatibilité de certaines dispositions réglementaires adoptées par le CIO et mises en œuvre par la FINA, ainsi que certaines pratiques relatives au contrôle du dopage, avec les règles communautaires de concurrence et de libre prestation de services. Tout d'abord, la fixation du seuil de tolérance à 2 ng/ml constituerait une pratique concertée entre le CIO et les 27 laboratoires accrédités par celui-ci. Ce seuil serait mal fondé sur le plan scientifique et pourrait aboutir à l'exclusion d'athlètes innocents ou simplement négligents. [...] Ensuite, l'adoption par le CIO d'un mécanisme de responsabilité objective, ainsi que l'instauration d'instances chargées de la résolution arbitrale des litiges en matière de sport (le TAS et le CIAS), insuffisamment indépendantes par rapport au CIO, renforceraient le caractère anticoncurrentiel de ce seuil[1004].

1000 TPI, arrêt Piau du 26 janvier 2005, aff. T-193/02, Rec. 2005 p. II-217 ss, N. 104.
1001 Règlement FIFA des agents de joueurs du 29 octobre 2007, *in:* site de la Fédération internationale de football association (www.fifa.com): http://fr.fifa.com/mm/document/affederation/administration/playersagents_fr_32513.pdf (31.05.2010).
1002 Art. 17 ch. 1 Règlement FIFA des agents de joueurs.
1003 Art. 20 ch. 4 Règlement FIFA des agents de joueurs.
1004 CJCE, arrêt Meca-Medina et Majcen du 18 juillet 2006, aff. C-519/04 P, Rec. 2006, p. I-7006 ss, N. 16.

En d'autres termes, les plaignants estimaient que les règles antidopage émises par le CIO violaient leur liberté économique (art. 49 ancien Traité CE, art. 56 TFUE) et le droit de la concurrence (art. 81 et 82 ancien Traité CE, art. 101 et 102 TFUE)[1005]. La CJCE les a déboutés. Cet arrêt n'est toutefois pas passé inaperçu dans la jurisprudence de la Cour, dans la mesure où celle-ci a estimé que les règles antidopage du CIO pouvaient tomber sous le coup des dispositions du droit de la concurrence[1006].

2.4.3.3.3.2.8 La billetterie

Jusqu'à la Coupe du Monde de football de 1990 en Italie, la FIFA, tout comme le CIO d'ailleurs, pratiquait un système de distribution exclusif des billets à l'intérieur de l'UE et dans le reste du monde. Cela signifiait qu'il n'y avait qu'un seul fournisseur par Etat. Par ailleurs, celui-ci était souvent une agence de voyage qui couplait la vente des billets avec l'achat du voyage pour se rendre au lieu de compétition et vendait un *package*[1007]. En Suisse, par exemple, Kuoni était la seule agence autorisée à vendre ce genre de billets. La Commission a jugé cette pratique inadmissible et l'a condamnée a posteriori, après le Mondial de 1990[1008].

La Commission a également contrôlé les dispositions prises en matière de billetterie pour la Coupe du Monde de football 1998[1009] et 2006[1010] et les

1005 *Id.*, N. 17.

1006 *Id.*, N. 22 ss, en particulier N. 31 ss. Cf. également la prise de position de l'UEFA sur l'arrêt Meca-Medina et Majcen par son Directeur juridique M. Gianni Infantino: Meca-Medina: un pas en arrière pour le modèle sportif européen et la spécificité du sport?, *in:* site de l'union des associations européennes de football (www.uefa.com): http://www.uefa.com/MultimediaFiles/Download/uefa/KeyTopics/480392_DOWNLOAD.pdf (31.05.2010); Alaphilippe, p. 7 ss; Stoner, p. 11 ss. En matière d'applicabilité des art. 101 et 102 TFUE, la CJCE estime que le seul fait qu'une règle ait un caractère purement sportif (donc qui ne vise pas à régir une activité économique) ne fait pas sortir celle-ci du champ d'application du TCE et, partant, du droit de la concurrence [CJCE, arrêt Meca-Medina et Majcen du 18 juillet 2006, aff. C-519/04, Rec. 2006, p. I-7006 ss, N. 22 ss]. Cf. également L'union européenne et le sport: historique et contexte. Document accompagnant le Livre Blanc sur le sport, p. 6 ss.

1007 L'union européenne et le sport: historique et contexte. Document accompagnant le Livre Blanc sur le sport, p. 29 ss.

1008 Commission européenne, aff. 33384 et 33378.

1009 Commission européenne, aff. 36888 1998.

1010 Cette affaire s'est close sans qu'aucune décision formelle n'ait été prise en la matière. Pour plus de détails, cf. le communiqué de presse de la Commission européenne du 2 mai 2005 (IP/05/519), *in:* site de l'Union européenne (www.europa.

Jeux Olympiques d'Athènes[1011] et de Turin. Elle a considéré que celles-ci violaient le droit de la concurrence. Aujourd'hui, il n'existe plus d'exclusivité et l'accès aux billets des grandes compétitions est garanti depuis le monde entier, notamment par le réseau internet[1012].

La Commission a, en outre, émis des conditions de validité s'agissant de la vente directe des billets auprès des comités d'organisation, en particulier des modalités de paiement au moyen d'une carte de crédit déterminée (Visa, Mastercard, etc.). Pour la Commission, lesdits comités doivent offrir une alternative viable. Il peut s'agir d'autres modes de paiement pour la vente directe par le comité d'organisation (à savoir plusieurs cartes de crédits et/ou des virements bancaires sans frais dissuasifs supplémentaires pour les consommateurs) ou d'autres canaux de vente qui ne font pas valoir l'exclusivité de cartes de crédit[1013].

2.4.3.3.3.2.9 Les droits de retransmission TV

Le chapitre relatif aux droits de retransmission TV est divisé en trois parties. La première traite de l'exclusivité des contrats TV. La deuxième a pour objet la vente et l'achat collectifs des droits de retransmission. La troisième a pour thème l'abus de position dominante d'une organisation active dans la vente des droits de retransmission TV.

Les problèmes découlant des exclusivités accordées pour la retransmission télévisée de manifestations sportives sont relativement récents. Le droit de la concurrence ne les a appréhendés que depuis l'apparition des chaînes privées. Pendant longtemps, en effet, l'Etat a disposé d'un monopole qui n'était guère contesté. Il n'existait donc qu'une chaîne de télévision par pays, et celle-ci était publique. L'apparition de chaînes pri-

---

eu): http://europa.eu/rapid/pressReleasesAction.do?reference=IP/05/519&format=HTML&aged=1&language=EN&guiLanguage=en (31.05.2010).

1011 Cette affaire s'est close sans qu'aucune décision formelle n'ait été prise en la matière. Pour plus de détails, cf. le communiqué de presse de la Commission européenne du 23 mai 2003 (IP/03/738), *in:* site de l'Union européenne (www.europa.eu): http://europa.eu/rapid/pressReleasesAction.do?reference=IP/03/738&format=HTML&aged=0&language=FR&guiLanguage=en (31.05.2010).

1012 Commission européenne, aff. IV/33.384 et 33.378, N. 5.

1013 Pour plus de détails, cf. le communiqué de presse de la Commission européenne du 2 mai 2005 (IP/05/519). Cf. également les explications données par la Commission elle-même dans son annexe 1 au Livre Blanc sur le sport, pt. 3.2.3, *in:* site de la Commission européenne (ec.europa.eu): http://ec.europa.eu/sport/white-paper/whitepaper112_fr.htm (31.05.2010).

vées a créé une concurrence avec les chaînes publiques dans l'attribution de certains marchés (p. ex. un championnat de football). Cette concurrence a soulevé plusieurs questions, notamment celle de l'accès à l'information pour les téléspectateurs. Dans un premier temps, le droit à l'information (art. 16 al. 3 et 17 Cst.) a permis de lever les entraves liées à la diffusion exclusive de manifestations d'actualité. En d'autres termes, la liberté d'information (art. 16 al. 3 Cst.) a autorisé les chaînes de télévision non titulaires des droits de retransmission exclusifs d'une manifestation à diffuser, sans payer de droits, des extraits de celle-ci pour informer ses téléspectateurs[1014].

La Commission européenne tolère les contrats d'exclusivité lorsqu'ils ne sont pas conclus pour une trop longue durée (environ trois ans)[1015]. Cette tolérance s'explique par le fait que les chaînes doivent pouvoir rentabiliser leurs investissements et le savoir-faire mis en place pour la diffusion de ces programmes (pesée d'intérêts)[1016]. Par ailleurs, plusieurs fédérations fondent leur choix sur l'audience potentielle des chaînes de télévision plutôt que sur l'aspect financier du contrat d'exclusivité. En effet, un certain nombre de diffuseurs, en particulier les chaînes privées, fonctionnent sous la forme du *pay per view* (on paie au prorata de ce qu'on a regardé) ou sont cryptées (*pay-TV*) ce qui restreint leur champ de diffusion[1017]. En ce qui concerne les Jeux Olympiques, le CIO a, jusqu'à ces dernières années, vendu l'exclusivité des droits de diffusion pour l'Europe à l'Union Européenne de Radio-Diffusion (UER, devenue l'Union Européenne de Radio-Télévision), en dépit d'offres parfois plus élevées de chaînes privées[1018]. Ce choix s'expliquait, d'une part, par le fait que le CIO travaillait

1014 L'art. 17 al. 1 O-DETEC et son Annexe II (RS 784.401.11) fixent la liste des événements d'importance majeure pour la société qui doivent impérativement être diffusés sur une chaîne publique. On y trouve, p. ex., les Jeux Olympiques, la Coupe du Monde ou d'Europe de football et les Championnats du Monde de hockey sur glace.

1015 L'union européenne et le sport: historique et contexte. Document accompagnant le Livre Blanc sur le sport, p. 84 s.

1016 Zen-Ruffinen, Droit du sport, n° 1062 p. 369.

1017 JOCE n° C 110 du 15 avril 2000, p. 45, cité *in:* Zen-Ruffinen, Droit du sport, n° 1039 p. 362.

1018 Cf. site de l'UER (www.ebu.ch): http://www.ebu.ch/fr/union/news/2008/tcm_6-63901.php?display=FR (31.05.2010). Cf. également Hellwig, n° 85 p. 40, n° 431 p. 181 et n° 449 ss p. 188 ss; Mestre, p. 96; De Moragas Spa, p. 77 ss. Pour une analyse historique de la pratique du CIO en la matière, cf. Still/Jordan/Ryston-Pratt, p. 179 ss.

depuis longtemps avec l'UER et, d'autre part, par sa volonté d'assurer un accès aussi large que possible aux images des Jeux. Les chaînes publiques disposaient aussi de plus de matériel technique et humain que les chaînes privées et pouvaient ainsi collaborer plus facilement au travail de production. Il en ressort que

> la politique fondamentale du CIO, définie dans la Charte Olympique, [était de] garanti[r] une présentation optimale des Jeux Olympiques par les diffuseurs du monde entier auprès de toute personne ayant accès à un poste de télévision.

Par conséquent, «les droits [étaient] vendus uniquement aux diffuseurs pouvant garantir la couverture gratuite la plus étendue sur leurs territoires nationaux respectifs»[1019]. L'argent n'était pas le critère déterminant pour l'attribution du marché. Ces arguments ont maintenant perdu de leur acuité et dans la négociation des droits postérieurs à 2012, le CIO a changé de politique et rompu les négociations qu'il menait avec l'UER en raison des offres très médiocres soumises par cette dernière. Il a renoncé à une vente collective au profit d'une vente séparée par pays[1020].

La vente et l'achat des droits de retransmission télévisuels peuvent intervenir de manière individuelle ou collectivement. Dans ce dernier cas, plusieurs titulaires de droits s'unissent pour offrir à la vente un ensemble de compétitions (p. ex. tous les matches du championnat de Super League d'une saison) à une chaîne de télévision ou plusieurs stations se lient au sein d'une organisation (p. ex. l'UER) pour acheter conjointement des droits. Dans la première hypothèse, l'achat et la vente s'opèrent individuellement. Il est évident que les diverses solutions peuvent se combiner (achat collectif à un vendeur collectif, ou achat individuel à un vendeur collectif, p. ex.). L'achat et la vente collectifs de droits présentent plusieurs avantages. L'acquéreur s'épargne des négociations individuelles souvent longues et coûteuses. Il sait combien l'ensemble lui coûtera et évite des surenchères. De leur côté, les titulaires sont dispensés de négociations répétées. Ils peuvent en outre obtenir des garanties de diffusions régulières et s'entendre avec la télévision sur la manière de présenter l'ensemble des compétitions. Ils ont souvent l'occasion d'obtenir une somme supérieure

1019 Place des droits de retransmission dans les revenus olympiques, *in:* site du Mouvement olympique (www.olympic.org): http://www.olympic.org/fr/organisation/facts/broadcasting/index_fr.asp (07.09.2009; cette page n'existe plus).

1020 Site de l'UER (www.ebu.ch): http://www.ebu.ch/fr/union/news/2008/tcm_6-63901.php?display=FR (31.05.2010).

à celle que produiraient des négociations individuelles et peuvent appliquer une certaine péréquation entre les clubs ou organisateurs participant à la vente collective. Ce sont souvent les fédérations nationales et internationales qui vendent des droits collectivement. La titularité de ces droits doit toutefois être bien clarifiée avant de procéder à un achat quelconque. Certains grands clubs de football s'estiment, en effet, titulaires de droits relatifs aux matches qu'ils disputent à domicile. En réalité, ce n'est pas tellement la titularité des droits qui les intéresse mais l'obtention de revenus plus élevés dans la distribution du produit collectif[1021] et se prétendre titulaire de droits constitue parfois un bon moyen de pression dans ce sens.

Il n'en reste pas moins que cette question de titularité est débattue en doctrine, même si les instances judiciaires compétentes n'ont jamais eu à la trancher sur le plan européen[1022]. Divers tribunaux des Etats membres et de notre pays ont toutefois eu à connaître de tels cas. Les tribunaux britanniques et allemands admettent la vente centralisée des droits de retransmission TV. Pour ce faire, les tribunaux de ces deux pays ont reconnu une sorte de co-titularité des droits en question entre la fédération et les clubs. Ils ont retenu que seuls les grands clubs avaient un intérêt à ce que la vente soit décentralisée. A contrario, en Espagne et en Italie, la vente centralisée des droits est considérée comme violant le droit de la concurrence. En Espagne, aucune exemption aux règles du droit de la concurrence n'est envisagée. En Italie, la vente centralisée des droits de retransmission TV est, a priori, illicite. Toutefois, les tribunaux italiens ont jugé qu'il y avait lieu de différencier selon que l'on vend les highlights d'une compétition, les matches dans leur intégralité ou la Coupe d'Italie. Les premiers n'ont aucune valeur s'ils sont vendus séparément. Les deuxièmes ont l'obligation d'être vendus individuellement par les clubs. La troisième jouit d'une exemption au motif que les matches de la Coupe «sont plus difficiles à commercialiser vu les incertitudes qui règnent sur le nombre de matches générés par une compétition à élimination directe»[1023]. De plus, une telle vente intervient dans l'intérêt du spectateur.

En Suisse, les tribunaux n'ont eu, à notre connaissance, qu'une seule fois à connaître d'une question relative à la titularité des droits de retrans-

1021 A ce sujet, cf. Zen-Ruffinen, Droit du sport, n° 1041 p. 362; Zen-Ruffinen/Dubey/Infantino, p. 146.

1022 L'Union européenne et le sport: historique et contexte. Document accompagnant le Livre Blanc sur le sport, p. 81.

1023 Zen-Ruffinen, Droit du sport, n° 1068 p. 372.

mission TV[1024]. En 1993, le Richteramt III du district de Berne a jugé que «la titularité originaire des droits de retransmission télévisée d'un match rev[enait] au club qui l'organis[ait] et non pas à la fédération qui chapeaute la compétition dans laquelle s'inscrit le match»[1025]. Il a considéré que la réglementation de l'UEFA qui imposait la cession de la titularité des droits de retransmission TV pour les matches à domicile était contraire à la Loi fédérale contre la concurrence déloyale du 19 décembre 1986 (LCD)[1026]. L'UEFA n'a, au demeurant, pas pu se prévaloir d'un motif justificatif pour faire lever l'illicéité de son règlement, la Loi contre la concurrence déloyale ne connaissant pas de mécanisme d'exonération pour l'entreprise qui la viole. Finalement, les parties ont conclu un accord extrajudiciaire, de sorte que le Tribunal fédéral n'a pas eu à connaître de ce cas[1027]. Il n'existe donc pas de jurisprudence fédérale en la matière.

Depuis ce jugement, la tendance actuelle est, en Suisse et dans certains pays étrangers, de reconnaître une co-titularité originaire des droits de retransmission TV. En effet, le club recevant peut être considéré comme l'organisateur principal de la manifestation dans la mesure où il met ses installations à disposition de l'équipe adverse et des spectateurs. Zen-Ruffinen/Dubey/Infantino mentionnent également comme activités propres à l'organisation de la manifestation, l' «encaissement des recettes d'entrée, [la] conclusion d'une assurance en responsabilité civile, [le] paiement des frais de voyage en cas d'annulation de la compétition pour force majeure»[1028]. En matière de sport, contrairement aux principes du droit de la concurrence, les deux équipes contribuent à la mise sur pied de la rencontre. Le club visiteur, lorsqu'il

> prend lui-même en charge les frais de déplacement de son équipe, s'occupe de vendre les billets pour ses propres supporters, organise leur déplacement, les encadre à l'intérieur et à l'extérieur du stade où se déroule la manifestation[1029],

gère une part non négligeable de l'organisation de la manifestation. Il doit par conséquent être considéré comme co-organisateur et, partant, comme

1024 Arrêt du Richteramt III du district de Berne du 22 septembre 1994, *in:* Bondallaz, p. 124.
1025 Bondallaz, p. 128.
1026 RS 241.
1027 Bondallaz, p. 126.
1028 Zen-Ruffinen/Dubey/Infantino, p. 152.
1029 *Ibid.*

co-titulaire des droits de retransmission TV créés par la compétition. Au vu de son rôle administratif et de coordination, notamment parce qu'«elle établit [...] les modalités de la compétition, ainsi que le calendrier des matches, nomme les arbitres, octroie les qualifications (clubs et joueurs), prononce les sanctions disciplinaires»[1030], la fédération, «sous l'égide de laquelle est placée la manifestation sportive»[1031], doit également être considérée comme co-titulaire des droits qui résultent de l'organisation de celle-ci.

Les effets de l'achat collectif de droits pour l'exploitation de manifestations sportives sur la concurrence, par le biais du système Eurovision de l'UER, ont par ailleurs été examinés à deux reprises par la Commission et par le Tribunal de première instance des communautés européennes (TPI, devenu le Tribunal de l'Union européenne à la suite de l'entrée en vigueur du traité de Lisbonne). Dans les deux cas, la Commission a identifié des restrictions en vertu de l'art. 101 par. 1 TFUE (art. 85 par. 1, puis 81 par. 1 des anciens Traités CE) et a exempté les accords d'achat collectif respectifs en vertu de l'art. 101 par. 3 TFUE (art. 85 par. 3, puis 81 par. 3 des anciens Traités CE). Le Tribunal a annulé, dans chaque cas, les décisions de la Commission, considérant que le régime de sous-licences ne garantissait pas aux concurrents des membres de l'UER un accès suffisant aux droits de retransmission des manifestations sportives (dont ces derniers disposent en raison de leur participation à ce groupement d'achat)[1032].

A la suite de ces arrêts du Tribunal, la Commission a réexaminé la problématique de l'achat en commun de droits pour la retransmission télévisée de manifestations sportives par l'UER et ses membres. En 2007, elle a mis fin à son enquête. Celle-ci a révélé que,

> ces dernières années, le marché de l'acquisition de ces droits avait considérablement changé. Contrairement à la situation antérieure, l'UER n'est plus le seul acquéreur des droits de diffusion des grands événements sportifs internationaux, car les détenteurs de droits cherchent à diversifier les ventes de leurs droits médiatiques[1033].

1030 *Id.*, p. 152 s.

1031 *Id.*, p. 152.

1032 Tribunal, arrêt Eurovision/ECR, aff. T-528/93 etc., Rec. 1996 p. II-652 ss; Tribunal, arrêt Eurovision I ECR, aff. T-185/00 etc., Rec. 2002 p.II-3808 ss. Cf. également: Hellwig, n° 350 ss p. 144 ss; Parrish/Miettinen, p. 21 s.; Rance, p. 1916 ss; Zen-Ruffinen, Droit du sport, n° 1073 ss p. 374 s.

1033 Cf. Document de travail des services de la Commission, Annexe au Rapport de la Commission, Rapport sur la politique de concurrence 2007 du 16 juin 2008, n°331 p.85, *in:* site de l'Union européenne (www.europa.eu): http://eur-lex.europa.eu/LexUriServ/LexUriServ.do?uri=SEC:2008:2038:FIN:FR:DOC (31.05.2010); Hellwig, n° 353 p. 146.

2.4.3.3.3.2.10 L'abus de position dominante d'une organisation

De par leur position monopolistique, les fédérations internationales peuvent influer sur la négociation des droits de retransmission TV et, par conséquent, sur l'accès aux informations par le public. Dans le passé, la Fédération internationale de l'automobile (FIA) a abusé de sa position dominante pour bloquer la diffusion d'un certain nombre de compétitions de courses motorisées afin de mettre l'accent sur la Formule 1. Cette pratique était contraire au droit européen et a dû être revue[1034].

2.4.3.3.3.2.11 Le parrainage (sponsoring) et le contrat de licence

Dans leur principe, les contrats de parrainage et de licence sont tout à fait compatibles avec le droit européen, pour autant qu'ils en respectent certains principes fondamentaux. Ils doivent, en particulier, se fonder sur une relation ouverte et objective.

La majorité des problèmes rencontrés dans le cadre du sponsoring relèvent du «copinage» qu'on rencontre parfois dans l'attribution des marchés. Plus rarement, la contre-prestation peut être contraire au droit européen de la concurrence, notamment lorsqu'elle consiste en approvisionnement exclusif d'un marché. La fédération danoise de tennis l'a appris à ses dépens. Elle a signé, avec une marque de balles, un contrat assurant à la société productrice la fourniture des balles pour toutes les compétitions officielles organisées dans le pays. A la suite d'une plainte de concurrents du fournisseur, la fédération danoise de tennis a dû modifier ce contrat. Le fabricant a pu rester sponsor, mais sans bénéficier de l'exclusivité pour tous les matches officiels. A contrario, il a été admis qu'un sponsor puisse bénéficier d'une exclusivité dans le cadre d'une compétition particulière, notamment pour des championnats nationaux.

Par ailleurs, les fournisseurs d'articles de sport ont créé une association pour réglementer leur profession et défendre leurs intérêts. Ils se sont regroupés sous le nom de World Federation of the Sporting Goods Industry (WFSGI). Son siège est à Lausanne depuis 2007 (précédemment à Verbier)[1035]. Cette association tente de promouvoir des relations correctes

1034 L'union européenne et le sport: historique et contexte. Document accompagnant le Livre Blanc sur le sport, p. 74 ss.

1035 Même si le siège de la WFSGI se trouve de fait à Lausanne, cela ne figure dans aucun document officiel de l'association. Cette dernière demande chaque année à la Ville de Lausanne une attestation certifiant sa présence sur le territoire.

entre ses membres. Elle a, par exemple, attaqué la FIFA devant la Commission européenne, afin de faire supprimer l'obligation qu'elle imposait d'utiliser des ballons «FIFA approved» pour toutes les compétitions. La recommandation émise par la Commission a amené la FIFA à modifier son règlement (Règles du Jeu). Elle l'a notamment conduite à renoncer à imposer l'utilisation de ballons portant le label «FIFA approved» pour toutes les compétitions officielles. La Commission, saisie par la WFSGI, dans l'avis consultatif qu'elle a rendu, a néanmoins admis qu'un contrat d'approvisionnement exclusif demeurait admissible pour une compétition spécifique de durée limitée (p. ex. Coupe du Monde de football)[1036].

2.4.3.3.3.2.12 Les entreprises actives dans l'achat et la vente des droits sportifs

Les entreprises actives dans l'achat et la vente des droits sportifs résultent parfois de la fusion de plusieurs entités. De ce fait, elles acquièrent une position tellement forte dans le monde économique qu'elles pourraient parfois en abuser et fausser la concurrence (abus de position dominante). De la même manière qu'elle doit approuver les fusions d'entreprises, qu'elles soient bancaires, chimiques, alimentaires ou autres, la Commission de la concurrence a l'obligation de donner son accord aux fusions touchant le monde du sport. Nous avons déjà mentionné le cas des entreprises actives dans la vente et l'achat des droits télévisuels (cf. pt. 2.4.3.3.3.2.9).

Par ailleurs, il conviendra aussi de légiférer, au niveau européen, en matière de multipropriété des clubs, quand bien même cette question n'a jamais été soulevée devant la justice communautaire. Le TAS a, lui, déjà été appelé à connaître de cette problématique (cf. pts. 2.4.1.5; 2.4.3.3.3.2.2)[1037].

2.4.3.3.3.2.13 Les subventions étatiques

En matière d'aides étatiques, le cas des associations de sport ne se distingue pas non plus de celui des sociétés commerciales[1038]. La Commission

1036 Pour plus de détails, cf. OECD Policy Roundtables, Competition Issues Related to Sport 1996, p. 116, *in:* Site de l'Organisation for Economic, Co-operation and developpement (www.oecd.org): http://www.oecd.org/dataoecd/34/49/1920279.pdf (31.05.2010). Ces informations ont été complétées par la WFSGI en date du 26.03.2010.

1037 Cf. la décision du TAS CAS 98/2000 du 20 août 1999, AEK Athens and SK Slavia Prague /Union of European Football Associations (UEFA), *in:* Reeb, Rec. II, p. 38 ss.

1038 Document accompagnant le Livre Blanc sur le sport, p. 27 ss.

européenne a été saisie d'une affaire venant de France et portant sur des subsides étatiques en football, basketball, rugby et volleyball[1039]. A titre liminaire, il convient de savoir que la France connaît une organisation du sport assez particulière. Les fédérations nationales jouissent, en effet, d'une délégation de pouvoir de la part de l'Etat. Par conséquent, les clubs professionnels (organisés en sociétés commerciales) qui leur sont affiliés ont l'obligation d'être actifs dans la formation scolaire des jeunes qui souhaitent se destiner à une carrière sportive. Ils doivent ainsi mettre sur pied des filières dites de «sport études». Cette obligation génère des coûts financiers importants. Par conséquent, l'Etat souhaitait subventionner les clubs formateurs, dans les sports susmentionnés, à hauteur de 2,3 millions d'euros par bénéficiaire, et ce, pour une durée illimitée[1040]. Comme il est en principe interdit à un particulier de percevoir des subventions étatiques, l'Etat français a demandé une exemption au régime légal de l'ancien art. 87 ch. 1 Traité CE (art. 107 ch. 1 TFUE). En réponse, la Commission européenne a considéré, par décision du 24 avril 2001, que, dans la mesure où ce soutien financier visait à subventionner «une filière d'enseignement combinant des actions de formation scolaire et des actions de formation à la citoyenneté avec des actions de formation sportive», celui-ci échappait au droit de la concurrence car il visait à accomplir une «mission[...] générale[...] de l'Etat, dans le domaine de l'enseignement»[1041]. Par ailleurs,

1039 Commission européenne, aff. Aide d'Etat n: N 118/00 – France, *in:* SIEKMANN/SOEK, p. 807 ss et *in:* site de la Commission européenne (ec.europa.eu): http://ec.europa.eu/community_law/state_aids/comp-2000/n118-00.pdf. Cf. également Communiqué de presse de la Commission Européenne du 25 avril 2001 (IP/01/599), *in:* site de l'Union européenne (www.europa.eu): http://europa.eu/rapid/pressReleasesAction.do?reference=IP/01/599&format=HTML&aged=1&language=EN&guiLanguage=en (31.05.2010).

1040 Commission européenne, aff. Aide d'Etat n: N 118/00 – France, *in:* SIEKMANN/SOEK, n° 5 p. 808 s et *in:* site de la Commission européenne (ec.europa.eu): http://ec.europa.eu/community_law/state_aids/comp-2000/n118-00.pdf. Cf. également Communiqué de presse de la Commission Européenne du 25 avril 2001 (IP/01/599), *in:* site de l'Union européenne (www.europa.eu): http://europa.eu/rapid/pressReleasesAction.do?reference=IP/01/599&format=HTML&aged=1&language=EN&guiLanguage=en (31.05.2010).

1041 Commission européenne, aff. Aide d'Etat n: N 118/00 – France, in SIEKMANN/SOEK, n° 13 p. 810. Cf. également n° 11 p. 809. A ce sujet, cf. également le site de la Commission européenne (ec.europa.eu): http://ec.europa.eu/community_law/state_aids/comp-2000/n118-00.pdf et communiqué de presse de la Commission Européenne du 25 avril 2001 (IP/01/599), *in:* site de l'Union européenne (www.europa.eu): http://europa.eu/rapid/pressReleasesAction.do?reference=IP/01/599&format=HTML&aged=1&language=EN&guiLanguage=en (31.05.2010).

[l]es autorités françaises se sont engagées à effectuer un contrôle adéquat de l'affectation des subventions qui empêchera toute surcompensation du coût net de la formation et donc tout subventionnement croisé[1042], notamment par l'obligation de tenir une comptabilité séparée entre les actions de formation et les activités économiques des clubs sportifs professionnels[1043].

1042 Par subventionnement croisé, on entend toute affectation à la société commerciale, donc à la partie du sport professionnel que gère l'association, de l'argent excédentaire destiné à la formation.

1043 Commission européenne, aff. Aide d'Etat n: N 118/00 – France, in SIEKMANN/SOEK, n° 10 p. 809 et *in:* site de la Commission européenne (ec.europa.eu): http://ec.europa.eu/community_law/state_aids/comp-2000/n118-00.pdf. Cf. également communiqué de presse de la Commission Européenne du 25 avril 2001 (IP/01/599), *in:* site de l'Union européenne (www.europa.eu): http://europa.eu/rapid/pressReleasesAction.do?reference=IP/01/599&format=HTML&aged=1&language=EN&guiLanguage=en (31.05.2010).

2.5 La fin de l'association

2.5.1 Les types de dissolution

Le législateur a consacré quatre dispositions à la fin de l'association, soit les art. 76 à 79 CC[1044]. Les trois premières énumèrent les voies qui peuvent mener à la dissolution de l'association. La quatrième en règle les conséquences sur le plan externe. Nous allons examiner maintenant chacune de ces causes, en distinguant la dissolution volontaire, la dissolution de plein droit et la dissolution judiciaire.

2.5.1.1 La dissolution volontaire

L'art. 76 CC dispose que «l'association peut décider sa dissolution en tout temps».

2.5.1.1.1 La nature juridique de l'art. 76 CC

La nature de l'art. 76 CC est difficile à établir. Si PERRIN/CHAPPUIS considèrent que «l'art. 76 CC n'est pas de droit impératif»[1045], ZEN-RUFFINEN parvient au constat inverse: «[l]'art. 76 CC est impératif en ce sens que les statuts ne peuvent pas prévoir l'indissolubilité de l'association»[1046].

Sans être unanimes dans leur raisonnement, les auteurs admettent néanmoins qu'aucune association ne peut être créée pour l'éternité. Dans ce contexte, RIEMER se fonde sur le principe de l'autonomie de l'association, ainsi que sur l'art. 27 al. 1 CC (impossibilité de renoncer à l'exercice des droits civils et donc au droit de se dissoudre)[1047]. PERRIN/CHAPPUIS se réfèrent à l'interdiction de souscrire un engagement perpétuel[1048]. ZEN-RUFFINEN, quant à lui,

1044 HEINI/SCHERRER, Art. 76 n° 1 p. 503 et 79 n° 1 ss p. 511.
1045 PERRIN/CHAPPUIS, p. 194.
1046 ZEN-RUFFINEN, Droit du sport, n° 340 p. 114.
1047 RIEMER, BKomm, n° 10 ss p. 906 s.
1048 PERRIN/CHAPPUIS, p. 196.

considère que l'assemblée générale ne dispose d'aucune base légale qui lui permettrait de lier les suivantes[1049]. En tous les cas, lorsqu'une association ne compte plus de membres actifs pour l'animer, elle «meurt» d'elle-même[1050].

2.5.1.1.2 Les causes

La loi ne précise pas les motifs qui peuvent conduire l'association à décider sa dissolution[1051]. Il appartient donc aux statuts de les déterminer[1052]. Ceux-ci mentionnent presque toujours, parmi d'autres causes, le fait d'avoir atteint le but social ou de ne plus avoir les moyens ou la volonté d'y parvenir[1053]. Si aucune disposition ne prévoit expressément les causes de dissolution, la décision est laissée à la libre appréciation des sociétaires[1054].

2.5.1.1.3 La compétence

La compétence de décider la dissolution de l'association relève de l'assemblée générale[1055]. Sauf disposition statutaire particulière, cette décision est prise à la majorité simple des membres présents[1056], conformément à l'art. 67 CC[1057]. En pratique, elle requiert souvent une majorité qualifiée (des deux-tiers ou des trois-quarts), éventuellement même l'unanimité, et un quorum[1058]. Parfois, l'assemblée générale doit être spécialement convoquée à cet effet. L'AIBA, la FISA, ou encore l'association d'anciens étudiants UniNExt prévoient notamment cette solution[1059]. Lorsque les statuts

1049 Zen-Ruffinen, Droit du sport, n° 341 p. 114.
1050 Heini/Portmann/Seemann, n° 129 p. 44.
1051 Heini/Scherrer, Art. 76 n° 5 p. 98.
1052 Scherrer, Verein, n° 139 p. 98.
1053 Heini/Portmann, n° 156 p. 77 s., sont d'avis que l'impossibilité d'atteindre le but constitue une cause de dissolution de plein droit, bien qu'elle ne fasse pas l'objet d'une mention expresse dans la loi. Ils considèrent que cette cause est contenue implicitement dans l'art. 60 al. 1 CC. Cf. également Heini/Scherrer, Art. 76 n° 2 p. 503; Rosenberg, p. 110.
1054 Perrin/Chappuis, p. 194 s.
1055 Guillod, n° 448 p. 229 s.; Heini/Portmann, n° 162 p. 79; Heini/Portmann/Seemann, n° 133 p. 45.; Heini/Scherrer, Art. 76 n° 1 p. 503; Zen-Ruffinen, Droit du sport, n° 339 p. 113 s.
1056 Guillod, n° 448 p. 229 s.; Perrin/Chappuis, p. 195; Scherrer, Verein, n° 142 p. 100 s.
1057 Heini/Scherrer, Art. 76 n° 6 p. 504.
1058 Baumann, Personenrecht des ZGB, p. 65; Perrin/Chappuis, p. 195 s.; Zen-Ruffinen, Droit du sport, n° 339 p. 113 s.
1059 Art. 26 Statuts Uninext; art. 63 Statuts AIBA; art. 66 Statuts FISA.

posent des conditions plus strictes, telles qu'une majorité qualifiée ou un quorum, il arrive que celles-ci ne soient pas remplies. Dans ce cas, il est utile de prévoir la possibilité de convoquer une assemblée générale extraordinaire qui prendra ses décisions à la majorité simple et sans quorum.

L'ordre du jour doit, quant à lui, obligatoirement mentionner l'éventualité d'une décision relative à la dissolution de l'association. Même si les statuts autorisent l'adjonction d'un nouveau point à l'ordre du jour, l'assemblée ne peut prendre une décision de dissolution. En effet, les règles qui découlent du principe de la bonne foi sont «susceptibles d'être invoquées avec succès, dans une pareille circonstance, pour faire obstacle à la validité d'une décision dont le projet n'aurait pas été correctement annoncé à l'ensemble des membres»[1060]. Il est vrai qu'un ordre du jour ne présentant que des points mineurs peut retenir certains sociétaires de participer à l'assemblée générale.

2.5.1.1.4 La révocation de la dissolution

La doctrine n'a pas déterminé «si une nouvelle assemblée générale peut prononcer la révocation de la dissolution»[1061]. Perrin/Chappuis proposent d'opérer une distinction selon que l'association est inscrite ou non au RC. Dans le premier cas, une fois la décision de dissolution transmise au préposé, «l'assemblée générale n'a [...] plus que des compétences limitées, soit celles qui sont nécessaires à la liquidation»[1062]. La capacité de révoquer la décision de dissolution n'en faisant pas partie, l'association sera donc dissoute dès la fin de la procédure de liquidation. Dans le second cas, celui des associations non inscrites au RC, ces mêmes auteurs estiment qu'exceptionnellement, l'assemblée générale peut révoquer sa décision de dissolution si une majorité le souhaite. Ils estiment qu'

> [i]l faut considérer que l'acte de dissolution est un acte collectif formateur. Un tel acte, comme tout acte juridique, est une déclaration soumise à réception. Si une nouvelle majorité de sociétaires décide de ne pas communiquer l'acte de dissolution, ce dernier est imparfait. En refusant de le recevoir, cette nouvelle majorité émet valablement une déclaration qui révoque la précédente. Cette construction n'est susceptible de justifier l'exception que si aucune personne juridiquement intéressée par cette décision n'est informée de la dissolution[1063].

1060 Perrin/Chappuis, p. 195; Dans ce sens, cf. également Riemer, BKomm, n° 8 p. 905.
1061 Perrin/Chappuis, p. 200.
1062 *Ibid.*
1063 *Id.*, p. 201. Dans le même sens: Heini, p. 83.

2.5.1.2 La dissolution de plein droit

Il existe un certain nombre de situations dans lesquelles l'association ne peut plus poursuivre ses activités et doit être dissoute de plein droit[1064]. Il s'agit de situations où l'autorité a, de ce fait, l'obligation d'intervenir parce que l'association ne le fait pas.

2.5.1.2.1 La nature juridique de l'art. 77 CC

L'art. 77 CC prévoit que «[l]'association est dissoute de plein droit lorsqu'elle est insolvable ou lorsque la direction ne peut plus être constituée statutairement». Cette disposition est, en général, considérée comme étant de droit impératif. Les statuts ne peuvent donc prévoir que ces causes n'entraîneront pas la dissolution de l'association[1065].

Autre conséquence de la nature impérative de cette disposition, la dissolution a lieu par simple effet de la loi. Dès lors, «les éventuels jugements ou décisions ne peuvent [...] que constater la dissolution et surtout ordonner la liquidation»[1066].

2.5.1.2.2 L'insolvabilité

L'insolvabilité implique un élément de durée[1067]. De simples difficultés financières passagères ne suffisent pas à provoquer la dissolution *de iure* de l'association. ZEN-RUFFINEN précise que

> le surendettement [...], c'est-à-dire l'état dans lequel le montant total des dettes est plus élevé que celui des actifs, ne signifie pas nécessairement incapacité de payer et ne conduit pas comme tel à la dissolution de l'association pour insolvabilité[1068].

D'ailleurs, en matière de surendettement, le législateur n'a pas imposé la même obligation à la direction de l'association qu'au conseil d'administration de la SA. En effet, une association n'est pas tenue d'aviser, sans délai, le juge de sa situation de surendettement, contrairement à la SA (art. 725 al.

1064 HEINI/PORTMANN, n° 153 p. 77; ROSENBERG, p. 110 ss.
1065 PERRIN/CHAPPUIS, p. 204; ZEN-RUFFINEN, Droit du sport, n° 342 p. 114.
1066 PERRIN/CHAPPUIS, p. 204. Cf. également RVJ 2000 p. 353, consid. 1.
1067 GUILLOD, n° 450 p. 231; HEINI/PORTMANN/SEEMANN, n° 126 p. 44; HEINI/SCHERRER, Art. 77 n° 3 p. 506.
1068 ZEN-RUFFINEN, Droit du sport, n° 343 p. 115. Dans le même sens: HEINI/PORTMANN, n° 154 p. 77; HEINI/SCHERRER, Art. 77 n° 5 p. 506; SCHERRER, Verein, n° 143 p. 101.

2 CO). Pour l'instant, l'art. 191 LP laisse le soin à l'association de requérir elle-même sa mise en faillite si elle l'estime adéquate. Toutefois, cette situation pourrait évoluer prochainement. En effet, l'Assemblée fédérale n'exclut pas, dans le cadre de la révision du Code des obligations, d'assujettir les associations tenues de s'inscrire au RC aux mêmes obligations que les sociétés anonymes[1069]. Pour ce faire, le législateur souhaite rait introduire un nouvel art. 69d CC qui aurait la teneur suivante[1070]:

> 1 Lorsque l'association est tenue de requérir son inscription au registre du commerce, les dispositions du droit de la société anonyme régissant l'avis obligatoire en cas de surendettement et d'insolvabilité ainsi que l'ouverture et l'ajournement de la faillite s'appliquent par analogie.
>
> 2 Le juge peut ajourner la faillite à la requête de la direction ou d'un créancier, notamment si les versements supplémentaires encore dus sont opérés sans délai et que l'assainissement paraît possible.

La jurisprudence a précisé les effets de l'art. 77 *ab initio* CC en ce sens que la constatation judiciaire de l'insolvabilité ne touche pas la jouissance des droits civils de l'association, mais la fait entrer dans une phase de liquidation[1071].

2.5.1.2.3 L'impossibilité de constituer la direction

Tout comme pour l'insolvabilité, l'impossibilité de constituer la direction doit s'apprécier sur la durée[1072]. En règle générale, cette situation résulte d'une période de crise, de la réduction du nombre de sociétaires ou du désintérêt de ceux-ci à exécuter des tâches directives[1073]. HEINI/SCHERRER

1069 Message du Conseil fédéral du 21 décembre 2007 concernant la révision du code des obligations (Droit de la société anonyme et droit comptable; adaptation des droits de la société en nom collectif, de la société en commandite, de la société à responsabilité limitée, de la société coopérative, du registre du commerce et des raisons de commerce), FF 2008 p. 1407, 1558.

1070 Projet de modification du code des obligations (Droit de la société anonyme et droit comptable; adaptation des droits de la société en nom collectif, de la société en commandite, de la société à responsabilité limitée, de la société coopérative, du registre du commerce et des raisons de commerce), FF 2008 p. 1571, 1632. Cf. également JAKOB, p. 17; JAKOB/SCHWEIZER/STUDEN, p. 10; RIEMER, Entwicklungen 2008, p. 17 ss.

1071 RVJ 2000 p. 353, consid. 3.

1072 GUILLOD, n° 450 p. 231; HEINI/PORTMANN, n° 155 p. 77; HEINI/SCHERRER, Art. 77 n° 13 p. 508.

1073 GUILLOD, n° 450 p. 231; HEINI/PORTMANN, n° 159 p. 78; MADÖRIN, p. 80; PERRIN/CHAPPUIS, p. 207; ZEN-RUFFINEN, Droit du sport, n° 346 p. 116.

précisent que cette disposition ne concerne pas les autres organes de l'association. Même si ceux-ci ne peuvent être constitués, faute de membres, l'association subsiste[1074].

Depuis le 1er janvier 2008, le nouvel art. 69c CC instaure une ultime protection avant que l'art. 77 *in fine* CC ne trouve application[1075]. En effet, cette disposition autorise les sociétaires ou les créanciers à requérir du juge qu'il prenne toutes les mesures nécessaires lorsque l'association ne possède pas l'un des organes prescrits par la loi ou les statuts, comme la direction[1076]. La notion de «mesure nécessaire» est indéterminée, mais peut comprendre la nomination d'un commissaire chargé de gérer temporairement l'association (art. 69c al. 2 CC)[1077]. Par ailleurs, dans le cas où les statuts imposent un nombre minimal de membres dans la direction et que celui-ci ne peut être atteint, on peut réduire ce nombre pour réparer ce vice[1078].

2.5.1.3 La dissolution judiciaire

Nous avons vu plus haut qu'il existe un droit de demander la dissolution de l'association sur la base de l'art. 78 CC (cf. pt. 2.3.3.3.4). La dissolution judiciaire représente par conséquent une des manières de mettre fin à l'association.

2.5.1.3.1 Le for et le tribunal compétent

Pour mémoire, seul le juge civil ordinaire du siège de l'association est compétent pour ordonner la dissolution (art. 3 al. 1 let. b LFors; cf. pt. 2.3.3.3.4)[1079]. Le juge pénal ne peut connaître d'une action découlant de l'art. 78 CC, le législateur n'ayant pas prévu la dissolution comme sanc-

1074 Heini/Scherrer, Art. 77 n° 12 p. 507 s.

1075 Heini/Portmann/Seemann, n° 127 p. 44 et n° 311 ss p. 100 ss.

1076 Perrin/Chappuis, p. 117; Hausheer/Aebi-Müller, n° 18.35c p. 334; Riemer, Reformen, p. 580; Riemer, Entwicklungen 2007, p. 128.

1077 Tuor/Schnyder/Schmid, § 16 n° 18 p. 161.

1078 Perrin/Chappuis, p. 207. Dans le même sens: Heini/Scherrer, Art. 77 n° 14 p. 508; Scherrer, Verein, n° 144 p. 102.

1079 ATF 58 I 84, consid. 5; Guillod, n° 451 p. 232; Heini/Portmann, n° 173 p. 83; Heini/Portmann/Seemann, n° 238 p. 77; Heini/Scherrer, Art. 78 n° 8 p. 510; Madörin, p. 80; Perrin/Chappuis, p. 214; Riemer, BKomm, n° 53 p. 928 et n° 60 p. 931; Zen-Ruffinen, Droit du sport, n° 351 p. 116.

tion dans le Code pénal[1080]. Sans base légale, le juge pénal ne peut statuer (cas d'application du principe de la légalité prévu à l'art. 1 CP). L'art. 78 CC indique également que le juge civil n'agit pas d'office mais sur requête. Celle-ci peut émaner de deux sources: l'autorité compétente et les intéressés (cf. pt. 2.5.1.3.2).

2.5.1.3.2 La légitimation active

Le Code civil mentionne «l'autorité compétente» comme première source. On entend par là la corporation de droit public dont relève l'association par son but[1081]. Par conséquent, l'autorité compétente peut être la Confédération, un canton ou une commune (art. 57 al. 1 CC)[1082].

«Les intéressés» représentent la deuxième source. Toute personne qui peut justifier d'un intérêt légitime à ce que le juge prononce la dissolution de l'association possède cette qualité[1083]. Dès lors, un sociétaire, un créancier, un débiteur et même une association concurrente (qui utilise des moyens licites) peuvent se prévaloir de l'art. 78 CC à l'encontre d'une association dont le but est illicite ou contraire aux mœurs[1084]. Même si la qualité d'intéressé est large, il ne s'agit pas d'une «action populaire» puisque la protection du public est, en effet, dévolue aux autorités[1085].

1080 PERRIN/CHAPPUIS, p. 214; RIEMER, BKomm, n° 60 p. 931.
1081 BAUMANN, Personenrecht des ZGB, p. 66; HEINI/PORTMANN, n° 172 p. 83.
1082 HEINI/SCHERRER, Art. 78 n° 7 p. 510.
1083 HEINI/PORTMANN, n° 172 p. 83; HEINI/PORTMANN/SEEMANN, n° 139 p. 47 s.
1084 BAUMANN, p. 66; PERRIN/CHAPPUIS, p. 213; ZEN-RUFFINEN, Droit du sport, n° 352 p. 116 s.
1085 PERRIN/CHAPPUIS, p. 213. Dans le même sens: HEINI/SCHERRER, Art. 78 n° 8 p. 510.

2.5.2 Les conséquences de la dissolution

La dissolution de l'association met fin à son existence et à ses activités, ce qui entraîne naturellement un certain nombre de conséquences[1086].

2.5.2.1 La liquidation et l'affectation des biens

Les dissolutions volontaire, de plein droit ou judiciaire ont pour conséquence de faire entrer l'association dans une phase de liquidation[1087]. Il n'existe pas de normes spécifiques à l'association concernant la liquidation et l'affectation des biens[1088]. En conséquence, il faut se référer aux dispositions générales du Code civil traitant des personnes morales et aux règles relatives aux autres formes de corporations. L'art. 58 CC indique que «[l]es biens des personnes morales sont liquidés en conformité des règles applicables aux sociétés coopératives»[1089]. L'art. 913 CO relatif à la liquidation des sociétés coopératives opère un nouveau renvoi aux articles qui règlent la fin des sociétés anonymes (art. 739 ss CO)[1090], sous réserve d'autres dispositions. On peut penser ici aux règles du droit de la poursuite qui trouvent application en vertu de l'art. 77 CC[1091].

En pratique, l'association procède elle-même, c'est-à-dire par sa direction, à la liquidation de ses biens[1092]. Si elle n'agit pas, les créanciers conservent la possibilité de saisir le juge pour qu'il nomme un ou des liquidateurs en application de l'art. 740 al. 3 CO.

1086 HEINI/PORTMANN, n° 177 p. 85; ROSENBERG, p. 113.

1087 BAUMANN, p. 65 et HEINI/SCHERRER, Art. 76 n° 4 p. 504, précisent que lorsqu'elle entre en phase de liquidation, l'association qui est inscrite au RC doit, en plus de son nom, porter la mention «en liquidiation». Cf. également PERRIN/CHAPPUIS, p. 224; SCHERRER, Verein, n° 139 p. 98; TUOR/SCHNYDER/SCHMID, § 15 n° 38 p. 154; ZEN-RUFFINEN, Droit du sport, n° 355 p. 117.

1088 HAUSHEER/AEBI-MÜLLER, n° 18.73 p. 343.

1089 Cf. à ce sujet BAUMANN, Personenrecht des ZGB, p. 66; HANDSCHIN, p. 154; HEINI/PORTMANN, n° 177 p. 85.

1090 RVJ 2000 p. 353, consid. 2.

1091 PERRIN/CHAPPUIS, p. 224 s.; ZEN-RUFFINEN, Droit du sport, n° 356 p. 118.

1092 BAUMANN, Personenrecht des ZGB, p. 66; BRÜCKNER, n° 1157 p. 349; MADÖRIN, p. 80; ROSENBERG, p. 115.

Pendant la procédure de liquidation, la poursuite s'exécute par voie de saisie si l'association n'est pas inscrite au RC. Dans l'hypothèse où il n'y a pas de deniers à distribuer aux créanciers, le procès-verbal de saisie vaut acte de défaut de biens. Celui-ci tient lieu aussi de «constatation officielle» de la dissolution[1093].

Les associations inscrites au RC sont liquidées par voie de faillite. Dans ce cas, c'est le jugement de faillite qui constitue la «constatation officielle» de la dissolution[1094].

Lorsqu'elle est en phase de liquidation, l'association conserve sa personnalité juridique (art. 739 al. 1 CO)[1095], mais ses organes ne peuvent plus procéder qu'aux actes nécessaires pour la liquider (art. 739 al. 2 CO).

Dans le domaine du sport, les statuts déterminent en priorité l'affectation de la fortune de l'association dissoute. Ceux-ci «déterminent librement à qui elle est destinée, par exemple à une association à créer ou existante, ayant des buts semblables, [...] à la fédération dont elle relève»[1096], ou encore aux membres[1097]. Les statuts peuvent aussi attribuer cette compétence décisionnelle à un organe social, notamment à l'assemblée générale. Dans ce cas, ils peuvent assortir cette compétence de directives ou laisser, au contraire, toute liberté à l'organe désigné. Lorsque les statuts sont muets ou qu'aucune décision n'a été prise, l'art. 57 CC s'applique[1098]. Celui-ci impose, à son alinéa 1, qu'à défaut d'autres indications, «la fortune des personnes morales dissoutes [soit] dévolue à la corporation publique (Confédération, canton, commune) dont elles relevaient par leur but». En principe, c'est la portée géographique du but qui est pertinente pour déterminer la corporation publique qui recevra la fortune de l'association[1099]. De plus, à son alinéa 2, l'art. 57 CC précise que «[l]a destination primitive des biens sera maintenue dans la mesure du possible». Cependant, si l'association a été dissoute parce que son but était illicite ou contraire aux mœurs (art. 57 al. 3 CC), la dévolution de ses biens aura nécessairement lieu au profit d'une corporation publique[1100]. Peu importe,

1093 Perrin/Chappuis, p. 206; Zen-Ruffinen, Droit du sport, n° 344 p. 115.

1094 *Ibid.*

1095 Guillod, n° 452 p. 232 s.; Heini/Portmann, n° 178 p. 86.

1096 Zen-Ruffinen, Droit du sport, n° 355 p. 117.

1097 Riemer, BKomm, n° 127 p. 956.

1098 Baumann, Personenrecht des ZGB, p. 67; Madörin, p. 81; Tuor/Schnyder/Schmid, § 15 n° 40 p. 154 s.

1099 Zen-Ruffinen, Droit du sport, n° 355 p. 117.

1100 Brückner, n° 1160 p. 350; Hausheer/Aebi-Müller, n° 18.72a p. 343.

dans ce contexte, que l'illicéité ou la contrariété aux mœurs soit initiale ou subséquente[1101].

2.5.2.2 La radiation de l'inscription au registre du commerce

L'art. 79 CC indique que «[s]i l'association est inscrite au registre du commerce, la dissolution est déclarée par la direction ou par le juge au préposé chargé de radier». Cette disposition n'est applicable qu'aux associations inscrites au RC, soit à une minorité.

Les causes de dissolution qui entraînent l'application de l'art. 79 CC sont celles prévues aux art. 76 à 78 CC[1102]. Lorsque le juge prononce la dissolution, il mentionne la réquisition de radiation dans son jugement à l'attention du préposé.

1101 ATF 115 II 401, JdT 1991 I 526 (trad.), consid. 1 s.; ATF 112 II 1, JdT 1986 I 633 (trad.), consid. 4.

1102 Heini/Scherrer, Art. 79 n° 4 p. 511.

3. La fédération

La fédération ne représente qu'une forme particulière d'association. Nous nous limiterons donc à signaler ses particularités, les règles relatives à l'association lui étant, pour le surplus, applicables. Précisons que, lorsque nous parlons de «fédération» nous entendons la fédération faîtière qui se trouve au sommet de la pyramide (cf. pt. 3). Nous n'ignorons évidemment pas que les associations membres de ladite fédération, aux différents niveaux, sont souvent elles-mêmes aussi des fédérations, puisqu'elles regroupent déjà des associations, mais au niveau régional ou national[1103].

Figure n°3: Le sport international et ses structures: le mouvement olympique

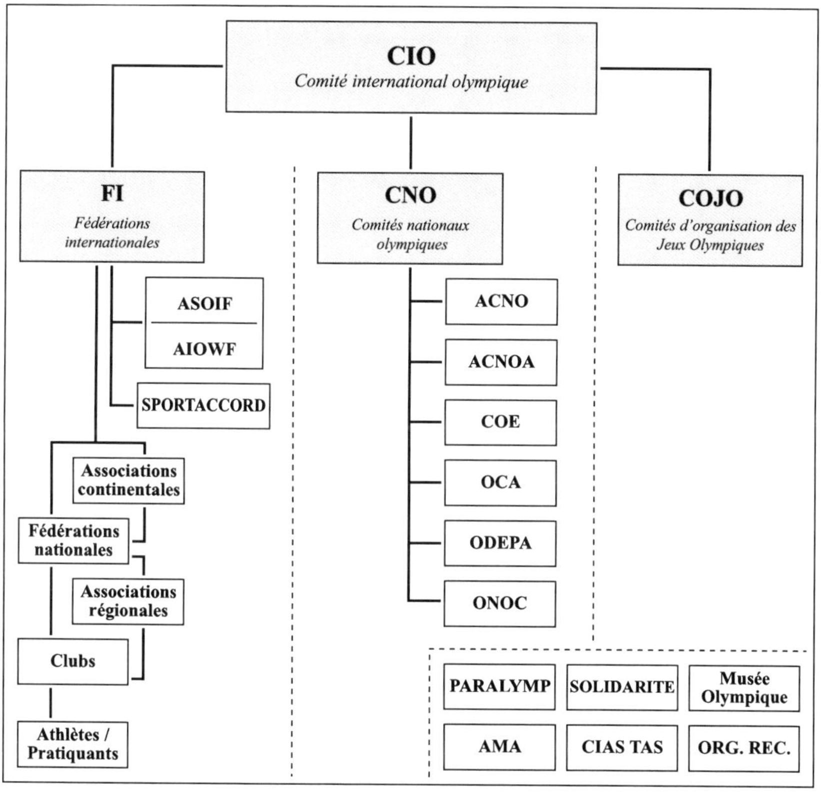

1103 Pour plus de détails, cf. Bichovsky, p. 16 s.; Dias, p. 91 ss, en particulier 95 ss; Steiner, p. 17 ss; Zen-Ruffinen, Droit du sport, p. 119 ss.

Figure n°4: Les pyramides du sport: l'exemple du football

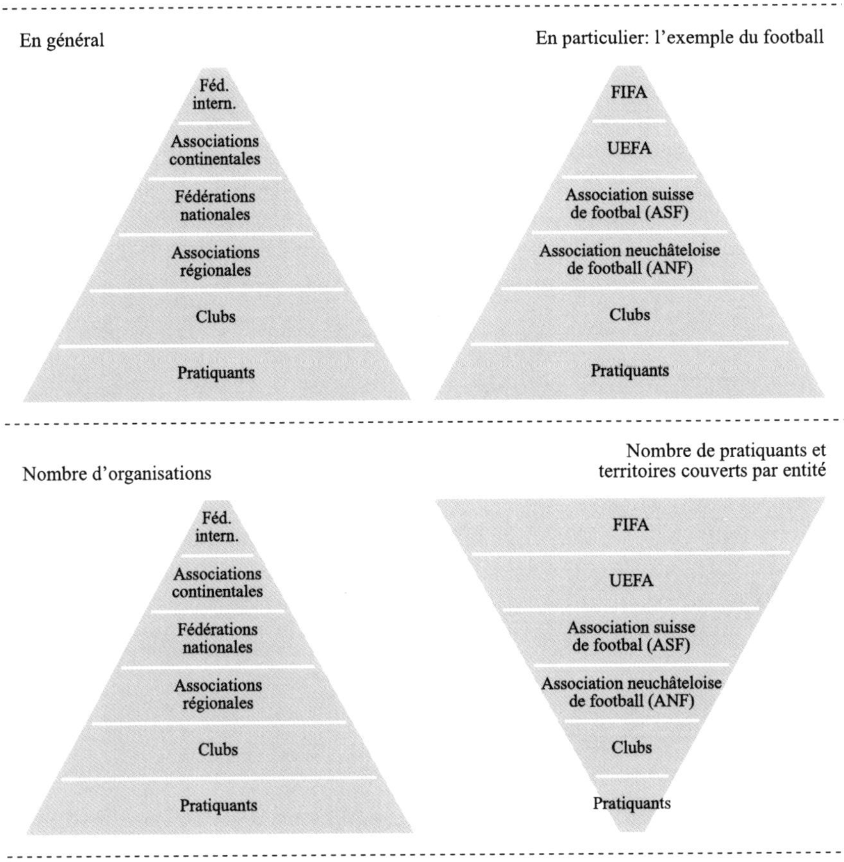

3.1 Généralités

3.1.1 Notion

Le Code civil, en particulier les dispositions relatives au droit de l'association, ne connait pas la notion de fédération, alors que la possibilité, pour des entités de même nature, de se fédérer au sein d'une fédération est prévue dans le droit de la société coopérative (art. 921 à 925 CO)[1104].

3.1.2 Définition

En général, on définit la fédération comme une association d'associations[1105], ou même de fédérations, suivant à quel niveau de la pyramide (cf. fig. 3 et 4) on se situe. Dès lors, lorsqu'on utilise le terme de fédération, il faut comprendre «le groupement qui coiffe la structure pyramidale, auquel nous pourrions donner le nom de superstructure afin de bien marquer sa position prééminente»[1106]. SATTIVA SPRING y voit deux conséquences: un pouvoir de surveillance de l'organisme supérieur et le caractère unitaire du but non économique[1107]. En fait, et encore une fois, ces remarques sont valables pour tous les échelons mais de manière toujours plus limitée lorsqu'on descend dans la pyramide.

1104 JAQUIER, n° 33 p. 18; RIEMER, BKomm, n° 494 p. 212; SATTIVA SPRING, p. 31; ZEN-RUFFINEN, Droit du sport, n° 362 p. 120.

1105 HEINI/PORTMANN, n° 515 p. 222; JAQUIER, n° 31 p. 17; RIGOZZI, L'arbitrage, n° 67 p. 38; SATTIVA SPRING, p. 31.

1106 SATTIVA SPRING, p. 32.

1107 *Id.*, p. 45. Dans le même sens: RIGOZZI, L'arbitrage, n° 62 p. 35 s.

3.1.3 Les fédérations nationales et internationales

En matière de sport, on distingue principalement deux types de fédérations: les fédérations nationales, qui regroupent des entités du même pays, comme l'ASF (réunissant en son sein tous les clubs de football de Suisse[1108]) et les fédérations internationales, qui rassemblent, sous leur autorité, toutes les fédérations nationales d'un sport particulier, comme la FIFA le fait pour le football[1109].

De manière plus précise, les premières se fondent sur une assise territoriale qui est celle d'un Etat (ou d'une entité politique ou géographique considérée comme telle par le mouvement sportif en question)[1110]. Leur constitution et fonctionnement sont soumis au droit national de l'Etat dans lequel elles ont leur siège[1111].

Les secondes sont, en général, uniques. Elles régissent leur sport au niveau mondial et exercent leur autorité sur leurs membres et sur tous ceux qui en dépendent. Néanmoins, malgré leur activité mondiale, ces fédérations internationales ont aussi leur siège dans un pays donné. Celui-ci va déterminer le droit applicable à leur constitution et à leur fonctionnement, à moins que ces fédérations fassent une élection en faveur d'un droit autre dans leurs statuts. Tous les ordres juridiques ne le permettent d'ailleurs pas[1112]. Ces organisations internationales sont parfois amenées à faire exécuter leurs décisions dans des pays dont les exigences juridiques sont différentes. Pour remédier à ce problème, la communauté internationale a tenté, à plusieurs reprises, de codifier les règles minimales à observer pour acquérir la personnalité juridique, sans grand succès[1113]. Seul le Conseil de

1108 Jaquier, n° 34 p. 18 s.; Rigozzi, L'arbitrage, n° 61 p. 35.

1109 Jaquier, n° 35 p. 19; Rigozzi, L'arbitrage, n° 62 p. 35 s.

1110 Cf. p.ex. l'art. 5 al. 1 des Statuts de l'UEFA, qui précisent que seules «les associations européennes qui ont leur siège dans un Etat indépendant reconnu par l'Organisation des Nations Unies (ONU) et qui sont responsables de l'organisation et de la mise sur pied du football sur le territoire de leur pays peuvent devenir membres de l'UEFA». Concernant un cas d'application de cette règle, cf. Sentence CAS 2002/O/410 du 7 octobre 2003, The Gibraltar Football Association (GFA)/Union des associations européennes de football (UEFA), *in:* Reeb, Rec. III, p. 68 ss.

1111 Sattiva Spring, p. 51; Zen-Ruffinen, Droit du sport, n° 361 p. 120.

1112 Jaquier, n° 42 p. 22; Rigozzi, L'arbitrage, n° 68 p. 38; Zen-Ruffinen, Droit du sport, n° 367 s. p. 123 s.

1113 Honegger, p. 54, qui précise que la Suisse ne connaît pas de réglementation spécil'Europe a adopté le 24 avril 1986 une Convention européenne sur la reconnaissance de la personnalité juridique des organisations internationales non gouvernementales[1114]. Cette réglementation s'applique également aux associations et, par extension, aux fédérations[1115]. A l'heure actuelle, la Convention s'applique dans onze Etats[1116]. Ceux-ci reconnaissent une fédération conforme au droit de l'un des Etats signataires comme si elle était fondée sur leur propre droit.

En pratique, on distingue quatre modes de rattachement d'une fédération internationale à un droit national[1117]. Tout d'abord, il peut y avoir renvoi explicite à un droit national spécifique (inséré dans les statuts) ou, deuxième cas, implicite, par la fixation du siège de la fédération dans un Etat donné. En troisième lieu, lorsque les statuts ne font ni référence à un droit national, ni ne fixent, de manière claire, un siège, par exemple en «indiqu[ant] que le siège se trouve au domicile du président ou du secrétariat général», aucun rattachement n'est possible a priori[1118]. Il doit être opéré de cas en cas. Par conséquent, le droit national déterminant peut changer à la suite d'une élection ou d'un déménagement de l'administration de la fédération internationale. Dans ces situations, des adaptations réglementaires peuvent être nécessaires pour assurer la reconnaissance de la personnalité juridique de la fédération internationale dans son nouveau lieu d'accueil[1119]. Le quatrième et dernier mode de rattachement est plus singulier. Il implique que la fédération ne se soit pas soumise à un droit national et que, contrairement au mode précédent, ses statuts ne renferment aucune disposition ou indication permettant de déterminer le siège. Le droit applicable à ce type de fédérations dépend des législations de chaque

---

fique pour ce type d'organisations. Elles sont simplement soumises au droit suisse de l'association.

1114 Convention européenne sur la reconnaissance de la personnalité juridique des organisations internationales non gouvernementales (STCE 124), *in:* site du Conseil de l'Europe (www.coe.int/): http://conventions.coe.int/Treaty/fr/Treaties/Word/124.doc (31.05.2010).

1115 Rigozzi, L'arbitrage, n° 68 p. 38.

1116 Autriche, Belgique, Chypre, France, Grèce, Ex-République yougoslave de Macédoine, Pays-Bas, Portugal, Royaume-Uni (y compris les îles de Guernesey et Jersey), Slovénie et Suisse; cf. site du Conseil de l'Europe (www.coe.int/): http://conventions.coe.int/Treaty/Commun/ChercheSig.asp?NT=124&CM=8&DF=10/10/2008&CL=ENG (31.05.2010).

1117 Jaquier, n° 43 p. 22.

1118 Zen-Ruffinen, Droit du sport, n° 368 p. 123 s.

1119 Sattiva Spring, p. 56.

Etat. En Suisse, on privilégie la volonté des fondateurs de se soumettre à un droit étatique donné[1120]. En France, c'est le siège administratif effectif de la fédération qui fait foi[1121].

Les fédérations internationales peuvent imposer des obligations à leurs membres, notamment en exigeant une mise en conformité de leurs statuts avec les leurs[1122]. On peut ainsi observer que les fédérations internationales font office de promoteur international du droit auquel elles sont soumises. Le droit suisse de l'association a profité de la présence sur notre sol de nombreuses associations (notamment le CIO et la FIFA), fédérations et fondations pour acquérir une grande importance sur le plan international.

3.1.4 Les sections

La doctrine dominante définit la «section» comme «tout groupement disposant d'une organisation propre et qui constitue une des composantes de la structure de la fédération»[1123]. De plus, elle en distingue deux types selon que la section dispose de la personnalité juridique ou non[1124]. Les sections sont le plus souvent elles-mêmes des associations régionales (p.ex. la Section neuchâteloise du TCS, ou la Société neuchâteloise des médecins-dentistes (SNMD), qui est aussi une section de la Société suisse d'odontho-stomatologie (SSO))[1125].

Les sections sans personnalité juridique, de leur côté, ne satisfont pas aux exigences de l'art. 60 CC[1126]. Elles ne constituent pas des personnes morales et n'ont pas d'existence propre[1127]. BADDELEY précise que ces sec-

1120 SATTIVA SPRING, p. 57; ZEN-RUFFINEN, Droit du sport, n° 368 p. 123 s.

1121 ZEN-RUFFINEN, Droit du sport, n° 368 p. 123 s.

1122 RIGOZZI, L'arbitrage, n° 66 p. 37.

1123 BADDELEY, L'association sportive, p. 124 note 5.

1124 BADDELEY, L'association sportive, p. 126 ss; HAUSHEER/AEBI-MÜLLER, n° 18.65 p. 341; HEINI/PORTMANN, n° 513 p. 222; KLAUS, p. 258 s.; RIEMER, Sektionen, p. 153; RIEMER, BKomm, n° 495 p. 213 ss; SATTIVA SPRING, p. 88 ss; ZEN-RUFFINEN, Droit du sport, n° 375 ss p. 126 ss.

1125 HEINI/PORTMANN, n° 518 p. 223.

1126 HEINI/PORTMANN, n° 522 p. 224 s.; SATTIVA SPRING, p. 88 s.; SCHERRER, Verein, n° 58 p. 48 s.

1127 HEINI/PORTMANN, n° 523 p. 225; RIEMER, Sektionen, p. 153 s.; RIEMER, BKomm, n° 502 p. 215; ZEN-RUFFINEN, Droit du sport, n° 375 p. 126 s.

tions «sont soumises, tant dans leur réglementation que dans les décisions sociales, à la volonté de l'association dont elles font partie»[1128]. Néanmoins, certains auteurs, en particulier SATTIVA SPRING, considèrent qu'il serait utile de s'écarter du texte légal de l'art. 60 CC pour reconnaître une personnalité juridique autonome aux sections qui disposent d'organes habilités à les représenter et d'un patrimoine propre (approche fonctionnelle contre approche formaliste)[1129]. De ce fait, ces sections seraient à même de s'obliger sans engager la fédération. La doctrine majoritaire rejette cette opinion aux motifs qu'elle viole, d'une part, le principe du *numerus clausus* des personnes morales et, d'autre part, celui de la sécurité du droit (il est difficile de définir à partir de quel moment la section a acquis une autonomie suffisante pour être considérée comme indépendante; il faut juger de cas en cas)[1130]. Une relative souplesse est cependant admise dans ce domaine si les circonstances le justifient. ZEN-RUFFINEN précise ainsi qu'

> [e]xceptionnellement, lorsque la section bénéficie d'une certaine autonomie, elle peut constituer, selon les circonstances et les statuts de la fédération, un contrat de société simple [...]. Si tel est le cas, les art. 530 ss CO s'appliquent[1131].

Par ailleurs, les sections sans personnalité juridique peuvent, selon leur degré d'indépendance, être qualifiées d'organes de fait de la fédération[1132].

Les sections disposant de la personnalité juridique constituent des personnes morales indépendantes, en règle générale constituées en associations[1133]. Elles possèdent leurs propres statuts et règlements et s'organisent

1128 BADDELEY, L'association sportive, p. 126.
1129 SATTIVA SPRING, p. 106 s.
1130 BADDELEY, L'association sportive, p. 126 ss; ZEN-RUFFINEN, Droit du sport, n° 375 p. 126 s.
1131 ZEN-RUFFINEN, Droit du sport, n° 375 p. 126 s. Cf. également HEINI/PORTMANN, n° 522 s. p. 224 s.; RIEMER, Sektionen, p. 153 s.; RIEMER, BKomm, n° 506 p. 217; SATTIVA SPRING, p. 99.
1132 HAUSHEER/AEBI-MÜLLER, n° 18.66p. 341; HEINI/PORTMANN, n° 519 s. p. 223 s.; ZEN-RUFFINEN, Droit du sport, n° 375 p. 126 s.
1133 BADDELEY, L'association sportive, p. 128 s. Cet auteur n'est pas opposé à ce que des sociétés anonymes ou coopératives deviennent membres d'une fédération. Toutefois, cette structure possède certains désavantages, notamment concernant la répercussion des devoirs sociaux à l'encontre des actionnaires de ces sociétés. Pour remédier à cette problématique, BADDELEY est d'avis qu'il y a «lieu de conclure avec chacun des actionnaires un contrat individuel transformant les réglementations sociales en conditions générales» [BADDELEY, L'association sportive, p. 129 note 19]. Cf. également HAUSHEER/AEBI-MÜLLER, n° 18.68 p. 341 s.; HEINI/PORTMANN, n° 525 p. 225 s.

librement dans les limites de leur autonomie[1134]. Il est dès lors important de définir leurs relations avec la fédération. Dans la pratique, on constate que, dans certains cas, seule la section est membre de la fédération et que, dans d'autres, tant la section que ses sociétaires sont membres. Parfois encore, seuls les sociétaires sont intégrés dans la structure de la fédération[1135]. Certaines variantes permettent plus facilement à la fédération de répercuter les obligations qu'elle impose à ses membres en vertu de son pouvoir réglementaire[1136].

1134 BADDELEY, L'association sportive, p. 129.

1135 BADDELEY, L'association sportive, p. 129, ne cite que les deux premiers exemples. ZEN-RUFFINEN, Droit du sport, n° 375 p. 126 s., retient les trois. Sur les relations entre la fédération et la section, ainsi qu'entre la fédération et les membres de la section; cf. également RIEMER, Sektionen, p. 154 ss. Sur la qualité de membre en général, cf. KLAUS, p. 259 s.

1136 HEINI/PORTMANN, n° 526 s. p. 226 s.

3.2 Les statuts

A titre liminaire, il est utile de rappeler que les fédérations doivent, pour acquérir la personnalité juridique, se doter de statuts écrits qui expriment la volonté des fondateurs d'être organisés corporativement et qui «contiennent les dispositions nécessaires sur le but, les ressources et l'organisation de l'association» (art. 60 al. 2 CC). Nous ne reviendrons pas sur les conditions de forme auxquelles doivent répondre les statuts, puisque ce sont les mêmes que pour les associations en général (cf. pts. 2.2 ss).

3.2.1 Le but idéal des fédérations

Pour pouvoir acquérir la personnalité juridique en qualité d'associations, les fédérations doivent poursuivre un but idéal au sens de l'art. 60 al. 1 CC[1137]. Nous avons déjà mentionné qu'il faut distinguer le but au sens strict (ou final) du but au sens large (cf. pt. 2.2.6.1.1). Le premier doit impérativement être non économique. Le but au sens strict consiste, pour la plupart des fédérations sportives, à

> promouvoir leur sport et développer sa pratique par le plus grand nombre, sans discrimination politique, religieuse ou raciale, le réglementer et le contrôler (pour assurer son universalité), organiser certaines compétitions de haut niveau; depuis peu également, veiller à l'harmonisation du calendrier des compétitions sportives du sport professionnel organisées aux niveaux national et international[1138].

La doctrine ne conteste pas cette définition de la qualité «idéale» d'un but. Elle est en revanche plus réticente à tolérer la mise en œuvre de moyens économiques en vue d'atteindre le but au sens strict. On pense ici à la vente des droits de retransmission télévisée négociés à prix élevés, aux

1137 Dans ce paragraphe, nous nous contenterons d'un exposé succinct, la question du but idéal des associations ayant déjà été traitée en détails dans la partie relative aux statuts des associations (cf. pt. 2.2.6.1.2). Cf. également BERNI, p. 102 ss.

1138 ZEN-RUFFINEN, Droit du sport, n° 370 p. 124.

contrats de sponsoring et de merchandising ainsi qu'à la billetterie[1139]. Comme les bénéfices tirés de ces diverses sources de revenus visent à permettre la réalisation du but au sens strict, la doctrine admet, non sans parfois quelques réticences, que ces fédérations puissent se constituer en associations[1140].

Dans tous les cas, les fédérations peuvent, en fonction de l'importance de leur activité économique, être tenues de requérir leur inscription au RC de leur siège, en application de l'art. 61 al. 2 CC (cf. pt. 1.2; 2.2.4.3; 2.2.6.1.2).

3.2.2 Les ressources

Comme la plupart des associations, les fédérations obligent leurs membres à verser des cotisations. Dans la pratique, on s'aperçoit que cette obligation découle plus souvent d'un principe que d'une recherche de revenus. Rappelons que jusqu'à la révision du 17 décembre 2004, l'obligation de payer des cotisations avait pour but d'exonérer les membres de toute autre responsabilité financière[1141] et les fédérations internationales, en particulier, voulaient, à tout prix, éviter à leurs fédérations membres de devoir intervenir financièrement pour elles (cf. pt. 2.3.4.1.1). En tous les cas, ces cotisations sont généralement très basses[1142]. La Fédération suisse d'athlétisme (Swiss Athletics) les a, par exemple, fixées au maximum à 200 francs par association membre (cotisation par société), complétées d'une taxe de 15 francs maximum par membre affilié (cotisation par personne)[1143]. En réalité, les grandes fédérations internationales dégagent des revenus beaucoup plus importants de la vente des droits de retransmission des compétitions qu'elles organisent, ainsi que de l'exploitation de leurs droits

1139 *Id.*, n° 371 p. 124 s.

1140 Baddeley, L'association sportive, p. 23 ss et particulièrement p. 45 s.; Heini, p. 21; Sattiva Spring, p. 67 ss.

1141 A ce sujet, cf. Baddeley, La protection des membres, p. 198. Cf. également ATF 133 III 105, JdT 2007 I 135 (rés.), consid. 2.2.1.

1142 Zen-Ruffinen, Droit du sport, n° 417 p. 143 s.

1143 Art. 15 par. 1 Statuts Swiss Athletics du 13 mars 2010, *in:* site de la Swiss Athletics (www.swiss-athletics.ch): http://www.swiss-athletics.ch/files/ueber_swiss_athletics/facts_figures/fr_statuts_swiss_athletics.pdf (31.05.2010).

commerciaux[1144], que des cotisations. Parfois, elles prélèvent une taxe sur l'organisation des compétitions internationales. La FIFA connaît une telle règle. Elle se réserve une marge de 2% à l'occasion de chaque match international disputé entre deux équipes nationales A. Dans tous les cas, une somme de 400 dollars US lui est due[1145].

Parfois, les fédérations internationales et les fédérations nationales reversent une partie de leurs gains aux entités qui leur sont hiérarchiquement inférieures[1146], notamment parce que celles-ci contribuent à la réalisation de leurs gains (participation à la Coupe du Monde de football, négociation centralisée des droits de télévision au niveau national, etc.). Il s'agit là d'une ressource interne à la structure pyramidale du monde du sport (cf. pt. 3).

3.2.3 Les organes des fédérations

3.2.3.1 L'assemblée des délégués

Dans les fédérations, une assemblée des délégués formée d'élus représentant les différents membres de la fédération remplace souvent l'assemblée générale. On peut rappeler que le Tribunal fédéral a confirmé, dans un arrêt datant de 1922[1147], la légalité de l'assemblée des délégués en lieu et place d'une assemblée générale. Cette solution s'explique par la taille de la fédération concernée ou des associations qui la composent. Réunir plusieurs centaines, voire milliers de membres poserait des problèmes logistiques insurmontables et ne garantirait pas la formation correcte de la volonté sociale[1148]. Les assemblées des délégués, souvent appelées congrés (cf. pt. 2.2.6.3.2.1), peuvent naturellement être ordinaires ou extraordinaires. Leur périodicité varie selon les fédérations (entre un et quatre ans)[1149].

1144 BADDELEY, L'association sportive, p. 53; ZEN-RUFFINEN, Droit du sport, n° 420 p. 144.
1145 Art. 10 ch. 1 et art. 12 Règlement d'application des Statuts FIFA.
1146 ZEN-RUFFINEN, Droit du sport, n° 420 p. 144.
1147 ATF 48 II 145, JdT 1923 I 2 (trad.), consid. 5
1148 BADDELEY, L'association sportive, p. 172; PERRIN/CHAPPUIS, p. 47 s.; ZEN-RUFFINEN, Droit du sport, n° 393 p. 135.
1149 Un an: art. 22 ch. 2 Statuts FIFA. Deux ans: art. 5 ch. 2 Statuts IAAF. Quatre ans: Art. 23 al. 2 Statuts AIBA; art. 14.8 Statuts généraux 2006-2010 FIBA.

Plus la fédération compte un grand nombre de membres et couvre un territoire géographique important, plus la tendance à tenir des assemblées espacées est grande. On constate toutefois que les statuts ne prévoyant pas d'assemblée annuelle sont toujours plus rares. La FIFA, par exemple, est passée il y a quelques années d'un cycle de deux ans à un cycle annuel. En revanche, la FIBA et l'AIBA ne prévoient toujours qu'une assemblée tous les quatre ans et ne pensent pas en changer. Ce phénomène s'explique, d'une part, par le développement des moyens de transport et de communication et, d'autre part, par la multiplication des problèmes auxquels les fédérations internationales font face.

Comme pour les assemblées générales des associations de base, il est fréquent que les assemblées de délégués ne puissent valablement délibérer que lorsqu'un certain quorum (nombre minimal de membres pour délibérer valablement (cf. pt. 2.2.6.3.2.6.2) est atteint, en tous les cas pour certains objets spécifiques. Par exemple, l'art. 26 ch. 3 des Statuts de la FIFA impose que la majorité absolue des membres ayant le droit de vote soient présents pour entrer en matière sur une modification des statuts. Dans certaines fédérations comme l'IBAF[1150], les membres qui ne sont pas à jour dans le paiement de leurs cotisations au 31 décembre de l'année précédente perdent leur droit de vote à l'assemblée suivante. Peu importe à cet égard qu'ils aient ou non payé leur dû entre-temps. Il convient de bien distinguer le quorum, même lorsqu'il est exprimé sous cette forme, de la majorité qualifiée requise pour adopter la décision (en l'occurrence, une majorité qualifiée des trois-quarts des membres présents pour une modification des Statuts de la FIFA selon l'art. 26 ch. 4 Statuts FIFA). Il est judicieux que les statuts déterminent la procédure à suivre lorsque le quorum n'est pas atteint[1151]. La question demeure toutefois relativement théorique.

Comme l'assemblée générale de l'association, l'assemblée des délégués se prononce sur tous les objets essentiels qui touchent la fédération. C'est elle qui détermine, notamment, en accord avec ses buts, sa politique générale ainsi que, par extension et dans certaines limites en tout cas, celle de ses membres. De plus, elle est également compétente pour adopter et modifier les statuts et règlements de la fédération, pour nommer la direction et l'organe de contrôle, et pour approuver le budget et les comptes[1152]. En matière de sport, les fédérations internationales sont aussi responsables de

1150 Art. 24 statuts IBAF; art. 2.2 et 4.0 Bye-Laws IBAF du 1er mars 2001.

1151 ZEN-RUFFINEN, Droit du sport, n° 397 p. 136.

1152 *Id.*, n° 394 p. 135.

gérer et d' «adopter les règles de jeu qui gouvernent le sport concerné»[1153], à moins que cette compétence échoie à un organe particulier, comme c'est le cas à la FIFA. Elles possèdent de plus la compétence de mettre sur pied leurs propres compétitions et de veiller à la bonne coordination et au déroulement régulier des autres épreuves internationales[1154].

L'organisation d'une assemblée des délégués d'une fédération internationale implique des déplacements longs et coûteux pour de nombreuses personnes. Certaines fédérations qui disposent de ressources importantes prennent à leur compte les frais de déplacement et de séjour des délégués[1155]. Cette pratique répond à une préoccupation démocratique. Il importe que les décisions soient prises par le plus grand nombre, dans un esprit d'universalité[1156]. Les fédérations «pauvres» ne doivent pas être écartées de ce processus pour des raisons économiques. Une telle générosité est, toutefois, plutôt rare parmi les fédérations, la plupart ne disposant tout simplement pas des moyens permettant de mener une aussi longue politique.

La désignation des délégués appartient aux associations membres. Ni la loi, ni la jurisprudence n'attribuent cette compétence à un organe particulier. La doctrine est divisée à ce sujet[1157]. Certains auteurs, notamment RIEMER et PERRIN/CHAPPUIS, estiment que c'est à la direction qu'elle doit revenir[1158]. BADDELEY, pour sa part, considère que cette tâche incombe à l'assemblée générale, ce qui est souvent difficile en pratique. Il lui paraît logique que les délégués, qui constitueront l'organe suprême de la fédération, émanent eux-mêmes de l'organe suprême de l'association membre. Cette solution est aussi, selon elle, mieux à même de protéger la formation de la volonté sociale, «[c]e d'autant, qu'en vertu des statuts de certaines fédérations [associations inférieures], les délégués ne sont pas liés par des instructions de leurs sociétés»[1159]. Ce sont les statuts de l'association membre qui, en

1153 *Ibid.*

1154 *Ibid.* Seul l'International Football Association Board (IFAB) peut promulguer ou modifier les Lois du Jeu (art. 6 ch. 1 Statuts FIFA). L'IFAB est composé de huit membres: quatre désignés par la FIFA et quatre désignés par les associations britanniques (art. 6 ch. 2 Statuts FIFA). Cf. également l'art. 20 Règlement d'application des Statuts FIFA.

1155 Art. 1 ch. 3 Règlement du Congrès FIFA.

1156 ZEN-RUFFINEN, Droit du sport, n° 398 p. 136 s.

1157 *Id.*, n° 399 p. 137.

1158 PERRIN/CHAPPUIS, p. 47 s.; RIEMER, BKomm, Art. 66 n° 33 p. 489 ss.

1159 BADDELEY, L'association sportive, p. 137.

général, règlent cette question. En cas de silence, il convient d'examiner à qui lesdits statuts attribuent les compétences résiduelles de l'art. 65 al. 1 CC[1160]. Ce sont également les statuts de la fédération qui déterminent le nombre de délégués de chaque association membre.

La fédération doit aussi réglementer l'exercice du droit de vote (p. ex. vote ouvert ou à bulletin secret). Comme les délégations se composent le plus souvent de plusieurs membres, il est utile de savoir lequel des délégués exerce le droit de vote de l'association[1161]. En tous les cas, celle-ci ne peut voter que par l'intermédiaire d'une seule personne et sans possibilité de partager son vote en cas de pluralité de voix.

Chaque association est libre de s'organiser comme elle le souhaite. Dans la pratique, le nombre de délégués dans les associations de sport se situe généralement entre un et trois. Même si, l'association doit, en fin de compte, faire valoir sa voix par l'intermédiaire d'une seule personne, certaines associations préfèrent désigner plusieurs délégués. Ce choix, qui ressortit à la libre appréciation de chaque entité, peut s'expliquer par divers motifs. Premièrement, une association ne donne pas toujours d'instructions précises à ses délégués s'agissant des votes auxquels ils vont participer. Les délégués peuvent donc discuter entre eux, à l'issue des débats, pour déterminer quel sera le vote de leur fédération. Pour les mêmes raisons, il est parfois nécessaire de pouvoir s'appuyer sur l'avis de spécialistes, qui disposent de connaissances pointues dans leurs domaines respectifs. Enfin, les délégués doivent souvent rendre compte des délibérations du Congrès. Le fait de nommer plusieurs délégués permet donc aux associations de disposer de comptes rendus plus complets, voire plus fiables.

Il convient de se pencher également sur la liberté de vote dont bénéficient les délégués et de se demander s'ils doivent recevoir des instructions ou s'ils peuvent voter librement. C'est à l'association qu'il appartient de régler cette question. On constate toutefois que la plupart des statuts sont muets à ce sujet et qu'en pratique, les situations varient selon l'impor-

1160 Baddeley, L'association sportive, p. 137; Heini, p. 75; Zen-Ruffinen, Droit du sport, n° 399 p. 137.

1161 Cf. p. ex. l'art. 1 ch. 2 du Règlement du Congrès de la FIFA, qui indique que «[l]es noms des délégués et notamment de celui exerçant le droit de vote sont communiqués au secrétariat général avant l'ouverture du Congrès. Ils sont inscrits sur la liste du secrétariat général qui leur attribue respectivement les numéros 1 (pour le délégué exerçant le droit de vote) à 3. Si le délégué numéro 1 quitte le Congrès durant les discussions, son droit de vote est exercé par le délégué numéro 2 et, à défaut, par le délégué numéro 3».

tance des matières à traiter. Pour les objets les plus importants, certaines associations organisent une consultation de leurs membres, à l'assemblée générale ou par correspondance. Les matières secondaires sont discutées au sein de la direction, puis accompagnées d'instructions aux délégués. Il n'est pas inutile de rappeler que, généralement, le président et d'autres membres de la direction composent la délégation et que ceux-ci bénéficient déjà de certaines compétences en raison de leurs fonctions. Il paraît aussi judicieux que les délégués ne soient pas liés par des instructions trop strictes pour leur permettre de tenir compte des arguments avancés lors des débats. Certains auteurs, comme BADDELEY[1162], privilégient le vote sur instructions et après consultations, afin que ce soit la volonté véritable de l'association qui s'exprime. ZEN-RUFFINEN soutient la position inverse, plus pragmatique[1163]. Une solution mixte est probablement la plus adéquate. S'il s'agit de questions fondamentales ou de principe dont on connaît presque tous les enjeux à l'avance, il s'impose de consulter la base et d'instruire les délégués de voter selon l'avis de la majorité. Pour les autres objets, les délégués, qui ont été élus par les membres et sont par là même censés bénéficier de leur confiance, doivent pouvoir agir au mieux de l'intérêt de l'association, un peu comme des parlementaires supposés défendre les intérêts de leurs électeurs. Les délégués discutent, en général, entre eux avant de prendre leur décision. Il convient encore de relever que le problème du contrôle du vote des délégués demeure quelque peu théorique, dans la mesure où les scrutins les plus importants interviennent, en général, à bulletins secrets et qu'il est difficile de savoir comment le délégué a voté. Parfois, celui-ci montre son bulletin à ses collègues, pour prouver qu'il s'est tenu aux éventuelles instructions ou à la décision du groupe. Dans ce cas, «le secret de vote ne serait pas violé si les deux autres délégués prenaient connaissance du vote émis par le délégué votant»[1164]. Si, en revanche, les trois délégués sont unanimes pour ne pas suivre les instructions reçues et qu'ils sont «discrets» et solidaires, la base ne sera jamais informée.

Enfin, il convient de souligner que le vote exprimé par le délégué compte, que ce dernier se soit tenu ou non aux instructions reçues.

1162 BADDELEY, L'association sportive, p. 172 s.; ZEN-RUFFINEN, Droit du sport, n° 400 p. 137 s. et les références citées.

1163 ZEN-RUFFINEN, Droit du sport, n° 400 p. 137.

1164 *Ibid.*

3.2.3.2 La direction

Nous avons déjà traité de la direction de l'association (cf. pt. 2.2.6.3.3), et même de la fédération en ce qui concerne la durée des mandats. Les membres de la direction de la fédération et de l'association sont au bénéfice des mêmes attributions. Toutefois, la taille et le volume des affaires déployées par les fédérations les obligent parfois à se doter d'une structure un peu différente, plus professionnelle, c'est-à-dire d'un bureau permanent, ayant pour mission d'épauler la direction et de gérer l'association au jour le jour.

L'assemblée des délégués élit la direction. De plus, il est usuel que des professionnels avec le statut d'employé de la fédération, assistent cette dernière. Les fédérations internationales, qui doivent, par vocation, tenir compte de manière équilibrée des intérêts des différentes fédérations affiliées, connaissent une répartition des postes stratégiques entre les différentes zones géographiques. On peut citer les cas de la FIBA et de la FIFA à titre d'exemples. L'art. 14.5 des Statuts de la FIBA prévoit que

> le Président ne peut être élu que pour un (1) mandat unique de quatre (4) ans. Le candidat à élire proviendra à tour de rôle des Zones dans l'ordre suivant: [1.] Océanie (2006-2010); [2.] Europe (2010-2014); [3.] Amériques (2014-2018); [4.] Afrique (2018-2022); [5.] Océanie (2022-2026).

Quant à la FIFA, elle connaît aussi une clé de répartition des postes de sa Direction. Le Congrès élit directement le Président (art. 30 al. 2 Statuts FIFA). En revanche, les Vice-Présidents et les membres du Comité exécutif (Direction) sont élus par les confédérations et les associations qui leur sont affiliées (art. 30 ch. 3 Statuts FIFA). Chaque zone géographique dispose ainsi d'un certain nombre de postes[1165].

1165 Selon l'art. 30 ch. 3 des Statuts de la FIFA, «[l]es confédérations disposent des sièges suivants: a) CONMEBOL: vice-président (1), membres (2); b) AFC: vice-président (1), membres (3); c) UEFA: vice-présidents (2), membres (5); d) CAF: vice-président (1), membres (3); e) CONCACAF: vice-président (1), membres (2); f) OFC: vice-président (1), membres (-); g) les 4 associations britanniques: vice-président (1), membres (-)».

3.2.3.3 Les autres organes

Nous avons déjà relevé, dans le cadre de l'association (cf. pt. 2.2.6.3.5), la possibilité de créer d'autres organes spécialisés. Nous ne reviendrons donc pas sur les organes complémentaires qu'on trouve, habituellement, dans les associations et qu'on rencontre aussi dans les fédérations. Relevons cependant que les fédérations comptent souvent, en plus, un organe de contrôle interne qui se charge notamment de vérifier la capacité économique des entités qui leur sont affiliées, par un système de licences (cf. principalement pt. 2.4.3.3.3.2.2).

De plus, tout comme les associations, les fédérations peuvent créer un certain nombre de commissions spécialisées. La FIFA a beaucoup recouru à cette possibilité. En effet, l'art. 34 ch. 1 de ses Statuts instaure vingt-deux commissions permanentes, dont les domaines d'activité vont de la finance à l'organisation des compétitions internationales, en passant par la définition du statut du joueur.

3.3 La qualité de membre de la fédération

3.3.1 Le sociétariat dans la fédération nationale

En général, les entités placées à l'échelon directement inférieur composent le sociétariat d'une fédération. En matière de sport national, on rencontre parfois une double affiliation. Dans ce cas, «les personnes qui forment, en fait, la base de la fédération sont sociétaires aussi bien de celle-ci que de la section dont elles font partie»[1166]. Les membres des fédérations nationales sont alors, à la fois, des personnes physiques et morales. En pratique, il n'est pas rare que seules ces dernières disposent d'un droit de vote à l'assemblée des délégués. Ce double sociétariat, comme nous l'avons déjà exposé (cf. pt. 2.3.1.3.1), résulte, pour les clubs, de la structure pyramidale du mouvement sportif et, pour les sportifs, de la volonté de créer un lien de subordination directe aux règlements de la fédération nationale[1167].

3.3.2 Les membres de la fédération internationale

L'*Ein-Platz-Prinzip*[1168] gouverne le sociétariat dans les fédérations internationales. Celui-ci veut qu'on ne compte qu'une seule fédération nationale par pays ou territoire. La fédération nationale qui demande son affiliation doit donc régir, effectivement et seule, le sport en question sur son territoire[1169]. L'*Ein-Platz-Prinzip* vaut de manière générale dans le sport. Le CIO l'applique également à l'égard des Comités nationaux olympiques et des fédérations internationales qui demandent leur reconnaissance[1170]. Sur le plan national, les Comités nationaux ne reconnaissent qu'une seule

1166 Sattiva Spring, p. 126.

1167 *Id.*, p. 125 ss; Zen-Ruffinen, Droit du sport, n° 410 p. 141.

1168 Jaquier, n° 48 p. 26; Rigozzi, L'arbitrage, n° 65 p. 36 s.

1169 Baddeley, L'association sportive, p. 7; Zen-Ruffinen, Droit du sport, n° 411 p. 141 s.

1170 Cf. Règles 3, 26 et 28 ChO.

fédération par sport[1171], soit celle qui est reconnue par la fédération internationale du sport en question[1172]. Parfois deux entités prétendent régir une même discipline, il revient à l'autorité supérieure de trancher. Cette situation s'est produite dans le snowboard, en particulier avant les Jeux Olympiques de Nagano en 1998, lorsque le CIO a introduit cette discipline dans le programme des Jeux. Tant la Fédération Internationale de Ski (FIS[1173]) que l'International Snowboard Federation (ISF) prétendaient régir le snowboard sur le plan mondial[1174]. Le CIO, dans un souci de ne pas trop élargir le nombre de fédérations internationales reconnues, a tranché en faveur de la FIS. Dès lors, les athlètes licenciés auprès de l'ISF voulant participer aux Jeux Olympiques se sont, pour la plupart, affiliés à la FIS, sans forcément quitter l'ISF. Ce mouvement, ajouté à d'autres problèmes internes, a provoqué, à terme, la disparition de l'ISF.

Lorsqu'en plus d'être affiliées à une fédération internationale, les fédérations nationales sont rattachées à une entité intermédiaire (telle qu'une confédération continentale), il y a également une sorte de double sociétariat. Cette structure peut entraîner des conflits d'intérêts. ZEN-RUFFINEN mentionne, comme exemple, l'élection à la présidence de la FIFA en 1998[1175]. Un candidat émanait de la FIFA et l'autre de l'UEFA.

D'ordinaire, les fédérations internationales ne connaissent qu'un seul type de sociétaires, les fédérations nationales. Celles-ci constituent seules l'assemblée des délégués[1176].

1171 Art. 2.2.1 al. 3 Statuts Swiss Olympic.

1172 Règle 29.1.2 ChO.

1173 Site de la Fédération internationale de ski (www.fis-ski.com): http://www.fis-ski.com/fr/disciplines/snowboard/ (31.05.2010).

1174 RIGOZZI, L'arbitrage, n° 65 p. 36 s.

1175 ZEN-RUFFINEN, Droit du sport, n° 412 p. 142.

1176 *Id.*, n° 413 p. 142.

3.4 Les droits et obligations des membres

En pratique, les droits et obligations des membres des fédérations ne diffèrent guère de ceux des associations de base. La doctrine distingue, là aussi, trois types de droits, à savoir les droits sociaux, patrimoniaux et de protection et deux catégories d'obligations, les obligations pécuniaires et non pécuniaires[1177].

3.4.1 Les droits

3.4.1.1 Les droits sociaux

Les droits sociaux se distinguent des droits patrimoniaux. Ils permettent aux membres de participer à la vie de la fédération, notamment à la formation de la volonté sociale[1178]. Le droit de vote représente l'élément de base de ces droits. Il convient cependant de relever que les membres des associations les exercent «de manière indirecte, par l'intermédiaire de délégués»[1179]. Les autres droits sociaux, tels que les droits d'être convoqué et de participer à l'assemblée des délégués, ainsi que de prendre connaissance des documents pertinents de la fédération sont similaires dans l'association et la fédération (cf. pts. 2.3.3.1.2 ss).

3.4.1.2 Les droits patrimoniaux

La doctrine fait également la distinction pour les fédérations entre droits patrimoniaux au sens étroit (contributions financières) et au sens large (services aux membres). Les droits patrimoniaux au sens strict tiennent

1177 SATTIVA SPRING, p. 153 et 161; ZEN-RUFFINEN, Droit du sport, n° 287 p. 99 et n° 414 p. 143.

1178 SATTIVA SPRING, p. 153. Dans le même sens: HEINI/PORTMANN, n° 530 p. 227 s.

1179 ZEN-RUFFINEN, Droit du sport, n° 414 p. 143.

une place prédominante, comme nous l'avons déjà souligné dans le cadre des associations (cf. pt. 2.3.3.2.2).

3.4.1.3 Les droits de protection

Comme dans l'association, le membre bénéficie de droits de protection (protection des membres à l'égard du pouvoir associatif). Le plus important est, bien sûr, le droit de recours au juge externe prévu par l'art. 75 CC[1180]. Dans ce domaine, la plupart des fédérations olympiques comprennent, dans leurs statuts, une clause attributive de compétence en faveur du TAS (cf. pt. 2.3.3.3).

3.4.2 Les obligations

3.4.2.1 Les obligations pécuniaires

Plus on s'approche du sommet de la pyramide sportive (cf. pt. 3), plus les obligations pécuniaires des membres sont réduites. En réalité, ceux-ci reçoivent, en général, sous diverses formes, beaucoup plus d'avantages matériels de la fédération internationale dont ils dépendent qu'ils ne lui paient de cotisations.

3.4.2.2 Les obligations non pécuniaires

Le devoir de fidélité représente l'obligation non pécuniaire majeure. Celui-ci peut se révéler parfois mal aisé à respecter, notamment en cas de double affiliation. Théoriquement, il appartiendrait aux statuts de prévoir quelle affiliation doit primer[1181] mais, en pratique, une telle réglementation s'avère difficile à mettre en œuvre.

1180 HEINI/PORTMANN, n° 529 p. 227.
1181 ZEN-RUFFINEN, Droit du sport, n° 412 p. 142.

4. La Fondation (art. 80 ss CC)

4.1 Généralités

Les art. 52 à 59 CC, applicables à toutes les personnes morales, et les art. 80 à 89bis CC[1182], qui concernent plus spécifiquement les fondations, régissent ces dernières[1183]. Rappelons que, parmi les personnes morales, on distingue les corporations ou collectivités, qui représentent une réunion de personnes physiques et les établissements, qui comprennent un ensemble de biens destinés à un but spécial et qui ne comptent pas de membres (même si des personnes physiques les dirigent)[1184]. Les entités des deux formes peuvent relever du droit privé ou du droit public[1185]. Parmi les corporations, certaines poursuivent un but idéal et sont régies par le CC, alors que d'autres poursuivent un but économique et sont soumises au CO[1186] (cf. pt. 1.1).

La fondation constitue, évidemment, une personne morale mais, plus spécifiquement, un établissement de droit privé ou public[1187]. Conformément à l'art. 80 CC, la fondation comprend une masse de biens individualisés, affectée à un but spécial et généralement dotée de la personnalité juridique[1188]. Cette institution est destinée à perdurer au-delà de l'existence propre du fondateur, et à exécuter la volonté de ce dernier pendant un temps ilimité[1189]. Le fondateur choisit librement le but de la fondation[1190]. Il peut s'agir d'un but d'utilité publique ou privée dans la mesure où la loi

1182 Guillod, n° 455 p. 234 s.; Madörin, p. 92; Montavon, Droit civil, p. 144; Tabet, n° 20 p. 6.

1183 Pour une énumération exhautive des dispositions applicables aux fondations, cf. Tabet, n° 20 ss p. 6.

1184 Aebi-Müller, p. 724; Brückner, n° 1004 s. p. 306 s.; Guillod, n° 390 ss p. 201; Handschin, p. 4; Hausheer/Aebi-Müller, n° 17.31 s. p. 299; Montavon, Droit civil, p. 90 s.; Ruedin, n° 691 ss p. 127 ss; Schönenberg/von Schnurbein, n° 6 ss; Schuepbach, p. 50;Tabet, n° 13 ss p. 4 s.

1185 Guillod, n° 390 s. p. 201; Montavon, Droit civil, p. 90 s.; Tabet, n° 15 p. 4.

1186 Guillod, n° 388 p. 200; Honegger, p. 39; Keiser, p. 5; Ruedin, n° 788 p. 151; Tabet, n° 16 s. p. 4 s.

1187 Guillod, n° 454 p. 234; Hausheer/Aebi-Müller, n° 19.01 p. 346.

1188 Hausheer/Aebi-Müller, n° 19.01 p. 346; Madörin, p. 92 s.; Tabet, n° 25 ss p. 7 ss; Tuor/Schnyder/Schmid, § 14 n° 15 p. 143; Vez, La fondation, n° 83 p. 27.

1189 Alfandari/Nardone, n° 4000 p. 512.

1190 *Id.*, n° 4008 p. 513; Baumann, Personenrecht des ZGB, p. 68; Madörin, p. 107.

l'autorise en général (art. 52 al. 3 CC, art. 19 et 20 CO) ou spécialement (art. 335 al. 1 CC)[1191].

La fondation n'est pas composée de membres avec des droits de participation corporatifs[1192]. Mise à part son administration ou sa direction, elle ne connaît que des destinataires et des bénéficiaires qui en retirent des avantages[1193].

Le fondateur peut, quant à lui, être une personne physique ou morale[1194].

1191 Montavon, Droit civil, p. 146.

1192 Hausheer/Aebi-Müller, n° 19.02 p. 346; Madörin, p. 93; Montavon, Droit civil, p. 143.

1193 Montavon, Droit civil, p. 143.

1194 Baumann, Personenrecht des ZGB, p. 69 s.; Grüninger, BaKomm, Art. 81 n° 1 s. p. 535.

4.2 Classification

4.2.1 Les fondations de droit privé

On opère des distinctions entre les diverses fondations de droit privé (fondations ordinaires ou classiques et fondations spéciales) selon leur but[1195]. Les rares fondations qui poursuivent simultanément ou successivement des buts différents sont dénommées «fondations mixtes»[1196].

4.2.1.1 Les fondations ordinaires ou classiques

La fondation ordinaire ou classique est celle qui administre une masse de biens individualisée, affectée par le fondateur, dès le départ, et pour une durée illimitée, à la poursuite d'un but particulier, en principe idéal[1197]. La fondation ordinaire correspond à l'image que s'en faisait le législateur lorsqu'il a édicté les art. 80 ss CC en 1907[1198].

Au début du XXe siècle, en effet, les fondations présentaient, en principe, les caractéristiques suivantes:

- Le fondateur: une personne physique qui souhaitait perpétuer sa mémoire au-delà de son existence[1199].
- Le but: un but caritatif ou d'intérêt général, notamment culturel, sanitaire, humanitaire, scientifique ou éducatif[1200].

1195 BONETTI, p. 122; VEZ, La fondation, n° 88 p. 29.

1196 Pour plus de détails sur cette notion, cf. p. ex. TABET, n° 66 ss p. 15 ss; RIEMER, Die Stiftungen, n° 348 ss p. 221 ss; VEZ, La fondation, n° 161 ss p. 51 ss.

1197 ATF 120 II 137, JdT 1995 I 159 (rés.), consid. 3d; Vez, La fondation, n° 120, p. 38.

1198 BRÜCKNER, n° 1305 p. 392; MADÖRIN, p. 94; VEZ, La fondation, n° 121 p. 38.

1199 ATF 96 II 273, JdT 1972 I 162 (trad.), consid. 9b; ATF 93 II 439, JdT 1969 I 37 (trad.), consid. 3c. Cf. également BAUMANN, Personenrecht des ZGB, p. 69.

1200 BAUMANN, Personenrecht des ZGB, p. 69; MADÖRIN, p. 94; RIEMER, Die Stiftungen, n° 46 s. p. 50 s., et les exemples et références cités.

- Les biens affectés: des biens fournis exclusivement ou principalement par le fondateur et, souvent, suffisants pour permettre à la fondation d'atteindre son but.
- Les destinataires: des personnes passives, dans une position semblable à celle d'un légataire[1201].

4.2.1.2 Les fondations spéciales

Les fondations spéciales font l'objet, sur certains points, d'un régime spécifique qui tient compte de leurs particularités. Il s'agit des fondations de famille, des fondations ecclésiastiques et des fondations en faveur du personnel.

4.2.1.2.1 Les fondations de famille

En dehors des dispositions ordinaires (art. 52 ss et 80 ss CC)[1202], l'art. 335 CC régit les fondations de famille. Le but de ces fondations consiste à permettre aux membres d'une unité familiale[1203] de bénéficier de la fortune de la famille afin de financer leurs frais d'éducation, d'établissement ou d'assistance (art. 335 al. 1 CC)[1204]. Cette liste est exhaustive selon la jurisprudence et de la doctrine[1205]. L'art. 335 al. 1 *in fine* CC admet toutefois l'existence de buts analogues[1206]. Ceux-ci doivent se limiter «exclusivement à octroyer à certains membres de la famille une assistance matérielle, jugée nécessaire et opportune dans certaines circonstances précises de la vie courante»[1207]. En revanche, ils ne peuvent pas prendre la forme de parts de fortune ou de revenus de la fondation puisque la jurisprudence proscrit

1201 BAUMANN, Personenrecht des ZGB, p. 69; MADÖRIN, p. 93; RIEMER, Die Stiftungen, n° 46 *in fine*, p. 50 s.
1202 BAUMANN, Personenrecht des ZGB, p. 79 s.; GUILLOD, n° 460 p. 236; KAUFMANN, p. 31.
1203 Pour plus de détails sur la notion de famille, cf. BONETTI, p. 123.
1204 BRÜCKNER, n° 1457 p. 433; KÜNZLE, p. 184 s.
1205 ATF 108 II 398, JdT 1983 I 221 (rés.), = SJ 1983 337, consid. 4; ATF 108 II 393, JdT 1983 I 587 (trad.), consid. 6a; ALFANDARI/NARDONE, n° 4006 p. 512; BAUMANN, Personenrecht des ZGB, p. 80; BONETTI, p. 123; KAUFMANN, p. 31 et 33; MADÖRIN, p. 97; TABET, n° 303 p. 67; WALSER, FJS 80, p. 1.
1206 KAUFMANN, p. 30 ss; MADÖRIN, p. 97; WALSER, FJS 80, p. 1.
1207 WALSER, FJS 80, p. 1.

les fondations dites d'entretien ou de jouissance[1208]. Par ailleurs, la loi interdit la constitution *de fidéicommis* de famillle (art. 335 al. 2 CC)[1209].

Les fondations de famille se distinguent donc des fondations ordinaires, d'une part, par la limite imposée par l'art. 335 CC à la détermination de leur but et, d'autre part, par le cercle limité de leurs destinataires[1210]. De plus, elles n'ont pas l'obligation d'être inscrites au RC (art. 52 al. 2 CC)[1211], d'avoir un organe de révision (art. 87 al.1bis CC)[1212], ou d'être soumises à une autorité de surveillance (art. 87 al. 1 et 2 CC)[1213].

4.2.1.2.2 Les fondations ecclésiastiques

Le Code civil ne définit pas la fondation ecclésiastique[1214]. La doctrine dominante[1215] et la jurisprudence[1216] considèrent que, pour être qualifiée d'ecclésiastique, une fondation doit cumulativement poursuivre un but religieux et entretenir un lien organique avec une communauté religieuse[1217]. Il n'est toutefois pas nécessaire que le cercle des destinataires soit limité aux pratiquants d'une religion déterminée[1218]. Font notamment partie de cette catégorie, les fondations pourvoyant à l'entretien matériel des titulaires d'une fonction religieuse ou ecclésiastique, ainsi que celles destinées à promouvoir l'enseignement religieux. Il en va de même des fondations dont le but consiste à ériger et à entretenir des lieux de culte et à préserver

1208 ATF 108 II 394, consid. 6a; ATF 93 II 448 ss, consid. 4. Pour plus de détails, cf. également Brückner, n° 1461 p. 434; Hausheer/Aebi-Müller, n° 19.64 p. 363 s.; Künzle, p. 184 s.; Tabet, n° 306 ss p. 68 s.; Walser, FJS 80, p. 1. Cf. également Opel, n° 37 s.

1209 Kaufmann, p. 1 ss; Opel, n° 4.

1210 ATF 75 II 81, JdT 1949 I 588 (trad.), SJ 1951 255 (trad. rés.), consid. 3a; Madörin, p. 97; Opel, n° 4; Riemer, Die Stiftungen, n° 108 p. 80.

1211 Bonetti, p. 122.

1212 Baumann, Personenrecht des ZGB, p. 80; Duc/Turin, p. 162; Hausheer/Aebi-Müller, n° 19.69 et 19.72 p. 365; Madörin, p. 97 s.; Vez, Stiftungsverständnis, p. 239.

1213 Hausheer/Aebi-Müller, n° 19.70 p. 365; Madörin, p. 119; Sprecher/Egger/Janssen, p. 132.

1214 Baumann, Personenrecht des ZGB, p. 68; Guillod, n° 459 p. 235 s.; Hausheer/Aebi-Müller, n° 19.73 p. 366; Madörin, p. 98.

1215 Baumann, Personenrecht des ZGB, p. 68; Madörin, p. 98 s.; Riemer, Die Stiftungen, n° 196 ss p. 139 ss; Vez, La fondation, n° 157 p. 49; Walser, FJS 80, p. 2.

1216 ATF 106 II 114, JdT 1981 I 105 (trad.), consid. 2; ATF 106 II 106, JdT 1982 I 220 (trad. rés.), consid. 3.

1217 Brückner, n° 1467 p. 436; Madörin, p. 99; Tabet, n° 324 p. 72.

1218 Riemer, Die Stiftungen, n° 218 p. 149 s.; Tabet, n° 325 p. 72.

des objets religieux[1219]. A contrario, «ne sont pas considérées comme des fondations ecclésiastiques les fondations qui poursuivent ou qui supervisent des œuvres sociales ou caritatives, gérées ou créées par les églises»[1220]. Précisons que les fondations ecclésiastiques sont soumises au même régime juridique que les fondations de famille (cf. pt. 4.2.1.2.1 *in fine*)[1221].

4.2.1.2.3 Les fondations de prévoyance en faveur du personnel

Les art. 80 à 89bis CC, 331 à 331e CO[1222], ainsi que la Loi fédérale sur la prévoyance professionnelle vieillesse, survivants et invalidité du 25 juin 1982 (LPP) régissent les fondations de prévoyance en faveur du personnel[1223]. Un employeur privé (personne physique ou morale) crée ce type de fondation pour assurer à ses employés une rente de vieillesse ou d'invalidité. Cette rente peut également bénéficier aux survivants, en cas de décès[1224].

4.2.1.3 Autres formes de fondations

4.2.1.3.1 Les fondations à but économique

L'apparition, il y a quelques années, des fondations à but économique[1225] a considérablement élargi la conception relativement restrictive de la fondation qui prédominait jusque-là (cf. pt. 4.2.1.1).

1219 Vez, La fondation, n° 158 p. 50.

1220 Madörin, p. 99; Walser, FJS 80, p. 2.

1221 Duc/Turin, p. 162; Madörin, p. 99 s.; Montavon, Droit civil, p. 174; Sprecher/Egger/Janssen, p. 133; Tabet, n° 327 p. 72; Vez, Stiftungsverständnis, p. 239.

1222 Baumann, Personenrecht des ZGB, p. 80. Pour une présentation historique des fondations de prévoyance en faveur du personnel, cf. Hausheer/Aebi-Müller, n° 19.78 ss p. 367 ss.

1223 RS 831.40. Cf. également Madörin, p. 102; Tabet, n° 332 p. 73; Vez, La fondation, n° 30 p. 9.

1224 Baumann, Personenrecht des ZGB, p. 81; Guillod, n° 461 p. 237; Krafft, p. 17 ss; Madörin, p. 101; Riemer, Die Stiftungen, n° 51 ss p. 52 s. et n° 259 ss p. 170 ss; Sprecher/Egger/Janssen, p. 132.

1225 ATF 127 III 337, JdT 2002 I 359 (trad. rés.), SJ 2002 I 193 (trad.), consid. 2. Pour un résumé de cet arrêt, cf. Keiser, p. 54. Cf. également Madörin, p. 95; Tuor/Schnyder/Schmid, § 17 n° 15 p. 172; Vez, La fondation, n° 126 p. 39.

La doctrine de langue allemande nomme ces fondations «Unternehmensstiftung», soit des «fondation[s] à caractère d'entreprise»[1226]. La doctrine divise encore les fondations à caractère d'entreprise en deux catégories[1227]: celles qui exploitent elles-mêmes une industrie en la forme commerciale (fondations d'entreprise ou *Unternehmensträgerstiftung*) et celles qui détiennent des participations dans d'autres personnes morales exerçant une activité commerciale (fondations holding[1228]).

Dans ce contexte, ni la doctrine, ni la jurisprudence ne remettent en cause l'admissibilité des fondations à caractère d'entreprise qui exercent des activités économiques en vue d'atteindre un but d'intérêt public (par ex. exploitation d'un hôpital ou d'une école) ou idéal (assistance d'une fondation de famille ou d'une fondation ecclésiastique). L'exercice de l'activité économique ne représente qu'un moyen d'atteindre le but de la fondation[1229].

Pour les auteurs, sa situation est en revanche moins claire s'agissant d'une fondation qui poursuit un but purement économique.

Selon le droit commercial, une entreprise dont le but est économique tend à procurer à son propriétaire ou à ses membres un avantage matériel ou pécuniaire. Dans une société commerciale, le bénéficiaire doit verser une contre-prestation pour justifier cet avantage. Celui-ci représente la contrepartie du capital-risque (pour les sociétés de capitaux) ou du travail effectué (pour les sociétés de personnes)[1230].

1226 Cf. p. ex. DRUEY, p. 171 ss; GRÜNINGER, Entwicklungen, p. 19 ss; HAUSHEER/AEBI-MÜLLER, n° 19.07 p. 347 s.; RIEMER, Entwicklungen 2008, p. 24 ss; RIEMER, Unternehmensstiftungen, p. 177 ss; RIEMER, Rechtsprobleme, p. 489 ss; VEZ, La fondation, n° 176 p. 55. Cf. également les thèses de GNOS (Die Zulässigkeit der Unternehmensstiftung im Schweizerischen Recht), de SCHMID (Die Unternehmensstiftung) et de GRÜNINGER (Die Unternehmensstiftung in der Schweiz).

1227 BAUMANN, Personenrecht des ZGB, p. 81; BRÜCKNER, n° 1323 ss p. 397 ss; GROSSEN, p. 208; GNOS, p. 17; GUILLOD, n° 458 p. 235; HAUSHEER/AEBI-MÜLLER, n° 19.95 p. 372; MADÖRIN, p. 95; SCHMID, Die Unternehmensstiftung, p. 7 ss et 15 ss; SPRECHER/EGGER /JANSSEN, p. 130; TABET, n° 337 p. 74; VEZ, La fondation, n° 176 p. 55.

1228 Pour plus de détails sur les sociétés holdings, cf. p. ex. CAPITAINE, p. 1ss; Cf. aussi l'ouvrage de ZWEIFEL.

1229 BAUMANN, Personenrecht des ZGB, p. 80; RIEMER, Unternehmensstiftungen, p. 179; RIEMER, Rechtsprobleme, p. 498 s.; RIEMER, Die Stiftungen, n° 410 p. 259; TABET, n° 344 p. 75; VEZ, La fondation, n° 177, p. 56, et les références citées.

1230 VEZ, La fondation, n° 179 p. 56. Cf. également HAUSHEER/AEBI-MÜLLER, n° 19.98 ss p. 373.

Une telle situation n'est pas transposable en droit des fondations, puisque celles-ci sont dépourvues de propriétaires et de membres[1231]. Par conséquent, la doctrine qualifie le but de la fondation d'économique lorsque celle-ci verse des prestations sans contre-prestations et sans conditions à un cercle limité de personnes[1232]. Précisons que

> [l]es bénéficiaires [potentiels] doivent être déterminés dans l'acte de fondation, ou suffisamment déterminables. En conséquence, l'acte de fondation ne peut laisser à la libre appréciation des organes la détermination du cercle des destinataires[1233].

En Suisse, on compte toujours plus de fondations à but économique. Celles-ci répondent à un véritable besoin. Elles détiennent tout ou partie des actions de sociétés anonymes actives commercialement, telles que la fiduciaire Atag Ernst & Young, les Montres Rolex ou l'agence de voyage Kuoni[1234].

Le législateur n'avait, à l'origine, pas envisagé les fondations à but économique. La loi ne contient par conséquent pas de disposition à ce sujet[1235]. Il n'est ainsi pas étonnant que les fondations à but économique, tolérées depuis longtemps puis expressément admises par la jurisprudence[1236], posent problème en doctrine[1237]. Cette situation a même amené certains auteurs à abandonner la classification traditionnelle des fondations pour en proposer une nouvelle. C'est, par exemple, le cas de Vez, qui propose une classification binaire. Cet auteur oppose les fondations d'intérêt public, équivalant aux fondations ordinaires dans leur conception, aux fondations privées, qui regrouperaient sous une même bannière les fondations à but économique, les fondations de famille et les fondations ecclésiastiques[1238].

1231 Riemer, Die Stiftungen, n° 16 p. 35 s. et n° 392 p. 243 s.
1232 Tabet, n° 341 p. 75; Vez, La fondation, n° 181 p. 57.
1233 Vez, La fondation, n° 181 p. 57.
1234 Nicati, p. 15. Pour d'autres exemples, cf. Grüninger, Entwicklungen, p. 21 ss; Riemer, Rechtsprobleme, p. 521 ss.
1235 Tabet, n° 339 p. 74; Vez, La fondation, n° 183 p. 57.
1236 ATF 127 III 337, JdT 2002 I 359 (trad. rés.), SJ 2002 I 193 (trad.), consid. 2c. Cet arrêt est résumé dans Kleiser, p. 54.
1237 Pour un exposé de la situation, cf. Druey, p. 171 ss; Schmid, p. 91 ss, et les références citées; Tabet, n° 343 ss p. 75 ss, et les références citées; Vez, Stiftungsverständnis, p. 229 ss, et les références citées; Vez, La fondation, n° 184 ss p. 58 ss, et les références citées.
1238 Pour plus de détails et de développements, cf. Vez, Stiftungsverständnis, p. 233 ss; Vez, La fondation, n° 225 p. 71 ss.

4.2.1.3.2 Les fondations dépendantes

Précisons d'emblée que le Code civil suisse et le Code des obligations ne définissent, ni ne mentionnent, les fondations dépendantes[1239]. Il s'agit d'une notion développée par la doctrine. La fondation dépendante ou fiduciaire représente une masse de biens dépourvue de la personnalité juridique mais affectée à la poursuite d'un but déterminé[1240]. Il faut que cette masse de biens présente les quatre caractéristiques suivantes: elle doit être affectée (1) en vertu d'un acte juridique à la poursuite d'un (2) but idéal qui, comme tel, (3) ne peut être dénoncé par la personne grevée et qui, (4) après le décès de celui qui l'a constituée, ne peut être modifié par un tiers[1241].

L'acte juridique précité peut notamment consister en une donation entre vifs (art. 239 ss CO)[1242], un legs (art. 484 ss CC), un mandat de nature particulière (art. 394 ss CO)[1243] ou un autre contrat bilatéral[1244]. La doctrine allemande récente considère que la fondation dépendante représente une combinaison entre un contrat de donation et un contrat de mandat[1245].

La terminologie «fondation dépendante» n'est pas fréquemment usitée.

4.2.2 Les fondations de droit public

Les fondations de droit public représentent des entités administratives dotées (par le législateur ou par une décision administrative) de la personnalité morale. Elles sont pourvues d'un capital, dont les ressources financières sont destinées à la réalisation d'une tâche d'intérêt général[1246]. La formation, l'éducation, le bien-être social, la culture ou les transports peuvent, par exemple, entrer dans cette notion[1247].

1239 MADÖRIN, p. 103; VEZ, La fondation, n° 46 p. 13.

1240 ATF 108 II 278, consid. 5b; KRAFFT, p. 51 ss; RIEMER, Die Stiftungen, n° 156 ss p. 116 ss et n° 418 ss p. 264 ss; SPRECHER/EGGER /JANSSEN, p. 27.

1241 VEZ, La fondation, n° 46, p. 14.

1242 RIEMER, Die Stiftungen, Art. 81 n° 4 p. 399 s.; SPRECHER/EGGER /JANSSEN, p. 27.

1243 *Contra:* RIEMER, Die Stiftungen, n° 430 p. 271; VEZ, La fondation, n° 48 p. 14 s.

1244 MONTAVON, Droit civil, p. 148; NICATI, p. 3.

1245 VEZ, La fondation, n° 49 p. 15, et les références citées.

1246 MADÖRIN, p. 104; MOOR, p. 69.

1247 GRISEL, p. 243 ss.

Les collectivités publiques ne sont pas les seules à pouvoir créer ce type de fondation. Une personne physique ou morale de droit privé en a aussi la faculté. Dans cette hypothèse, ladite fondation devra requérir de la collectivité dont elle relève la reconnaissance de sa personnalité morale de droit public[1248].

Selon l'art. 59 al. 1 CC, les fondations de droit public sont soumises au droit de la collectivité publique dont elles relèvent[1249]. Les art. 80 ss CC ne leur sont applicables par analogie et à titre de droit supplétif que dans la mesure où le droit public y renvoie[1250]. Cela signifie qu'elles n'ont en principe pas à instituer un organe de révision (art. 83b CC) et ne sont, sauf disposition contraire, pas soumises à une autorité de surveillance (art. 84 CC)[1251]. Leurs budgets et comptes sont soit intégrés à ceux de l'administration centrale, soit approuvés par une entité déterminée (Assemblée fédérale, Conseil fédéral, etc.)[1252]. De même, l'acquisition de la personnalité (art. 52 al. 2 CC) ne dépend pas de l'inscription au RC[1253].

Pro Helvetia constitue un des exemples les plus connus de fondation de droit public. C'est un organe décentralisé de la Confédération destiné à maintenir et développer le patrimoine spirituel du pays, ainsi qu'à entretenir des relations culturelles avec l'étranger[1254]. Pro Helvetia accorde des subventions à des personnes physiques et morales pour la réalisation de leurs projets. Ceux-ci peuvent toucher des domaines divers, tels que la sauvegarde du patrimoine culturel, la création et les échanges culturels en Suisse ou la promotion des relations culturelles avec l'étranger[1255]. Elle soutient également, par des subventions, «des personnes physiques domiciliées en Suisse ou [...] des personnes de nationalité suisse domiciliées à l'étranger» pour la création d'œuvres musicales ou littéraires[1256].

1248 Vez, La fondation, n° 40 p. 11 s.

1249 Moor, p. 70 ss.

1250 Riemer, Die Stiftungen, n° 494 ss p. 309 ss. Cet auteur cite. p. ex. l'art. 1 du Statut du Grand-Théâtre de Genève du 20 novembre 1964, aux termes duquel «en cas de silence [du statut] et sous réserve de la Loi sur les fondations de droit public, du 15 novembre 1958, les articles 80 et suivants du Code civil suisse et les dispositions cantonales d'exécution sont applicables par analogie».

1251 Moor, p. 70.

1252 *Id.*, p. 73 s.

1253 *Id.*, p. 71 et 78.

1254 Nicati, p. 26.

1255 Art. 1 et 3 Ordonnance concernant les subventions de la fondation Pro Helvetia du 22 août 2002 (RS 447.12)

1256 Art. 4 al. 1 Ordonnance concernant les subventions de la fondation Pro Helvetia.

4.3 La surveillance des fondations

Selon l'art. 84 al. 1 CC, «les fondations sont placées sous la surveillance de la corporation publique (Confédération, canton, commune) dont elles relèvent par leur but». D'après l'art. 87 al. 1 CC, «les fondations de famille et les fondations ecclésiastiques ne sont pas soumises au contrôle»[1257]. Le but et non le siège de la fondation est déterminant pour désigner la corporation publique compétente pour surveiller telle ou telle fondation[1258]. Le rayon d'activité territorial de la fondation doit aussi être pris en compte[1259].

Comme nous l'avons relevé plus haut (cf. pt. 4.2.2), les fondations de droit public ne sont, en principe, pas soumises à la surveillance que le Code civil a instituée sur les fondations de droit privé[1260].

4.3.1 La compétence territoriale

4.3.1.1 Les fondations soumises à la surveillance de la Confédération

Lorsque le but de la fondation relève de la Confédération, et que ladite fondation exerce ses activités sur l'ensemble du territoire national, la surveillance appartient à l'autorité fédérale[1261]. Il en va de même si le but de la fondation ne concerne directement que des cantons ou des communes mais que son rayon d'activité s'étend à l'ensemble du territoire (p. ex. la fondation Pro Juventute)[1262].

1257 Hausheer/Aebi-Müller, n° 19.27 p. 354; Madörin, p. 119; Tabet, n° 177 p. 41; Vez, La fondation, n° 703 ss p. 199.

1258 Madörin, p. 120; Tabet, n° 183 p. 42; Walser, FJS 79, p. 5.

1259 ATF 120 II 374, JdT 1996 I 110, consid. 3; ATF 56 I 377, JdT 1931 I 606 (rés.), consid. 2.

1260 Moor, p. 70.

1261 Schmid, Die Stiftungsaufsicht, p. 650; Sprecher/Egger/Janssen, p. 37.

1262 Hausheer/Aebi-Müller, n° 19.31 p. 355; Madörin, p. 121; Vez, La fondation, n° 796 p. 220.

Les fondations de caractère international (c'est-à-dire celles dont le but se poursuit à l'étranger, dont les destinataires sont totalement ou partiellement domiciliés à l'étranger, dont le patrimoine ou les revenus proviennent de l'étranger ou qui entretiennent un lien particulier avec une organisation internationale) sont soumises à la surveillance de la Confédération, pour autant que le caractère international soit prépondérant[1263].

4.3.1.2 Les fondations soumises à la surveillance d'un canton

Les cantons sont compétents pour assurer la surveillance des fondations établies sur leur territoire et qui y déploient leur activité. Si celle-ci dépasse les frontières d'un seul canton, les cantons concernés délèguent la surveillance au canton dans lequel la fondation déploie son d'activité prépondérante[1264]. A défaut d'accord entre les autorités concernées, la surveillance appartient au canton dans lequel la fondation a son siège ou avec lequel elle présente le lien le plus étroit[1265].

A l'inverse, la surveillance peut appartenir à l'autorité cantonale, quand bien même le but de la fondation serait du ressort de la Confédération, s'il existe une relation particulière entre la fondation et ce canton (p. ex. une école supérieure) ou entre la fondation et une entreprise commerciale ayant son siège dans le canton[1266].

1263 Riemer, Die Stiftungen, Art. 84 n° 16 p. 533 s.; Sprecher/Egger /Janssen, p. 37. On peut citer à titre d'exemple le cas de l'AMA. Bien que le siège administratif de l'AMA se trouve à Montréal, celle-ci n'en demeure pas moins une fondation de droit suisse, puisque son siège juridique est à Lausanne. Par voie de conséquence, elle est soumise comme toutes les autres fondations de droit suisse à une autorité de surveillance. En l'espèce, vu le caractère international des activités de l'AMA, sa surveillance incombe à la Confédération, plus précisément au Département fédéral de l'intérieur (DFI) [Art. 2 par. 1 et 19 Statuts AMA].

1264 Montavon, Droit civil, p. 160; Tuor/Schnyder/Schmid, § 17 n° 34 p. 178 s.

1265 Riemer, Die Stiftungen, Art. 84 n° 23 p. 536.

1266 Vez, La fondation, n° 800 p. 221.

4.3.1.3 Les fondations soumises à la surveillance d'un district ou d'une commune

Les districts ou les communes sont chargés de la surveillance des fondations à l'intérieur d'un canton. Même si l'art. 84 al. 1 CC ne mentionne pas spécifiquement les districts, la doctrine[1267] et la jurisprudence[1268] admettent qu'un district surveille les fondations dont le rayon d'activité ne s'étend pas à l'ensemble du canton mais concerne tout de même plusieurs communes.

Aux termes de l'art. 84 al. 1 CC, «[l]es fondations sont placées sous la surveilance de la corporation publique [...] dont elles relèvent par leur but». Vez souligne toutefois que «sauf quelques grandes communes comme Bâle, Berne ou Zurich, la plupart des communes manquent de moyens et de connaissances pour surveiller correctement les fondations»[1269]. Par conséquent, pour favoriser la surveillance et garantir une pratique homogène dans les cantons, l'art. 84 al. 1bis CC les autorise à centraliser la surveillance des fondations et à la confier à l'autorité cantonale de surveillance.

4.3.2 La compétence matérielle

La Confédération exerce sa surveillance au travers du Département fédéral de l'Intérieur (DFI)[1270]. Les fondations de prévoyance présentant un caractère national ou international sont placées sous la surveillance de l'Office fédéral des assurances sociales[1271].

Au niveau cantonal, la détermination de l'autorité de surveillance relève du droit public cantonal[1272]. Les cantons exercent généralement leur surveillance à travers l'autorité administrative[1273]. Pour le Canton de Neu-

1267 Riemer, Die Stiftungen, Art. 84 n° 27 *in fine* p. 538 s.
1268 ATF 56 I 377, JdT 1931 I 606 (rés.), consid. 4.
1269 Vez, La fondation, n° 804 p. 222.
1270 Art. 3 al. 2 let. a de l'Ordonnance sur l'organisation du Département fédéral de l'intérieur du 28 juin 2000 (orgDFI; RS 172.212.1).
1271 Nicati, p. 7.
1272 Vez, La fondation, n° 807 p. 223.
1273 Riemer, Die Stiftungen, Art. 84 n° 25 *in fine* p. 537 s.

châtel, il s'agit de l'autorité de surveillance des fondations, qui dépend du Département de l'économie[1274].

4.3.3 Les tâches de l'autorité de surveillance

Selon l'art. 84 al. 2 CC, «[l]'autorité de surveillance pourvoit à ce que les biens des fondations soient employés conformément à leur destination». De ce fait, l'autorité de surveillance s'assure que les organes de la fondation, y compris le fondateur, ne prennent pas de décisions contraires à l'acte de fondation, aux statuts ou au règlement. Il va de soi qu'elle intervient aussi en cas de décisions illicites ou contraires aux mœurs[1275]. Elle veille également à une administration et à une utilisation correctes des ressources. Cela nécessite qu'elle obtienne chaque année un rapport et les comptes de la fondation[1276]. C'est d'ailleurs ce que prévoit expressément le nouvel art. 83c CC.

De plus, afin d'assurer la pérennité de la fondation, l'autorité de surveillance est habilitée, aux termes de l'art. 83d al. 1 CC, à donner des directives à ses organes. Elle peut notamment le faire «[l]orsque l'organisation prévue par l'acte de fondation n'est pas suffisante, que la fondation ne possède pas tous les organes prescrits ou qu'un de ces organes n'est pas composé conformément aux prescriptions» de l'acte de fondation ou de la loi[1277].

L'autorité peut accorder un délai à la fondation pour régulariser sa situation, ou nommer elle-même l'organe qui fait défaut ou un commissaire[1278]. Dans certains cas graves, l'autorité de surveillance a la possibilité

1274 Art. 1 al. 3 Règlement d'organisation du Département de l'économie publique du 13 février 2002 (RSN 152.100.04).

1275 Hausheer/Aebi-Müller, n° 19.28 p. 354 s.; Madörin, p. 120.

1276 Walser, FJS 79, p. 6.

1277 A ce sujet, cf. Hausheer/Aebi-Müller, n° 19.34 s. p. 356 s.; Riemer, Entwicklungen 2007, p. 128.

1278 Vez, Le nouveau droit des fondations, n° 42, regrette «que le nouveau droit ne traite pas de la carence dans l'organisation d'une fondation soustraite à surveillance. Si l'on tient compte du fait que l'avant-projet de modification du droit de la tutelle abroge l'article 393 CC dans son ensemble, plus aucune autorité étatique ne pourrait intervenir en cas d'insuffisance dans l'organisation d'une fondation de famille ou d'une fondation ecclésiastique». Cf. également Brückner, n° 1388 p. 415.

de modifier l'acte de fondation ou de prononcer l'exclusion d'un membre du conseil de fondation[1279]. Elle peut également, si les circonstances l'exigent, ouvrir action au nom de la fondation contre une personne qui lui porterait atteinte, en particulier si la direction demeure inactive[1280]. Dans tous les cas, la fondation supporte les frais consécutifs à ces mesures[1281].

Dans les faits, l'autorité de surveillance agit d'office. Elle ne jouit cependant pas des compétences d'une autorité tutélaire. Elle n'est, en principe, pas habilitée à agir en lieu et place du conseil de fondation.[1282]. La surveillance des fondations présente donc une nature répressive et non préventive[1283]. L'autorité de surveillance doit se contenter, du moins dans un premier temps, d'inviter le conseil de fondation à se conformer à ses instructions, tout en respectant sa liberté d'appréciation[1284]. Ce n'est que dans l'hypothèse où les organes de la fondation dépassent leur marge d'appréciation ou en abusent que l'autorité de surveillance peut intervenir à leur place[1285]. Mais en aucun cas elle ne peut porter atteinte à la sphère d'autonomie de l'administration (conseil de fondation) en l'absence de base légale ou de justes motifs, sous peine de violer le droit fédéral[1286].

1279 ATF 112 II 97 = SJ 1987 593, consid. 4; MONTAVON, Droit civil, p. 160. Dans ce cas, si le fonctionnement interne du conseil de fondation est paralysé du fait de sa décision, l'autorité de surveillance doit participer à la place des membres suspendus, à la nomination de nouveaux membres du conseil [ATF 129 III 641, JdT 2004 I 99 (trad.), consid. 3.5, résumé *in:* KEISER, p. 54].

1280 MONTAVON, Droit civil, p. 160 s.

1281 TUOR/SCHNYDER/SCHMID, § 17 n° 23 p. 175.

1282 ATF 108 II 497, consid. 5; ATF 100 Ib 132, consid. 3.

1283 WALSER, FJS 79, p. 6. *Contra:* GUILLOD, n° 473 p. 241 s., qui soutient que «l'autorité peut prendre à la fois des mesures préventives et des mesures répressives».

1284 ATF 108 II 497, consid. 5; ATF 100 Ib 132, consid. 3.

1285 WALSER, FJS 79, p. 6.

1286 ATF 108 II 497, consid. 5; ATF 108 II 352, JdT 1984 I 73 (trad.), consid. 5a; MONTAVON, Droit civil, p. 161.

4.4 La constitution

4.4.1 L'acte de fondation

Le nouvel art. 81 al. 1 CC requiert que la fondation soit constituée par acte authentique spécifique ou par disposition pour cause de mort[1287]. N'importe quelle disposition de ce type est désormais adéquate (testament authentique, olographe voire oral ou pacte successoral (clause unilatérale ou conventionnelle))[1288].

L'acte de fondation constitue un acte juridique unilatéral d'aliénation du ou des fondateurs, non soumis à réception, en faveur de la future personne morale[1289]. L'art. 82 CC ajoute que celui-ci «peut être attaqu[é], comme une donation, par les héritiers ou par les créanciers du fondateur»[1290].

4.4.1.1 La volonté de créer une fondation

La volonté de créer une fondation autonome au sens des art. 80 ss CC doit ressortir explicitement de l'acte de fondation[1291], et émaner du fondateur lui-même[1292]. Celui-ci peut être une personne physique ou morale[1293]. Si c'est

1287 Baumann, Personenrecht des ZGB, p. 73; Grüninger, BaKomm, Art. 81 n° 4 p. 536; Riemer, Entwicklungen 2006, p. 20 s.; Tuor/Schnyder/Schmid, § 17 n° 6 p. 169.

1288 Aebersold, p. 80; Baumann, Personenrecht des ZGB, p. 73; Bonetti, p. 122; Duc/Turin, p. 160; Grüninger, BaKomm, Art. 81 n° 11 s. p. 537 s.; Guillod, n° 463 p. 237 s.; Hausheer/Aebi-Müller, n° 19.11 p. 349; Schuepbach, p. 49 ss; Sprecher/Egger /Janssen, p. 29; Tabet, n° 99 p. 23; Vez, Stiftungsverständnis, p. 237; Vez, Le nouveau droit des fondations, n° 39.

1289 Alfandari/Nardone, n° 4110 et 4130 p. 514; Madörin, p. 105.

1290 Grüninger, BaKomm, Art. 82 n° 1 ss p. 543 s.; Hausheer/Aebi-Müller, n° 19.20 p. 352; Madörin, p. 108 s.; Tabet, n° 243 p. 55; Tuor/Schnyder/Schmid, § 17 n° 9 p. 170.

1291 Hausheer/Aebi-Müller, n° 19.12 p. 349; Madörin, p. 106; Nicati, p. 11; Tabet, n° 87 p. 20.

1292 Riemer, Die Stiftungen, Art. 80 n° 17 et n° 19 p. 372 s.; Spring, p. 6; Tabet, n° 87 p. 20; Tuor/Schnyder/Schmid, § 17 n° 13 p. 171.

1293 Baumann, Personenrecht des ZGB, p. 69 s.; Brückner, n° 1336 p. 401; Grüninger, une personne physique, celle-ci doit, en principe, avoir l'exercice des droits civils (art. 13 CC), c'est-à-dire être capable de discernement (art. 16 CC), majeure (art. 14 CC) et non interdite[1294]. Si c'est une personne morale, la décision de constitution doit émaner de l'organe compétent selon les règles légales ou internes régissant le type de personne morale fondatrice[1295].

4.4.1.2 L'affectation des biens en faveur d'un but

L'affectation des biens en faveur d'un but, au sens de l'art. 80 CC, est nécessaire pour la création d'une fondation[1296]. Il peut s'agir de biens de toutes sortes (numéraires, papiers-valeurs, immeuble, collections d'art, créance, part de succession ou de copropriété, etc.)[1297]. Il suffit que les biens affectés à la fondation soient déterminables et représentent une valeur économique objective[1298]. La loi n'impose pas un capital minimum. Le montant du patrimoine affecté doit cependant être proportionné au but à atteindre, afin que la fondation soit viable[1299]. En pratique, plusieurs autorités de surveillance (cantonales et fédérales) exigent un capital initial de 50'000 francs[1300].

BaKomm, Art. 81 n° 1 s. p. 535; Guillod, n° 463 p. 237 s.; Hausheer/Aebi-Müller, n° 19.04 p. 347; Tabet, n° 94 ss p. 21 s.; Vez, La fondation, n° 375 p. 111.

1294 Grüninger, BaKomm, Art. 81 n° 1 s. p. 535; Tabet, n° 94 p. 21; Vez, La fondation, n° 376 p. 111.

1295 Riemer, Die Stiftungen, n° 421 ss p. 268; Tabet, n° 97 p. 22.

1296 Aebi-Müller, p. 723; Hausheer/Aebi-Müller, n° 19.12 p. 349; Spring, p. 6; Tabet, n° 106 p. 24; Tuor/Schnyder/Schmid, § 17 n° 3 p. 168 s.

1297 Baumann, Personenrecht des ZGB, p. 69 s.; Guillod, n° 464 p. 238; Hausheer/Aebi-Müller, n° 19.16 p. 351; Madörin, p. 106; Nicati, p. 11.

1298 Madörin, p. 107; Vez, La fondation, n° 403 p. 119.

1299 ATF 108 II 254, JdT 1984 II 155 (rés.), SJ 1983 525 (rés.), consid. 3c; Riemer, Die Stiftungen, Art. 80 n° 29 p. 378 s. et Art. 83 n° 49 ss p. 506 ss.

1300 Guide pratique pour la fondation établi par le DFI (état au 26.09.2008), p. 3, *in:* site de l'administration fédérale (www.admin.ch): http://www.edi.admin.chesv/00465/00466/index.html?lang=fr» (31.05.2010). Cf. également Baumann, Personenrecht des ZGB, p. 70; Guillod, n° 464 p. 238; Montavon, Droit civil, p. 147; Nicati, p. 12; Spring, p. 7.

4.4.1.3 La définition du but

La définition du but de la fondation représente une partie essentielle de l'acte de fondation[1301]. Le principe selon lequel le fondateur détermine librement le but de la fondation constitue la pierre angulaire du droit des fondations[1302]. Cette liberté du fondateur n'est pas absolue et le fondateur doit respecter les limites générales de l'ordre juridique[1303]. Le but de la fondation doit être licite, conforme aux mœurs et possible[1304].

Ce but doit également être suffisamment déterminé[1305]. De ce fait, les descriptions telles que «à des fins de bienfaisance» ou «à des fins d'utilité publique» manquent de précision[1306]. Quand il s'agit d'un but très global, le fondateur doit au moins fixer l'orientation générale de l'activité de ses organes[1307]. D'ordinaire, le but de la fondation mentionne les tâches de celle-ci (attribution de bourses, mise sur pied d'infrastructures, etc.) et les objectifs à atteindre, ainsi que le cercle des destinataires (personnes handicapées, étudiants, organisation de protection de l'environnement, etc.)[1308].

1301 Baumann, Personenrecht des ZGB, p. 70; Hausheer/Aebi-Müller, n° 19.12 p. 349; Madörin, p. 106; Nicati, p. 14; Spring, p. 6; Tabet, n° 53 p. 12.

1302 Hausheer/Aebi-Müller, n° 19.14 p. 350; Madörin, p. 107; Sprecher/Egger/Janssen, p. 24; Vez, La fondation, n° 93 p. 30.

1303 ATF 105 II 70, JdT 1980 I 23 (trad.), consid. 3b. Cf. également Madörin, p. 107; Tabet, n° 54 p. 13 ss.

1304 Hausheer/Aebi-Müller, n° 19.15 p. 350; Tabet, n° 54 ss p. 13 ss et n° 102 p. 23; Vez, La fondation, n° 101 p. 31.

1305 ATF 81 II 22, JdT 1955 I 584 (trad.), consid. 8; Sprecher/Egger/Janssen, p. 30; Riemer, Die Stiftungen, Art. 80 n° 39 p. 385 ss; Spring, p. 9; Tabet, n° 63 p. 15.

1306 Nicati, p. 14. Cf. également ATF 100 II 98, JdT 1975 I 377 (rés.), consid. 3.

1307 Baumann, Personenrecht des ZGB, p. 70; Grüninger, Die Unternehmensstiftung, p. 46.

1308 Baumann, Personenrecht des ZGB, p. 70; Nicati, p. 14; Tuor/Schnyder/Schmid, § 17 n° 14 p. 171 s.

4.4.2 L'inscription au registre du commerce

Conformément à l'art. 52 al. 1 CC, la fondation n'acquiert la personnalité juridique qu'avec son inscription au RC[1309]. Aux termes de l'alinéa 2 de cette même disposition, les corporations et les établissements de droit public, les associations qui ne poursuivent pas un but économique, les fondations ecclésiastiques et les fondations de famille sont dispensées de cette inscription[1310].

Cependant, si une fondation spéciale «fait le commerce, exploite une fabrique ou exerce en la forme commerciale quelque autre industrie», elle est tenue de se faire inscrire au registre du commerce (art. 934 al. 1 CO et 36 ORC)[1311].

Même si elles n'en ont pas l'obligation (cf. pt. 4.2.1.2.1 s.), les fondations ecclésiastiques et les fondations de famille peuvent s'inscrire au RC sur une base volontaire[1312]. Les fondations de prévoyance en faveur du personnel sont, quant à elles, soumises dans tous les cas à l'obligation d'inscription (art. 52 al. 2 CC a contrario).

L'inscription au RC doit être conforme à la loi[1313]. Par conséquent, le préposé vérifie «si les conditions légales requises pour l'inscription sont remplies». Il contrôle particulièrement «si les statuts ne dérogent pas à des dispositions légales de caractère impératif et s'ils contiennent les clauses exigées par la loi» (art. 940 al. 2 CO)[1314].

L'art. 81 al. 2 CC précise que «[l]'inscription au registre du commerce s'opère à teneur de l'acte de fondation et, au besoin, suivant les instruc-

1309 Baumann, Personenrecht des ZGB, p. 72; Brückner, n° 1342 p. 402; Grüninger, BaKomm, Art. 81 n° 14 ss p. 538 s.; Guillod, n° 465 p. 238; Hausheer/Aebi-Müller, n° 19.18 p. 351; Madörin, p. 108; Tabet, n° 118 p. 27; Tuor/Schnyder/Schmid, § 17 n° 2 p. 168; Vez, Stiftungsverständnis, p. 237 s.; Vez, La fondation, n° 463 p. 135.

1310 Grüninger, BaKomm, Art. 81 n° 16 p. 539; Hausheer/Aebi-Müller, n° 19.19 p. 351; Tabet, n° 118 p. 27 et n° 125 p. 29; Tuor/Schnyder/Schmid, § 17 n° 2 p. 168; Vez, Stiftungsverständnis, p. 237 s.; Vez, La fondation, n° 464 p. 135.

1311 Vez, La fondation, n° 464 p. 135.

1312 ATF 50 II 415, JdT 1925 I 298 (trad.), consid. 2; Riemer, Die Stiftungen, Art. 81 n° 89 p. 441 s.

1313 ATF 125 III 18 = SJ 1999 I 233, consid. 3b; ATF 121 III 368, JdT 1996 I 189 (rés.), = SJ 1996 177, consid. 2a.

1314 Vez, La fondation, n° 465 p. 136. Cf. également Grüninger, BaKomm, Art. 81 n° 20 p. 540.

tions de l'autorité de surveillance; elle indique les noms des membres de la direction»[1315].

La réquisition d'inscription au RC doit être effectuée par «[l]'autorité qui procède à l'ouverture de la disposition pour cause de mort» (art. 81 al. 3 CC) ou par les membres de l'administration désignés lors de la constitution de la fondation (art. 17 al. 1 let. c ORC)[1316]. Par ailleurs, sont notamment inscrits au RC, la date de constitution, le nom, le siège, le but ainsi que l'organisation, la représentation et le mode de signature (art. 95 al. 1 ORC).

D'après l'art. 54 CC, la fondation bénéficie de l'exercice des droits civils dès qu'elle possède les organes que la loi ou les statuts exigent à cet effet.

4.4.3 Le nom et le siège

Le nom et le siège de la fondation sont en principe indiqués dans l'acte de fondation[1317]. La protection du nom des fondations relève de l'art. 29 CC et non des dispositions spéciales sur la protection des raisons de commerce, les fondations n'en possédant pas[1318].

Si un acte de fondation n0indique pas le nom de la fondation ou si celui-ci est incomplet, l'autorité de surveillance comble cette lacune[1319].

Par ailleurs, si les statuts n'indiquent pas le siège de la fondation, on considère qu'il se trouve au lieu de son administration (art. 56 CC)[1320].

1315 FAVRE, p. 746.
1316 TUOR/SCHNYDER/SCHMID, § 17 n° 7 p. 169 s.; WALSER, FJS 79, p. 3.
1317 MADÖRIN, p. 94, précise que le fondateur en a le libre choix. Dans le même sens: BRÜCKNER, n° 1335 p. 400 s.; SPRING, p. 11.
1318 MONTAVON, Droit civil, p. 151; NICATI, p. 15; SPRING, p. 11; TABET, n° 109 p. 25.
1319 ATF 102 II 161, JdT 1978 I 237 (trad.), consid. 4b.
1320 GRÜNINGER, BaKomm, Art. 81 n° 24 p. 541; MONTAVON, Droit civil, p. 152.

4.5 L'organisation

4.5.1 Généralités

Selon l'art. 83 CC, les organes et le mode d'administration doivent figurer dans l'acte de fondation (la plupart du temps, dans des statuts intégrés audit acte)[1321]. Cette disposition reflète la liberté du fondateur dans la création de la fondation[1322]. Par exemple, le fondateur peut librement déterminer le nombre d'organes et leurs compétences respectives. Cependant, à défaut d'indications suffisantes, l'autorité de surveillance est autorisée, comme nous l'avons vu (cf. pt. 4.3.3), à prendre toutes les mesures nécessaires, non seulement au moment de la constitution de la fondation, mais également lorsque des carences dans l'organisation apparaissent (art. 83d CC)[1323].

4.5.2 Les organes

La loi ne mentionne (et par conséquent n'impose) que deux organes: l'«organe suprême», appelé aussi souvent «conseil de fondation» et l'organe de révision[1324]. Contrairement aux associations, les fondations ne comptent pas de membres et, par conséquent, pas non plus d'assemblée générale[1325]

1321 Vez, Stiftungsverständnis, p. 236; Vez, La fondation, n° 420 ss p. 124.

1322 ATF 120 II 137, JdT 1995 I 159 (rés.), consid. 3e. Cf. également Hausheer/Aebi-Müller, n° 19.21 p. 352; Riemer, Die Stiftungen, Art. 83 n° 4 *in fine* et n° 6 ss p. 481 s.; Schönenberg/von Schnurbein, n° 10.

1323 Guillod, n° 467 p. 239.

1324 Cavegn, p. 17.

1325 Schönenberg/von Schnurbein, n° 10; Sprecher/Egger/Janssen, p. 19.

4.5.2.1 Le conseil de fondation

En qualité d'organe suprême, le conseil de fondation, composé d'une ou plusieurs personne(s) physique(s) ou morale(s), dirige la fondation et exerce ses droits civils au sens de l'art. 54 CC[1326]. Il doit également l'administrer s'il ne confie pas cette tâche à une direction[1327]. Dans ce cas, cette dernière se charge de la gestion opérationnelle de la fondation, sous la surveillance du conseil. Celui-ci doit également veiller à la réalisation du but statutaire et assurer le lien avec les autorités (de surveillance, fiscales, etc.)[1328]. Plus précisément, cet organe est chargé de gérer le patrimoine, de l'employer conformément au but fixé et au budget établi et de représenter la fondation à l'égard des bénéficiaires et des tiers[1329]. Afin de garantir la bonne gestion financière de la fondation, l'art. 83a al. 1 CC l'oblige à tenir une comptabilité commerciale[1330]. En cas d'insolvabilité ou si des raisons sérieuses laissent craindre que la fondation est surendettée, il incombe au conseil de fondation de dresser un bilan intermédiaire fondé sur la valeur vénale du patrimoine et de le transmettre à l'organe de révision ou, subsidiairement, à l'autorité de surveillance (art. 84a al. 1 CC)[1331].

En règle générale, le fondateur nomme les membres du premier conseil de fondation[1332]. Par la suite, le conseil de fondation se constitue et se complète lui-même (cooptation)[1333]. Les statuts prévoient la procédure de désignation (cooptation ou autre) des membres de celui-ci, la durée de la période administrative, ainsi que la procédure de remplacement des membres sortants[1334]. L'acte de fondation indique, avec plus ou moins de précision, les compétences du conseil de fondation. Celui-ci jouit, en

1326 Nicati, p. 11.

1327 Sur la direction, cf. Sprecher/Egger/Janssen, p. 76.

1328 Guillod, n° 468 p. 239 s.; Nicati, p. 11.

1329 Alfandari/Nardone, n° 4335 p. 516; Tabet, n° 168 p. 38.

1330 Duc/Turin, p. 160 et 168; Favre, p. 745; Guillod, n° 468 p. 239 s.; Hausheer/Aebi-Müller, n° 19.23 p. 353; Riemer, Entwicklungen 2007, p. 123 s.; Tuor/Schnyder/Schmid, § 17 n° 17 p. 173; Vez, Le nouveau droit des fondations, n° 47.

1331 Vez, Le nouveau droit des fondations, n° 43 ss. Pour plus de détails, cf. également Sprecher/Egger/Janssen, p. 48.

1332 Alfandari/Nardone, n° 4335 p. 516; Brückner, n° 1348 p. 404 s.; Guillod, n° 468 p. 239 s.; Hausheer/Aebi-Müller, n° 19.23a p. 353.

1333 Nicati, p. 11; Sprecher/Egger/Janssen, p. 45.

1334 Nicati, p. 11.

outre, de toutes les compétences que les statuts n'attribuent pas expressément à un autre organe[1335].

Le conseil de fondation peut déléguer certaines tâches à une entité restreinte composée de quelques-uns de ses membres (appelée souvent comité exécutif ou restreint), à des tiers ou à la direction[1336]. C'est surtout lorsque le conseil de fondation compte un nombre de membres important qu'on trouve un comité exécutif ou restreint.

Selon l'art. 55 al. 2 et 3 CC, les personnes chargées de l'administration obligent la fondation par leurs actes juridiques. Elles engagent aussi leur responsabilité personnelle pour les fautes commises[1337].

4.5.2.2 L'organe de révision

Depuis la réforme de 2003, entrée en vigueur en 2006, l'organe suprême de la fondation doit désigner un organe de révision, s'il s'agit d'une fondation classique (art. 83b al. 1 CC)[1338]. La plupart des fondations en comptaient déjà un (souvent appelé «organe de contrôle»)[1339] avant qu'il devienne obligatoire. Cet organe est inscrit au RC (art. 95 al. 1 let. m ORC). Il se compose de personnes physiques ou morales indépendantes de la fondation. Celles-ci assument la tâche de vérifier la comptabilité et la situation patrimoniale de la fondation (art. 83b al. 3 CC). En cas d'insolvabilité ou de surendettement, l'organe de révision a l'obligation d'avertir l'autorité de surveillance[1340]. En parallèle, cette dernière vérifie le respect des exigences d'indépendance de l'organe de révision et peut, le cas échéant, intervenir sur la base de l'art. 83d CC si tel n'est pas le cas. Rappelons encore que, selon l'art. 87 al. 1bis CC, les fondations de famille et les fondations ecclésiastiques sont dispensées de désigner un organe de

1335 *Ibid.*

1336 SPRECHER/EGGER/JANSSEN, p. 50.

1337 MONTAVON, Droit civil, p. 155.

1338 Message du Conseil fédéral du 23 juin 2004 concernant la modification du code des obligations [obligation de révision dans le droit des sociétés] et la loi fédérale sur l'agrément et la surveillance des réviseurs, FF 2004 p. 3745, 3827. Pour plus de détails, cf. p. ex. DUC/TURIN, p. 160 et 169 (questions de droit transitoire); EGGER, p. 70; VEZ, Stiftungsverständnis, p. 239 s.

1339 Cf. à ce sujet, p. ex., l'art. 53 LPP. Cf. également TABET, n° 170 ss p. 39 s.

1340 GUILLOD, n° 469 p. 240; HAUSHEER/AEBI-MÜLLER, n° 19.24 p. 353.

révision. Elles peuvent néanmoins le faire sur une base volontaire (cf. pt. 4.2.1.2.1 s.; 4.4.2)[1341].

La même remarque s'applique aux fondations de droit public. Celles-ci ne sont, sauf application analogique à titre de droit supplétif, pas soumises aux art. 80 ss CC[1342].

4.5.2.3 Les autres organes

Comme relevé ci-dessus (cf. pt. 4.5.1) les fondateurs peuvent instituer d'autres organes dans l'acte constitutif, mais le conseil peut aussi en créer d'autres qui n'ont pas été prévus initialement[1343], en particulier un conseil de direction (ou simplement une direction), mais aussi un conseil scientifique ou technique, un comité consultatif ou d'autres encore[1344]. La tâche de ces conseils varie selon les buts de la fondation. Il s'agit souvent de comités d'experts qui assistent le conseil de fondation dans le choix des bénéficiaires et la détermination de ses objectifs stratégiques. Les personnes qui composent ces comités contribuent souvent à la réputation et à la crédibilité de la fondation.

4.5.3 Les destinataires ou les bénéficiaires

Les personnes que la fondation vise à soutenir ont qualité de «destinataires». Ces derniers sont indirectement désignés par le but de la fondation (personnes atteintes de telle maladie, artistes en devenir, etc.) et peuvent être encore définis plus spécifiquement dans le corps des statuts. Les destinataires ne disposent, sauf stipulation contraire des statuts[1345], d'aucune

1341 ATF 50 II 415, JdT 1925 I 298 (trad.), consid. 2; RIEMER, Die Stiftungen, Art. 81 n° 89 p. 441 s.
1342 RIEMER, Die Stiftungen, n° 494 ss p.309 ss. Pour plus de détails sur l'organe de révision, cf. CAVEGN, p. 83 ss.
1343 HAUSHEER/AEBI-MÜLLER, n° 19.25 p. 353 s.
1344 MONTAVON, Droit civil, p. 79.
1345 MONTAVON, Droit civil, p. 158.

créance contre la fondation[1346]. Précisons encore que si une fondation décidait – en contradiction avec le but initialement fixé – de réduire son cercle de destinataires, tout intéressé pourrait se plaindre auprès de l'autorité de surveillance[1347]. Elles deviennent «bénéficiaires» lorsqu'un soutien effectif leur est accordé[1348]. Dans la doctrine et la jurisprudence, on opère rarement une distinction entre destinataires et bénéficiaires. Une telle distinction nous paraît pourtant nécessaire et importante.

1346 Madörin, p. 123; Montavon, Droit civil, p. 158.

1347 Montavon, Droit civil, p. 158. Sur la situation juridique des bénéficiaires d'une fondation, cf. Tabet, n° 352 ss p. 78 ss. Sur la question spécifique des bénéficiaires des fondations de prévoyance en faveur du personnel, cf. p. ex. Suter, p. 337 ss; Tabet, n° 918 ss p. 203 ss. Sur la situation des bénéficiaires après une fusion, cf. Tabet, n° 1077 ss p. 235 ss.

1348 A ce sujet, cf. Madörin, p. 123.

4.6 La modification de l'organisation et du but de la fondation

4.6.1 Généralités

Dès son origine, la fondation s'est caractérisée par sa rigidité[1349]. Son but et son organisation ne pouvaient, en principe, subir aucune modification substantielle[1350]. L'évolution du contexte social, des techniques et des lois pouvait pourtant justifier parfois de telles modifications. C'était le cas lorsque le but et l'organisation ne répondaient plus au besoin des destinataires ou n'étaient plus adaptés aux moyens de la fondation[1351].

Si la difficulté de modifier l'organisation de la fondation sur la base de l'art. 85 CC n'a jamais été ressentie comme un inconvénient majeur, il en est allé autrement de la modification du but. Il fallait que le caractère ou la portée du but primitif ait varié au point que la fondation ait manifestement cessé de répondre aux intentions du fondateur (art. 86 CC)[1352]. Il s'agissait là d'une exigence difficile à satisfaire[1353].

Un besoin de flexibiliser les dispositions relatives au but des fondations s'est donc fait sentir[1354].

Le 14 décembre 2000, le Conseiller aux Etats Fritz Schiesser a déposé une initiative parlementaire pour la révision de la législation régissant les fondations. L'initiateur visait à mieux prendre en compte les intérêts des fondateurs et à rendre les fondations suisses plus attractives[1355]. Cette ini-

1349 AEBI-MÜLLER, p. 728; HAUSHEER/AEBI-MÜLLER, n° 19.36 p. 357; TUOR/SCHNYDER/SCHMID, § 17 n° 24 p. 175 s.; VEZ, Stiftungsverständnis, p. 241.

1350 ALFANDARI/NARDONE, n° 4390 p. 517; GUILLOD, n° 474 p. 242; TABET, n° 195 p. 46; VEZ, La fondation, n° 989 ss p. 271.

1351 AEBI-MÜLLER, p. 728; MONTAVON, Droit civil, p. 158; SCHUEPBACH, p. 65.

1352 AEBI-MÜLLER, p. 728; SCHÖNENBERG/VON SCHNURBEIN, n° 13; VEZ, Stiftungsverständnis, p. 241; VEZ, La fondation, n° 998 p. 273.

1353 DUC/TURIN, p. 165; EGGER, p. 72; SCHÖNENBERG/VON SCHNURBEIN, n° 12.

1354 DUC/TURIN, p. 165.

1355 AEBERSOLD, p. 73; DUC/TURIN, p. 163; EGGER, p. 68; VEZ, Le nouveau droit des fondations, n° 6 s.

tiative a conduit à une modification de la législation entrée en vigueur le 1er janvier 2006; celle-ci touche principalement trois domaines[1356]:

- les conditions permettant de modifier le but de la fondation (cf. pt. 4.6.3);
- l'introduction de l'obligation pour les fondations de désigner un organe de révision[1357];
- l'élévation du plafond des déductions fiscales[1358].

Dans ce contexte, les art. 85 et 86 CC[1359] n'ont subi que des adaptations mineures. En revanche, les articles 86a et b CC constituent une réelle nouveauté (cf. pt. 4.6.2 s.).

4.6.2 La modification de l'organisation

Selon l'art. 85 CC, l'autorité fédérale ou cantonale compétente peut, sur proposition de l'autorité de surveillance, et après avoir entendu l'organe suprême de la fondation, modifier l'organisation de la fondation si cela paraît «absolument nécessaire pour conserver les biens ou pour maintenir le but de la fondation»[1360]. Cette règle s'applique notamment si l'organisation

1356 Initiative parlementaire – Révision de la législation régissant les fondations – Rapport du 23 octobre 2003, FF 2003 p. 7425, 7426. Pour plus de détails sur l'initiative Shiesser et la révision qui en a découlé, cf. également Aebersold, p. 73 ss; Aebi-Müller, p. 731 ss; Cavegn, p. 27 ss et 36 ss; Egger, p. 68 ss.

1357 Pour plus de détails sur ce sujet, cf. Aebersold, p. 75 s.; Egger, p. 70 ss; Sanwald, p. 171 ss.

1358 Pour plus de détails sur ce sujet, cf. Aebersold, p. 81 ss; Egger, p. 74 s.; Koller, p. 95.

1359 L'article 86 al.1 CC a été modifié sur deux points: comme pour l'article 85 CC (qui vise la modification du but de l'organisation), la compétence de décider la modification du but de la fondation a été attribuée à l'autorité fédérale ou cantonale compétente et non plus au Conseil fédéral (a); l'organe suprême de la fondation s'est en outre vu attribuer la compétence de proposer la modification du but de la fondation à l'autorité compétente, au même titre que l'autorité de surveillance (b). Cf. à ce sujet l'initiative parlementaire pour la révision de la législation régissant les fondations du 23 octobre 2003 (FF 2003 7440). A ce sujet, cf. également Riemer, Entwicklungen 2006, p. 23 s.

1178 Vez, Jusletter,

1360 Pour plus de détails, cf. Madörin, p. 125. Cf. également Hausheer/Aebi-Müller, n° 19.38 s. p. 357; Tabet, n° 217 s. p. 50.

de la fondation se révèle, avec le temps, trop onéreuse[1361], voire impossible (p. ex. si le conseil de fondation doit être composé de membres provenant de la famille du fondateur et que celle-ci s'éteint)[1362]. L'art. 85 CC s'applique également s'il est nécessaire de modifier des prescriptions de procédure[1363], notamment lorsque celles-ci retardent inutilement ou considérablement la réalisation du but ou la prise de décision au sein de la fondation[1364].

4.6.3 La modification du but

La modification du but d'une fondation n'est pas soumise aux mêmes exigences que la modification de l'organisation. Selon l'art. 86 al. 1 CC, la modification du but se justifie si «le caractère ou la portée du but primitif a varié au point que la fondation ne répond manifestement plus aux intentions du fondateur». On admet généralement que tel est le cas «lorsque le but primitif paraît absurde ou complètement dépassé ou lorsque les moyens de la fondation deviennent disproportionnés au but en raison des changements intervenus, ou lorsque le cercle des destinataires doit être redéfini»[1365]. C'est l'autorité de surveillance ou l'organe suprême de la fondation qui propose à l'autorité cantonale ou fédérale compétente la modification du but (art. 86 al. 1 CC)[1366]. Il convient toutefois de relever que l'autorité n'admet l'application de cette disposition que de manière très restrictive. Le Tribunal fédéral a, par exemple, annulé la décision du

1361 RIEMER, Die Stiftungen, Art. 85-86 n° 51 p. 636 s.; TUOR/SCHNYDER/SCHMID, § 17 n° 25 p. 176.

1362 VEZ, La fondation, n° 1012 p. 276.

1363 GRÜNINGER, BaKomm, Art. 86 n° 4 *in fine* p. 576.

1364 RIEMER, Die Stiftungen, Art. 85-86 n° 51 p. 636 s.

1365 ATF 133 III 167, JdT 2007 I 374 (rés.), SJ 2007 I 501 (rés.), consid. 3.1, et les références doctrinales citées. Cf. également HAUSHEER/AEBI-MÜLLER, n° 19.41 p. 358, qui précisent que «[e]in Zweckänderung ist mit anderen Worten zulässig, wenn man annehmen kann, der Stifter hätte in Kenntnis der veränderten Umstände den Zweck selber anders umschrieben, ohne allerdings an der Grundungausrichtung des Stiftungszwecks zu rütteln»; TABET, n° 203 p. 47.

1366 HAUSHEER/AEBI-MÜLLER, n° 19.45 p. 359. Cf. également Handkommentar zum ZGB – AEBERSOLD, Art. 86 n° 1, dans lequel l'auteur relève que cette compétence ne peut être transférée ou exclue par l'acte de fondation.

conseil d'une fondation de famille qui, pour tenir compte de la modification du droit matrimonial, avait élargi le cercle de ses destinataires aux filles de cette famille qui n'en portaient plus le nom[1367].

Sur la base de l'art. 86a CC, le fondateur peut désormais requérir la modification du but de la fondation auprès de l'autorité compétente[1368]. Cette innovation, que certains auteurs, comme RIEMER, ont critiquée[1369], a pour objectif de rendre le droit des fondations plus flexible et les fondations plus attrayantes[1370]. Elle n'est cependant valable que pour les fondations classiques[1371]. L'art. 86a al. 1 et 2 CC mentionne les conditions auxquelles une modification du but est possible:

– La clause réservant la modification du but doit avoir été prévue lors de la constitution de la fondation et, par conséquent, figurer dans l'acte de fondation[1372].
– Le fondateur doit déposer une requête en modification du but de la fondation auprès de l'autorité fédérale ou cantonale compétente. Si le nouveau but ne figure pas dans l'acte de fondation, la requête doit le préciser. Une disposition pour cause de mort peut également engendrer un tel processus[1373].
– Dix ans au moins doivent s'être écoulés à partir de la constitution de la fondation ou de la dernière modification prononcée sur requête du fondateur[1374].

1367 ATF 133 III 167, JdT 2007 I 374 (rés.), SJ 2007 I 501 (rés.).

1368 HAUSHEER/AEBI-MÜLLER, n° 19.43 p. 359; SCHUEPBACH, p. 65; SPRECHER, Revision, n° 204 p. 124 s.

1369 Cf. p. ex. RIEMER, Entwicklungen 2003, p. 69 et Entwicklungen 2006, p. 25. Dans le même sens, cf. VEZ, Stiftungsverständnis, p. 241 s. Cf. également AEBI-MÜLLER, p. 731 ss.

1370 GUILLOD, n° 476 p. 243; TABET, n° 21 p. 6.

1371 Initiative parlementaire – Révision de la législation régissant les fondations – Rapport du 23 octobre 2003, FF 2003 p. 7425, 7442. Cf aussi RIEMER, Entwicklungen 2006, p. 24; SPRECHER, Revision, n° 205 p. 125; TUOR/SCHNYDER/SCHMID, § 17 n° 30 p. 177.

1372 AEBERSOLD, p. 77; AEBI-MÜLLER, p. 732; DUC/TURIN, p. 166; EGGER, p. 72; FAVRE, p. 745; GUILLOD, n° 476 p. 243; SPRECHER, Revision, n° 209 p. 125; TABET, n° 206 p. 48; TUOR/SCHNYDER/SCHMID, § 17 n° 28 p. 177.

1373 AEBI-MÜLLER, p. 732; DUC/TURIN, p. 166; FAVRE, p. 745; RIEMER, Entwicklungen 2006, p. 24; SPRECHER, Revision, n° 211 ss p. 126 s.

1374 AEBERSOLD, p. 77; AEBI-MÜLLER, p. 732; DUC/TURIN, p. 167; EGGER, p. 72; FAVRE, p. 745; GUILLOD, n° 476 p. 243; RIEMER, Entwicklungen 2006, p. 24; SPRECHER, Revision, n° 217 ss p. 127 s.; TABET, n° 206 p. 48; TUOR/SCHNYDER/SCHMID, § 17 n° 28

On pouvait légitimement se demander dans quelle mesure ces exigences s'appliqueraient aux fondations créées antérieurement à la révision. Les débats parlementaires étant peu clairs[1375], la doctrine s'est rapidement emparée de la question. BLANC/DALLÈVES estimaient qu'

> [e]n l'absence d'une règle topique, [...] le fondateur – s'il vit toujours – devrait d'abord ajouter une disposition à cet effet dans l'acte de fondation puis attendre dix ans avant de pouvoir effectivement modifier le but de la fondation.

Selon ces auteurs, si on devait «considér[er] qu'une telle clause n'est pas nécessaire, cela signifierait que, dès l'entrée en vigueur de la modification, toutes les anciennes fondations de plus de dix ans pourraient changer leur but directement», ce qui semblait excessif à leurs yeux[1376]. La doctrine majoritaire soutenait cependant, en se fondant sur une interprétation littérale de la loi et sur le principe de non-rétroactivité, que le nouveau droit n'était applicable qu'aux fondations créées postérieurement à l'entrée en vigueur de la révision[1377]. C'est cette dernière solution qui prévaut aujourd'hui en pratique[1378].

En ce qui concerne plus spécifiquement les fondations poursuivant un but de service public ou d'utilité publique au sens de l'art. 56 let. g de la Loi fédérale sur l'impôt fédéral direct du 14 décembre 1990 (LIFD)[1379], l'art. 86a al. 2 CC mentionne que la modification du but de la fondation n'est possible que si le nouveau but demeure de même nature[1380]. Cette limitation vise à garantir le respect de la volonté des éventuels donateurs. Par là-même, leur argent sera utilisé dans un but qui ne s'éloigne pas trop

---

p. 177. Pour plus de détails, cf. également Initiative parlementaire – Révision de la législation régissant les fondations – Rapport du 23 octobre 2003, FF 2003 p. 7425, 7441 s. A noter que plusieurs changements successifs sont possibles [DUC/TURIN, p. 167; SPRECHER, Revision, n° 217 ss p. 127 s.].

1375 BO CN 2004 (17 juin 2004), p. 1174 ss, en particulier 1177.

1376 BLANC/DALLÈVES, p. 3.

1377 AEBERSOLD, p. 78 et les références citées; DUC/TURIN, p. 169.

1378 Guide pratique pour la fondation établi par le DFI (état au 26.09.2008), p. 7 s. Sur la question des réserves stipulées avant l'entrée en vigueur du nouveau droit, cf. DUC/TURIN, p. 169.

1379 RS 642.11. Il est évident que d'autres dispositions de nature fiscale, telles que la Loi fédérale sur l'harmonisation des impôts directs des cantons et des communes du 14 décembre 1990 (LHID; RS 642.14), peuvent aussi trouver application.

1380 AEBERSOLD, p. 77; AEBI-MÜLLER, p. 723; DUC/TURIN, p. 167; HAUSHEER/AEBI-MÜLLER, n° 19.43 p. 359; RONCORONI, p. 739; SCHUEPBACH, p. 65 s.; SPRECHER, Revision, n° 222 ss p. 128; TABET, n° 207 p. 48 s.; TUOR/SCHNYDER/SCHMID, § 17 n° 28 p. 177.

du but primitif. Les autres fondations sont libres dans le choix d'un autre but[1381].

L'autorité compétente doit examiner si les conditions légales sont remplies. Si tel est le cas, elle prononce la modification du but de la fondation et requiert l'inscription du nouveau but dans le RC[1382]. Le nouveau but n'est opposable aux tiers qu'une fois inscrit au RC et publié dans la Feuille officielle suisse du commerce (FOSE; art. 932 al. 2 CO)[1383].

Selon l'art. 86a al. 3 CC, le droit du fondateur de requérir la modification du but présente un caractère strictement personnel[1384]. De ce fait, il s'éteint par la mort du fondateur et ne peut être transféré ni à un tiers ni aux héritiers[1385]. Lorsque le fondateur est une personne morale, le droit de requérir la modification du but s'éteint au plus tard vingt ans après la constitution de la fondation[1386].

En cas de pluralité de fondateurs (personnes physiques ou morales), l'ensemble des fondateurs doivent déposer conjointement la requête en modification du but (art. 86 al. 4 CC)[1387]. La mort d'un fondateur empêche par conséquent toute modification[1388].

Pour conclure, les modifications accessoires de l'acte de fondation peuvent désormais être prononcées par l'autorité de surveillance selon une procédure simplifiée (art. 86b CC)[1389].

Notons encore qu'avant la modification législative déjà, la possibilité de modifier le but et l'organisation des fondations de famille et ecclésiastiques était controversée[1390].

1381 Vez, Le nouveau droit des fondations, n° 9.

1382 Meisterhans, p. 192, précise qu'une version complète du nouvel acte de fondation doit être transmise au RC.

1383 Sprecher, Revision, n° 228 p. 129.

1384 Aebersold, p. 77 s.; Hausheer/Aebi-Müller, n° 19.43 p. 359; Sprecher, Revision, n° 213 p. 126; Vez, Le nouveau droit des fondations, n° 10.

1385 Aebersold, p. 78; Duc/Turin, p. 167; Tuor/Schnyder/Schmid, § 17 n° 29 p. 177.

1386 Aebersold, p. 78; Schönenberg/von Schnurbein, n° 32; Sprecher, Revision, n° 221 p. 128; Tuor/Schnyder/Schmid, § 17 n° 29 p. 177; Vez, Le nouveau droit des fondations, n° 10.

1387 Guillod, n° 476 p. 243; Schuepbach, p. 67; Sprecher, Revision, n° 214 p. 126 s.; Tuor/Schnyder/Schmid, § 17 n° 29 p. 177.

1388 Sprecher, Revision, n° 214 p. 126.

1389 Cavegn, p. 73 ss; Duc/Turin, p. 160; Tabet, n° 220 ss p. 51 ss; Tuor/Schnyder/Schmid, § 17 n° 31 p. 177 s.; Riemer, Entwicklungen 2006, p. 24.

1390 Tabet, n° 196 p. 46 et n° 321 p. 71, Riemer, Die Stiftungen, n° 119 p. 88 s. et n° 125 ss p. 94 s.; Walser, FJS 80, p. 2.

4.7 La dissolution de la fondation

Il existe différents cas de dissolution d'une fondation[1391]. A titre liminaire, il est utile de préciser que, comme nous le verrons ci-dessous, le conseil de fondation ne dispose pas, au contraire de l'assemblée générale d'une association, de la compétence de dissoudre la fondation[1392].

4.7.1 La dissolution par l'autorité compétente

L'art. 88 al. 1 CC mentionne que

> [1] l'autorité compétente prononce la dissolution de la fondation, sur requête ou d'office lorsque:
>
> [1] le but de la fondation ne peut plus être atteint et que la fondation ne peut être maintenue par une modification de l'acte de fondation[1393] ou
>
> [2] le but de la fondation est devenu illicite ou contraire aux mœurs[1394].

1391 MADÖRIN, p. 129; TABET, n° 261 ss p. 59 ss.

1392 BRÜCKNER, n° 1436 p. 427 s.; GRÜNINGER, BaKomm, Art. 88/89 n° 2 p. 591 s.; GUILLOD, n° 477 p. 243 s.; HAUSHEER/AEBI-MÜLLER, n° 19.49 p. 360; SCHÖNENBERG/VON SCHNURBEIN, n° 15; TABET, n° 28 p. 7 et n° 263 p. 59; TUOR/SCHNYDER/SCHMID, § 17 n° 37 p. 154.

1393 AEBERSOLD, p. 80; BRÜCKNER, n° 1438 p. 428; GRÜNINGER, BaKomm, Art. 88/89 n° 4 p. 592; HAUSHEER/AEBI-MÜLLER, n° 19.50 p. 360, qui précisent que la poursuite du but de la fondation peut devenir impossible suite à la perte du patrimoine à disposition, en cas de surendettement ou d'insolvabilité. Cf. également MADÖRIN, p. 129 s.; RIEMER, Entwicklungen 2006, p. 25; TABET, n° 265 p. 60; VEZ, Stiftungsverständnis, p. 243; VEZ, Le nouveau droit des fondations, n° 50.

1394 VEZ, Le nouveau droit des fondations, n° 51, ajoute que l'art. 88 al. 1 ch. 2 CC constitue une «dérogation aux règles ordinaires régissant toutes les autres personnes morales relevant du droit privé fédéral, lesquelles doivent être dissoutes judiciairement dans un tel cas». MADÖRIN, p. 131 s., relève qu'en cas d'illicéité initiale, il incombe au juge civil de la constater. Cf. également AEBERSOLD, p. 80; BAUMANN, Personenrecht des ZGB, p. 77 s.; BRÜCKNER, n° 1447 p. 430; DUC/TURIN, p. 161; GRÜNINGER, BaKomm, Art. 88/89 n° 4a p. 592; HAUSHEER/AEBI-MÜLLER, n° 19.52 p. 360 s.; RIEMER, Entwicklungen 2006, p. 25; TABET, n° 265 p. 60; VEZ, Stiftungsverständnis, p. 243 s.

Comme les fondations de famille et les fondations ecclésiastiques ne sont pas soumises à la surveilance de l'Etat, leur dissolution échoit au juge civil (art. 88 al. 2 CC)[1395].

4.7.2 La requête et l'action en dissolution

L'art. 89 al. 1 CC mentionne que «la requête ou l'action en dissolution [...] peut être intentée par toute personne intéressée» notamment si la fondation se trouve dans l'une des situations énoncées à l'art. 88 CC ou si la nécessité d'une réorganisation des biens et de leur administration est manifeste[1396]. Le Tribunal fédéral a jugé que les biens d'une fondation de famille dont le but est déclaré nul *ab initio* doivent être restitués au fondateur[1397]. La dissolution doit être communiquée au préposé chargé de radier la fondation du RC (art. 89 al. 2 CC et art. 97 ORC). L'administration procède ensuite à la liquidation[1398].

4.7.3 La dissolution statutaire

La dissolution statutaire intervient lorsque l'acte de fondation prévoit que la fondation aura une durée de vie déterminée ou que l'acte de fondation contient une condition résolutoire[1399]. L'autorité de surveillance doit vérifier que les conditions de dissolution sont réalisées[1400].

1395 Baumann, Personenrecht des ZGB, p. 78; Grüninger, BaKomm, Art. 88/89 n° 7 p. 593; Guillod, n° 478 p. 244; Hausheer/Aebi-Müller, n° 19.53 p. 361; Riemer, Entwicklungen 2006, p. 25; Tabet, n° 271 p. 61; Tuor/Schnyder/Schmid, § 17 n° 32 p. 178.

1396 Montavon, Droit civil, p. 171.

1397 ATF 75 II 15, JdT 1949 I 578 (trad.), consid. 5; ATF 73 II 81, JdT 1948 I 66 (trad.), consid. 8.

1398 Alfandari/Nardone, n° 4660 p. 518; Baumann, Personenrecht des ZGB, p. 79; Grüninger, BaKomm, Art. 88/89 n° 17 ss p. 595.

1399 Baumann, Personenrecht des ZGB, p. 77; Guillod, n° 477 p. 243 s.; Madörin, p. 130; Montavon, Droit civil, p. 171; Tabet, n° 262 p. 59.

1400 Madörin, p. 130; Walser, FJS 79, p. 8. Pour une présentation de deux formes de

4.7.4 La liquidation

Les art. 80 ss CC sont muets quant à la liquidiation de la fondation. Dès lors, l'art. 58 CC s'applique[1401]. Celui-ci dispose que «[l]es biens des personnes morales sont liquidés en conformité des règles applicables aux sociétés coopératives» qui renvoient, à leur tour, aux règles de la société anonyme[1402]. Par ailleurs, SCHÖNENBERG/VON SCHNURBEIN précisent qu'une restitution des biens de la fondation au fondateur n'est pas possible car elle n'est pas prévue par la loi.[1403]

---

fondations dont la durée est limitée (fondations de consommation et les fondations à durée limitée), cf. l'ouvrage de SPRECHER, Die Verbrauchsstiftung.

1401 HAUSHEER/AEBI-MÜLLER, n° 19.59 p. 362.

1402 GUILLOD, n° 480 p. 244 s.

1403 SCHÖNENBERG/VON SCHNURBEIN, n° 17 s. Pour plus de détails, cf. également TABET, n° 275 ss p. 62 ss.

4.8 L'exonération fiscale des fondations

4.8.1 Généralités

Comme toutes les personnes physique et morales, les fondations sont, en principe, soumises à l'impôt fédéral direct (art. 1 let. b LIFD), ainsi qu'aux impôts cantonal et communal[1404]. Certaines fondations peuvent toutefois bénéficier d'une exonération fiscale (art. 56 let. e à h LIFD)[1405].

Si elle est accordée, l'exonération fiscale porte sur trois niveaux d'impôts. Trois autorités sont donc concernées et devraient, en principe, donner leur accord. En pratique, toutefois, c'est l'autorité cantonale qui en décide et ceci pour toutes les fondations, y compris celles qui sont soumises à l'autorité de surveillance fédérale[1406]. La Confédération se réserve cependant un droit de regard.

Dans cette optique, le fondateur doit soumettre une demande accompagnée des documents pertinents[1407]. Le projet d'acte suffit si la fondation n'est pas encore constituée. Sont souvent exonérées de l'impôt[1408]:

- les personnes morales qui poursuivent des buts d'utilité publique;
- les caisses d'assurances sociales et de compensation;
- les institutions de prévoyance;
- certaines organisations internationales.

1404 Pour le canton de Neuchâtel, cf. l'art. 1 al. 1 de la Loi sur les contributions directes (LCdir), du 21 mars 2000 (RSN 631.0).

1405 Bonetti, p. 124 s.; Koller, p. 58 ss. Pour le canton de Neuchâtel, cf. art. 81 LCdir.

1406 Nicati, p. 23.

1407 *Ibid.*

1408 Alfandari/Nardone, n° 5120 p. 528.

4.8.2 Les fondations d'utilité publique

Selon l'art. 56 let. g LIFD, «les personnes morales qui poursuivent des buts de service public ou d'utilité publique» sont exonérées de l'impôt[1409]. Cette notion suppose que l'activité de la fondation soit, d'une part, exercée dans l'intérêt de la collectivité et, d'autre part, que cette activité soit désintéressée[1410]. Par conséquent, le champ d'activité ne doit pas s'étendre à des tâches exécutées dans un but lucratif, ou qui favorisent un quelconque intérêt privé de la collectivité ou de ses membres[1411].

Dans la pratique, l'administration fiscale et la jurisprudence interprètent ces critères de manière très restrictive. Elles ont néanmoins considéré les activités suivantes comme poursuivant un but d'utilité publique[1412]:

- les activités de bienfaisance, même si l'activité charitable se limite à une région du pays, à une commune ou aux membres d'une seule confession;
- la construction et l'exploitation d'une piscine publique, lorsque et aussi longtemps que les fondateurs consentent des sacrifices notables, notamment en assumant les pertes dues à la gestion déficitaire.

Au contraire, les activités suivantes n'ont pas été reconnues comme correspondant à un but d'utilité publique[1413]:

- la construction et l'exploitation d'un stade de football;
- la poursuite des intérêts personnels ou sportifs de ses membres;
- l'activité des fondations de famille, car elles favorisent un groupe restreint de personnes.

1409 Bonetti, p. 124 s.; Koller, p. 58. Pour le canton de Neuchâtel, cf. l'art. 81 al. 1 let. f LCdir.

1410 Nicati, p. 24.

1411 Alfandari/Nardone, n° 5121 p. 528.

1412 *Ibid.*

1413 *Id.*, p. 529.

4.8.3 Les caisses d'assurances sociales et de compensation

Selon l'art. 56 let. f LIFD, sont exonérées de l'impôt «les caisses indigènes d'assurances sociales et de compensation, notamment les caisses d'assurance chômage, d'assurance maladie, vieillesse, invalidité et survivants, à l'exception des sociétés d'assurances concessionnaires»[1414].

4.8.4 Les institutions de prévoyance

Aux termes de l'art. 56 let. e LIFD, sont exonérées de l'impôt

> les institutions de prévoyance professionnelle d'entreprises qui ont leur domicile, leur siège ou un établissement stable en Suisse et d'entreprises qui ont avec elles des liens étroits, à condition que les ressources de ces institutions soient affectées durablement et exclusivement à la prévoyance en faveur du personnel[1415].

4.8.5 Les organisations internationales

Les organisations internationales, pour autant qu'elles soient de nature gouvernementale, sont créées sur la base de traités conclus entre plusieurs Etats. Elles bénéficient en général d'un certain nombre de privilèges dans l'Etat où se trouve leur siège[1416]. Ces organisations passent un accord avec l'Etat du siège précisant les modalités de ces avantages[1417]. La Suisse a conclu de nombreux accords avec des organisations internationales, telles que l'ONU et ses agences. Ces accords tendent à définir leur statut juridique et, plus particulièrement, leur régime fiscal[1418]. L'établissement d'un

1414 Pour le canton de Neuchâtel, cf. l'art. 81 al. 1 let. e LCdir.
1415 *Ibid.*
1416 Alfandari/Nardone, n° 5124 p. 531.
1417 *Ibid.*
1418 *Ibid.*

siège en Suisse pour des raisons de politique monétaire, de politique de sécurité ou pour d'autres considérations de cette nature, ne justifie pas nécessairement une exonération[1419].

Les fondations à caractère scientifique et culturel (à l'exception des organisations centrales déployant leur activité au niveau mondial) qui ont leur siège en Suisse mais dont l'activité s'exerce à l'étranger, ne sont, en principe, pas exonérées. En effet, elles n'œuvrent pas dans l'intérêt général de la Suisse[1420]. Les organisations basées à l'étranger ne sont exonérées d'impôts que si elles exercent une partie de leur activité dans notre pays. Une exception est toutefois admise si les organisations revêtent un caractère humanitaire (aide aux mutilés de guerre, etc.)[1421].

1419 Nicati, p. 24.
1420 *Ibid.*
1421 *Ibid.* Pour plus de détails sur la fiscalité des fondations, cf. Wipfli, p. 110 ss.

4.9 Exemples de fondations de droit suisse relatives au sport

4.9.1 L'Agence mondiale antidopage (AMA)

4.9.1.1 Présentation générale

A la suite des événements qui ont marqué le monde du cyclisme durant l'été 1998, le CIO a décidé de convoquer une Conférence mondiale sur le dopage en réunissant toutes les parties intéressées à la lutte contre ce fléau. Cette Conférence s'est tenue à Lausanne du 2 au 4 février 1999 et a eu pour point d'orgue la Déclaration de Lausanne sur le dopage dans le sport[1422]. Ce texte constitue le fondement de l'AMA, créée le 10 novembre 1999 à Lausanne[1423]. L'AMA est une fondation de droit privé suisse[1424]. Elle a son siège à Lausanne[1425] et est inscrite au Registre du commerce du Canton de Vaud[1426]. Elle est placée sous la surveillance du DFI[1427] même si ses bureaux principaux sont à Montréal. Elle a été constituée à l'initiative du CIO, avec le soutien et la participation d'organisations intergouvernementales, de gouvernements, d'administrations et d'autres organismes publics et privés engagés dans la lutte contre le dopage dans le sport. Précisons que l'AMA compte un nombre égal de représentants du Mouvement olympique et des gouvernements[1428], et que cette parité se retrouve dans la composition de ses organes[1429].

1422 Site de l'Agence Mondiale Antidopage (www.wada-ama.org): http://www.wada-ama.org/fr/A-propos-de-lAMA/Historique/ (31.05.2010).

1423 *Ibid.*

1424 Art. 1 Statuts AMA.

1425 Art. 2 par. 1 Statuts AMA.

1426 Art. 18 Statuts AMA.

1427 Art. 19 Statuts AMA.

1428 Art. 6 par. 1 ch. 1 et 2 Statuts AMA.

1429 A titre d'illustration, cf. p. ex. l'art. 6 ch. 1 et 2 Statuts AMA.

4.9.1.2 Les buts et tâches de l'AMA

D'une manière générale, l'AMA a été créée pour promouvoir, coordonner et superviser au niveau international la lutte contre le dopage sous toutes ses formes[1430]. Celle-ci doit conduire à un sport propre et sans dopage. Pour y parvenir, l'AMA combine les actions des milieux sportifs et gouvernementaux afin de renforcer, compléter et coordonner les efforts déjà existants[1431].

Les activités principales de l'AMA consistent notamment à:

- éduquer les sportifs, les entraîneurs et les administrateurs pour prévenir le recours au dopage[1432];
- établir, adapter, modifier et tenir à jour la liste des substances et méthodes prohibées dans la pratique du sport[1433];
- promouvoir et unifier les règles, les procédures disciplinaires, les sanctions et autres moyens harmonisés de lutte contre le dopage[1434];
- surveiller la mise en place et l'application du CMAD[1435];
- financer et développer la recherche scientifique en vue de mettre au point de nouvelles méthodes de détection et d'homologation des laboratoires[1436];
- réaliser des contrôles antidopage en compétition et hors compétition[1437];
- encourager la mise en place d'organisations nationales antidopage (ONAD) et de programmes antidopage[1438].

1430 Art. 4 ch. 1 Statuts AMA; site de l'Agence Mondiale Antidopage(www.wada-ama.org): http://www.wada-ama.org/fr/A-propos-de-lAMA/Historique/ (31.05.2010).

1431 Art. 4 ch. 1, ch. 2 et ch. 4 Statuts AMA.

1432 Art. 4 ch. 7 Statuts AMA.

1433 Art. 4 ch. 3 Statuts AMA.

1434 Art. 4 ch. 6 Statuts AMA.

1435 Site de l'Agence Mondiale Antidopage (www.wada-ama.org): http://www.wada-ama.org/fr/A-propos-de-lAMA/ (31.05.2010).

1436 Art. 4 ch. 5 Statuts AMA.

1437 Art. 4 ch. 1 Statuts AMA.

1438 Site de l'Agence Mondiale Antidopage (www.wada-ama.org): http://www.wada-ama.org/fr/-/ONAD/ (31.05.2010).

4.9.1.3 L'organisation

L'AMA se compose d'un Conseil de fondation, d'un Comité exécutif et de plusieurs comités de travail.

4.9.1.3.1 Le Conseil de fondation

Le Conseil de fondation représente l'instance décisionnelle suprême de l'AMA. Il est composé, à l'heure actuelle, de trente-huit membres (leur nombre maximal est de quarante)[1439]. Il se compose de personnalités désignées pour une période de trois ans, renouvelable[1440]. Il s'organise lui-même et désigne un président et un vice-président[1441]. Le Conseil de fondation se réunit aussi souvent que nécessaire, mais au moins une fois par année sur convocation du Président[1442]. Il prend ses décisions à la majorité absolue des membres présents, et, en cas d'égalité, la voix du Président est prépondérante[1443]. Il existe toutefois une exception: toute proposition de modification des statuts, et en particulier de changement du but de la Fondation, requiert la majorité des deux tiers des membres présents du Conseil de fondation[1444].

Les tâches du Conseil de fondation sont multiples[1445]. Il doit notamment:

- veiller à l'indépendance de la Fondation et à la transparence de toutes ses activités;
- surveiller les comités ou personnes chargés de la gestion et de représentation de la Fondation;
- désigner les membres du Comité exécutif;
- édicter des règlements relatifs au Conseil de fondation, au Comité exécutif et aux autres comités;
- publier chaque année un rapport sur l'ensemble de ses activités.

1439 Art. 6 par. 1 Statuts AMA; Site de l'Agence Mondiale Antidopage (www.wada-ama.org): http://www.wada-ama.org/fr/A-propos-de-lAMA/Gouvernance/ (31.05.2010).
1440 Art. 6 par. 1 Statuts AMA.
1441 Art. 7 par. 1 Statuts AMA.
1442 Art. 8 par. 1 Statuts AMA.
1443 Art. 8 par. 4 et 16 par. 2 Statuts AMA.
1444 *Ibid.*
1445 Art. 10 Statuts AMA.

4.9.1.3.2 Le Comité exécutif

Le Conseil de fondation de l'AMA délègue au Comité exécutif la direction et la gestion courante de l'Agence, la mise en œuvre de toutes ses activités et l'administration effective de ses biens[1446]. Le Conseil est composé de douze membres choisis en majorité au sein du Conseil de fondation[1447]. Les membres du Conseil exécutif sont, à parts égales, des représentants du Mouvement olympique et des gouvernements[1448]. Le président et le vice-président du Conseil de fondation occupent automatiquement les positions de président et de vice-président du Comité exécutif[1449]. Le Conseil de fondation nomme les autres membres pour une période d'une année. Ceux-ci sont rééligibles[1450]. Le Comité exécutif prend ses décisions à la majorité absolue des voix des membres présents. En cas d'égalité, la voix du Président est prépondérante[1451]. Précisons encore que le Comité exécutif est compétent pour prendre toutes décisions que la loi ou les statuts ne réservent pas au Conseil de fondation[1452].

4.9.1.3.3 Les Comités de travail

L'AMA a instauré des Comités de travail tels que le Comité des sportifs, le Groupe d'experts Questions éthique, le Comité Education, le Comité Finance et Administration ou encore le Comité Santé, médecine et recherche. Les Comités de travail de l'AMA remplissent un rôle consultatif et fournissent des conseils à l'Agence pour ses programmes [1453].

4.9.1.3.4 L'organe de révision

Comme toute fondation de droit suisse, l'AMA a l'obligation de tenir une comptabilité (art. 83a CC). Celle-ci doit être contrôlée par un organe de ré-

1446 Art. 11 par. 1 Statuts AMA.
1447 *Ibid.*
1448 Art. 6 par. 1 ch. 1 et 2 Statuts AMA. Cf. également le site de l'Agence Mondiale Antidopage (www.wada-ama.org): http://www.wada-ama.org/fr/A-propos-de-lAMA/Gouvernance/ (31.05.2010).
1449 Art. 11 par. 2 Statuts AMA.
1450 *Ibid.*
1451 Art. 11 par. 3 Statuts AMA.
1452 Art. 11 par. 5 Statuts AMA.
1453 Art. 4 ch. 8 par. 2 Statuts AMA. Cf. également le site de l'Agence Mondiale Antidopage (www.wada-ama.org). http://www.wada-ama.org/fr/A-propos-de-lAMA/Gouvernance/ (31.05.2010).

vision indépendant. De plus, selon ses Statuts, l'AMA doit également fournir chaque année à l'autorité de surveillance, soit au DFI, un rapport de gestion contenant un bilan ainsi qu'un aperçu du compte de pertes et profits[1454].

4.9.2 L'Aide sportive suisse (ASS)

4.9.2.1 Présentation générale

C'est en 1970 que le Comité olympique suisse (COS, dont la fusion avec l'Association suisse du sport en 1997 a mené à la création de Swiss Olympic) et l'Association nationale d'éducation physique (ANEP) ont créé l'ASS[1455]. Cette dernière revêt la forme juridique d'une fondation au sens des art. 80 ss CC et est placée sous la surveillance de la Confédération[1456]. Son siège est à Berne et elle est inscrite au Registre du commerce du Canton de Berne[1457].

Sa création visait à collecter des fonds auprès des milieux économiques et de la population, afin de soutenir les jeunes sportifs de niveau national et international[1458], puisque, au contraire des pays limitrophes, le rôle de l'Etat dans le sport suisse est de nature subsidiaire, avec, pour conséquence, des subventions publiques limitées.

1454 Art. 13 par. 2 et 3 et 19 Statuts AMA. Pour plus de détails sur l'AMA, cf. p. ex. STEINER, p. 168 ss.

1455 Site de l'Aide Sportive Suisse (www.aidesportive.ch): http://www.aidesportive.ch/fr/l_aide_sportive/qui_sommes_nous__/index.cfm (31.05.2010).

1456 Art. 1 par. 1 et 2 Statuts ASS.

1457 Art. 1 par. 2 Statuts ASS; site du registre du commerce du Canton de Berne (www.zefix.ch/info/fre/BE036.htm): http://be.powernet.ch/webservices/inet/HRG/HRG.asmx/getHRGHTML?chnr=0357015918&amt=036&toBeModified=0&validOnly=0&lang=2&sort=0 (31.05.2010).

1458 Site de l'Aide Sportive Suisse (www.aidesportive.ch): http://www.aidesportive.ch/fr/l_aide_sportive/index.cfm (31.05.2010).

4.9.2.2 Les buts et tâches de l'ASS

L'ASS est une fondation d'utilité publique à but non lucratif[1459]. Elle se procure des moyens financiers pour soutenir des projets d'encouragement établis par les fédérations associées à Swiss Olympic. Elle vise également à procurer un appui individualisé aux jeunes sportifs appartenant à ces fédérations (à l'exception des sports motorisés)[1460]. Elle soutient en outre la relève et aide les jeunes sportifs à atteindre leurs objectifs sportifs et professionnels. Elle encourage ainsi le développement d'une jeunesse positive, performante, dynamique et socialement compétente et contribue à une pleine réalisation du potentiel sportif des jeunes talents[1461].

De 1970 à 2004, l'ASS a apporté son aide à tous les sportifs d'élite amateurs. En 2004, elle a réduit le cercle de ses bénéficiaires et soutient depuis lors uniquement les jeunes sportifs détenteurs d'une «Swiss Olympic Talent Card»[1462].

Pour atteindre ses objectifs, l'ASS collabore avec l'Office fédéral du sport (OFSPO) et Swiss Olympic. Une cellule de travail (Swiss Olympic Talents, aujourd'hui remplacée par une coordination avec les départements «Sport» et «Développement du sport» de Swiss Olympic) avait d'ailleurs été créée pour coordonner la distribution de fonds aux jeunes sportifs suisses[1463]. Le Conseil de fondation de l'Aide sportive a ratifié le principe de cette organisation. L'entité concernée doit lui signaler quels sportifs méritent un soutien et contrôler l'utilisation des fonds attribués. L'Aide sportive n'exerce ainsi pas de compétences sportives à proprement parler, mais suit les recommandations de Swiss Olympic Talents pour l'attribution de ses subsides.

De manière générale, elle soutient les jeunes sportifs (détenteurs d'une Swiss Olympic Talent Card de niveau national), soit indirectement, par l'intermédiaire des fédérations (2'500 sportifs touchés), soit directement, en leur fournissant une aide individuelle (environ 300 sportifs). De plus,

1459 Art. 1 par. 3 Statuts ASS.
1460 Art. 2 Statuts ASS. Par souci d'exhaustivité, on relèvera encore que dans un avenir proche (2013), une nouvelle répartition sera opérée au niveau du sport suisse: l'ASS soutiendra tous les sportifs de façon directe alors que Swiss Olympic soutiendra les fédérations.
1461 Art. 2 Statuts ASS.
1462 Site de l'Aide Sportive Suisse (www.aidesportive.ch): http://www.aidesportive.ch/fr/l_aide_sportive/qui_sommes_nous__/index.cfm (31.05.2010).
1463 Site de l'Aide Sportive Suisse (www.aidesportive.ch): http://www.aidesportive.ch/fr/l_aide_sportive/index.cfm (31.05.2010).

elle distribue des primes en fonction des résultats obtenus aux Championnats d'Europe ou du Monde juniors (environ 40 sportifs par année) et offre une distinction à une vingtaine de personnes particulièrement méritantes.

Depuis sa création en 1970, elle a distribué près de 100 millions de francs aux sportifs non professionnels[1464].

4.9.2.3 L'organisation et les tâches des organes

Si la fondation ne compte statutairement que deux organes (le Conseil de fondation et la Commission de contrôle)[1465], elle a cependant usé de son droit d'en créer d'autres et de leur confier l'accomplissement de certaines tâches. Elle travaille en outre en étroite collaboration avec d'autres entités, telles que Swiss Olympic et les fédérations nationales[1466].

4.9.2.3.1 Le Conseil de fondation

Le Conseil de fondation compte actuellement huit membres issus de l'économie, de la politique et du sport[1467]; ils sont nommés pour une période de quatre ans[1468].

Le Président de Swiss Olympic occupe automatiquement la fonction de président du Conseil de fondation[1469]. Par ailleurs, «deux autres représentants de Swiss Olympic et une autre personne nommée par l'Office fédéral du sport sont membres du Conseil de fondation»[1470]. Dans tous les cas, le responsable de l'Aide Sportive et un membre du Comité exécutif représentent Swiss Olympic[1471].

Le Conseil de fondation constitue l'organe suprême de la fondation. Il est principalement chargé de diriger son activité, d'établir son budget

1464 Site de l'Aide Sportive Suisse (www.aidesportive.ch): http://40ans.aidesportive.ch/fr/geschichte/ (31.05.2010).

1465 Art. 5 Statuts ASS.

1466 Art. 3 Statuts ASS.

1467 Site de l'Aide Sportive Suisse (www.aidesportive.ch): http://www.aidesportive.ch/data/downloads/fr/f_stfitungsrat_stand_juli08.pdf (31.05.2010).

1468 Art. 6 par. 5 Statuts ASS.

1469 Art. 6 par. 1 *in fine* Statuts ASS.

1470 Art. 6 par. 4 Statuts ASS.

1471 Ch. 2 par. 1 Règlement de Fondation de l'ASS du 26 mai 2008 (RASS), *in:* site de l'Aide Sportive Suisse (www.aidesportive.ch): http://www.aidesportive.ch/data/downloads/fr/reglement_fr.pdf (31.05.2010).

et d'approuver ses comptes[1472]. Sauf dispositions contraires des statuts, il décide de l'utilisation des fonds[1473]. En pratique, il fixe «les objets d'affectation et le montant des moyens à attribuer et instruit Swiss Olympic d'exécuter le mandat»[1474].

A l'heure actuelle, Jörg Schild préside le Conseil de fondation. Par le passé, des personnalités de premier plan, telles que les anciens Conseillers fédéraux Ruth Metzler-Arnold et Adolf Ogi, ont occupé cette fonction. C'est le Président qui assure la liaison entre cet organe et le responsable de l'Aide Sportive et représente, avec le concours de ce dernier, l'ASS auprès des tiers[1475].

4.9.2.3.2 Le responsable de l'Aide Sportive

Le responsable de l'Aide Sportive est également élu par le Conseil de fondation. Il est chargé de la gestion opérationnelle et règle les affaires courantes de la Fondation[1476]. Avec le Président, il représente la Fondation vers l'extérieur[1477]. Il assume également la responsabilité de la récolte de fonds permettant d'alimenter le capital social de la fondation[1478].

4.9.2.3.3 La Commission de contrôle

La Commission de contrôle de gestion est l'organe de révision de l'ASS. Elue par le Conseil de fondation pour une période administrative d'un an[1479], elle est indépendante et vérifie les comptes de l'ASS. Celle-ci lui accorde un droit de regard, d'examen et d'information[1480].

1472 Art. 6 par. 1, 2, 3 Statuts ASS.
1473 Art. 6 par. 3 Statuts ASS.
1474 Ch. 2 par. 6 RASS.
1475 Art. 7 Statuts ASS et ch. 3 par. 1 RASS.
1476 Art. 8 Statuts ASS et ch. 4 par. 1 RASS.
1477 Art. 8 Statuts ASS et ch. 4 par. 2 RASS.
1478 Ch. 4 par. 1 RASS.
1479 Art. 9 par. 1 et 4 Statuts ASS.
1480 Art. 9 par. 2 et 3 Statuts ASS.

4.9.3 La Fondation de soutien aux sportifs d'élite du Canton de Neuchâtel (FSSECN)

4.9.3.1 Présentation générale

Le 19 décembre 2006, quatre entreprises de la région neuchâteloise ont décidé d'unir leurs forces pour créer une fondation dont l'objectif consiste à soutenir les sportifs d'élite – confirmés ou en devenir – domiciliés dans le Canton de Neuchâtel[1481]. Cette fondation a son siège à Neuchâtel et est placée sous la surveillance du Département de l'économie publique[1482].

De l'avis des fondateurs, cette institution vise à combler le manque de soutien offert aux athlètes de sports individuels qui, souvent, éprouvent des difficultés à trouver des sponsors. Elle permet de mieux canaliser et structurer l'aide apportée aux athlètes[1483].

Cette aide peut prendre plusieurs formes, notamment en fonction des besoins ou spécificités du sportif qui la sollicite. De manière générale, le soutien financier de la FSSECN s'effectue par l'octroi de subsides ponctuels ou réguliers[1484].

4.9.3.2 Les buts et tâches de la FSSECN

Comme déjà relevé dans le chapitre consacré à l'ASS (cf. pt. 4.9.2.1), le financement de l'activité sportive, en Suisse, tout particulièrement au niveau de l'élite, incombe à l'athlète lui-même, avec l'appui de l'économie et de la population. Dans ce contexte, la FSSECN joue le même rôle que l'ASS, mais sur le plan cantonal[1485].

1481 Art. 3 et 9 par. 1 Statuts FSSECN du 19 décembre 2006.

1482 Art. 2 par. 1 Statuts FSSECN.

1483 Journal L'Express du 16 février 2007.

1484 Art. 1 par. 2 et 4.1 Directives concernant les contributions versées aux athlètes dans le domaine du sport d'élite du 4 juillet 2006, *in:* site de la Fondation de soutien aux sportifs d'élite du Canton de Neuchâtel (www.fondationsport.ch): http://www.fondationsport.ch/fondation.php?page=criteres (31.05.2010).

1485 Art. 3 Statuts FSSECN.

Pour atteindre son but, la fondation disposait, au moment de sa constitution, d'un capital de 100'000 francs[1486]. Par la suite, des dons, des héritages ou des legs, devaient l'alimenter, comme le produit de ses activités et de ses capitaux[1487]. Cette source demeure, pour l'heure, relativement limitée en pratique[1488]. De plus, afin de favoriser la pérennité de l'institution, les fondateurs se sont engagés à verser chacun un montant annuel de 25'000 francs durant les deux années suivant la constitution de la FS-SECN[1489]. Ce partenariat a ensuite été reconduit d'année en année.

En juin 2007, la commission chargée de l'attribution des subsides a procédé à la première sélection des sportifs méritants. Elle a retenu vingt candidatures dans des disciplines aussi diverses que l'athlétisme, le triathlon, le cyclisme, le tir à l'arc, la natation ou le golf[1490]. Les athlètes qui visaient une participation aux Jeux Olympiques de Beijing et de Vancouver ont fait l'objet d'une attention particulière.

En 2008, cette fondation a distribué 122'500 francs à près de trente athlètes de tout le Canton de Neuchâtel[1491]. Elle a retenu trente-quatre dossiers et distribué 107'000 francs pour l'année 2009[1492], et prévoit de soutenir quarante-et-un sportifs en 2010, pour un total de 102'000 francs[1493].

1486 Art. 7 par. 1 Statuts FSSECN.

1487 Art. 8 par. 1 Statuts FSSECN.

1488 En effet, la FSSECN n'a pour l'instant enregistré que deux dons «externes» depuis sa création (8'107,35 francs en 2007 et 300 francs en 2008). Information transmise par la FSSECN le 11 mai 2010.

1489 Art. 8 par. 2 Statuts FSSECN.

1490 Pour connaître la liste des athlètes retenus depuis 2007 et leur discipline, cf. le site de la Fondation de soutien aux sportifs d'élite du Canton de Neuchâtel (www.fondationsport.ch): http://www.fondationsport.ch/fondation.php?page=beneficiaires (31.05.2010).

1491 Communiqué de presse du 19 mars 2008, *in:* site de la Fondation de soutien aux sportifs d'élite du Canton de Neuchâtel (www.fondationsport.ch): http://www.fondationsport.ch/fondation.php?page=comm_190308 (31.05.2010).

1492 Journal L'Express du 6 mai 2009.

1493 Site de la Fondation de soutien aux sportifs d'élite du Canton de Neuchâtel (www.fondationsport.ch): http://www.fondationsport.ch/fondation.php?page=comm_26042010 (31.05.2010).

4.9.3.3 L'organisation

La FSSECN est une fondation de taille modeste. Elle est composée statutairement de deux organes, le Conseil de fondation et l'organe de révision[1494]. Les art. 16 et 17 de ses Statuts lui permettent aussi de créer une ou plusieurs commissions pour l'aider à réaliser ses tâches et de désigner un gérant pour la gestion courante de la fondation. Pour l'heure, seule une Commission, chargée de l'attribution des subsides, a été mise sur pied (cf. pt. 4.9.3.3.2).

4.9.3.3.1 Le Conseil de fondation

Le Conseil de fondation se compose de trois personnes au moins[1495]. Actuellement, quatre y siègent[1496]. Le Conseil se constitue lui-même et procède à l'élection de ses membres. Le premier Conseil de fondation a toutefois été désigné par les fondateurs[1497].

La structure de la FSSECN est «minimale», sans que cela ne porte préjudice à son efficacité. L'art. 13 par. 1 des Statuts attribue au Conseil de fondation toutes les tâches qui ne sont pas expressément réservées à un autre organe par la loi, les statuts ou les règlements.

4.9.3.3.2 La Commission chargée de l'attribution des subsides

Le Conseil de fondation a mis sur pied une commission chargée de l'attribution des soutiens. Elle se compose de cinq personnes, soit d'un représentant par partenaire, que le Conseil de fondation nomme pour une durée indéterminée, et de deux autres personnes, qui ne sont ni membres d'un autre organe de la fondation, ni d'une des entreprises partenaires. Il les élit pour une période de trois ans, renouvelable une fois[1498]. A l'heure actuelle, Jean-Pierre Egger et Gilles Jaquet occupent ces postes[1499].

1494 Art. 11 Statuts FSSECN.

1495 Art. 12 par. 1 Statuts FSSECN.

1496 Information transmise par la FSSECN le 11 mai 2010 (cf. également acte notarié du 19 décembre 2006).

1497 Art. 12 par. 3 et 4 Statuts FSSECN.

1498 Art. 3 Règlement de la Commission du 22 janvier 2007, *in:* site de la Fondation de soutien aux sportifs d'élite du Canton de Neuchâtel (www.fondationsport.ch): http://www.fondationsport.ch/fondation.php?page=reglement (31.05.2010).

1499 Communiqué de presse de la FSSECN du 14 juin 2007, *in:* site de la Fondation de soutien aux sportifs d'élite du Canton de Neuchâtel (www.fondationsport.ch): http://www.fondationsport.ch/fondation.php?page=presse2 (31.05.2010).

4.9.3.3.3 L'organe de révision

Comme toute fondation de droit suisse, la FSSECN a nommé, pour une période d'une année, renouvelable, un organe de révision indépendant chargé de vérifier sa comptabilité et sa situation patrimoniale[1500].

1500 Art. 20 Statuts FSSECN.

5. Les autres formes de personnes morales rencontrées dans le sport

5.1 Généralités

En Suisse, à la différence de plusieurs pays limitrophes, la législation n'oblige pas les organisations et sociétés de sport à revêtir une forme sociale particulière. Celles-ci peuvent donc librement opter pour l'une ou l'autre forme de personnes morales exhaustivement prévues par le Code civil et le Code des obligations. Il est toutefois loisible à leur organisation faîtière de leur imposer une forme juridique particulière.

La grande majorité des sociétés de sport ayant leur siège en Suisse ont opté pour la forme de l'association. Cette dernière présente, en effet, une très grande souplesse d'organisation et correspond à la forme sociale adéquate pour la plupart des organisations de sport[1501]. Toutefois, au vu l'importance croissante des aspects économiques et commerciaux dans le sport (cf. pt. 2.2.6.1.2), ce constat ne se vérifie plus aujourd'hui de manière systématique. Si l'association demeure certainement la forme sociale la plus appropriée pour les clubs locaux, traditionnels, elle n'est plus adaptée pour les grandes sociétés sportives.

BADDELEY relève, en effet, qu'

> aux termes de la loi, la constitution en association est réservée aux groupements à but non économique. Sans mettre en question l'idéalité de l'activité sportive, en général, il a été mis en doute, au cours des dernières années surtout, que le but social des grandes associations sportives, en particulier, puisse réellement être qualifié d'idéal ou de non économique[1502].

Pour mémoire, le Tribunal fédéral considère que la corporation qui exerce une industrie en la forme commerciale pour elle-même ne poursuit pas un but idéal et que, par conséquent, elle ne peut pas revêtir la forme de l'association. Elle doit obligatoirement se constituer sous forme de société commerciale[1503]. En revanche, si l'activité économique ne représente

1501 Selon les estimations, il existe en Suisse environ 100'000 associations, dont 23'000 dans le domaine du sport [BLÜMLE, p. 36]. Sur les avantages de l'association, en lien notamment avec la structure pyramidale du monde sportif et le droit fiscal, cf. DIAS, p. 91 ss et 107 ss.

1502 BADDELEY, L'association sportive, p. 23; STEINER, p. 31 et 37.

1503 ATF 90 II 333 = JdT 1965 I 201, = SJ 1965 229, Alex Martin, consid. 2.

qu'un moyen de mettre en œuvre un but idéal, la forme de l'association est acceptable. On rappellera que pour le Tribunal fédéral, il faut, dans ce cas, substituer «au critère légal du but celui des moyens utilisés pour l'atteindre» (cf. pt. 2.2.6.1.2)[1504].

Ainsi, même si l'on admet que le but des grandes associations de sport a généralement conservé sa nature idéale, d'autres éléments ont incité plusieurs auteurs[1505] à conclure que la forme de l'association n'était pas adéquate dans certaines situations.

Baddeley, par exemple, reconnaît que «la protection des intérêts économiques des membres, des employés et des créanciers des grandes associations, en particulier, est manifestement insuffisante»[1506], et préconise une révision de la législation du droit des associations. Comme aucune réforme législative dans ce domaine n'est à l'ordre du jour[1507], les grandes associations se doivent de trouver, parmi les formes juridiques déjà existantes, l'«habit social» qui leur paraît le plus adéquat. Ainsi que nous venons de le voir, ces associations ne sont, cependant, pas toujours entièrement libres sur ce point car elles peuvent se voir imposer une forme juridique particulière par l'organe faîtier dont elles dépendent. Dias estime aussi que le régime financier des associations devrait être revu et leur gouvernance améliorée[1508].

Nous allons donc examiner les quelques formes sociales qui pourraient répondre aux besoins des sociétés de sport suisses déployant une activité économique: la Sàrl, la SA et la société coopérative. Nous ne reviendrons pas sur la fondation (cf. pt. 4), qui peut aussi, dans certaines situations, constituer une forme adéquate. Nous verrons aussi que, souvent, des solutions plurisociétaires s'appliquent, la société commerciale restant liée à l'association qu'elle vient appuyer ou à d'autres entités destinées à assurer le fonctionnement du club. C'est le cas, notamment, dans le football en

1504 ATF 90 II 333 = JdT 1965 I 201, = SJ 1965 229, Alex Martin,. consid. 2. Cf. également Baddeley L'association sportive, p. 53. Cet auteur relève que de telles activités commerciales «en tant que moyens ou buts intermédiaires, n'influencent pas la nature idéale du but social, mais peuvent fonder l'obligation pour l'association sportive de requérir son inscription au Registre du Commerce».

1505 Baddeley, L'association sportive, p. 73; Dias, p. 101 ss et 125; Scherrer, Kapitalgesellschaften, p. 10 ss; Peter, La forme juridique, p. 18; Peter, La société sportive idéale, p. 36; Zen-Ruffinen, Droit du sport, p. 48 s.

1506 Baddeley, L'association sportive, p. 73. Dans le même sens, Dias, p. 105.

1507 Cf. p. ex. Perrin, Réforme, p. 261 ss, Perrin, Synthèse, p. 173 ss.

1508 Dias, p. 101 ss.

Suisse (cf. pt. 5.4.1.2)[1509]. Nous examinerons encore de quelle manière une société peut se transformer et prendre une forme sociale différente. Enfin, nous exposerons les solutions que quelques pays européens ont choisies dans ce domaine.

1509 Art. 9 ch. 3 et 4 Statuts ASF et 10 Statuts SFL. A ce sujet, cf. également Dias, p. 18 et 125.

5.2 Les formes sociales rencontrées en Suisse

5.2.1 La société anonyme (SA)

5.2.1.1 Généralités

Le développement du sport professionnel a entraîné des besoins en capitaux de plus en plus importants. Afin, notamment, de disposer de fonds propres suffisants et d'attirer des investisseurs[1510], les organisations de sport concernées doivent aujourd'hui satisfaire à des exigences précises. Celles-ci portent sur la possibilité de poursuivre un but qui n'est pas – ou à tout le moins pas seulement – idéal, sur la capacité de distribuer des profits, ainsi que sur l'application d'un régime censitaire, qui offre la possibilité au principal bailleur de fonds de contrôler l'organisation concernée. Elles imposent aussi l'incorporation des droits sociaux et patrimoniaux dans des titres négociables (ce qui représente une condition de la cotation en bourse et permet la cession du contrôle)[1511]. Il n'est dès lors pas surprenant, au regard de ces éléments, que PETER conclue à l'opportunité pour les grands clubs sportifs de se constituer en SA. Les autres formes sociales ne répondent pas à ces besoins-là[1512].

1510 PETER relève notamment que «[p]our financer son activité – ou en tirer profit – le club se livre en général à des opérations de nature commerciale. On est alors en présence d'une véritable ‹industrie exercée en la forme commerciale› au sens des articles 61 al. 2 CC, 934 al. 1 CO et 52 al. 2 ORC. Les investisseurs veulent avoir leur mot à dire à propos de l'utilisation qui est faite de leurs apports: ils souhaitent en d'autres termes disposer de droits sociaux qui soient fonction de leurs mises de fonds et des risques (patrimoniaux) qu'ils courent. Ils espèrent toujours plus souvent tirer un revenu ou en tout cas des gains de leur investissement, ici aussi proportionnels à ce dernier» [PETER, La société sportive idéale, p. 26 s. Cf. également PETER, La forme juridique, p. 13 ss. Dans le même sens: BICHOVSKY, p. 31].

1511 PETER, La forme juridique, p. 18 et PETER, La société sportive idéale, p. 36. Cf. également ZÖLCH, p. 97 et RIHM, p. 2 ss.

1512 Cf. BADDELEY, Gesellschaftsformen, p. 107. Pour une analyse plus détaillée de la SA dans le domaine du sport, cf. KALBERMATTER, p. 82 ss.

Pour Peter, le choix à opérer se situe entre la forme de l'association et celle de la SA. La doctrine n'est de loin pas unanime quant à la forme la plus adéquate.

En effet, même si Baddeley estime également que la forme de la SA «se présente, de plusieurs points de vue, comme forme sociale alternative adéquate à celle de l'association»[1513], il lui semble douteux que cette société

> constitue réellement la forme sociale adéquate pour les groupements sportifs. Ceci tient principalement au fait qu'un lien étroit entre les membres et l'association revêt une importance particulière dans le domaine du sport. La coordination des activités sportives, spécialement au niveau de la compétition, implique des obligations des membres et des pouvoirs de l'association, incompatibles, à [son] avis, avec l'esprit de la société anonyme[1514].

Quant à Scherrer et Dias, ils partagent l'opinion de Peter et reconnaissent l'opportunité pour les grands clubs de choisir la SA[1515]. Scherrer émet cependant quelques doutes quant à la faculté des actions de sociétés sportives de devenir de véritables titres cotés en bourse attirant des investisseurs plutôt que des «Fan-Aktie, Herz-Aktie [ou] Liebhaber-Aktie»[1516]. Dias considère par ailleurs que la limitation de la responsabilité des actionnaires (art. 680 al. 2 CO) constitue un inconvénient de la SA[1517], au même titre que la problématique de la transparence et de la protection des tiers[1518].

5.2.1.2 Les buts de la SA

La SA poursuit, en principe, un but économique (ou lucratif)[1519]. En d'autres termes, elle vise à réaliser des profits qui sont ensuite redistribués à ses membres[1520].

Contrairement aux associations, les SA peuvent, et c'est même leur but principal, déployer une industrie en la forme commerciale[1521].

1513 Baddeley, L'association sportive, p. 67.
1514 *Id.*, p. 68.
1515 Dias, p. 125; Scherrer, Kapitalgesellschaften, p. 15.
1516 Scherrer, Kapitalgesellschaften, p. 15. Cf. également Scherrer, Sportlebens, p. 64 s.
1517 Dans le même sens, Baddeley, Gesellschaftsformen, p. 113.
1518 Dias, p. 118 s.
1519 Art. 620 al. 3 CO; Montavon, Droit commercial, p. 180.
1520 Peter, La société sportive idéale, p. 42; Peter, La forme juridique, p. 21.
1521 Peter, La société sportive idéale, p. 42; Peter, La forme juridique, p. 21; Peter, Des formes juridiques, p. 71.

Les sociétés anonymes connaissent deux catégories de titres: les actions au porteur et les actions nominatives[1522]. Toutes deux incorporent des droits sociaux et patrimoniaux. En règle générale, et contrairement aux sociétés coopératives, le droit de vote des actionnaires est proportionnel à leur participation au capital-actions (art. 692 al. 1 CO)[1523]. Il convient également de relever que le Code des obligations autorise les SA à coter leurs actions en bourse[1524]. PETER note que

> [l]'ouverture du capital d'une société anonyme à un public plus ou moins large constitue un moyen très efficace de recueillir des capitaux, et donc d'accroître les fonds propres nécessaires à l'activité sportive considérée[1525].

Cette ouverture permet aussi à une seule personne ou à un petit groupe de personnes de prendre le contrôle de la société, ce qui peut être attractif[1526].

En plus de l'éventuelle prise de contrôle de la SA, les investisseurs peuvent également tirer profit de leur actionnariat[1527], soit directement, sous la forme de dividendes[1528], soit indirectement, en termes d'image (p. ex. propriété d'un club sportif à succès)[1529].

Par ailleurs, la responsabilité des sociétaires est exclue puisque «les dettes ne sont garanties que par l'actif social»[1530]. Cette exclusion de responsabilité connaît deux exceptions. La première, déjà évoquée plus haut (cf. pt. 5.2.1), concerne «l'obligation de libérer la valeur nominale des titres possédés»[1531]. En effet, aux termes de la loi, «[l]es actionnaires ne peuvent être tenus, même par les statuts, à des prestations excédant le montant fixé, lors de l'émission, pour l'acquisition de leurs titres»[1532]. La seconde a pour objet la levée du voile corporatif ou *Durchgriff*. Ce prin-

1522 Art. 622 al. 1 CO.

1523 Néanmoins, les statuts de la SA peuvent prévoir des exceptions à ce principe par le biais d'actions à droit de vote privilégié (art. 693 CO).

1524 Art. 663b^{bis} CO.

1525 PETER, La société sportive idéale, p. 43. Sur les modes de financement des clubs sportifs, cf. également ZUFFEREY, p. 88 s.

1526 PETER, La forme juridique, p. 10; PETER, La société sportive idéale, p. 26.

1527 PETER, Des formes juridiques, p. 72; PETER, La forme juridique, p. 10; PETER, La société sportive idéale, p. 26 ss.

1528 Art. 675 al. 2 CO.

1529 FRASCOGNA/CERATI-GAUTHIER, p. 190; PETER, Des formes juridiques, p. 72.

1530 Art. 620 al. 1 *in fine* CO.

1531 PETER, La forme juridique, p. 21.

1532 Art. 680 al. 1 CO.

cipe, peu appliqué en pratique, veut que l'on fasse abstraction de l'indépendance juridique de la société à l'égard de ses actionnaires (surtout si l'on est en présence d'un actionnaire unique) et que l'on prenne en considération la réalité économique plutôt que la réalité juridique[1533]. En d'autres termes, on considère que les patrimoines de la société et de la personne physique qui la dirige ne font qu'un. Cette pratique permet de rechercher un ou plusieurs actionnaires pour les dettes ou les obligations de la société[1534].

5.2.1.3 L'organisation

5.2.1.3.1 La constitution d'une SA

Selon l'art. 625 CO, «[u]ne société anonyme peut être fondée par une ou plusieurs personnes physiques ou morales ou par d'autres sociétés commerciales». La SA peut donc être composée d'une seule personne. Elle doit être constituée par acte authentique[1535]. Les statuts doivent mentionner la raison sociale, son siège, le but poursuivi, le montant de son capital-actions, le nombre, la valeur et le type d'actions émises, le mode de convocation de l'assemblée générale et la procédure de vote, les organes de la société (conseil d'administration et organe de révision) et, finalement, la forme à respecter pour ses publications[1536]. Par ailleurs, la SA doit être dotée d'un capital-actions d'un montant d'au moins 100'000 francs[1537]. Elle a l'obligation de s'inscrire au RC du lieu de son siège[1538].

5.2.1.3.2 Les organes

La loi impose trois organes aux SA: l'assemblée générale, le conseil d'administration et l'organe de révision[1539].

Comme dans toutes les autres sociétés – qu'elles poursuivent un but idéal ou commercial – l'assemblée générale des actionnaires représente le

1533 Ruedin, n° 745 ss p. 142.
1534 Peter, Des formes juridiques, p. 78.
1535 Art. 629 al. 1 CO.
1536 Art. 626 CO.
1537 Art. 621 CO.
1538 Art. 640 al. 1 CO.
1539 Art. 698 ss, 707 ss et 727 ss CO.

pouvoir suprême. Elle a notamment les compétences inaliénables d'adopter et de modifier les statuts, de nommer et de révoquer les membres du conseil d'administration et d'approuver les comptes[1540].

Le conseil d'administration gère les affaires de la société[1541]. Il est habilité à prendre toutes les décisions qui ne relèvent pas de l'assemblée générale, de par la loi ou les statuts[1542]. De plus, il dispose d'attributions intransmissibles et inaliénables, comme le devoir d'exercer la haute direction de la société, de fixer l'organisation de cette dernière ou les modalités du contrôle financier[1543]. C'est également à lui qu'il incombe d'avertir le juge en cas de surendettement[1544]. Il peut toutefois déléguer à des tiers certaines compétences relatives à la gestion de la société si les statuts l'y autorisent[1545].

L'organe de révision a enfin pour mission de vérifier que la comptabilité, les comptes annuels et l'emploi du bénéfice soient conformes à la loi et aux statuts[1546]. Il établit un rapport de révision pour le conseil d'administration et pour l'assemblée générale[1547].

5.2.1.3.3 Les modes d'exercice du droit de vote

Comme relevé précédemment (cf. pt. 5.2.1.2), le décompte des voix des actionnaires s'opère selon un régime purement censitaire, c'est-à-dire «proportionnellement à la valeur nominale de toutes les actions qui leur appartiennent»[1548]. Dans ce cas, on ne distingue pas entre les différentes catégories d'actions.

La loi permet toutefois aux statuts de déroger à ce principe. En effet, ceux-ci «peuvent déclarer que le droit de vote sera exercé proportionnellement au nombre des actions de chaque actionnaire sans égard à leur valeur nominale, de telle sorte que chaque action donne droit à une voix»[1549]. On parle alors d'actions à droit de vote privilégié. Les fondateurs utilisent fréquemment cette possibilité dans le but de conserver une certaine main-

1540 Art. 698 al. 2 CO.
1541 Art. 716 al. 2 CO.
1542 Art. 716 al. 1 CO.
1543 *Ibid.*
1544 Art. 716a al. 1 ch. 7 CO.
1545 Art. 716b al. 1 CO.
1546 Art. 728a al. 1 CO.
1547 Pour plus de détails sur l'organe de révision et son éventuelle responsabilité, cf. p. ex. BERTSCHINGER, p. 569 ss.
1548 Art. 692 al. 1 CO.
1549 Art. 693 al. 1 CO.

mise sur la société. Les actions à droit de vote privilégié peuvent être au porteur ou nominatives.

Les actions nominatives elles-mêmes peuvent être de deux sortes, simples ou liées. Les premières sont librement transmissibles[1550]. Il suffit à l'actionnaire de produire une pièce établissant l'acquisition du titre pour être inscrit au registre des actions et exercer ses droits sociaux, en particulier son droit de vote[1551]. A contrario, les secondes ne peuvent être transférées qu'avec l'approbation de la société et celle-ci peut refuser l'inscription. Cette institution est intéressante pour les sociétés cotées en bourse, car elles peuvent exclure comme actionnaire toute personne qui détiendrait plus d'actions qu'un seuil maximal fixé en pourcents dans leurs statuts[1552]. En agissant de la sorte, ces sociétés se prémunissent contre toute offre publique d'achat.

5.2.1.4 Application au domaine du sport

5.2.1.4.1 En matière de recherche de fonds

Comme Peter le relève à juste titre, ce ne sont pas les clubs sportifs amateurs mais professionnels qui posent problème quant à l'«habit social» qu'ils revêtent[1553]. En effet, les ressources des clubs amateurs sont limitées puisqu'elles se composent essentiellement des cotisations de leurs membres, de la billetterie et de mécénat. Il note également que «[c]es produits permettent dans la règle de couvrir les charges, souvent modestes, puisqu'en général les athlètes ne sont pas rémunérés, que l'encadrement est bénévole et que les coûts effectifs sont limités»[1554]. Ces entités ont, sans que cela ne puisse être contesté, une vocation idéale. Elles peuvent donc revêtir la forme sociale de l'association.

La situation du sport professionnel, très fortement médiatisé, est plus délicate. Peter parle de sport «spectacle» ou de sport «business»[1555]. Cette approche du sport implique inévitablement une recherche du profit, direct ou indirect. Elle impose aux clubs de trouver des moyens financiers sup-

1550 Art. 684 al. 1 CO.

1551 Art. 689a al. 1 et 686 CO.

1552 Art. 685d al. 1 CO.

1553 Peter, Des formes juridiques, p. 70 ss; Peter, La forme juridique, p. 8 ss; Peter, La société sportive idéale, p. 24 ss.

1554 Peter, Des formes juridiques, p. 70.

1555 *Ibid.*

plémentaires, sous forme de fonds propres ou d'emprunts, pour développer leurs activités[1556]. La constitution de clubs en SA permet, comme nous l'avons vu (cf. pt. 5.2.1.2), d'augmenter «leur capital social en proposant au public d'acquérir les nouvelles actions émises»[1557]. De plus, c'est la seule forme sociale utilisée dans le domaine du sport qui peut être cotée en bourse.

L'entrée en bourse de clubs sportifs peut s'analyser dans la perspective du club ou de l'investisseur actionnaire.

Dans le premier cas, la cotation en bourse des actions des clubs sportifs et, partant, l'augmentation de leur capital social, leur permet,

> en priorité, [...] de réaliser les infrastructures techniques dont ils ont besoin (par exemple un stade); plus rarement, [...] de financer l'achat de joueurs, l'achat de sociétés tierces ou une expansion économique dans les domaines extra-sportifs [merchandising, production de médias, production d'autres biens de consommation, chaîne d'établissement publics][1558].

Les auteurs ayant analysé le substrat sur lequel repose l'actionnariat dans les clubs sportifs ont remarqué que celui-ci est essentiellement composé de personnes qui disent n'être «guère intéressées par le rendement des titres acquis», mais que «leur investissement est avant tout motivé par l'envie de soutenir leur équipe favorite»[1559]. Un autre aspect, très peu connu, de l'entrée en bourse des clubs sportifs réside dans le fait que ces sociétés peuvent «mettre en place des plans de stock option à destination des sportifs et de l'équipe d'encadrement des joueurs»[1560]. En agissant de la sorte, elles réduisent leur masse salariale, ce qui représente un avantage.

Dans le second cas, PETER assimile la situation de l'investisseur actionnaire à celui du sponsor qui devient propriétaire du club sportif qu'il soutient. Selon cet auteur, il s'agit d'une forme évoluée de sponsorisation. En effet,

> [p]our l'investisseur le club devient dès lors un moyen et non plus un but. Le club représente une «marque» au travers de laquelle le sponsor – investisseur – se projette, c'est-à-dire augmente et modèle sa propre renommée[1561].

1556 Le choix d'une solution plutôt que de l'autre dépend des conditions du marché [ZUFFEREY, p. 88].
1557 ZUFFEREY, p. 88. Cf. également PETER, La société sportive idéale, p. 43.
1558 *Ibid.*
1559 ZUFFEREY, p. 90. Cf. également SCHERRER, Kapitalgesellschaften, p. 15 ss.
1560 FRASCOGNA/CERATI-GAUTHIER, p. 191.
1561 PETER, La forme juridique, p. 14.

Par ailleurs, cette approche, fortement teintée de mercantilisme, présuppose que l'actionnaire investisseur puisse céder le contrôle du club sportif qu'il détient lorsqu'il change de stratégie commerciale. Il faut donc qu'il puisse vendre ses parts sociales, ce que la bourse permet, faute de quoi il serait purement «illusoire de penser qu'il investirait [dans un club sportif] les sommes souvent considérables dont il est question»[1562].

5.2.1.4.2 En matière de plurisociétariat

BADDELEY souligne qu'«aucun groupement sportif n'a, jusqu'à présent, choisi une forme sociale principale autre que celle de l'association»[1563]. Sans entrer dans les détails qui feront l'objet d'un chapitre séparé (cf. pts. 5.4 ss),

> [i]l convient [...] de réaliser que l'activité d'un club peut en réalité être organisée en recourant à plusieurs sujets de droit revêtant des formes éventuellement différentes, et qu'elle peut être structurée de manières très diverses en fonction des circonstances[1564].

En effet, il n'est pas rare maintenant que des clubs sportifs fondent des sociétés commerciales pour la gestion de leur secteur professionnel ou de leurs activités économiques. Ce choix peut être délibéré ou imposé par la fédération dont ils dépendent. C'est notamment le cas, en Suisse, en football et en hockey sur glace[1565], comme nous le verrons en détails par la suite (cf. pt. 5.4.1.1 ss). Souvent, il subsiste des liens sociaux, voire contractuels, sous la forme de contrats de coopération, entre les entités partenaires[1566]. Ces liens contractuels sont même obligatoires en football avec l'association de base.

5.2.1.5 Conclusion

La SA s'est peu à peu imposée comme la forme sociale incontournable des clubs de l'élite sportive, en particulier pour deux raisons. Premièrement, pour l'accès à de nouvelles sources de financement, que ce soit par des

1562 *Id.*, p. 15.
1563 BADDELEY, L'association sportive, p. 69.
1564 PETER, Des formes juridiques, p. 85.
1565 Art. 9 ch. 4 Statuts ASF et 10 let. b ch. 1 Statuts SFL; art. 7 ch. 1 Statuts National League et 5 al. 1 let. b Règlement pour l'attribution de l'autorisation de jouer en Ligue Nationale A et B.
1566 PETER, Des formes juridiques, p. 84 ss.

fans qui achètent des actions pour des raisons purement sentimentales ou par de gros investisseurs désireux, eux, d'utiliser un club de sport comme porte-fanion de leurs activités commerciales principales. Deuxièmement, pour la prise de contrôle que le droit des SA permet aux bailleurs de fonds et aux investisseurs. Celle-ci leur garantit d'avoir leur mot à dire sur la direction du club et, partant, sur la gestion de l'argent investi.

Par ailleurs, les SA jouent un rôle important en matière de plurisociétariat puisqu'elles constituent, par excellence, les sociétés d'appui des associations (cf. pts 5.4. ss).

5.2.2 La société à responsabilité limitée (Sàrl)

Nous ne consacrerons que quelques lignes à la Sàrl, dans la mesure où sa structure et son mode de fonctionnement sont très proches de ceux de la SA. De plus, cette forme sociale demeure peu utilisée dans le domaine du sport car elle offre plus d'inconvénients que d'avantages par rapport à la SA[1567].

Peter voit la Sàrl comme une sorte de «mini société-anonyme»[1568]. Il existe pourtant deux éléments qui différencient la Sàrl de la SA:

> [c]e sont l'obligation additionnelle éventuelle de tout ou partie des associés [de la sàrl] de faire des versements supplémentaires et/ou l'obligation éventuelle d'effectuer des prestations accessoires, dans les deux cas si les statuts le prévoient (art. 795 à 797 CO)[1569].

En revanche, conformément à l'art. 680 al. 1 CO, la SA ne peut introduire de telles clauses dans ses statuts.

Selon Montavon, «[p]ar opposition aux sociétés commerciales de personnes, [la Sàrl] est une société de capitaux mais à caractère personnel»[1570]. En effet, la Sàrl est certes une société créée par un apport de capitaux, mais elle est également caractérisée par les obligations personnelles statutaires des associés d'effectuer des prestations accessoires et des versements supplémentaires. Ceux-ci peuvent s'accompagner d'engagements de non

1567 Dans le même sens, Scherrer, Sportlebens, p. 65 s.
1568 Peter, La forme juridique, p. 20.
1569 Montavon, Droit commercial, p. 482.
1570 *Ibid.*

concurrence et de possibilités pour les associés de sortir ou d'être exclus de la société. Par conséquent, l'intérêt de cette forme juridique consiste à instituer un véritable contrat entre les associés, au sein des statuts[1571].

5.2.3 La société coopérative

5.2.3.1 Généralités

La société coopérative poursuit principalement le but de favoriser ou de garantir les intérêts économiques de ses membres (art. 828 al. 1 CO). On dit parfois aussi qu'elle vise un «but économique idéalisé»[1572]. En d'autres termes, «[c]ela signifie [que la société coopérative] ne doit en principe pas faire elle-même de profits, mais qu'elle exerce son activité dans l'intérêt direct de coopérateurs»[1573]. Elle peut, par exemple, créer des conditions cadres favorables au développement des activités des coopératives, comme obtenir «des biens ou des services à des conditions plus avantageuses que celles du marché»[1574].

La société coopérative peut, en vue d'atteindre ses buts statutaires, exploiter une industrie en la forme commerciale[1575].

Ses membres sont titulaires d'un (ou de plusieurs) titre (s) qu'ils acquièrent à leur entrée dans la société et qui constate(nt) la propriété de la (ou desdites) parts sociales (art. 853 al. 1 CO).

La société coopérative n'est pas habilitée à distribuer de véritables parts de bénéfice. Elle peut, tout au plus, si cela a été prévu statutairement et que des titres constatent l'existence de parts sociales, distribuer à ses sociétaires une part de l'excédent qui résulte de la comptabilité (art. 859 al. 1 et 2 CO). Toutefois, celui-ci «ne peut dépasser le taux de l'intérêt usuel pour des prêts à longue échéance accordés sans garanties spéciales»[1576], soit au maximum

1571 *Id.*, p. 484.
1572 Peter, La société sportive idéale, p. 39.
1573 *Ibid.*
1574 *Ibid.*
1575 *Ibid.*
1576 Art. 859 al. 3 CO.

3 à 5% des investissements des sociétaires[1577]. Ces taux sont si faibles qu'ils découragent les coopérateurs d'instaurer un mode de distribution de l'excédent dans les statuts de la coopérative.

En principe, la responsabilité personnelle des coopérateurs est exclue puisque le Code des obligations prévoit que «[l]a fortune sociale répond des engagements de la société»[1578]. Toutefois, les statuts peuvent déroger à ce principe, en instaurant, notamment, une responsabilité des sociétaires individuelle et limitée (art. 870 CO), voire illimitée (art. 869 CO) ou, dans d'autres cas, le principe de versements supplémentaires pour éteindre les pertes du bilan (art. 871 CO).

5.2.3.2 L'organisation

5.2.3.2.1 La constitution d'une société coopérative

Une société coopérative ne peut être fondée que par sept coopérateurs au moins (art. 831 al. 1 CO). Son assemblée constitutive doit adopter des statuts (art. 830 CO) sans qu'il soit nécessaire que ceux-ci revêtent la forme authentique. Elle n'acquiert la personnalité juridique que lorsqu'elle est inscrite au RC du lieu où elle a son siège (art. 830 *in fine*, 835 et 838 al. 1 CO).

5.2.3.2.2 Les organes

L'organisation des sociétés coopératives s'articule au minimum autour de trois organes. Tout d'abord, l'assemblée générale qui, comme dans l'association, constitue l'organe suprême de la société (art. 879 al. 1 CO). Une assemblée des délégués peut en tenir lieu lorsque la société coopérative compte plus de trois cents membres (art. 892 al. 1 CO). On trouve ensuite l'administration qui gère la coopérative (art. 894 CO). A noter que celle-ci peut déléguer une partie de ses pouvoirs à des comités chargés de tâches spécifiques dans la mesure où les statuts le lui permettent (art. 897 CO). L'organe de révision constitue le troisième organe (art. 906 CO). Il est chargé de vérifier la comptabilité de la société.

1577 Peter, La société sportive idéale, p. 39.
1578 Art. 868 CO.

5.2.3.2.3 L'exercice du droit de vote

L'art. 885 CO, qui est de droit impératif[1579], prescrit que chaque sociétaire ne dispose que d'une voix lors de l'assemblée générale. Cette règle exclut donc toute prise de contrôle de la coopérative par un seul membre. Pour Baddeley, le fait que le vote différencié soit interdit peut inciter certains groupements sportifs à préférer la forme de l'association[1580].

5.2.3.3 Application au domaine du sport

Les sociétés coopératives directement créées pour le sport sont rares en pratique. Baddeley[1581] cite, notamment, l'exemple du FC Zürich, qui a existé sous forme de société coopérative jusqu'en 1999 et qui s'est transformé depuis en SA[1582].

Plusieurs auteurs, notamment Baddeley, Dias, Peter et Riemer estiment que la société coopérative ne représente pas la forme sociale la plus adaptée aux organisations sportives, ceci pour trois raisons. Tout d'abord, le fait que les sociétés coopératives ne soient pas autorisées à distribuer des parts de profit peut retenir d'éventuels investisseurs qui espèrent un retour sur investissement. Ensuite, l'art. 885 CO, qui pose le principe du droit de vote égal des associés, tend à dissuader les gros investisseurs d'entrer dans le capital social puisque leur apport financier ne sera pas pris en considération lors du décompte des voix. Finalement, le fait que l'on ne puisse pas incorporer de droits sociaux ou patrimoniaux dans les titres interdit toute prise de contrôle de la société coopérative par les investisseurs. Pour ces trois raisons cumulées, cette forme de société est beaucoup moins attrayante pour les clubs sportifs professionnels que la SA[1583].

1579 Peter, La société sportive idéale, p. 39.
1580 Baddeley, L'association sportive, p. 66, et l'exemple cité en note 198.
1581 *Id.*, p. 67.
1582 Site du registre du commerce du Canton de Zurich (www.zefix.admin.ch/info/fre/ZH020.htm): http://zh.powernet.ch/webservices/inet/HRG/HRG.asmx/getHRGHTML?chnr=CH-020.3.903.167-4&amt=020&toBeModified=0&validOnly=0&lang=1&sort=0 (31.05.2010).
1583 Baddeley, L'association sportive, p. 66; Dias, p. 121 ss; Peter, La forme juridique, p. 20; Peter, La société sportive idéale, p. 39; Riemer, BKomm, Systematischer Teil, n° 295 ss p. 127 ss. Dans le même sens, Scherrer, Sportlebens, p. 66.

BADDELEY estime néanmoins que la forme de la société coopérative peut trouver toute son utilité lorsqu'elle est uniquement constituée dans le but de créer des conditions favorables à l'achèvement des buts d'une association. On parle ainsi de société d'appui. C'est notamment le cas de la Société Coopérative de la Maison Nautique à Neuchâtel qui «a pour but de construire, créer, acquérir et mettre à disposition de la Société Nautique de Neuchâtel, les installations, locaux et matériel nécessaires à la pratique de l'aviron et à son activité en général»[1584]. Dans une telle structure, la gestion des activités idéales et sportives relève de l'association, tandis que l'administration des affaires commerciales ou visant à favoriser les buts de l'association restent l'affaire de la société coopérative[1585]. Ces deux entités sont liées par un contrat de coopération ou par la détention d'une participation dans le capital de l'autre. Nous expliciterons plus en détails cette forme de plurisociétariat dans les chapitres suivants (cf. pt. 5.4 ss).

5.2.3.4 Conclusion

En conclusion, bien que l'organisation des sociétés coopératives soit relativement souple et que cette forme de société puisse sans problème se substituer à celle de l'association dans le cadre du sport amateur, la société coopérative n'a rencontré que peu de succès dans le sport professionnel, pour les raisons que nous avons exposées. Les sociétés coopératives ne sont créées, dans le sport, que pour venir en appui des associations, afin de leur permettre de mettre en place les conditions cadres (mise à disposition de matériel ou de locaux) dont ces dernières ont besoin pour atteindre leurs buts.

1584 Art. 2 Statuts Société Coopérative de la Maison Nautique du 18 janvier 1993.
1585 BADDELEY, L'association sportive, p. 67; DIAS, p. 122.

5.3 La restructuration ou la transformation d'une association en société commerciale

5.3.1 La situation juridique en Suisse avant 1998

Comme déjà indiqué, il peut arriver qu'une association souhaite se transformer en SA ou, même, qu'elle ait l'obligation de le faire en application de règles de sa fédération nationale (cf. pts. 2.2.6.3.4; 2.4.1.5; 5.1; 5.2.1.5; pour plus de détails, cf. pts. 5.4.1 ss). Il est à relever que jusqu'à peu, le droit suisse ne connaissait aucune loi régissant de façon générale le domaine des restructurations d'entreprises[1586]. PETER notait d'ailleurs à ce sujet que

> [n]otre ordre juridique se caractérise en effet par une approche ponctuelle et casuistique d'une matière qui n'est [...] pas même identifiée comme telle. Il est à cet égard symptomatique de constater qu'en droit civil le terme «restructuration» n'a à ce jour pas même été mentionné par notre législateur[1587]!

Seul l'art. 824 CO, aujourd'hui abrogé, utilisait le terme «transformation» mais sans le définir. D'autres références, très secondaires, relatives à la fusion d'entreprises ont fait l'objet d'une codification[1588]. Depuis, elles ont toutes été abrogées par la LFus.

Pendant longtemps, les préposés au registre du commerce ont empêché toute restructuration d'une société en une autre forme, au motif qu'il n'existait pas de base légale expresse en la matière. Leur pratique se fondait sur une lecture «classique» du Code des obligations. Autrement dit, cette absence de base légale expresse était assimilée à un silence qualifié

1586 D'une manière générale, on utilise «le terme ‹restructuration› [...] pour désigner l'ensemble des opérations dont le but est de modifier la structure d'une entreprise ou sa forme juridique, que celle-ci soit personnelle [...] ou qu'elle revête la forme d'une personne morale». On doit donc inclure dans celui-ci, les transformations, les fusions, les scissions et les cessions d'entreprises [PETER, La restructuration des entreprises, p. 103].

1587 PETER, La restructuration des entreprises, p. 104.

1588 Art. 748 à 750, 770 al. 3 et 914 CO, aujourd'hui abrogés.

du législateur et non à une lacune qu'il leur appartenait de combler[1589].

Dès le début des années 1990, une partie croissante de la doctrine s'est élevée contre cette vision passéiste et surtout formaliste des autorités compétentes[1590]. De plus, divers cercles spécialisés, comme le Groupe de réflexion «Droit des sociétés», ont conclu dans leur rapport qu'il fallait

> assurer une plus grande mobilité – dans le sens d'interchangeabilité – entre les formes de sociétés, donc notamment la possibilité de transformer celles-ci, afin de permettre une adaptation rapide et «indolore» à l'évolution des circonstances[1591].

En 1995, face à toutes ces critiques, les autorités suisses du registre du commerce ont procédé à un réexamen de leur pratique. Celui-ci a abouti, sans entièrement libéraliser le domaine des restructurations d'entreprises[1592], à l'acceptation d'un certain nombre d'entre elles[1593]. On peut citer, notamment:

- la transformation d'une Sàrl en SA (le contraire de l'ancien art. 824 CO);
- la transformation d'une société coopérative en une SA dans le secteur non bancaire;
- la fusion d'un Sàrl avec une SA;
- la fusion d'une société coopérative avec une SA;
- la fusion d'une fondation dans une société coopérative;
- la fusion de deux Sàrl.

Par ailleurs, l'Office fédéral du registre du commerce a posé un certain nombre de principes fondamentaux devant impérativement être satisfaits pour que la restructuration soit admise:

- Le principe de la compatibilité des formes. Ce principe signifie que la «structure de la société reprenante et celle de la société reprise, respectivement leurs formes juridiques actuelles et futures, doivent être fondamentalement compatibles»[1594]. En d'autres termes, la restructuration doit s'ins-

1589 ATF 125 III 18 = SJ 1999 I 233, consid. 2a.

1590 Peter, La restructuration des entreprises, p. 117.

1591 *Id.*, p. 118.

1592 Les scissions d'entreprises étaient exclues du champ des transformations admissibles pour les autorités suisses du registre du commerce.

1593 Toutefois, il est à noter que tous les Offices cantonaux du registre du commerce n'ont pas suivi ces recommandations et ont, de ce fait, continué à avoir une pratique restrictive en la matière.

1594 Peter, La restructuration des entreprises, p. 119.

crire dans le canevas des transformations et des fusions indiqué ci-dessus.

– Le principe de la continuité du patrimoine. Le patrimoine de la société reprenante, c'est-à-dire qui change sa forme juridique, ne doit pas être affecté négativement par la transformation ou la fusion[1595].

– Le principe de la continuité des membres. Les membres de la société qui subit la restructuration doivent pouvoir le rester après celle-ci[1596].

– Le principe de l'immunité des créanciers. Les créanciers de la société restructurée «ne doivent pas subir – ou risquer de subir – de préjudice, ni directement, ni indirectement, du fait de la fusion ou de la transformation (on s'assurera à cet égard en particulier que le capital social ou en tout cas les fonds propres de la nouvelle créature ne soient pas inférieurs à ceux de la précédente)»[1597].

– Le principe général de l'interdiction de l'abus de droit. La restructuration ne doit pas être contraire au principe général de l'interdiction de l'abus de droit et, ainsi, viser à éluder la loi[1598].

5.3.2 La nouvelle jurisprudence du Tribunal fédéral

En novembre 1998, le Tribunal fédéral a eu à connaître d'un cas de transformation d'une Sàrl en SA, soit le cas inverse de celui prévu par l'art. 824 CO, aujourd'hui abrogé.

Notre Haute Cour a passé en revue tous les courants de doctrine et leur évolution, ainsi que les rapports des divers groupes de travail, en particulier ceux du groupe «Droit des sociétés», de l'avant-projet de la LFus et les travaux préparatoires sur la révision du droit des sociétés de 1936. Dans ce contexte, elle a jugé «que l'absence de base légale expresse ne constitue pas nécessairement un obstacle insurmontable [aux opérations de restructuration]. Contrairement aux formes de sociétés, limitativement énumérées dans la loi de l'avis unanime, le principe du numerus clausus ne paraît ainsi pas s'appliquer en matière de fusion et de transformation»[1599].

1595 *Ibid.*
1596 *Id.*, p. 120.
1597 *Ibid.*
1598 *Ibid.*
1599 ATF 125 III 18, consid. 4c = SJ 1999 I 233.

Le Tribunal fédéral a donc conclu son arrêt en relevant qu'

> il n'appara[issait] pas que le législateur de 1936 ait été conscient des enjeux à venir et ait cherché intentionnellement à interdire d'emblée toute transformation dépourvue de base légale expresse. L'existence d'un silence qualifié ne saurait dès lors être retenue en l'occurrence[1600].

En admettant le principe des restructurations de sociétés, il a donc fait œuvre de législateur, comme l'art. 1 al. 2 et 3 CC l'y autorise.

Par ailleurs, afin de protéger les tiers, voire les actionnaires, le Tribunal fédéral a fait valoir que la restructuration d'une Sàrl en SA ne pouvait avoir lieu que si celle-ci satisfaisait aux conditions suivantes[1601]:

- Le capital social doit être entièrement libéré car la responsabilité solidaire des associés ne peut être transposée dans le régime juridique de la SA.
- Le capital social de la société reprise doit être entièrement couvert au moment de la transformation. Un bilan récent des actifs et des passifs de la société est nécessaire. La valeur des apports en nature doit être vérifiée.
- Le capital social doit, si besoin est, être augmenté à 100'000 francs.
- Les dispositions statutaires instituant l'obligation de faire des versements supplémentaires, d'effectuer d'autres prestations ou prohibant la concurrence doivent être abrogées.
- La décision entérinant le changement de forme sociale doit contenir toutes les adaptations réglementaires et légales nécessaires à celui-ci. Elle doit également désigner les nouveaux organes.

5.3.3 La Loi fédérale sur la fusion, la scission, la transformation et le transfert de patrimoine (LFus)

Depuis le 1er juillet 2004, la Loi fédérale sur la fusion, la scission, la transformation et le transfert de patrimoine du 3 octobre 2003 (LFus)[1602] définit

1600 *Ibid.*
1601 *Id.*, consid. 4d, et les références citées.
1602 RS 221.301.

le cadre réglementaire dans lequel les changements de formes sociales peuvent s'opérer. En règle générale, on distingue la fusion par absorption et la fusion par combinaison (art. 3 al. 1 LFus). Dans le premier cas,

> l'une des associations (l'association transférante) est dissoute et radiée du registre du commerce si elle y était inscrite. L'autre association (l'association reprenante) poursuit son existence en recueillant le patrimoine et les membres de la première[1603].

Dans le second cas, les deux associations qui prennent part à la fusion sont dissoutes et une nouvelle personne morale, regroupant naturellement les membres et les biens des deux entités dissoutes, est créée pour lui succéder[1604].

Les associations qui ne sont pas inscrites au RC peuvent uniquement fusionner entre elles (art. 4 al. 4 *ab initio* LFus)[1605]. A contrario, si elles le sont, elles ont la faculté, aux termes de l'art. 4 al. 4 let. a à c LFus, de se transformer en sociétés de capitaux comme la SA, la Sàrl ou la société coopérative[1606]. Il est à relever que les associations – qu'elles soient inscrites ou non au RC – ne peuvent pas se transformer en fondations (art. 54 al. 5 LFus a contrario)[1607]. Par ailleurs, la loi ne prévoit pas non plus la possibilité pour les associations de fusionner avec des sociétés simples ou des sociétés en nom collectif ou en commandite[1608].

La LFus indique naturellement la procédure à suivre. Par exemple, l'art. 12 LFus exige que le contrat de fusion revête la forme écrite[1609]. L'art. 13 LFus règle, quant à lui, le contenu du contrat[1610]. Dans tous les

1603 Guillod, n° 449 p. 230 s. Cf. également Hausheer/Aebi-Müller, n° 18.74 p. 343; Heini/Portmann/Seemann, n° 145 p. 50.

1604 Hausheer/Aebi-Müller, n° 18.74 p. 343; Heini/Portmann/Seemann, n° 145 p. 50.

1605 Heini/Portmannn, n° 182 p. 87; Heini/Portmann/Seemann, n° 147 p. 50; Montavon, Droit civil, p. 134.

1606 Riemer, Fusionsgesetz, p. 202; Heini/Portmann, n° 183 p. 88; Heini/Portmann/Seemann, n° 148 p. 50; Montavon, Droit civil, p. 134; Perrin/Chappuis, p. 197 s.; Riemer, Reformen, p. 578. Pour plus de détails sur la transformation d'une association en SA, cf. Lanz/Triebold, p. 57 ss.

1607 Riemer, Reformen, p. 578; Riemer, Fusionsgesetz, p. 202. Cependant, Riemer et Schönenberg/von Schnurbein précisent qu'il est possible d'opérer un transfert d'actifs d'une association vers une fondation nouvellement créée [Cf. Riemer, Fusionsgesetz, p. 208; Schönenberg/von Schnurbein, n° 24 ss].

1608 Heini/Portmann/Seemann, n° 150 p. 51. S'agissant des fondations, cf. Aebi-Müller, p. 738 s.; Riemer, Fusionsgesetz, p. 203.

1609 Heini/Portmann, n° 187 p. 89 s.

1610 *Id.*, n° 186 p. 89.

cas, l'assemblée générale des entités qui fusionnent doit l'approuver. Pour les associations, la majorité des trois-quarts des membres présents est requise (art. 18 al. 1 let. e LFus)[1611].

Lorsque la fusion entraîne une modification du but statutaire d'une association, l'art. 74 CC protège les sociétaires qui se désolidarisent de la majorité[1612]. A cet effet, PERRIN/CHAPPUIS précisent que

> [l]a décision de fusion peut être attaquée en justice, selon deux voies de droit, soit les art. 106 LFus et 75 CC. On peut, au moyen de cette deuxième disposition, invoquer le fait que la décision de fusion viole certaines règles du droit de l'association, par exemple l'art. 74 CC ou certaines règles statutaires imposant un quorum, etc. Il y a par ailleurs lieu de considérer que la première de ces dispositions légales constitue une *lex specialis* par rapport à la deuxième[1613].

HEINI/PORTMANN/SEEMANN, quant à eux, estiment que la décision de fusion qui ne serait pas conforme à la loi ou aux statuts doit être attaquée exclusivement par le biais de l'art. 106 LFus[1614] en tant que *lex specialis*[1615].

La fusion a pour effet de transférer le patrimoine, c'est-à-dire les actifs et les passifs, de la société transférante à la société reprenante (art. 22 et 69 ss LFus)[1616]. Il convient toutefois de relever que ces dispositions ne s'appliquent qu'aux associations qui sont inscrites au RC. Pour celles qui ne le sont pas, «la succession s'opère selon les modalités prescrites par l'art. 181 CO»[1617].

De plus, comme cela ressort de l'art. 7 LFus, les sociétaires de la société transférante deviennent automatiquement sociétaires de la société reprenante[1618]. L'art. 19 LFus leur réserve néanmoins un droit de sortie qu'ils peuvent exercer dans les deux mois qui suivent la décision de fusion (art. 19 al. 1 LFus). Il s'agit d'une *lex specialis* qui déroge aux principes généraux de l'art. 70 al. 2 CC[1619].

1611 HAUSHEER/AEBI-MÜLLER, n° 18.75 p. 343 s.
1612 *Id.*, n° 187 p. 89 s.; RIEMER, Fusionsgesetz, p. 205; RIEMER, BKomm, Art. 74 n° 25 p. 829.
1613 PERRIN/CHAPPUIS, p. 198. Dans le même sens: HEINI/PORTMANN, n° 191 p. 90 s.
1614 Cf. pt. 5.3.3.
1615 HEINI/PORTMANN/SEEMANN, n° 234 p. 76.
1616 DIAS, p. 153.
1617 PERRIN/CHAPPUIS, p. 200.
1618 Message du 13 juin 2000 concernant la loi fédérale sur la fusion, la scission, la transformation et le transfert de patrimoine, FF 2000 p. 3995, 4075.
1619 HEINI/PORTMANN, n° 195 p. 92. Pour plus de détails sur la LFus, cf. p. ex. les contri-

5.3.4 Application de la LFus au domaine du sport: l'exemple du SC Berne

Le 9 février 1998, l'Assemblée générale des membres de l'Association SC Berne a décidé de créer une SA sous le nom de «SCB Eishockey AG». Cette société, dont le siège se trouve à Berne, a été constituée le 25 février 1998 avec un capital-actions de 2 millions de francs divisé en 100'000 actions au porteur d'une valeur nominale de 20 francs chacune. Ce capital a été libéré en nature par l'apport de la part de l'association fondatrice de toute l'activité liée à l'équipe professionnelle de hockey de Ligue A du SC Berne[1620].

Afin que la SA puisse être cotée en bourse, les actionnaires ont donné au Conseil d'administration de la SA l'autorisation d'augmenter le capital-actions de cette dernière à concurrence d'un million de francs.

A la suite de cette opération, le Conseil d'administration a procédé à une émission publique d'actions ouverte aux fans du club. Les actions au porteur, d'une valeur nominale de 20 francs, ont été offertes à un prix d'émission de 50 francs. Cela représentait un agio de 30 francs. Les joueurs constituaient l'essentiel du patrimoine. Leur valeur aléatoire justifiait donc mal ce surprix[1621]. Au demeurant, cette valeur avait déjà été prise en compte dans la fixation de la valeur nominale des actions.

Quoi qu'il en soit, cette opération n'a pas remporté un grand succès, puisque l'augmentation du capital de la SA est restée inférieure à un million de francs. Mais le club a quand même encaissé 520'000 francs correspondant à la valeur nominale des nouvelles actions et 780'000 francs correspondant à l'agio sur ces mêmes actions. De ce fait, l'association du SC Bern s'est trouvée en possession de 79% du capital-actions de la SA[1622].

En raison de difficultés financières survenues en février 1999, l'association a décidé de céder 70% des actions de la société SCB Eishockey

---

butions de Amstutz/Mabillard; Kunz; Vischer/Beretta/Müller; Vogel/Heiz/Behnisch; Von der Crone/Gersbach/Kessler/Dietrich/Berlinger; Watter/Vogt/Tschäni/Daeniker.

1620 Peter, La société sportive idéale, p. 51.

1621 *Ibid.*

1622 *Id.*, p. 52. Pour une vue de la situation actuelle, cf. registre du commerce du Canton de Berne (www.zefix.ch/info/fre/BE036.htm): http://be.powernet.ch/webservices/inet/HRG/HRG.asmx/getHRGHTML?chnr=0353017526&amt=036&toBeModified=0&validOnly=0&lang=2&sort=0 (31.05.2010).

AG pour un million de francs à une autre entreprise commerciale, en l'occurrence la société Valora Holding SA[1623]. Le but de la société Valora, active dans le secteur alimentaire, consistait à utiliser le club comme moyen de communication, afin de faire connaître ses produits au public[1624].

Il résulte de cette opération que l'association fondatrice de la SA ne détient plus qu'une minorité du capital. Une autre part minoritaire est cotée en bourse et l'essentiel est en possession d'un seul actionnaire, Valora Holding SA (cf. fig. 5)[1625].

Figure n°5: Structure de la SA du SCB Eishockey AG

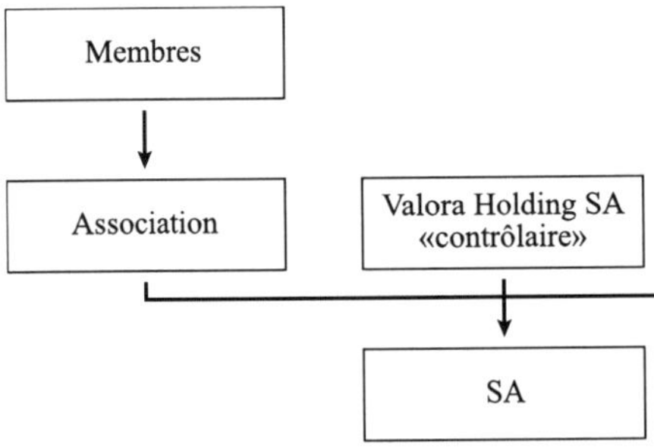

1623 Journal Neue Zürcher Zeitung du 16 février 1999.

1624 Peter, La société sportive idéale, p. 52.

1625 *Id.*, p. 52 et 71.

5.4 Les organisations plurisociétaires en Suisse

La forme commerciale ne présente pas que des avantages pour une organisation de sport. D'un point de vue financier, les titres des clubs sportifs attirent rarement des investisseurs qui n'entretiennent pas un rapport «affectif» avec le club. Par conséquent, les clubs ne paraissent pas, à première vue, justifier une cotation en bourse. La réalité a néanmoins démontré que les sociétés commerciales étaient de plus en plus fréquentes dans le sport suisse[1626]. En effet, comme le souligne ZEN-RUFFINEN: «[l]a tendance montre un glissement progressif des clubs sportifs professionnels vers la forme de la société commerciale»[1627]. C'est donc dire que certains clubs y trouvent des avantages par rapport à l'association.

Soulignons que, si les SA paraissent être les sociétés commerciales les plus répandues, les autres formes sont également présentes. Tel est ainsi le cas de la Sàrl, comme nous le verrons dans le chapitre consacré à la SIHA (cf. pt. 5.4.1.1), ou de la société coopérative, comme l'illustre la Société Coopérative de la Maison Nautique de Neuchâtel.

Parfois enfin, plusieurs formes sociales se combinent. Cela crée des organisations dites «plurisociétaires» que nous allons examiner maintenant.

5.4.1 Les organisations plurisociétaires dans le football et le hockey sur glace

PETER relève à ce sujet que: «[p]our différentes raisons, il peut être opportun de combiner différentes solutions, différentes formes sociales, ce qui donne lieu à des structures plurisociétaires plus ou moins complexes»[1628]. Cet auteur distingue ensuite les organisations plurisociétaires imposées par la fédération concernée et celles qui sont choisies pour des raisons d'opportunité.

1626 Cf. à ce sujet SCHERRER, Kapitalgesellschaften, p. 13 ss.
1627 ZEN-RUFFINEN, Droit du sport, n° 121 p. 49.
1628 PETER, La forme juridique, p. 24.

Comme déjà relevé (cf. pt. 5.1), l'Etat, en Suisse, ne prescrit jamais la forme sociale d'une organisation sportive. La fédération nationale – qui la plupart du temps revêt elle-même la forme de l'association[1629] –, peut cependant le faire. Nous évoquerons ici les exemples du hockey sur glace ,où le plurisociétariat n'est pas imposé mais souvent utilisé pour des motifs d'opportunité, et du football, où la fédération nationale exige une forme plurisociétaire.

5.4.1.1 L'exemple de la Swiss Ice Hockey Association (SIHA)

La SIHA (connue auparavant sous le nom de «Ligue suisse de hockey sur glace», LSHG) représente l'organisation faîtière du hockey sur glace suisse. Elle est constituée en association au sens des art. 60 ss CC et a son siège à Zurich[1630]. La SIHA collabore au niveau national avec ses deux membres[1631]:

- la National League (connue autrefois sous le nom de «Ligue nationale suisse de hockey sur glace Sàrl»);
- et la Regio League (auparavant appelée «Ligue amateur suisse de hockey sur glace»)[1632].

La National League a été fondée le 4 juin 1999. Elle revêt la forme juridique de la Sàrl[1633]. Elle a d'abord été inscrite au registre du commerce du Canton de Zurich, avant d'être répertoriée à Ittigen dans le Canton de Berne[1634]. Elle se compose de deux ligues, la ligue nationale A et la ligue nationale B, y compris les juniors élite A et les juniors élite B[1635] et rassemble vingt-trois sociétaires, douze clubs de LN A et onze de LN B. Le capital social se monte

1629 Zölch, p. 97.

1630 Art. 1 ch. 2 Statuts SIHA du 3 septembre 2009, *in:* site de la Swiss Ice Hockey Association (www.swiss-icehockey.ch): http://www.swiss-icehockey.ch/media/native/pdf/siha_fr/ueber_uns/doc_statuten_siha_in_f.pdf (31.05.2010).

1631 Art. 3 ch. 1 Statuts SIHA.

1632 Ces deux membres n'ayant pas encore révisé leurs statuts respectifs, il n'est pas rare de rencontrer les anciennes terminologies.

1633 Art. 1 Statuts National League; Bichovsky, p. 32.

1634 Site du registre du commerce du Canton de Berne (www.zefix.ch/info/fre/BE036.htm): http://be.powernet.ch/webservices/inet/HRG/HRG.asmx/getHRGHTML?chnr=0204020791&amt=036&toBeModified=0&validOnly=0&lang=2&sort=0 (31.05.2010).

1635 Art. 3 ch. 1 Statuts SIHA. Cf. également site de la Swiss Ice Hockey Association (www.swiss-icehockey.ch). http://www.nationalleague.ch/NL/ueber_nl/fr/leitbild.php (31.05.2010).

à 600'000 francs divisé en douze parts sociales de 30'000 francs (Clubs de LN A) et onze parts sociales de 20'000 francs (Clubs de LN B)[1636].

La Regio League est une association au sens des art. 60 ss CC. Son siège se trouve à Berne. Elle organise, d'une part, le championnat des juniors, des seniors et des vétérans chez les hommes et, d'autre part, le championnat de toutes les catégories chez les femmes[1637].

Selon l'art. 3 ch. 2 des Statuts de la SIHA, «[l]es membres [de l'association] doivent être des personnes morales, des sociétés ou des associations de droit privé distinctes de la SIHA». La National League s'est montrée plus restrictive envers ses propres membres. En effet, pour qu'un club de hockey sur glace se voie attribuer une autorisation de jouer en LN A ou en LN B, il doit, conformément à l'art. 5 ch. 1 let. b du Règlement pour l'attribution de l'autorisation de jouer en Ligue nationale A et en Ligue nationale B, être constitué en SA[1638]. Il convient de souligner encore une fois que, contrairement à ce qui a cours en football, la SIHA n'impose pas aux clubs des ligues supérieures de conserver une association parallèlement à la SA. Ils peuvent donc exercer toute leur activité au travers de leur société commerciale, y compris celle qui touche les juniors, ou choisir de s'adjoindre une ou plusieurs entités qu'ils contrôlent. Il peut alors s'agir d'associations, mais aussi, plus souvent, d'autres SA, de Sàrl, de sociétés simples ou d'autres formes encore. On constate ainsi, qu'à l'exception des ligues inférieures, la forme de l'association est devenue désuète en hockey sur glace[1639].

1636 Site de la National League (www.nationalleague.ch): http://www.nationalleague.ch/NL/ueber_nl/fr/index.php (31.05.2010).

1637 Article 2 al. 1 Statuts Regio League de juin 2006 (qui renvoie au siège administratif de la LSHG [SIHA]), *in:* site de la Regio league (www.regioleague.swiss-icehockey.ch/page/content/view.asp?MenuID=31&ID=18&Menu=1&Item=13): http://f.regioleague.swiss-icehockey.ch/platform/content/element/536/1_Statuts_LA.pdf (31.05.2010).

1638 Bichovsky, p. 31.

1639 Dias, p. 18.

5.4.1.2 L'exemple de l'Association Suisse de Football (ASF)

L'ASF est une association au sens des art. 60 ss CC. Elle a été créée en 1895 et son siège est à Berne[1640]. Elle se subdivise en trois sections[1641]:

- La SFL composée de l'Axpo Super League et de la Challenge League. L'Axpo Super League compte les dix équipes de l'élite suisse qui s'affrontent pour décrocher le titre de champion de Suisse et les places pour les compétitions européennes[1642]. Le cadre des équipes est limité à vingt-cinq joueurs, avec un maximum de dix-sept joueurs non formés localement[1643]. La Challenge League compte dix-huit équipes participant à leur championnat[1644]. Le cadre des équipes est limité à vingt-et-un joueurs, avec au plus un total de neuf joueurs non formés localement[1645].
- La 1ère Ligue qui comprend les meilleures équipes régionales et les équipes espoirs de la SFL, soit au total trois groupes de seize équipes.
- La Ligue Amateur qui regroupe les ligues 2 à 5, y compris la 2ème ligue régionale, qui elle-même se compose de bonnes équipes régionales et d'amateurs, ce qui représente cinq groupes de quatorze équipes.

Les clubs appartiennent à la section dans laquelle leur première équipe dispute ses matches de championnat conformément aux prescriptions du règlement de jeu. Les clubs de la SFL font partie du football non amateur. Les clubs de 1ère Ligue et de Ligue Amateur font partie du football amateur. Les sections possèdent la personnalité juridique et disposent d'organes propres, qu'elles nomment elles-mêmes[1646].

Les chiffres 3 à 5 de l'art. 9 des Statuts de l'ASF prévoient ce qui suit:

> 3. Les membres ordinaires de l'ASF doivent être organisés en association au sens des art. 60 et suivants CC, sous réserve des exceptions visées aux alinéas 4 et 5.
>
> 4. La section Swiss Football League peut dans ses statuts, permettre ou imposer à ses membres d'adopter la forme juridique de la société anonyme (SA) au sens des art. 620 et suivants CO.

1640 Art. 1 ch. 2 Statuts ASF.
1641 Site de l'Association Suisse de Football (www.football.ch): http://www.football.ch/sfv/fr/Struktur-Aufgaben_SFV.aspx?vNews=1&newsID=2 (31.05.2010).
1642 Baumann, Die Klub-Lizenzierung, p. 464.
1643 Article 6 al. 1 du Règlement sur la qualification des joueurs de la SFL.
1644 Baumann, Die Klub-Lizenzierung, p. 464.
1645 *Ibid.*
1646 Site de l'Association Suisse de Football (www.football.ch): http://www.football.ch/sfv/fr/Struktur-Aufgaben_SFV.aspx?vNews=1&newsID=2 (31.05.2010).

5. Lorsqu'un club de SFL constitué en société anonyme est relégué en 1ère Ligue, il dispose d'un délai de quatre ans pour reprendre la forme juridique de l'association.

Si le club est relégué en Ligue Amateur, la forme juridique de l'association doit être reprise immédiatement[1647].

Usant de la faculté que lui octroie le chiffre 4 susmentionné, la SFL s'est, comme relevé plus haut, dotée de statuts, dont la teneur est la suivante:

Art. 2

La SFL est une section de l'Association Suisse de Football (ASF).

Art. 8

Dès la saison 2008/2009, la SFL comprend au maximum 26 membres, 10 en Super League et au maximum 16 en Challenge League.

Art. 10

Les clubs membres de la SFL peuvent être organisés:

a) en association au sens des art. 60 ss CC;

b) en association et en société(s) anonymes(s) au sens des art. 620 ss CO, aux conditions suivantes:

1 Les clubs de Super League doivent être organisés en société anonyme (SA), au sens des art. 620 et suivants CO. Ils peuvent choisir la nature des actions dont ils souhaitent se doter.

2 Les clubs de Challenge League peuvent être organisés en société anonyme (SA), en choisissant la nature des actions dont ils désirent se doter, ou en association au sens des art. 60 et suivants CC. Les clubs organisés en association qui, sous quelque forme que ce soit, collaborent opérativement avec des sociétés anonymes doivent conclure avec elles un contrat de coopération.

3 Un club de Challenge League ne peut obtenir la licence requise et être promu automatiquement en Super League ou participer aux matches de barrage pour la promotion relégation Super League/Challenge League que s'il est déjà organisé en société anonyme (SA) lorsqu'il demande sa licence.

1647 Pour plus de détails, cf. Bichovsky, p. 31.

[4] Un club organisé en société anonyme peut disposer et gérer, dans le cadre de cette société anonyme, toutes les formes de football reconnues dans les statuts de l'ASF (hommes et femmes)[1648].

Art. 10*a*

Les clubs de SFL organisés en SA sont titulaires de la totalité des droits immatériels du club (nom, marque, logo, etc.). Toutefois, ces droits doivent appartenir à la SA et au club organisé en association qui l'a précédé, s'il en existe un. Une convention règle alors les questions relatives à la co-titularité des ces droits.

Art. 11

Un Club de Challenge League organisé en association qui demande la licence en tant qu'association et qui collabore sous quelque forme que ce soit avec une société anonyme, doit conclure avec elle un contrat de coopération dont le contenu minimal est le suivant:

a) Le début et la fin du contrat doivent être fixés en précisant que la contrat s'éteint automatiquement si la société anonyme tombe en faillite.

b) Le contrat doit prévoir l'obligation pour la société anonyme de faire en sorte que ses organes et employés se soumettent aux statuts et aux règlements de l'ASF et de la SFL, en particulier aux juridictions prévues par les statuts de l'ASF et de la SFL.

c) La société anonyme doit s'engager dans le contrat à concéder aux autorités de la SFL compétentes en matières de licences un droit de regard sur sa situation de fortune et de revenu en leur remettant les rapports établis à leur intention par l'organe de contrôle ou de révision.

d) Le contrat doit prévoir expressément que tous les droits de la propriété immatérielle qui ont pris naissance avant la constitution de la société anonyme ainsi que tous les droits exploitables qui y sont liés appartiennent exclusivement à l'association. Il fixera, le cas échéant les conditions de la cession de l'usage de ces droits.

e) Il doit également prévoir expressément que le mouvement juniors reste du ressort de l'association et que les éventuels droits qui en résultent ainsi que leur concession sous forme de licence appartiennent à l'association.

On constate ainsi que, selon l'art. 10 let. b ch. 1 des Statuts de la SFL: «[l]es clubs de Super League doivent être organisé[s] en SA, au sens des art.

1648 Pour plus de détails, cf. BAUMANN, p. 469; BICHOVSKY, p. 31. Pour une perspective historique, cf. SCHERRER, Die Aktiengesellschaft, p. 42 ss.

620 et suivants CO»[1649]. De plus, on constate qu'en application de l'art. 10 let. b ch. 2 des Statuts de la SFL, «[l]es clubs [de Challenge League] organisés en association qui, sous quelque forme que ce soit, collaborent opérativement avec des sociétés anonymes doivent conclure avec elles un contrat de coopération». Et l'art. 11 de ces mêmes Statuts prévoit une structure plurisociétaire plus complexe qui se rapproche un peu du modèle préconisé par le législateur français.

1649 Cf. p. ex. les Statuts de Neuchâtel Xamax SA du 27 juin 2005.

5.5 La forme juridique des organisations sportives dans quelques pays européens et en Amérique du Nord

5.5.1 Le modèle européen

Le modèle européen d'exercice du sport s'est historiquement développé à partir de l'association, avec une structure pyramidale. Plusieurs pays européens ont, cependant, entrepris de s'écarter de l'association pour les activités professionnelles. Pour ce faire, ils ont choisi l'une des deux méthodes suivantes:

- Dans le premier cas, les législateurs étatiques ont imposé un changement de structure juridique aux clubs professionnels. Ces derniers ont dû alors revêtir la forme de l'une des sociétés commerciales prévues par la loi nationale concernée.
- Dans le second cas, les législateurs étatiques ont fait montre de plus de souplesse. Ils ont laissé à la discrétion des clubs professionnels (ou des entités qui leur étaient hiérarchiquement supérieures) le choix de maintenir le cadre associatif dans lequel ils se trouvaient ou d'adopter une des formules sociétales proposées par la loi nationale concernée[1650].

Les clubs sportifs professionnels se trouvent ainsi soumis à l'un ou l'autre de ces systèmes. D'une part, les systèmes dits «interventionnistes», qui sont localisés, pour la plupart, dans les pays d'Europe du Sud et, d'autre part, les systèmes dits «abstentionnistes», que l'on rencontre plutôt dans les pays d'Europe du Nord[1651].

1650 Cf. Collin, Rapport d'information fait au nom de la délégation du Sénat pour la planification sur les problèmes liés au développement économique du football professionnel, Rapport n° 336 annexé au procès-verbal de la séance du 8 juin 2004, p. 167 s., *in:* site du Sénat de la République française (cubitus.senat.fr): http://cubitus.senat.fr/rap/r03-336/r03-3361.pdf (31.05.2010).

1651 Halgreen, p. 65.

5.5.1.1 Le modèle français

5.5.1.1.1 Le statut juridique des fédérations

Dans un système «interventionniste», tel que celui de la France, le statut des fédérations de sport est hybride, avec des aspects organiques privés et des aspects fonctionnels publics. Le sport et son financement sont en partie étatisés, mais les fédérations nationales demeurent néanmoins des groupements de droit privé au sens de la Loi du 1er juillet 1901 relative au contrat d'association[1652].

Les fédérations sportives françaises exercent leur mission dans le cadre défini par la Loi n° 2000-627 du 6 juillet 2000 modifiant la Loi n° 84-610 du 16 juillet 1984 relative à l'organisation et à la promotion des activités physiques et sportives et le Code du sport[1653]. Le droit français qualifie certaines missions exercées par les fédérations sportives de «service public»[1654].

5.5.1.1.2 Le statut juridique des clubs professionnels

A l'origine, les clubs sportifs français se sont créés sous la forme d'associations sans but lucratif. Comme dans la plupart des sports, au fil du temps, cette structure n'a plus correspondu aux attentes des clubs comptant une section professionnelle en leur sein. Plusieurs caractéristiques de la forme associative, issues de la présomption du caractère non lucratif de l'activité exercée, se sont révélées inadaptées. Compte tenu de la nécessaire diversification de leurs recettes, de la maîtrise de leurs dépenses, notamment salariales, et de la recherche de nouveaux investisseurs[1655], les

1652 Buy/Marmayou/Poracchia/Rizzo, n° 368 ss p. 231 ss; Gatsi, p. 23; Loi relative au contrat d'association, *in:* site Legifrance (www.legifrance.gouv.fr): http://www.legifrance.gouv.fr/affichTexte.do?cidTexte=LEGITEXT000006069570&dateTexte=20091028 (31.05.2010).

1653 Loi n° 2000-627, *in:* site Legifrance (www.legifrance.gouv.fr): http://www.legifrance.gouv.fr/affichTexte.do?cidTexte=JORFTEXT000000765539&dateTexte=; Code du sport du 23 mai 2006, *in:* site Legifrance (www.legifrance.gouv.fr): http://www.legifrance.gouv.fr/affichCode.do?dateTexte=20100707&cidTexte=LEGITEXT000006071318&fastReqId=198981528&fastPos=1&oldAction=rechCodeArticle (31.05.2010).

1654 P. ex., art. L131-8 ss Code du sport. Pour plus de détails sur l'évolution du statut juridique des clubs sportifs au sein de la législation française, cf. Pautot, p. 22; Zen-Ruffinen, La forme juridique des clubs sportifs, p. 41 ss.

1655 Ces facteurs ont d'ailleurs mobilisé tous les pays européens dans l'optique de mettre en place une grande réforme pour moderniser le sport professionnel. Cf. également clubs sportifs ont modifié leur statut juridique pour tenir compte de leurs nouveaux besoins. En l'état actuel, si les clubs français dépassent certains seuils[1656] fixés de façon à englober la majorité des clubs professionnels français relevant des grandes disciplines, ils ont l'obligation d'être constitués en sociétés commerciales à but lucratif, liées par convention à une association qui est, en règle générale, responsable de la gestion du secteur amateur[1657]. Par conséquent, l'association qui crée la société commerciale ne disparaît pas.

Au surplus, selon le législateur français, la participation de la société aux compétitions ou manifestations inscrites au calendrier d'une fédération sportive agréée relève de la compétence de l'association. Les relations entre l'association et la société commerciale sont réglées par une convention[1658]. Le Décret n° 2001-150 du 16 février 2001 précise le contenu de cette convention[1659]. Celui-ci concerne surtout la répartition des activités liées aux secteurs amateur et professionnel, ainsi que les conditions d'utilisation, par la société, de la dénomination, de la marque ou d'autres signes distinctifs appartenant à l'association[1660].

---

le Rapport de M. Jean-Pierre Denis à M. Jean-François Lamour, alors respectivement Inspecteur des finances et Ministre des sports, sur certains aspects du sport professionnel en France, Novembre 2003, p. 41 ss, *in:* site du Ministère des Sports et de la Jeunesse (www.jeunesse-sports.gouv.fr): http://www.jeunesse-sports.gouv.fr/IMG/pdf/rapportdenis_051203.pdf (31.05.2010).

1656 Toutes les associations de sport qui participent habituellement à l'organisation de manifestations sportives payantes procurant des recettes supérieures à 1,2 millions d'euros et employant des sportifs dont le montant total des rémunérations excède 800'000 euros ont l'obligation de se constituer en sociétés commerciales pour la gestion de leur secteur professionnel [Buy/Marmayou/Poracchia/Rizzo, n° 456 p. 265, et les références légales citées; Commission «Droit du sport» de l'Ordre des avocats du barreau de Lyon, p. 54, et les références légales citées; Gatsi, p. 26, et les références légales citées].

1657 Buy/Marmayou/Poracchia/Rizzo, n° 501 ss p. 289 ss.

1658 Art. L122-14 ss Code du sport.

1659 Décret n° 2001-150, *in:* site Legifrance (www.legifrance.gouv.fr): http://www.legifrance.gouv.fr/affichTexte.do?cidTexte=JORFTEXT000000587069&fastPos=1&fastReqId=1151736654&categorieLien=id&oldAction=rechTexte (31.05.2010).

1660 Ces conventions passées entre les associations de sport et les sociétés doivent être transmises au préfet et contenir une liste de documents fixée par le Décret du 16 février 2001. Elles entrent en vigueur après leur approbation par l'autorité précitée.

5.5.1.1.3 Les types de sociétés commerciales sportives

Les grands clubs professionnels français sont ainsi constitués, pour la plupart, d'une association et d'une société dont la forme juridique varie d'un cas à l'autre.

Les lois qui ont successivement autorisé, puis dans certains cas imposé, la coexistence des associations de sport et des sociétés sont:

- La Loi n° 75-988 du 29 octobre 1975 relative au développement de l'éducation physique et du sport[1661], qui a permis la création par les clubs professionnels de sociétés d'économie mixte locales sportives.
- La Loi n° 84-610 du 16 juillet 1984, aujourd'hui abrogée, relative à l'organisation et à la promotion des activités physiques et sportives[1662], complétée par le décret n° 86-407 du 11 mars 1986[1663], qui a imposé aux associations de sport dépassant certains seuils la création d'une société à objet sportif ou d'une société d'économie mixte sportive locale.
- La Loi n° 99-1124 du 28 décembre 1999 portant diverses mesures relatives à l'organisation d'activités physiques et sportives[1664], qui a mis un terme définitif à l'existence de l'association à statuts renforcés, et a créé la société anonyme sportive professionnelle et l'entreprise unipersonnelle sportive à responsabilité limitée.
- Le Code du sport du 23 mai 2006, qui a systématisé l'ensemble de ces lois dans un ouvrage unique et qui ne reconnaît désormais plus que trois formes juridiques différentes pour les clubs professionnels, celle de l'entreprise unipersonnelle sportive à responsabilité limitée, celle de la société à objet sportif et celle de la société anonyme sportive professionnelle.

Par conséquent, on peut identifier les formes suivantes dans l'ordre juridique français.

1661 Loi n° 75-988, *in:* site Legifrance (www.legifrance.gouv.fr): http://www.legifrance.gouv.fr/affichTexte.do?cidTexte=JORFTEXT000000699405&fastPos=1&fastReqId=1079023751&categorieLien=id&oldAction=rechTexte (31.05.2010).

1662 Loi n° 84-610, *in:* site Legifrance (www.legifrance.gouv.fr): http://www.legifrance.gouv.fr/affichTexte.do?cidTexte=JORFTEXT000000693187&fastPos=1&fastReqId=1952560907&categorieLien=id&oldAction=rechTexte (31.05.2010).

1663 Décret n° 86-407, *in:* site Legifrance (www.legifrance.gouv.fr): http://www.legifrance.gouv.fr/affichTexte.do?cidTexte=JORFTEXT000000703886&fastPos=1&fastReqId=348199269&categorieLien=id&oldAction=rechTexte (31.05.2010).

1664 Loi n° 99-1124, *in:* site Legifrance (www.legifrance.gouv.fr): http://www.legifrance.gouv.fr/affichTexte.do?cidTexte=JORFTEXT000000398817&fastPos=1&fastReqId=1470203267&categorieLien=id&oldAction=rechTexte (31.05.2010).

5.5.1.1.3.1 La société anonyme d'économie mixte locale sportive (SAEMLS)

Aujourd'hui, il n'est plus possible de recourir à la SAEMLS, introduite en 1975[1665]. Toutefois, les clubs ayant choisi ce régime juridique sont autorisés à le conserver[1666]. Les clubs organisés sous cette forme ne peuvent procéder ni à une distribution de bénéfices aux actionnaires, ni à une rémunération des dirigeants[1667]. La gestion des SAEMLS est soumise au contrôle des chambres régionales des comptes[1668].

5.5.1.1.3.2 L'entreprise unipersonnelle sportive à responsabilité limitée (EUSRL)

L'EUSRL représente une forme juridique peu utilisée. Elle convient aux groupements sportifs dont les besoins financiers sont limités. Il s'agit d'une Sàrl à associé unique, celui-ci étant l'association de sport à la base de la création de la société[1669], soit l'association dite «support». La possibilité de compter des partenaires financiers extérieurs pour gérer l'activité professionnelle est ainsi exclue. Il est interdit, ici également, de distribuer les bénéfices éventuels, mais la rémunération des dirigeants est permise[1670].

5.5.1.1.3.3 La société anonyme à objet sportif (SAOS)

La SAOS est une société commerciale, introduite dans l'ordre juridique français par la Loi du 16 juillet 1984. Elle est désormais régie le Code du sport. Celui-ci prévoit une interdiction de distribuer des dividendes et de rémunérer les membres élus des organes de direction[1671]. De plus, les bénéfices éventuels doivent être affectés à la constitution de réserves, sauf si la société est cotée en bourse. Dans ce cas, elle peut distribuer ses bénéfices[1672].

1665 Ce recours était interdit par la loi du 28 décembre 1999.

1666 Art. L122-12 s. Code du sport.

1667 Gatsi, p. 30.

1668 Pour plus de détails, cf. Pautot, p. 90.

1669 Buy/Marmayou/Poracchia/Rizzo, n° 496 p. 287 s.

1670 Buy/Marmayou/Poracchia/Rizzo, n° 497 p. 288; Pautot, p. 90.

1671 Art. L122-5 Code du sport. Cf. également Buy/Marmayou/Poracchia/Rizzo, n° 484 p. 283.

1672 Art. L122-10 Code du sport au 27 mai 2010, *in:* site de l'Institut français d'information juridique (www.legifrance.gouv.fr): http://www.legifrance.gouv.fr/affichCode.do?cidTexte=LEGITEXT000006071318&dateTexte=20100523 (31.05.2010). Cf. également Pautot, p. 91.

5.5.1.1.3.4 La société anonyme sportive professionnelle (SASP)

La SASP représente la forme juridique la plus répandue, notamment en football, et la plus proche du droit commun des sociétés commerciales. Sous cette forme, l'association «support» ne détient plus de minorité de blocage et la société peut verser des dividendes aux actionnaires[1673] (l'Olympique Lyonnais en distribue depuis 2002[1674]). La SASP est également en droit de rémunérer ses dirigeants et d'ouvrir librement son capital à d'éventuels investisseurs, dans la mesure où la loi impose que seule une partie du capital soit obligatoirement détenue par l'association en charge du secteur amateur[1675].

5.5.1.1.4 La cotation en bourse des SAOS et des SASP

5.5.1.1.4.1 Evolution historique

Il a déjà été fait mention de cet objet à quelques reprises, mais il est intéressant d'y revenir plus en détails[1676].

L'entrée en vigueur de la Loi n° 99-1124 du 28 décembre 1999, confirmant celle du 16 juillet 1984, a déclenché une levée de bouclier de la part des clubs sportifs, car elle leur interdisait de faire appel publiquement à l'épargne comme source de financement.

En 2002, plusieurs clubs professionnels de football ont saisi la Commission européenne afin qu'elle «entame une procédure d'infraction contre ces dispositions législatives»[1677]. En d'autres termes, ces clubs estimaient que les lois de 1999 et de 1984 n'étaient pas conformes au droit européen et les discriminaient. En dépit de la saisine des autorités européennes, le gouvernement français, par la voie de son Ministre de la Jeunesse et des Sports, a continué à s'opposer à toute ouverture publique de l'actionnariat des SASP au motif que «l'unité du sport français, de la spécificité de l'organisation du sport [en France] repose essentiellement sur un socle associatif» et que «l'appel à l'épargne publique est second et secondaire»[1678].

1673 Buy/Marmayou/Poracchia/Rizzo, n° 485 p. 284.

1674 Frascogna/Cerati-Gauthier, p. 191.

1675 Ce lien de solidarité financière entre la pratique amateure et professionnelle est présent depuis lors. Pour plus de détails sur la SASP, cf. Pautot, p. 91.

1676 Pour un développement complet, cf. Frascogna/Cerati-Gauthier, p. 187 ss.

1677 *Id.*, p. 188.

1678 *Ibid.*

Ce n'est qu'en décembre 2005 que la Commission européenne a mis en demeure la France de changer sa législation. Elle rappelait que

> la protection de l'épargnant et la promotion d'une certaine égalité sportive sont des objectifs d'intérêt général pertinents mais [...] une interdiction absolue de faire appel publiquement à l'épargne constitue une mesure disproportionnée par rapport aux objectifs poursuivis et que d'autres mesures moins restrictives pour la libre circulation des capitaux existent[1679].

Entre-temps, le Président de l'Olympique lyonnais, M. Aulas, avait déposé un dossier afin de coter son club en bourse. L'Autorité des marchés financiers l'a naturellement refusé car il n'était pas conforme au droit français en vigueur à l'époque[1680].

Finalement, près d'un an après la mise en demeure de la Commission européenne, la France a adapté sa législation au droit européen[1681].

5.5.1.1.4.2 Les conditions d'admission en bourse

Outre les conditions usuelles auxquelles toutes les sociétés commerciales qui souhaitent être cotées en bourse doivent répondre, les SASP et les SAOS qui ambitionnent d'accéder à l'épargne publique doivent satisfaire à des critères sportifs. Le Code du sport les définit à son art. L122-8. Celui-ci dispose que les SASP et les SOAS qui veulent entrer en bourse ont l'obligation de divulguer toutes

> les informations relatives à leur projet de développement d'activités sportives et d'acquisition d'actifs destinés à renforcer leur stabilité et leur pérennité, tels que la détention d'un droit réel sur les équipements sportifs utilisés pour l'organisation des manifestations ou compétitions sportives auxquelles elles participent.

De l'avis du gouvernement,

> [c]et encadrement répond d'une part à l'objectif de protection de l'épargnant et d'autre part à celui de défense de l'équité des compétitions sportives. À cette fin, il convient

1679 Communiqué de presse de la Commission européenne du 14 décembre 2005 (IP/05/1592), *in:* site de l'Union européenne (www.europa.eu): http://europa.eu/rapid/pressReleasesAction.do?reference=IP/05/1592&format=HTML&aged=1&language=FR&guiLanguage=fr (31.05.2010).

1680 Frascogna/Cerati-Gauthier, p. 188.

1681 Art. 68 Loi 2006-1770 du 30 décembre 2006, *in:* site Legifrance (www.legifrance.gouv.fr): http://www.legifrance.gouv.fr/affichTexte.do?cidTexte=JORFTEXT000000458333&fastPos=1&fastReqId=995948491&categorieLien=cid&oldAction=rechTexte (31.05.2010). Cf. également Buy/Marmayou/Poracchia/Rizzo, n° 460 p. 268.

de s'assurer que les sociétés sportives qui souhaitent émettre dans le public des instruments financiers donnant accès au capital ou aux droits de vote, disposent d'un actif pérenne ou qu'elles en aient le projet, notamment à travers la détention de droits réels sur les équipements sportifs qu'elles utilisent. En effet, la détention de droits réels sur leurs enceintes sportives permettra aux sociétés sportives d'ajouter au projet sportif des éléments de nature à le renforcer[1682].

Les critères économiques, quant à eux, sont fixés par le Code monétaire et financier[1683]. Celui-ci indique que

les entités qui procèdent à une offre au public de titres financiers ou à une admission de titres financiers aux négociations sur un marché réglementé doivent, au préalable, publier et tenir à la disposition de toute personne intéressée un document destiné à l'information du public, portant sur le contenu et les modalités de l'opération qui en fait l'objet, ainsi que sur l'organisation, la situation financière et l'évolution de l'activité de l'émetteur et des garants éventuels des titres financiers qui font l'objet de l'opération[1684].

5.5.1.1.5 Conclusion

Ce système, dit «interventionniste», cherche à concilier deux objectifs tout aussi importants l'un que l'autre, mais pas toujours concordants: le respect de l'éthique sportive et la liberté de développement économique. Ce système présente l'avantage de permettre aux organisations sportives de rester, dans une certaine mesure, à l'abri des contraintes économiques. La collaboration avec un club professionnel performant assure un soutien plus généreux des sponsors privés et des collectivités locales.

1682 Lettre rectificative au projet de loi pour le développement de la participation et de l'actionnariat salarié du 21 septembre 2006, *in:* site de l'Assemblée nationale (www.assemblee-nationale.fr): http://www.assemblee-nationale.fr/12/pdf/projets/pl3337.pdf (31.05.2010).

1683 Code monétaire et financier, *in:* site Legifrance (www.legifrance.gouv.fr): http://www.legifrance.gouv.fr/affichCode.do?cidTexte=LEGITEXT'000006072026&dateTexte=20091029 (31.05.2010).

1684 Art. L412-1 Code monétaire et financier.

5.5.1.2 Le modèle italien

En Italie, la Loi n° 426 du 16 février 1942[1685] octroie à l'Etat une influence considérable sur le sport. Contrairement au modèle anglais, le sport italien est soumis, dans une grande mesure, au droit public. Le CONI (Comitato Olympico Nazionale Italiano, soit le Comité national olympique italien) représente l'organisaton faîtière du sport italien[1686]. Les associations de sport, même en qualité d'organisations indépendantes de droit privé, doivent faire reconnaître leurs statuts et règlements par le CONI[1687]. A défaut, les associations dépendent de leur fédération nationale respective. Comme partout ailleurs, il n'y en a qu'une par discipline sportive.

La Loi n° 91 du 23 mars 1981[1688] a d'abord imposé aux clubs de se constituer en société par actions (società per azioni)[1689] ou en société à responsabilité limitée (società a responsabilità limitata) pour pouvoir contracter avec des sportifs professionnels. Cette loi a été ensuite modifiée par la Loi n° 586 du 18 novembre 1996[1690] qui a permis aux clubs sportifs de poursuivre un but lucratif et de distribuer des bénéfices[1691]. En football, la Lazio de Rome a été la première à entrer en bourse, en 1998. Cette opération s'est soldée par un échec en raison de la faillite du géant agroalimentaire italien Cirio (le Président et actionnaire de contrôle de ce groupe était aussi le patron du club transalpin).

1685 Loi n° 426, *in:* site «dirittocalcistico» (www.dirittocalcistico.it/): http://www.dirittocalcistico.it/otherside/data/general_stagione/file/L%201942%20n%20426.pdf (31.05.2010).

1686 Rémy, p. 22.

1687 *Id.*, p. 23.

1688 Art. 10 Loi n° 91, *in:* site du Service Pro football Ligue (www.calcioservizilegapro.it): http://www.calcioservizilegapro.it/resources/normative/03100000000000000002.pdf (31.05.2010).

1689 A noter que la Federazione Italiana Giuoco Calcio (FIGC, Fédération italienne de football), avait, en 1966 déjà, obligé ses membres du secteur professionnel à se transformer en *società per azioni*, à savoir en sociétés anonymes.

1690 Art. 19 Loi n° 586, *in:* site du Service Pro football Ligue (www.calcioservizilegapro.it): http://www.calcioservizilegapro.it/resources/normative/03100000000000000002.pdf (31.05.2010).

1691 Zen-Ruffinen, La forme juridique des clubs sportifs, p. 52.

5.5.1.3 Le modèle espagnol

En Espagne, la Loi n° 10/1990 du 15 octobre 1990[1692], complétée par le Décret royal n° 1084/91 du 5 juillet 1991[1693] (modifié en 1996 et 1999), oblige les clubs professionnels à adopter la forme de la société anonyme sportive (*sociedad anónima deportiva*). Toutefois, cette obligation n'était pas inconditionnelle au moment de son introduction. En effet, les clubs de football et de basketball, créés avant l'entrée en vigueur de cette loi et dont le bilan avait été constamment positif pendant la période 1980-1990, ont pu échapper à cette obligation, à la condition, bien sûr, que leurs actionnaires n'aient pas pris de décision contraire. Les clubs professionnels répondant à ces critères étaient autorisés à continuer à utiliser la forme juridique de l'association, à savoir de la *sociedad deportivo básico*[1694]. Seuls quatre clubs, parmi lesquels figuraient le Real Madrid et le FC Barcelone, ont bénéficié de cette dérogation. Toutefois, depuis le Décret royal n° 1251/99 du 16 juillet 1999[1695], tous les clubs sportifs professionnels, sans exception, sont désormais obligés d'être constitués en sociétés anonymes sportives[1696]. Au surplus, ce décret interdit la multipropriété[1697] et soumet à autorisation administrative toute acquisition directe ou indirecte supérieure à 25% des droits de vote de la société[1698]. Par ailleurs, il permet aux clubs d'entrer en bourse.

1692 Loi n° 10/1990, *in:* site des Nouvelles juridiques (noticias.juridicas.com): http://noticias.juridicas.com/base_datos/Admin/l10-1990.html (31.05.2010). Cette loi fut la première à imposer la séparation entre le secteur professionnel et le secteur amateur [Cf. Galli, p. 23].

1693 Décret royal n° 1084/1991 (en particulier dispositions transitoires 1 et 2), *in:* site des Nouvelles juridiques (noticias.juridicas.com): http://noticias.juridicas.com/base_datos/Privado/rd1084-1991.html (31.05.2010).

1694 Loi n° 10/1990, art. 7 (disposición adicional séptima).

1695 Décret royal n° 1251/99, *in:* site des Nouvelles juridiques (noticias.juridicas.com): http://noticias.juridicas.com/base_datos/Privado/rd1251-1999.html (31.05.2010).

1696 Art. 1 par. 1 Décret royal n° 1251/99.

1697 Art. 17 par 1 Décret royal n° 1251/99.

1698 Art. 16 par. 1 Décret royal n° 1251/99.

5.5.1.4 Le modèle allemand

L'Allemagne, de son côté, figure parmi les pays dits «abstentionnistes». L'Etat n'intervient pas, ou seulement comme organe de contrôle[1699]. Le sport se veut «libre et indépendant» (*frei und unabhängig*)[1700].

L'association représente la structure juridique des organisations sportives de base (*Verein*)[1701]. Les clubs sportifs, tant amateurs que professionnels, doivent être organisés en associations inscrites (*eingetragene Vereine* selon les art. 21 ss du Code Civil allemand[1702]) au registre des associations et sont donc considérés comme personnes morales[1703].

En Allemagne, contrairement aux autres pays européens où le monde du football a fait œuvre de pionnier, c'est la fédération nationale de hockey sur glace qui a été la première à imposer à ses membres l'obligation de se constituer en sociétés commerciales, en 1994[1704]. Le football a suivi quatre ans plus tard, en octobre 1998, quand la Deutscher Fussball-Bund (DFB, Fédération allemande de football) a décidé de permettre aux clubs allemands de football de séparer le secteur professionnel de l'activité associative traditionnelle de *Verein*. Les clubs ont ainsi obtenu la possibilité de créer, pour la gestion de leurs activités professionnelles, des sociétés anonymes[1705], des sociétés à responsabilité limitée[1706], ou des sociétés en commandite par actions[1707]. Là aussi, le lien entre l'association dite «mère»

1699 Comme Galli le note, «[e]ine staatliche Sportgesetzgebung zur allgemeinen Ordnung des Sports existiert in Deutschland nicht. Der Staat tritt auf allen seinen föderalen Ebenen vor allem als Förderer des Sports auf, nicht als Ordnungsmacht» [Galli, p. 19].

1700 Rémy, p. 26.

1701 Pour une analyse profonde de la structure juridique des associations, cf. Fritzweiler/Pfister/Summerer, n° 105 ss p. 153 ss; Haas/Martens, p. 20 ss.

1702 Bürgerliches Gesetzbuch für das Deutshe Reich vom 18. August 1896 (BGB), *in:* site Juristischer Informationsdienst (www.dejure.org): http://dejure.org/gesetze/BGB (31.05.2010). En raison de l'absence de but lucratif, ces associations peuvent aussi être identifiées sous le nom d'*Idealvereine*. Cf. Kebekus, p. 4; Pauli, p. 300.

1703 Cf. également Kalbermatter, p. 20 ss.

1704 Cet effort n'a pas eu malheureusement le succès financier anticipé [Schäfer, p. 20 s.; cf. également Schiessl, p. 10 s.].

1705 P. ex. le Bayern Munich ou Eintracht Frankfurt.

1706 P. ex. le Bayer 04 Leverkusen.

1707 P. ex. Borussia Dortmund et le Hertha Berlin. En fait, ces deux clubs, avec Hannover 96, Borussia Mönchengladbach et Arminia Bielefeld, ont choisi une forme juridique qui entoure tant la forme de la responsabilité limitée que celle de la commandite par actions. Pour plus de détails, cf. Heermann/Schiessl, p. 3; Pauli, p. 298 ss; Schiessl, p. 5 ss.

et la société commerciale dite «fille» restait indispensable et a fait l'objet d'une protection renforcée. Ainsi, l'association «mère» devait détenir des droits majoritaires dans l'organe qui contrôlait la société commerciale (qui dirige, à son tour, le secteur professionnel du football) pour que l'équipe soit autorisée à participer au championnat de la Bundesliga[1708].

A l'instar du système anglais, les clubs se sont vu conférer le droit d'entrer en bourse. Le 31 octobre 2000, Borussia Dortmund a été le premier club de football allemand à user de cette possibilité. Beaucoup d'observateurs considéraient qu'une telle entrée était prématurée. Effectivement, Borussia Dortmund a enregistré des pertes plus importantes que prévues et il a fallu mettre en place un programme d'assainissement pour permettre à ce club de survivre[1709].

5.5.1.5 Le modèle anglais

En Angleterre, le sport est considéré comme une activité privée relevant de l'intérêt général. Les clubs anglais sont des *Private Social Clubs*, pour lesquels l'adoption du statut de société est admise de longue date. Les groupements sportifs professionnels ont eu la possibilité, octroyée par la Loi anglaise sur les sociétés[1710], de se transformer en *limited liability companies* (sociétés à responsabilité limitée). Aujourd'hui, les clubs op-

1708 Selon l'art. 4 ch. 10 de l'ordre d'octroi d'une licence afin de participer à la Bundesliga (état au 21 novembre 2007), «Für eine Kapitalgesellschaft gilt zusätzlich, dass ein Recht, Mitglieder in den Aufsichtsrat bzw. ein anderes Kontrollorgan zu entsenden (Entsenderecht) nur dem Mutterverein eingeräumt werden darf. Der Mutterverein soll in dem Kontrollorgan der Kapitalgesellschaft mehrheitlich vertreten sein». Une dérogation à cette disposition (ancien art. 4 ch. 3 let. e) a permis à Bayer 04 Leverkusen de participer à la Bundesliga, malgré le fait qu'il s'agit d'une filiale à 100% du Groupe Bayer. Ce document est disponible *in:* site de la Deutscher Fussball-Bund (www.dfb.de): http://static.bundesliga.de/media/native/dfl/ligastatut/neue_lo_26_02_/lizenzierungsordnung_lo_2007-11-21_stand.pdf (31.05.2010).

1709 Journal Libération du 4 octobre 2001. Pour plus de détails, cf. également SCHIESSL, p. 5 ss.

1710 A ce sujet, cf. les Companies Acts de 1985, 1989 et 2006, *in:* site Office of Public Sector Information (www.opsi.gov.uk): http://www.opsi.gov.uk/acts/acts1985/pdf/ukpga_19850006_en.pdf, http://www.opsi.gov.uk/acts/acts1989/Ukpga_19890040_en_1, et http://www.opsi.gov.uk/acts/acts2006/pdf/ukpga_20060046_en.pdf, ainsi que le Companies Consolidation (Consequential Provisions) Act de 1985. http://www.opsi.gov.uk/acts/acts1985/pdf/ukpga_19850009_en.pdf (31.05.2010).

tent généralement pour la forme de la *Public Limited Company*. Celles-ci peuvent être cotées en bourse et sont alors soumises à un régime juridique similaire à celui d'une SA. Dans ce cas-là, les clubs doivent respecter les exigences du London Stock Exchange. Ils peuvent cependant choisir aussi la forme privée qui, toutefois, ne leur permet pas de faire appel à l'épargne publique. Plusieurs clubs anglais sont cotés en bourse, mais les résultats, à l'exception peut-être de ceux de Manchester United[1711], sont rarement positifs. Leur placement en bourse, s'il leur a permis d'augmenter leurs capitaux, les a en même temps rendus plus vulnérables face à d'éventuelles acquisitions hostiles[1712].

5.5.2 Le modèle américain

Le sport, au niveau européen, se fonde traditionnellement sur un système de fédérations nationales. Les fédérations nationales sont liées entre elles au sein de fédérations européennes et internationales. La règle veut qu'il n'y ait qu'une fédération nationale par discipline. Ces fédérations jouissent donc d'une situation de monopole au niveau national[1713]. Il s'agit d'une structure hiérarchique pyramidale (cf. pt. 3)[1714]. Les sportifs et les clubs constituent la base de cette pyramide. Ce modèle est en opposition avec le système sportif américain où l'unicité fédérale européenne n'est pas admise[1715]. En Amérique du Nord, en effet, on ne rencontre pas une

1711 Manchester United a été obligé de sortir de la bourse de Londres en juin 2005 après l'acquisition hostile de plus de 75% des actions du club par Malcolm Glazer. Manchester United est toujours le club réalisant le plus de bénéfice au monde. Son profit opérationnel pour 2005 s'élevait à 51,7 millions de livres; c'était la première fois qu'un club dans le monde surpassait la barrière de 50 millions de livres [Annual Review of Football Finance, juin 2005, p. 5 et 31].

1712 Cf. également Commission européenne, Le modèle sportif européen, document de consultation de la Direction Générale X, novembre 1998, p. 7, *in:* site de la Comission européenne (ec.europa.eu): http://ec.europa.eu/archives/ISPO/convergencegp/workdoc/1284fr.pdf (31.05.2010).

1713 En Allemagne, cette maxime s'exprime par le *Ein-Platz-Prinzip*. Cf. Haas/Martens, p. 42; Rigozzi, L'arbitrage, n° 65 p. 36.

1714 Document accompagnant le Livre Blanc sur le sport, p. 40.

1715 Halgreen, p. 71 ss.

telle situation de monopole dans l'organisation du sport. De plus, les championnats américains, contrairement aux championnats européens, sont «fermés», en ce sens que ce sont toujours les mêmes équipes qui s'affrontent dans le cadre d'une ligue. Aucune rétrogradation ou relégation ne sanctionne la contre-performance sportive. Il en découle une certaine sécurité pour les investisseurs privés et les clubs. De plus, dans le modèle américain, le secteur amateur peut, lui aussi, exercer des activités commerciales et de ce fait poursuivre un but lucratif. En effet, les recettes réalisées par la NCAA (National Collegial Athletic Association)[1716], qui est l'autorité principale du sport des collèges américain, sont considérables, notamment grâce aux droits de télévision.

1716 Pour plus de développements, cf. WOLFER, p. 15 ss et p. 157 ss.

6. Bibliographie

AEBERSOLD Thomas, Das neue Stiftungsrecht, *in:* Der Bernische Notar, Berne 2005, p. 73 ss.

AEBI-MÜLLER Regina E., Die Zweckänderung bei der Stiftung nach der Stiftungsrevision vom 8. Oktober 2004 und nach In-Kraft-Treten des Fusiongesetzes, ZBJV 141 (2005), p. 721 ss.

AGUET Cédric, La sanction disciplinaire infligée par une fédération internationale à l'encontre d'un non-membre a-t-elle une source de droit de l'association ?: Réflexions à la lumière de l'arrêt du Tribunal fédéral 4P.240/2006, *in:* Jusletter du 16 avril 2007.

AKIKOL Diana, La jurisprudence du Tribunal fédéral en matière d'arbitrage du 1er septembre au 31 décembre 2008, *in:* Jusletter du 6 avril 2009.

ALAPHILIPPE François, Normes sportives et droit communautaire de la concurrence: à propos d'un récent arrêt de la Cour de justice des Communautés européennes [aff. C-519-04 David Meca-Medina et Igor Majcen], *in:* RJES (Dalloz), n° 80, septembre 2006, p. 7 ss.

ALFANDARI Elie, NARDONE Amaury, Associations et fondations en Europe: régime juridique et fiscal, Lyon – Paris (Ed. Juris-Service) 1994.

AMSTUTZ Marc, MABILLARD Ramon, Fusionsgesetz (FusG): Kommentar zum Bundesgesetz über Fusion, Spaltung, Umwandlung und Vermögensübertragung vom 3. Oktober 2003, Bâle (Helbing & Lichtenhahn) 2008.

AUBERT Jean-François, MAHON Pascal, Petit commentaire de la Constitution fédérale de la Confédération suisse du 18 avril 1999, Zurich – Bâle – Genève (Schulthess) 2003.

AUER Andreas, MALINVERNI Giorgio, HOTTELIER Michel, Droit constitutionnel suisse, vol. 1, L'Etat, 2e éd., Berne (Staempfli) 2006 (cité: AUER/MALINVERNI/HOTTELIER, vol. 1).

—,Droit constitutionnel suisse, vol. 2, Les droits fondamentaux, 2e éd., Berne (Staempfli) 2006 (cité: AUER/MALINVERNI/HOTTELIER, vol. 2).

BADDELEY Margareta, La protection des membres en cas de déficit de l'association, *in:* BADDELEY Margareta (édit.), La protection de la personne par le droit: journée en l'honneur du professeur Martin Stettler, Genève (Schulthess) 2007, p. 193 ss (cité: BADDELEY, La protection des membres).

—,La décision Cañas: nouvelles règles du jeu pour l'arbitrage international du sport, *in:* Causa Sport 2/2008, Zurich, p. 155 ss (cité: BADDELEY, Arbitrage).

—,Gesellschaftsformen für Sportvereinigungen, *in:* ARTER Olivier (édit.), Sport und Recht, Berne (Staempfli) 2004, p. 103 ss (cité: BADDELEY, Gesellschaftsformen).

—, Vereinsrecht, Ein «Durchgriff» nach Art. 71 ZGB ?, *in:* SpuRt 1/1997, Munich – Francfort-sur-le Main (C.H. Beck) 1997, p. 36 ss (cité: BADDELEY, Durchgriff).

—, Le sportif sujet ou objet ?, La protection de la personnalité du sportif, *in:* RDS, Fascicule 2, Bâle – Francfort-sur-le-Main (Helbing & Lichtenhahn) 1996, p. 135 ss (cité: BADDELEY, Le sportif).

—, L'association sportive face au droit: Les limites de son autonomie, [thèse Genève], Bâle – Francfort-sur-le-Main (Helbing & Lichtenhahn) 1994 (cité: BADDELEY, L'association sportive).

—, Le statut personnel du sportif: aperçu des relations habituelles entre sportifs et organisations sportives officielles, *in:* Chapitres choisis du droit du sport, Genève (Médecine et hygiène) 1993, p. 67 ss (cité: BADDELEY, Le statut).

—, L'autonomie de l'association sportive en droit suisse, *in:* Chapitres choisis du droit du sport, Genève (Médecine et hygiène) 1993, p. 33 ss (cité: BADDELEY, L'autonomie).

BADERTSCHER Beat, Der Ausschluss aus dem Verein nach schweizerischem Zivilgesetzbuch, [thèse Zurich], Zurich (Schulthess Polygraphischer Verlag) 1980.

BARANI Luca, La Cour de justice acteur politique de l'intégration européenne: à propos de l'arrêt Bosman, *in:* Droit et politique dans l'Union européenne, Journées d'études du 16 mars 2001, Association Française de Science Politique, 2001.

BAUMANN Andreas, Die Klub-Lizenzierung durch die Swiss Football League (SFL), *in:* Causa Sport 3/2006, Zurich, p. 464 ss (cité: BAUMANN, Die Klub-Lizenzierung).

BAUMANN, Max, Personenrecht des ZGB: natürliche Personen, juristische Personen, Vereine, Stiftungen, Schutz der Persönlichkeit, Zurich – Saint-Gall (Dike) 2008 (cité: BAUMANN, Personenrecht des ZGB).

BELL Alasdaire, TURNER-KERR Peter, The place of sport within the rules of Community Law: clarification from the ECJ [European Court of Justice] ? The Deliège and Lehtonen cases, *in:* European competition law review, vol. 23, n° 5, 2002, p. 256 ss.

BERETTA Piera, Wirtschaftliche Vereine und Corporate Governance, *in:* RIEMER Hans Michael (édit.), Aktuelle Fragen aus dem Vereinsrecht, Zurich – Bâle – Genève (Schulthess) 2005, p. 1 ss (cité: BERETTA, Corporate Governance).

—,Wirtschaftliche Vereine in der Schweiz, [thèse Bâle], Bâle – Genève – Munich (Helbing & Lichtenhanh) 2001 (cité: BERETTA, Vereine).

BERNASCONI Michele, HUBER Michel, Die Anfechtung von Vereinsbeschlüssen: Zur Frage der Gültigkeit statutarischer Fristbestimmungen, *in:* SpuRt 6/2004, Munich – Francfort-sur-le-Main (C.H. Beck) 2004, p. 268 ss.

BERNI Markus, Vereine als Dachorganisation von internationalen Beratungsunternehmen, *in:* Aktuelle Fragen aus dem Vereinsrecht, Zurich – Bâle – Genève (Schulthess) 2005, p. 85 ss.

BERTSCHINGER Urs, Verantwortlichkeit der Revisionstelle, Aktuelle Fragen und Perspektiven, *in:* ZSR 2005, p. 569 ss.

BICHOVSKY Aude, Prévention de la violence commise par les spectateurs lors de manifestations sportives, étude des mesures préventives et de la responsabilité de l'organisateur à la lumière du droit comparé, du droit suisse et du droit associatif, [thèse Lausanne], Bâle (Helbing & Lichtenahn) 2009.

BIEBER Roland, MAIANI Francesco, Précis de droit européen, Berne (Staempfli) 2004.

BLANC Mathieu, DALLÈVES Laure, La révision du droit des fondations, nouveautés en matière civile et fiscale, Bulletin Cedidac, n° 42, mai 2005, Lausanne 2005.

BLÜMLE Ernst-Bernd, Revision von Vereinen – Eine vertrauensbildende Massnahme ode reine Pflichtübung, *in:* ST 2008, p. 36 ss.

BODMER Hans, Vereinsstrafe und Verbandsgerichtbarkeit. Dargestellt am Beispiel des Schweizerischen Fussballverbandes, Sankt-Galler Studien zum Privat- Handels- und Wirtschaftsrecht, Band 18, [thèse Saint-Gall], Saint-Gall – Berne – Stuttgart (Paul Haupt) 1989.

BONDALLAZ Jacques, Toute la jurisprudence sportive en Suisse: Exposé systématique de plus de 600 arrêts, Collection CIES, Berne (Staempfli) 2000.

BONETTI Danièle, La fondation de famille, restrictions relatives à la constitution d'une fondation, *in:* L'EC 82/2008, Zurich, 2008, p. 122 ss.

BRÜCKNER Christian, Personenrecht des ZGB, Zurich (Schulthess) 2000.

BRUTTIN Etienne, Essais sur le statut juridique des consortages d'alpages valaisans, [thèse Lausanne], Sion (Impr. commerciale Fiorina & Pellet) 1931.

BUCHER Andreas, Personnes physiques et protection de la personnalité, 5e éd., Bâle – Genève – Zurich (Helbing & Lichtenhahn) 2009.

BUY Frédéric, MARMAYOU Jean-Michel, PORACCHIA Didier, RIZZO Fabrice, Droit du sport, 2e éd., Paris (L.G.D.J) 2006.

CAPITAINE Georges, Le statut des sociétés holdings en Suisse, *in:* ZSR 1943, Bâle (Helbing & Lichtenhahn) 1943, p. 1 ss.

CAVEGN Diego, Die Revision der Revision von Stiftungen und Vereinen, [thèse Zurich], Zurich – Bâle – Genève (Schulthess) 2008.

COLLAUD Marie-Chantal, Comment créer et animer une association, 3e éd. revue et augmentée, Lausanne (Réalités sociales) 2009.

COLOMB Olivier, Les règles du jeu et les normes «pénales» associatives, *in:* KUHN André, MOREILLON Laurent, WILLI-JAYET Aline (édit.), Aspects pénaux du droit du sport, Collection CIES, Berne (Staempfli) 2002, p. 65 ss.

COMMISSION DROIT DU SPORT DE L'ORDRE DES AVOCATS DU BARREAU DE LYON, Des aspects juridiques liés à l'organisation d'un événement sportif, 2e éd., Voiron (PUS) 2008.

CORBAT Claude, Les peines statutaires, [thèse Fribourg], Fribourg (Imprimerie Saint-Paul) 1974.

DE MORAGAS SPA Miquel, La couverture télévisée des Jeux Olympiques, *in:* Sources de financement du sport, Lausanne (CIO) 1996, p. 77 ss.

DESCHENAUX Henri, STEINAUER Paul-Henri, Personnes physiques et tutelle, 4e éd., Berne (Staempfli) 2001.

DIAS Raoul, Der Verein als herrschendes Unternehmen im Konzern, Unter besonderer Berücksichtigung der Sportvereine und Sportorganisationen in der Schweiz, [thèse Berne], Zurich – Saint-Gall (Dike) 2009.

DRUEY Jean Nicolas, Die Rechstgültigkeit von Unternehmensstiftungen, *in:* SZW 1992 p. 171 ss.

DUBEY Jean-Philippe, Case C-438-00, Deutscher Handballbund eV v. Maros Kolpak, judgment of the Court of Justice (Fifth Chamber) of 8 May 2003, [2003] ECR I-4135, *in:* Common Market Law Review, vol. 42, 2005, p. 499 ss (cité: DUBEY, Kolpak).

—,La jurisprudence Bosman et ses suites, *in:* PARISOT Jean-Marc (dir.), Sport et droit en Europe, Nancy (Association de soutien aux Journées européennes du droit de Nancy) 2004, p. 39 ss (cité: DUBEY, Bosman).

—, La libre circulation des sportifs en Europe, Collection CIES, Berne (Staempfli) – Bruxelles (E. Bruylant) 2000 (cité : DUBEY, La libre circulation).

DUC Nicolas, TURIN Nicholas, Quelques aspects du nouveau droit des fondations – Une révision passée (presque) inaperçue, *in:* Festschrift Koller, Aus der Werkstatt des Rechts, Bâle – Genève – Munich (Helbing & Lichtenhahn) 2006, p. 159 ss.

DURAND Alexandre, Le règlement FIFA gouvernant l'activité des agents de joueurs au regard du droit communautaire de la concurrence, *in:* Lamy droit du sport, Actualités, n° 20, 22 février 2005, p. 1 ss.

DUTOIT Nicolas, La procédure d'octroi de licence aux clubs de football, *in :* Jusletter du 16 avril 2007.

DUVAL Jean-Marc, Le droit public du sport, Etat et fédérations sportives, compétitions et règlementations sportives, service public et monopole, Aix-en-Provence (PUAM) 2002.

EGGER Philipp (édit.), Stiftungsparadies Schweiz, Zahlen, Fakten und Visionen, Buchreibe Swiss Foundations, Foundation Governance, Band 1, Bâle – Genève – Munich (Helbing & Lichtenhahn) 2004.

ENGEL Pierre, Le calcul des votes et des majorités en droit privé suisse, *in :* RSJ 1985, Zurich (Schulthess) 1985, p. 320 ss.

FATIO Guillaume, Association et «corporate governance», *in:* HÉRITIER LACHAT Anne, HIRSCH Alain (édit.), De lege ferenda: réflexions sur le droit désirable en l'honneur du professeur Alain Hirsch, Genève (Editions Slatkine) 2004, p. 273 ss.

FAVRE Dominique, Droit des fondations, influence de l'environnement législatif et comptable, *in:* L'EC 80/2006, Zurich, 2006, p. 745 ss.

FELDER Armin, Das Pluralstimmrecht in Wirtschaftsverbänden, *in:* SJZ 1958, Zurich (Schulthess) 1958, p. 177 ss.

FENNERS Henk, Der Ausschluss der staatlichen Gerichtsbarkeit im organisierten Sport, Zurich – Bâle – Genève (Schulthess) 2006.

FLURY Hans Anton, Der Vereinsweck, [thèse Berne], Baden (Meierhof-Drückerei) 1959.

FORNITO Robert, Neues Revisionsrecht, *in:* Das Mandat, n° 1, Mai 2008, p. 7 ss.

FRANK Richard, Der Minderjährige und Vereinsrecht – zugleich ein Beitrag zu seiner Haftbarkeit, *in:* RDS, Fascicule 1, Bâle – Francfort-sur-le-Main (Helbing & Lichtenhahn) 1989, p. 339 ss.

FRASCOGNA Julien, CERATI-GAUTHIER Adeline, Regards croisés sur l'introduction en bourse des sociétés sportives: Article 68 de la Loi n° 2006-1770 du 30 décembre 2006 pour le développement de la participation et de l'actionnariat salarié et portant diverses dispositions d'ordre économique et social, *in:* MARMAYOU Jean-Michel, RIZZO Fabrice (édit.), Les Cahiers de Droit du Sport 6/2006, Marseille (Presses Universitairses) 2006, p. 187 ss.

FRÉSARD Philippe, La procédure disciplinaire à l'encontre des joueurs évoluant en Swiss Football League, *in:* Jusletter du 5 septembre 2005.

FRITZWEILER Jochen, PFISTER Bernhard, SUMMERER Thomas, Praxishandbuch Sportrecht, 2e éd., Munich (C. H. Beck) 2007.

FUCHS Christoph, Rechtsfragen der Vereinsstrafe: Unter besonderer Berücksichtigung der Verhältnisse in Sportverbänden, [thèse Zurich], Zurich (Schultess) 1999.

GALLI Albert, Rechtsformgestaltung und Lizenzierungspraxis im Berufsfussball: Die Situation in England, Italien und Spanien vor dem Hintergrund der Regelungen in Deutschland, *in:* SpuRt 1/1998, Munich – Francfort-sur-le-Main (C.H. Beck) 1998, p. 18 ss.

GATSI Jean, Le droit du sport, Que sais-je ?, 2e éd., Paris (PUF) 2007.

GNOS Peter, Die Zulässigkeit der Unternehmensstiftung im Schweizerischen Recht, [thèse Zurich], Zurich (Schulthess) 1971.

GRISEL André, Traité de droit administratif, Neuchâtel (Ides et Calendes) 1984.

GROSSEN Jacques-Michel, Note sur la fondation-entreprise, *in:* Hommage à Paul-René Rosset à l'occasion de son 70e anniversaire, Neuchâtel (Société neuchâteloise de science économique) 1977, p. 205 ss.

GRÜNINGER Harold, Unternehmensstiftung, *in:* KUNZ Peter V. et al. (édit.), Entwicklungen im Gesellschaftsrecht V, Berne (Staempfli) 2010, p. 19 ss (cité: GRÜNINGER, Entwicklungen).

—,Art. 80-89bis, *in:* HONSELL Heinrich, VOGT Peter, GEISER Thomas (édit.), Basler Kommentar zum Schweizerischen Privatrecht, Zivilgesetzbuch I, Art. 1-456 ZGB, 3e éd., Bâle – Genève – Munich (Helbing & Lichtenhahn) 2006 (cité: GRÜNINGER, BaKomm).

—,Die Unternehmensstiftung in der Schweiz: Zulässigkeit, Eignung, Besteuerung, Bâle – Francfort-sur-le-Main (Helbing & Lichtenhahn) 1984 (cité: GRÜNINGER, Die Unternehmensstiftung).

GUILLOD Olivier, Droit des personnes, Neuchâtel (Université de Neuchâtel : les abrégés Faculté de droit) 2009.

GUTTMANN Allen, Du rituel au record: La nature des sports modernes, Thierry Terret (trad.), Paris (L'Harmattan) 2006.

HAAS Ulrich, MARTENS Dirk-Reiner, Sport, Munich (Deutscher Taschenbuch) 2004.

HALGREEN Lars, European Sports Law – A Comparative Analysis of the European and American Models of Sport, Copenhague (Forlaget Thomson) 2004.

HANDSCHIN Lukas, Gesellschaftsrecht, Collection In a nutshell, Zurich (Dike) 2007.

HANDSCHIN Lukas, TRUNINGER Christof, Von der ‹kassatorischen Natur› der Anfechtungsklage nach Art. 75 ZGB, *in:* SJZ 2003, Zurich (Schulthess) 2003, p. 142 ss.

HASCHER Dominique, LOQUIN Eric, Tribunal arbitral du sport: Chronique des sentences arbitrales: la présente chronique couvre les sentences rendues entre 2006 et 2009, *in:* Journal du droit international, année 137, n° 1, janvier-février-mars 2010, p. 199 ss.

HAUSHEER Heinz, AEBI-MÜLLER Regina, Das Personenrecht des Schweizerischen Zivilgesetzbuches, 2e éd., Berne (Staempfli) 2008.

HEERMANN Peter W., SCHIESSL Harald Herbert, Der Idealverein als Konzernspitze, Konzern-, vereins-, verbands- und steuerrechtliche Problemfelder bei der Konzernbildung durch Ausgliederung, [s.l.] (s.n.) 2003.

HEINI Anton, Das Schweizerische Vereinsrecht, Bâle – Francfort-sur-le-Main (Helbing & Lichtenhahn) 1988.

HEINI Anton, PORTMANN Wolfgang, Das Schweizerische Vereinsrecht, 3e éd. entièrement remaniée, II/5, Bâle – Genève – Munich (Helbing & Lichtenhahn) 2005.

HEINI Anton, PORTMANN Wolfgang, SEEMANN Matthias, Grundriss des Vereinsrechts, Bâle (Helbing & Lichtenhahn) 2009.

HEINI Anton, SCHERRER Urs, Art. 60-79, *in:* HONSELL Heinrich, VOGT Peter, GEISER Thomas (édit.), Basler Kommentar zum Schweizerischen Privatrecht, Zivilgesetzbuch I, Art. 1-456 ZGB, 3e éd., Bâle – Genève – Munich (Helbing & Lichtenhahn) 2006.

HELLWIG Irene, Rundfunkübertragungsrechte an den Olympischen Spielen im europaïschen Kartellrecht: Medienmärkte, gemeinsamer Erwerb durch die European Broadcasting Union Exklusivvergabe, Publikationen aus dem Zentrum für Informations- und Kommunikationsrecht der Universität Zürich, Zurich (Schultess) 2009.

HONEGGER Christoph, Probleme des Gläubigerschutzes im Vereinsrecht, [thèse Bâle], 2000.

HUGUENIN Claire, Art. 52-59, *in:* HONSELL Heinrich, VOGT Peter, GEISER Thomas (édit.), Basler Kommentar zum Schweizerischen Privatrecht, Zivilgesetzbuch I, Art. 1-456 ZGB, 3e éd., Bâle – Genève – Munich (Helbing & Lichtenhahn) 2006.

HUSTING Alexandre, Quelle intervention communautaire pour réguler la profession d'agent de joueur ?, *in:* RJES (Dalloz), n° 85, décembre 2007, p. 147 ss.

JACQ Patrick, Les structures de l'organisation internationale du sport, *in :* Sport, droit et relations internationales, Paris (Economica) 1988, p. 1 ss.

JAQUIER Jérôme, La qualification juridique des règles autonomes des organisations sportives, Collection CIES, Berne (Staempfli) 2004.

JAGGI Matthias, Unter welchen Voraussetzungen ist der Ausschluss eines Mitgliedes aus einer politischen Partei zulässig? Unter besonderer Berücksichtigung der vier grössten nationalen Parteien, *in:* Jusletter du 30 juin 2008.

JAKOB Dominique, Verein – Stiftung – Trust: Entwicklungen 2007, Berne (Staempfli) 2008.

JAKOB Dominique, SCHWEIZER Laura, STUDEN Goran, Verein – Stiftung – Trust: Entwicklungen 2008, Berne (Staempfli) 2009.

JELLINGHAUS Steven, The position of the player's agent in European Law after the White Paper on Sport, *in:* The International Sports Law Journal, n° 1-2, 2008, p. 91 ss.

JENNINGS Andrew, CIO, 1999: Chronique d'un scandale annoncé, *in:* BASSON Jean-Charles (dir.), Sport et ordre public, Paris (La documentation française) 2001, p. 271 ss.

JESTAZ Philippe, Spectacle sportif et droit du sport, *in:* Le spectacle sportif, Centre de droit et d'économie du sport, Université de Limoges, Limoges (PUF) 1981, p. 313 ss.

JOLIDON Pierre, Le droit du sport en Suisse, *in:* RSJ 1990, Zurich (Schulthess) 1990, p. 389 ss.

JONES Dan, BOON Gerry (édit.), Annual Review of Football Finance, Manchester (Sports Business Group) 2005.

JURIUS, Der Umgang mit Personendaten von Vereinsmitglieder, *in:* Jusletter du 26 juin 2000.

KADDOUS Christine, L'arrêt Bosman et la libre circulation des personnes au sein de l'Union européenne, *in:* ZEN-RUFFINEN Piermarco (édit.), Droit et sport, Collection CIES, Berne (Staempfli) 1997, p. 151 ss.

KALBERMATTER André, Die Sportaktiengesellschaft: mit Schwerpunkt Bilanzierung der Spieler, [thèse Zurich], Zurich (Schulthess) 2001.

KARAQUILLO Jean-Pierre, Le droit du sport, 2e éd., Paris (Dalloz) 1997.

KAUFMANN Robert, Begriff und Zweck der Familienstiftung und ihre Abgrenzung von ähnlichen Instituten, [thèse Lucerne], Beromünster (Wallimann) 1954.

KEBEKUS Frank, Alternativen zur Rechtform des Idealvereins im bundesdeutschen Lizenzfussball, Francfort-sur-le-Main – Berne – New York – Paris (Peter Lang) 1991.

KEISER Rudolf, Association, Vereine und Stiftungen, Rechtliche Grundlagen, Lucerne (Keiser) 2009.

KELLER Andreas, Die Ausschliessung aus dem Verein, [thèse Fribourg], Zurich (Jurius Druck & Verlag) 1979.

KICK Markus, Die verbotene juristische Person: unter besonderer Berücksichtigung der Vermögensverwendung nach Art. 57 Abs. 3 ZGB, Fribourg (Université de Fribourg) 1993.

KLAUS Felix, Der Schutz des Vereinszweckes, [thèse Fribourg], Zurich (W. Schneider) 1977.

KNÖFEL Oliver, Anforderungen an Schiedsklauseln, Zugleich Anmerkung zum Beschluss des Schweizerischen Bundesgericht vom 7.2.2001 in der Rs. 4P 230/2000 – Stanley Roberts ./. FIBA, *in:* SpuRt 2/2002, Munich – Francfort-sur-le-Main (C.H. Beck) 2002, p. 49 ss.

KOLLER Thomas, Stiftungen und Steuern, *in:* RIEMER Hans Michael (édit.), Die Stiftung in der juristichen und wirtschaftlichen Praxis, Zurich (Schultess) 2001, p. 39 ss.

KRAFFT Jean-Louis, Les fonds de prévoyance et la théorie générale des fondations, [thèse Lausanne], Lausanne (Imprimerie Pont Frères) 1956.

KREN KOSTKIEWICZ Jolanta, SCHWANDER Ivo, WOLF Stephan (édit.), ZGB: Handkommentar zum Schweizerische Zivilgesetzbuch, Zurich (Orell Füssli) 2006 (cité: AUTEUR *in:* KREN KOSTKIEWICZ/SCHWANDER/WOLF).

KUMMER Max, Spielregel und Rechtregel, Abhandlung zum schweizerischen Recht, vol. 426, Berne (Staempfli) 1973.

KUNZ Peter V., Das neue Fusionsgesetz, *in:* ARTER Olivier et JÖRG Florian S., Entwicklungen im Gesellschaftsrecht I, Berne (Staempfli) 2006, p. 185 ss.

KÜNZLE Hans Rainer, Familienstiftung – Quo vadis?, *in:* BREITSCHMID Peter et al. (édit.), Grundfragen der juristichen Person, Festschrift für Hans Michael Riemer zum 65. Geburtstag, Berne (Staempfli) 2007, p. 173 ss.

LADINA WIDMER Carmen, Auflösung eines Vereins mit widderrechtlichem Zweck, Anmerkunger zu BGE 133 III 593, *in:* Jusletter du 17 mars 2008.

LANZ Martin, TRIEBOLD Oliver, Der Rechstkleiwechsel eines Vereins in eine Aktiengesellschaft, SZW 2000, p. 57 ss.

LEUBA Audrey, Droit des personnes physiques et de la famille, *in:* JdT 2010 I 83 ss.

LUNZENFICHTER Alain, Athènes, Pékin, 1896-2008: choix épiques des villes olympiques, Anglet (Atlantica) 2002.

MADÖRIN Bernhard, Vereine und Stiftungen: Stand der Gesetzgebung 01.01.08, Berne (Staempfli) 2008.

MANFRINI Pierre-Louis, La liberté de réunion et d'association, *in:* THÜRER Daniel, AUBERT Jean-François, MÜLLER Jörg Paul (édit.), Droit constitutionnel suisse/Verfassungsrecht der Schweiz, Zurich (Schulthess) 2001, p. 739 ss.

MARGUERAT Jean, Recent Case Law of the Swiss Federal Tribunal in International Arbitration, *in:* MÜLLER Christoph, RIGOZZI Antonio (édit.), New Developments in International Commercial Arbitration, Zurich – Bâle – Genève (Schultess) 2009, p. 81 ss.

MEIER Philippe, Les mineurs et le sport, *in:* ZEN-RUFFINEN Piermarco (édit.), Droit et sport, Collection CIES, Berne (Staempfli) 1997, p. 259 ss.

MEIER-HAYOZ Arthur, FORSTMOSER Peter, Schweizerisches Gesellchaftsrecht: mit neuern Recht der GmbH, der Revision und der Kollektiven Kapitalanlagen, 10e éd. entièrement revue et augmentée, Berne (Staempfli) 2007.

MEISTERHANS Clemens, Auswirkung der Revisionen des Gesellschaftsrechts auf das Handelsregister, *in:* KUNZ Peter V. et al. (édit.), Entwicklungen im Gesellschaftsrecht IV, Berne (Staempfli) 2009, p. 189 ss.

MESTRE Alexandre Miguel, The Law of the Olympic Games, La Haye (T.M.C. Asser Press) 2009.

MONTAVON Pascal, Abrégé de droit commercial: entreprise individuelle, sociétés de personnes, SS, SNC, SC, sociétés de capitaux et mixtes, SA, SARL, SCOOP, registre du commerce, raisons de commerce, droit comptable, loi sur la fusion, groupes cartels concurrence, papiers-valeurs, placements collectifs, aspects de droit boursier, droit pénal économique, législation anti-blanchiment, droit international privé des sociétés, 4e éd., Lausanne (Editions Juridiques AMC) 2008 (cité: MONTAVON, Droit commercial).

—,Abrégé de droit civil: Art. 1er à 640 CC: titre préliminaire du CC, personnes physiques, association, fondation, mariage, divorce, régimes matrimoniaux, filiation, tutelle, successions, partenariat enregistré: nouveau droit de protection de l'adulte, 2e éd., Lausanne (Editions Juridiques AMC) 2009 (cité: MONTAVON, Droit civil).

MOOR Pierre, Précis de droit administratif: L'organisation des activités administratives, les biens de l'Etat, vol. 3, Berne (Staempfli) 1992.

MORTIMER Tom, PEARL Ian, The effectiveness of the corporate form as a regulatory tool in European sport: Real or illusory?, *in:* CAIGER Andrew, GARDINER Simon (édit.), Professional sport in the EU: Regulation and re-regulation, La Haye (TMC Asser Press) 2000, p. 217 ss.

NATER Hans, TUCHSCHMID Michael, TAS: Ist Art. 75 ZGB im Appellationsverfahren zu beachten?, *in:* SpuRt 4/2006, Munich – Francfort-sur-le-Main (C.H. Beck) 2002, p. 139 ss.

NEVEN Damien J., Le contrôle de plusieurs clubs sportifs, une analyse économique, *in:* ZEN-RUFFINEN Piermarco (édit.), Comment améliorer la situation économique des clubs sportifs professionnels?, Collection CIES, Berne (Staempfli), 2000, p. 103 ss.

NICATI Françoise, Fondations: pratique des fondations, *in:* Fiche Juridique Suisse 81, Genève (FJS), 1998.

OPEL Andrea, Hat die schweizerische Familienstiftung ausgedient? Eine Analyse unter zivil- und steuerrechtlichem Blickwinkel mit Verbesserungsvorschlägen, *in:* Jusletter du 31 août 2009.

OSWALD Denis, La relativité du temps en relation avec l'article 75 CC, *in:* ZEN-RUFFINEN Piermarco (édit.), Le temps et le droit: Recueil de travaux offerts à la Journée de la Société suisse des juristes, Collection Neuchâteloise, Bâle – Francfort-sur-le-Main (Helbing & Lichtenhahn) 2008, p. 239 ss (cité: OSWALD, Recueil).

—,La recherche de l'égalité des chances au travers des règlements sportifs, *in:* Justice et injustice dans le sport, règles de droit, règles de société, Collection CIES, Neuchâtel (Editions CIES) 2004, p. 53 ss (cité: OSWALD, La recherche).

—,Le pouvoir juridictionnel des organisations sportives et ses limites, Conférence «Sport et Droit» du 11 septembre 2002, *in:* ROTH Hans (édit.), Droit et sport vol. 18, Berne (FSA/SAV) 2003, p. 39 ss (cité: OSWALD, Le pouvoir).

—,Le règlement des litiges et la répression des comportements illicites dans le domaine sportif, *in:* Mélanges en l'honneur de Jacques-Michel Grossen, Bâle – Francfort-sur-le-Main (Helbing & Lichtenhahn) 1992, p. 67 ss (cité: OSWALD, Le règlement).

PACHMANN Thilo, Sportverbände und corporate governance, Zurich (Dike) 2007.

PARRISH Richard, MIETTINEN Samuel, Sports broadcasting in community law, *in:* BLACKSHAW Ian S. et al., TV Rights and sport. Legal aspects, La Haye (TMC Asser Press) 2009, p. 9 ss.

PAULI Rudolf, Ausgliederung des Lizenspielbetriebs von Fussballvereinen in Kapitalgesellschaften – Gründe, Risiken und haftungsrechtliche Auswirkungen, *in:* Causa Sport 3/2007, p. 298 ss.

PAUTOT Michel, PAUTOT Serge, Le sport et la loi, 2e éd., Lyon (juris-service) 2004.

PELLET Marc-André, Le but non économique de l'association: contribution à l'étude de l'art. 60 al. 1 CC en particulier dans son application aux organisations professionnelles et aux cartels, [thèse Lausanne], Lausanne (Imprimerie La Concorde) 1964.

PERRIN Jean-François, Le contrôle judiciaire des décisions des associations qui portent atteinte aux exigences de la bonne foi, *in:* Economie, environnement, éthique, Genève (Schultess) 2009, p. 297 ss (cité: PERRIN, Décisions).

—,Pour une réforme du droit suisse de l'association, *in:* HÉRITIER LACHAT Anne, HIRSCH Alain (édit.), De lege ferenda: réflexions sur la droit désirable en l'honneur du professeur Alain Hirsch, Genève (Slatkine) 2004, p. 261 ss (cité: PERRIN, Réforme).

—,Synthèse concernant l'opportunité d'une réforme législative, *in:* BADDELEY Margareta (édit.), La forme sociale des organisations sportives: Questions de responsabilité, Bâle – Genève – Munich (Helbing & Lichtenhahn) 1999, p. 173 ss (cité: PERRIN, Synthèse).

PERRIN Jean-François, CHAPPUIS Christine, Droit de l'association, 3e éd., Genève (Schulthess) 2008.

PETER Henry, Des formes juridiques des clubs sportifs, de quelques conséquences, et de leur restructuration, *in:* Droit et sport, ROTH Hans (édit.), Fédération Suisse des Avocats, vol. 19, Berne (SAV/FSA) 2004, p. 67 ss (cité: PETER, Des formes juridiques).

—,La forme juridique des clubs suisses: situation actuelle et perspectives souhaitables, *in:* ZEN-RUFFINEN Piermarco (édit.), Comment améliorer la situation économique des clubs sportifs professionnels?, Collection CIES, Berne (Staempfli) 2000, p. 7 ss (cité: PETER, La forme juridique).

—,La société sportive ‹«idéale»›: association ou société? Coopérative ou anonyme?, *in:* BADDELEY Margareta (édit.), La forme sociale des organisations sportives: Questions de responsabilité, Bâle – Genève – Munich (Helbing & Lichtenhahn) 1999, p. 23 ss (cité: PETER, La société sportive idéale).

—,La restructuration des entreprises dans une perspective nationale et transfrontalière, *in:* SJ,1999 II. 101 ss (cité: PETER, La restructuration des entreprises).

PHILIPP Peter, Rechtliche Schranken der Vereinsautonomie und der Vertragfreiheit im Einzelsport: unter besonderer Berücksichtigung der Monopolstellung der Verbände, Zurich – Bâle – Genève (Schulthess) 2004.

PIOTET Paul, Retour à la jurisprudence traditionnelle sur le but non économique des associations, *in:* JdT 1965 I 194 ss.

RANCE Pierre, Retransmission télé et radio des événements sportifs: quels droits? Interview de François Alaphilippe, *in:* Recueil Dalloz, année 178 (2002), n° 24, Paris (Dalloz) 2002, p. 1916 ss.

RANGEON Florence, Le Traité de Lisbonne, acte de naissance d'une politique européenne du sport?, *in:* Revue du Marché commun de l'Union européenne, n° 538, mai 2010, p. 302 ss.

RATLIFF John, EC Competition Law and Sport, *in:* Sport and the Law Journal, vol. 6, n° 3, Manchester (British Association for Sport and Law) 1998, p. 4 ss.

RAVARINO Céline, Le statut du joueur de football professionnel, Nice – Sofia-Antipolis (UNSA) 2000.

REEB Matthieu, Recueil des sentences du TAS 2001 - 2003, vol. 3, La Haye – Londres – New York (Kluwer Law International) 2004 (cité: REEB, Rec. III).

—,Recueil des sentences du TAS 1998 - 2000, vol. 2, La Haye – Londres – New York (Kluwer Law International) 2002 (cité: REEB, Rec. II).

—,Recueil des sentences du TAS 1986 - 1998, vol. 1, Berne (Staempfli) 1998 (cité: REEB, Rec. I).

RÉMY Dominique, Le sport et son droit, introduction au droit des institutions sportives, Paris (Romillat) 1991.

RIEMER Hans Michael, Aktuelle Rechtsentwicklungen im schweizerischen Vereins- und Stiftungsrecht; aktuelle Rechtsprobleme der Unternehmensstiftungen, *in:* KUNZ Peter et al. (édit.), Entwicklungen im Gesellschaftsrecht III, Berne (Staempfli) 2008, p. 17 ss (cité: Riemer, Entwicklungen 2008).

—,Reformen im Schweizerischen Vereinsrecht, *in:* KOHL Helmut et al. (édit.), Zwischen Markt und Staat, Gedächtnisschrift für Rainer Walz, Cologne (Heymann) 2008, p. 571 ss (cité: RIEMER, Reformen).

—,Wohlerworbene bzw. unentziehbare Mitgliedschaftsrecht im Verein und im Vereinsverband, *in:* Causa Sport 3/2008, Zurich, p. 317 ss (cité: RIEMER, Causa Sport 3/2008).

—,Aktuelle Rechtsentwicklungen im schweizerischen Vereins- und Stiftungsrecht, *in:* ARTER Olivier et JÖRG Florian S., Entwicklungen im Gesellschaftsrecht II, Berne (Staempfli) 2007, p. 123 ss (cité: RIEMER, Entwicklungen 2007).
—,Aktuelle Neuerungen im schweizerischen Vereins- und Stiftungsrecht, *in:* ARTER Olivier et JÖRG Florian S., Entwicklungen im Gesellschaftsrecht I, Berne (Staempfli) 2006, p. 17 ss (cité: RIEMER, Entwicklungen 2006).
—,Corporate Governance-Richtlinien für Vereine und Stiftungen aus juristischer Sicht, *in:* SJZ 2006, Zurich (Schulthess) 2006, p. 513 ss (cité: RIEMER, SJZ).
—,Die Rechtsstellung der Sektionen und der Scktionsmitglieder im Vereinsverband, *in:* ZÄCH Roger et al., Individuum und Verband, Festgabe zum Schweizerischen Juristentag, Bâle – Genève (Schultess) 2006, p. 151 ss (cité: RIEMER, Sektionen).
—,Beschränkung der persönlichen Haftung des Vereinsvorstands durch Ressortverteilung, *in:* Causa Sport 4/2005, p. 373 s. (cité: RIEMER, Causa Sport 4/2005a).
—,Zur Frage des zwingenden Charakters von Art. 75 ZGB in den Bereichen Anfechtungsfrist und kassatorische Natur der Anfechtungsklage bei internationalen Schiedsgerichten: Bemerkungen zum CAS-Urteil 2005/A/847 vom 20. Juli 2005 i.S. Hans Knauss c. FIS, *in:* Causa Sport 4/2005, Zurich, p. 359 ss (cité: RIEMER, Causa Sport 4/2005b).
—,Neuerungen im Vereinsrecht: Mitgliederbeiträge und Haftung von Vereinsmitgliedern, Abänderung von Art. 71 ZGB, Einfügung von Art. 75a ZGB, *in:* Causa Sport, 1/2005, Zurich, p. 52 ss (cité: RIEMER, Causa Sport 1/2005).
—,Aktuelle Gesetzgebung und Rechtsprechung, *in:* RIEMER Hans Michael (édit.), Aktuelle Fragen aus dem Vereinsrecht, Zurich – Bâle – Genève (Schulthess) 2005, p. 43 ss (cité: RIEMER, Gesetzgebung).
—,Sportrechts-Weltmacht Schweiz, Internationale Sportverbände und schweizerisches Recht, *in:* Causa Sport 2/2004, Zurich, p. 106 ss (cité: RIEMER, Causa Sport 2/2004).
—,Die Behandlung der Vereine und Stiftungen im Fusiongesetz, *in:* SJZ 2004, p. 201 ss (cité: RIEMER, Fusionsgesetz).

—,Aktuelle Entwicklungen im schweizerischen Stiftungsrecht: Fusionsgesetz, Revision des Stiftungsrecht, Revisionstelle/Revisionsaufsicht, AG-Gründung durch Stiftungen, Stiftungen und Corporate Governance, *in:* Jahrbuch des Handelsregister, 2003, Berne, p. 67 ss (cité: RIEMER, Entwicklungen 2003).

—,Personenrecht des ZGB, Studienbuch und Bundesgreichtspraxis, 2e éd., Berne (Staempfli) 2002 (cité: RIEMER, ZGB).

—,Unternehmensstiftungen, *in:* RIEMER Hans Michael (édit.), Die Stiftung in der juristichen und wirtschaftlichen Praxis, Zurich (Schultess) 2001, p. 177 ss (cité: RIEMER, Unternehmensstiftungen).

—,Vereinsrecht: Finanzierungsmöglichkeiten bei Vereinen, insbesondere bei Sportvereinen, gemäss schweizerischem Recht, *in:* SpuRt 1/1999, Munich – Francfort-sur-le-Main (C.H. Beck) 1999, p. 40 s. (cité: RIEMER, SpuRt 1/1999).

—,Die Vereine: Systematischer Teil und Kommentar zu Art. 60-79 ZGB, Berner Kommentar 1/2/3, 3e éd. entièrement revue et augmentée, Berne (Staempfli) 1990 (cité: RIEMER, BKomm).

—,Rechtsprobleme der Unternehmensstiftung, *in:* ZBJV 116 (1980), p. 489 ss (cité: RIEMER, Rechtsprobleme).

—,Vereine mit widerrechtlichem Zweck, *in:* ZSR NF 97/I, Bâle (Helbing & Lichtenhahn) 1978, p. 81 ss (cité: RIEMER, ZSR NF 97/I).

—,Die Stiftungen: Systematischer Teil und Kommentar zu Art. 80-89*bis* ZGB, Berner Kommentar I/3, Berne (Staempfli) 1975 (cité: RIEMER, Die Stiftungen).

RIGOZZI Antonio, Le délai d'appel devant le Tribunal arbitral du sport: quelques considérations à la lumière de la pratique récente, *in:* ZEN-RUFFINEN Piermarco (édit.), Le temps et le droit: Recueil de travaux offerts à la Journée de la Société suisse des juristes 2008, Collection Neuchâteloise, Bâle – Francfort-sur-le-Main (Helbing & Lichtenhahn) 2008, p. 255 ss (cité: RIGOZZI, Recueil).

—,L'arbitrage international en matière de sport, Bâle (Bruyland – L.G.D.J. – Helbing & Lichtenhahn) 2005 (cité: RIGOZZI, L'arbitrage).

—,Editorial – Le point sur le droit du sport, spécialement la résolution des litiges sportifs, *in:* Jusletter du 5 septembre 2005 (cité: RIGOZZI, Jusletter).

RIHM Thomas, Corporate Governance in Sportverbänden, *in:* Jusletter du 6 septembre 2004.

ROHNER Christoph, Art. 9 BV, *in:* EHRENZELLER et al. (édit.), Die schweizerische Bundesverfassung, Kommentar, 2e éd., Zurich (Schulthess) 2008.

RONCORONI Giacomo, Das neue Stiftungsrecht, Ueberblick und Ausblick, *in:* ST 80 (2006) p. 733 ss.

ROSENBERG Berysz, Die zwingenden Schutzbestimmungen des Vereinsrechtes, [thèse Bâle] 1985.

RUEDIN Roland, Droit des sociétés, 2e éd. entièrement revue et augmentée, Berne (Staempfli) 2007.

SANWALD Reto, Die Revisionstelle der Stiftung im Umbruch, *in:* Festschrift Koller, Aus der Werkstatt des Rechts, Bâle – Genève – Munich (Helbing & Lichtenhahn) 2006, p. 171 ss.

SATTIVA SPRING Christine, Les fédérations à but idéal en droit suisse – Etude de quelques problèmes caractéristiques des structures fédératives, Lausanne (Payot) 1990.

SCHÄFER Bernd, Sportkapitalgesellschaften – Bericht über die Erfahrungen mit der rechtlichen Struktur der Deutschen Eishockey Liga (DEL), *in:* SCHERRER Urs (édit.), Kapitalgesellschaften, Stuttgart (Richard Boorberg) 1998, p.17 ss.

SCHAWALDER Vreni, Unser Verein: Aktiv als Mitglied und Vorstand, 3e éd., Zurich (Beobachter) 2009.

SCHERRER Urs, Wie gründe und leite ich einen Verein? Vereine und Verbände im schweizerischen Recht, 12e éd., Zurich – Bâle – Genève (Schultess) 2009 (cité: SCHERRER, Verein).

—, Vereinsrechtliche Anfechtungsklage im Lichte des kassatorischen und reformatischen Wirkung sowie der Schiedsgerichtstauglichkeit am Beispiel des Sports, *in:* BREITSCHMID Peter et al. (édit.), Grundfragen der juristichen Person, Festschrift für Hans Michael Riemer zum 65. Geburtstag, Berne (Staempfli) 2007, p. 297 ss (cité: SCHERRER, Festschrift).

—, Entschärfung einer vereinsrechtlichen «Falle», Zur Revision von Art. 71 ZGB und Einfügung von Art. 75a ZGB, *in:* Jusletter du 26 Septembre 2005 (cité: SCHERRER, Falle).

—, Aktuelle Rechtsfragen bei Sportvereinen, *in:* RIEMER Hans Michael (édit.), Aktuelle Fragen aus dem Vereinsrecht, Zurich – Bâle – Genève (Schulthess) 2005, p. 55 ss (cité: SCHERRER, Rechtsfragen).

—, Anfechtungsklage im Lichte von Monopol-Sportverbänden, *in:* SpuRt 1/2002, Munich – Francfort-sur-le-Main (C.H. Beck) 2002, p. 39 ss (cité: SCHERRER, Anfechtungsklage).

—, Die Aktiengesellschaft im Schweizer Fussball, *in:* SpuRt 1/1998, Munich – Francfort-sur-le-Main (C.H. Beck) 1998, p. 42 ss (cité: SCHERRER, Die Aktiengesellschaft).

—,Kapitalgesellschaften im Schweizer Sport, *in:* SCHERRER Urs (édit.), Sportkapitalgesellschaften, Stuttgart (Richard Boorberg) 1998, p. 9 ss (cité: SCHERRER, Kapitalgesellschaften).

—,Bussen im schweizerischen Verbands- und Arbeitsrecht: Keine Disziplinargewalt der Arbeitgeber, *in:* SpuRt 1-2/1994, Munich – Francfort-sur-le-Main (C.H. Beck) 1994, p. 59 s. (cité: SCHERRER, Bussen).

—,Rechtsfragen des organisierten Sportlebens in der Schweiz: eine vereins- und persönlichkeitsrechtliche Untersuchung, [thèse Zurich], Zurich (Schultess) 1982 (cité: SCHERRER, Sportlebens).

SCHERRER Urs, GRETER Marco, Der Verein in der Praxis – Organisation und Steuern, Zurich – Bâle – Genève (Schulthess) 2007.

SCHIESS RÜTIMANN Patricia M., Ausschliessung aus einem Verein: Anfechtung trotz Austritt, *in:* Jusletter du 7 décembre 2009.

SCHIESSL Harald, Die Ausgliederung von Idealvereinen auf Kapitalgesellschaften: Umstrukturierungen im Schnittfeld von Gesellschafts-, Vereins- und Steuerrecht, [thèse Bayreuth], Francfort-sur-le-Main (Peter Lang) 2003.

SCHMID Felix, Die Stiftungsaufsicht in der Schweiz, *in:* L'EC 69/1995, Zurich, 1995, p. 649 ss (cité: SCHMID, Die Stiftungsaufsicht).

SCHMID Roger, Die Unternehmensstiftung im geltenden Recht, im Vorentwurf zur Revision des Stiftungsrecht und im Rechtsvergleich, [thèse Zurich], Zurich (Schulthess Polygraphischer Verl.) 1997 (cité: SCHMID, Die Unternehmensstiftung).

SCHÖNENBERG Daniela, VON SCHNURBEIN Georg, Tranformation vom Verein in eine Stiftung: Juristische und betriebswirtschaftliche Folgen, *in:* Jusletter du 7 septembre 2009.

SCHUEPBACH Henri-Robert, Modification du droit des fondations, spécialement de l'article 81 alinéa 1 CC, comme contre-exemple de coordination des pouvoirs, *in:* BOHNET François, WESSNER Pierre (édit.), Mélanges en l'honneur de Roland Ruedin, Bâle – Neuchâtel (Helbing et Lichtenhahn, Faculté de droit) 2006, p. 49 ss.

SCHWEIZER Philippe, Note sur l'arrêt du 17 août 1995, *in:* Bull. ASA 1996, p. 680 ss.

SIEKMANN Robert C.R., SOEK Janwillem, The European Union and sport: legal and policy documents, La Haye (T.M.C. Asser Press),2005.

SOBRY Claude, Socioéconomie du sport, structures sportives et libéralisme économique, Bruxelles (De Boeck Université), 2003.

SPRECHER Thomas, Die Verbrauchsstiftung und andere Möglichkeiten der Stiftungsgestaltung, *in:* Jusletter du 31 mai 2010 (cité: SPRECHER, Die Verbrauchsstiftung).

—,Die revision des schweizerischen Stiftungsrechts, Revision vom 8. Oktober 2004, in Kraft ab 1. Januar 2006, Zurich – Bâle – Genève (Schulthess) 2006 (cité: SPRECHER, Revision).

SPRECHER Thomas, EGGER Philipp, JANSSEN Martin, Swiss Foundation Code 2009 avec commentaire: principes et recommandations pour la constitution et la gestion de fondations donatrices, 2e éd., Bâle (Helbing & Lichtenhahn) 2009.

SPRING Alvar, Der Inhalt einer Stiftungsurkunde, Ein Leitfaden, Bâle – Francfort-sur-le-Main (Helbing & Lichtenhahn) 1995.

STEINER Marco, La soumission des athlètes aux sanctions sportives – Etude d'une problématique négligée par le monde juridico-sportif, [thèse Lausanne] 2010.

STILL Mary, JORDAN Kate, RYSTON-PRATT Toby, TV Rights related to major sports events: the example of the Olympic games, *in:* BLACKSHAW et. al., TV Rights and sport, Legal aspects, La Haye (TMC Asser Press) 2009, p. 179 ss.

STONER Chris, Anti-doping rules and the EU treaty [case of David Meca-Medina and Igor Majcen against Commission of the European Communities], *in:* Sports Law and Administration Practice (Sports IP Focus), vol. 11 n° 6, Novembre 2004, p. 11 ss.

SUTER André, Untersuchungen zur Rechsstellung des Destinatärs von Personalvorsorgestiftungen – geltendes und werdendes Recht, *in:* ZBJV 109 (1973), p. 337 ss.

TABET Habib, La situation juridique des bénéficiaires de la fondation, [thèse Lausanne], Lausanne (Bis et Ter) 2006.

TUOR Peter, SCHNYDER Bernhard, SCHMID JÖRG, Das Schweizersiche Zivilgesetzbuch, 13e éd., Zurich – Bâle – Genève (Schulthess) 2009.

VAN DEN BOGAERT Stefaan, Practical regulation of the mobility of sportsmen in the EU post Bosman, La Haye (Kluwer Law International) 2005 (cité: VAN DEN BOGAERT, Mobility)

VAN DEN BOGAERT Stefaan, The Court of justice on the tatami: ippon, waza-ari or koka [Deliège], *in:* European Law Review, n° 25, Octobre 2000, p. 554 ss (cité: VAN DEN BOGAERT, The Court).

VEROW Richard, LAWRENCE Clive, MCCORMICK Peter, Sports Business, Law, Practice and Precedents, 2e éd., Bristol (Jordans), 2005.

VEZ Parisima, Thesen zu einem neuen Stiftungsverständnis, *in:* ZBJV 143 (2007), p. 229 ss (cité: VEZ, Stiftungsverständnis).

—,Le nouveau droit des fondations: Aspects civils de la novelle du 8 octobre 2004, *in:* Jusletter du 18 juillet 2005 (cité: VEZ, Le nouveau droit des fondations).

—,La fondation – lacunes et droit désirable: une analyse critique et systématique des articles 80 à 89 CC, Berne (Staempfli) 2004 (cité: VEZ, La fondation).

VIRET Marjolaine, FAVRE-BULLE Xavier, L'intérêt de la lutte contre le dopage confirmé par le Tribunal fédéral, *in:* Jusletter du 19 mai 2008.

VISCHER Frank, BERETTA Piera, MÜLLER Roland M. (édit.), Zürcher Kommentar zum Fusiongesetz, Zurich – Bâle – Genève (Schultess) 2004.

VOGEL Alexander, HEIZ Christoph, BEHNISCH Urs, Fusionsgesetz (FusG), Bundesgesetz über Fusion, Spaltung, Umwandlung und Vermögensübertragung: Fusionsgesetz artikelweise kommentiert, Änderungen bisherigen Rechts, Kreisschreiben der Eidgenössischen Steuerverwaltung, Zurich (Orell Füssli) 2005.

VON DER CRONE Hans Caspar, GERSBACH Andreas, KESSLER Franz, DIETRICH Martin, BERLINGER Katja, Das Fusionsgesetz, Zurich (Schultess) 2004.

WALSER Hermann, Fondations, *in:* Fiche Juridique Suisse 79, 1992 (cité: WALSER, FJS 79).

WALSER Hermann, Fondations de famille, fondations ecclésiastiques, *in:* Fiche Juridique Suisse 80, 1992 (cité: WALSER, FJS 80).

WATTER Rolf, VOGT Nedim Peter, TSCHÄNI Rudolf, DAENIKER Daniel (édit.), Basler Kommentar, Fusionsgesetz, Bâle – Genève – Munich (Helbing & Lichtenhahn) 2005.

WEILER Paul C., ROBERTS Gary R., Sports and the law: text, cases, problems, 2e éd., St.-Paul, MN (West group) 1998.

WEILER Simon, Multi-Club Ownership-Regelungen im deutschen Profifussball – Eine kritische Bestandsaufnahme, *in:* SpuRt 4/2007, Munich – Francfort-sur-le-Main (C. H. Beck) 2004, p. 133 ss.

WENGER Werner, MÜLLER Christoph, Art. 178, *in:* HONSELL Heinrich, VOGT Peter, SCHNYDER Anton, BERTI Stephen (édit.), Basler Kommentar zum Internationales Privatrecht, 2e éd., Bâle (Helbing & Lichtenhahn) 2007.

WILL Michael R., La «société sportive» dans quelques ordres juridiques étrangers, *in:* BADDELEY Margareta (dir.), La forme sociale des organisations sportives: Questions de responsabilité, Bâle – Genève – Munich (Helbing & Lichtenhahn) 1999, p. 73 ss (cité: WILL, La société).

—,Les structures du sport international, *in:* DALLEVES Louis, BADDELEY Margareta (édit.), Chapitres choisis du droit du sport, Genève (Médecine et hygiène) 1993, p. 21 ss (cité: WILL, Les structures).

WIPFLI Hans, Besteuerung der Vereine, Stiftungen und übrigen juristischen Personen: nach den Bundesgesetzen (DGB und StHG) und den kantonalen Steuerordnungen unter besonderer Berücksichtigung der privat- und öffentlichrechtlichen Grundlagen, [thèse Bâle], Muri (Cosmos) 2001.

WOLFER Simon, Zirkularbeschluss im Verein – Anmerkungen zu BGE 132 III 503, *in:* Jusletter du 30 octobre 2006.

WONG Glenn M., Essentials of sports Law, 3e éd., Wesport CT – Londres (Preager) 2002.

ZEN-RUFFINEN Piermarco, Droit du sport, Zurich – Bâle – Genève (Schulthess) 2002 (cité: ZEN-RUFFINEN, Droit du sport).

—,La forme juridique des clubs sportifs dans quelques Etats européens, *in:* ZEN-RUFFINEN Piermarco (édit.), Comment améliorer la situation économique des clubs sportifs professionnels?, Collection CIES, Berne (Staempfli) 2000, p. 39 ss (cité: ZEN-RUFFINEN, La forme juridique des clubs sportifs).

ZEN-RUFFINEN Piermarco, DUBEY Jean-Philippe, INFANTINO Gianni, De la titularité à la co-titularité des droits de télévision dans le sport, *in:* Media LEX 3/1999, Berne (Staempfli) 1999, p. 145 ss.

ZEN-RUFFINEN Piermarco, SCHERRER Urs, Zur Wirkung der Anfechtungsklage nach Art. 75 ZGB, eine Entgegnung, *in:* SJZ 2003, Zurich (Schulthess) 2003, p. 473 ss.

ZEN-RUFFINEN Piermarco, SCHWEIZER Philippe, Petite revue de jurisprudence en droit du sport, *in:* Causa Sport 1/2007, Zurich, p. 67 ss.

ZÖLCH Franz, Corporate governance im Sport, *in:* SCHERRER Urs, ZÖLCH Franz A. (édit.), Sportveranstaltungen – im Fokus von Recht und Wirtschaft, Zurich (Orell Füssli) 2004, p. 93 ss.

ZUFFEREY Jean-Baptiste, L'entrée en bourse des clubs sportifs (émission publique et cotation): un point de vue juridique, *in:* ZEN-RUFFINEN Piermarco (édit.), Comment améliorer la situation économique des clubs sportifs professionnels?, Collection CIES, Berne (Staempfli) 2000, p. 83 ss.

ZWEIFEL Martin, Holdinggesellschaft und Konzern, [thèse Zurich], Zurich (Schultess) 1973.

7. Annexe

Extraits du Code civil: art. 52-89bis

Titre deuxième: Des personnes morales

Chapitre premier: Dispositions générales

Art. 52

A. De la personnalité

1 Les sociétés organisées corporativement, de même que les établissements ayant un but spécial et une existence propre, acquièrent la personnalité en se faisant inscrire au registre du commerce.

2 Sont dispensés de cette formalité les corporations et les établissements de droit public, les associations qui n'ont pas un but économique, les fondations ecclésiastiques et les fondations de famille.

3 Les sociétés et les établissements qui ont un but illicite ou contraire aux moeurs ne peuvent acquérir la personnalité.

Art. 53

B. Jouissance des droits civils

Les personnes morales peuvent acquérir tous les droits et assumer toutes les obligations qui ne sont pas inséparables des conditions naturelles de l'homme, telles que le sexe, l'âge ou la parenté.

Art. 54

C. Exercice des droits civils
I. Conditions

Les personnes morales ont l'exercice des droits civils dès qu'elles possèdent les organes que la loi et les statuts exigent à cet effet.

Art. 55

II. Mode

1 La volonté d'une personne morale s'exprime par ses organes.

2 Ceux-ci obligent la personne morale par leurs actes juridiques et par tous autres faits.

3 Les fautes commises engagent, au surplus, la responsabilité personnelle de leurs auteurs.

Art. 56

D. Siège

Le siège des personnes morales est, sauf disposition contraire des statuts, au siège de leur administration.

Art. 57

E Suppression de la personnalité
I. Destination des biens

[1] Sauf disposition contraire de la loi, des statuts, des actes de fondation ou des organes compétents, la fortune des personnes morales dissoutes est dévolue à la corporation publique (Confédération, canton, commune) dont elles relevaient par leur but.

[2] La destination primitive des biens sera maintenue dans la mesure du possible.

[3] La dévolution au profit d'une corporation publique aura lieu, nonobstant toute autre disposition, si la personne morale est dissoute parce que son but était illicite ou contraire aux moeurs.

Art. 58

II. Liquidation

Les biens des personnes morales sont liquidés en conformité des règles applicables aux sociétés coopératives.

Art. 59

F. Réserves en faveur du droit public et du droit sur les sociétés

[1] Le droit public de la Confédération et des cantons demeure réservé pour les corporations ou les établissements qui lui sont soumis et pour ceux qui ont un caractère ecclésiastique.

[2] Les organisations corporatives qui ont un but économique sont régies par les dispositions applicables aux sociétés.

[3] Les sociétés d'allmends et autres semblables continuent à être régies par le droit cantonal.

Chapitre II: Des associations

Art. 60

A. Constitution
I. Organisation corporative

[1] Les associations politiques, religieuses, scientifiques, artistiques, de bienfaisance, de récréation ou autres qui n'ont pas un but économique acquièrent la personnalité dès qu'elles expriment dans leurs statuts la volonté d'être organisées corporativement.

[2] Les statuts sont rédigés par écrit et contiennent les dispositions nécessaires sur le but, les ressources et l'organisation de l'association.

Art. 61

II. Inscription au registre du commerce

[1] L'association dont les statuts ont été adoptés et qui a constitué sa direction peut se faire inscrire au registre du commerce.

[2] Est tenue de s'inscrire toute association:

1. qui, pour atteindre son but, exerce une industrie en la forme commerciale;
2. qui est soumise à l'obligation de faire réviser ses comptes.

[3] Les statuts et l'état des membres de la direction sont joints à la demande d'inscription.

Art. 62

III. Associations sans personnalité

Les associations qui ne peuvent acquérir la personnalité ou qui ne l'ont pas encore acquise sont assimilées aux sociétés simples.

Art. 63

IV. Relations entre les statuts et la loi

[1] Les articles suivants sont applicables, si les statuts ne renferment pas de règles concernant l'organisation de l'association et ses rapports avec les sociétaires.

[2] Les statuts ne peuvent déroger aux règles dont l'application a lieu en vertu d'une disposition impérative de la loi.

Art. 64

B. Organisation
I. Assemblée générale
1. Attributions et convocation

[1] L'assemblée générale est le pouvoir suprême de l'association.

[2] Elle est convoquée par la direction.

[3] La convocation a lieu dans les cas prévus par les statuts et en outre, de par la loi, lorsque le cinquième des sociétaires en fait la demande.

Art. 65

2. Compétences

[1] L'assemblée générale prononce sur l'admission et l'exclusion des membres, nomme la direction et règle les affaires qui ne sont pas du ressort d'autres organes sociaux.

[2] Elle contrôle l'activité des organes sociaux et peut les révoquer en tout temps, sans préjudice de leurs droits reconnus conventionnellement.

[3] Le pouvoir de révoquer existe de par la loi lorsqu'il est exercé pour de justes motifs.

Art. 66

3. Décisions
a. Forme

[1] Les décisions de l'association sont prises en assemblée générale.

[2] La proposition à laquelle tous les sociétaires ont adhéré par écrit équivaut à une décision de l'assemblée générale.

Art. 67

b. Droit de vote et majorité

[1] Tous les sociétaires ont un droit de vote égal dans l'assemblée générale.

[2] Les décisions sont prises à la majorité des voix des membres présents.

[3] Elles ne peuvent être prises en dehors de l'ordre du jour que si les statuts le permettent expressément.

b. Privation du droit de vote

Art. 68

Tout sociétaire est de par la loi privé de son droit de vote dans les décisions relatives à une affaire ou un procès de l'association, lorsque lui-même, son conjoint ou ses parents ou alliés en ligne directe sont parties en cause.

Art. 69

II. Direction
1. Droits et devoirs en général

La direction a le droit et le devoir de gérer les affaires de l'association et de la représenter en conformité des statuts.

Art. 69*a*

2. Comptabilité

La direction tient un livre des recettes et des dépenses ainsi que de la situation financière de l'association. Si l'association est tenue de s'inscrire au registre du commerce, les dispositions du code des obligations relatives à la comptabilité commerciale sont applicables.

Art. 69*b*

III. Organe de révision

1 L'association doit soumettre sa comptabilité au contrôle ordinaire d'un organe de révision si, au cours de deux exercices successifs, deux des valeurs suivantes sont dépassées:

1. total du bilan: 10 millions de francs ;
2. chiffre d'affaires: 20 millions de francs ;
3. effectif: 50 emplois à plein temps en moyenne annuelle.

2 L'association doit soumettre sa comptabilité au contrôle restreint d'un organe de révision, si un membre de l'association responsable individuellement ou tenu d'effectuer des versements supplémentaires l'exige.

3 Les dispositions du code des obligations concernant l'organe de révision de la société anonyme sont applicables par analogie.

4 Dans les autres cas, les statuts et l'assemblée générale peuvent organiser le contrôle librement.

Art. 69*c*

IV. Carences dans l'organisation de l'association

1 Lorsque l'association ne possède pas l'un des organes prescrits, un membre ou un créancier peut requérir du juge qu'il prenne les mesures nécessaires.

2 Le juge peut notamment fixer à l'association un délai pour régulariser sa situation; si nécessaire, il nomme un commissaire.

3 L'association supporte les frais de ces mesures. Le juge peut astreindre l'association à verser une provision à la personne nommée.

[4] Pour de justes motifs, l'association peut demander au juge de révoquer une personne qu'il a nommée.

Art. 70

C. Sociétaires
I. Entrée et sortie

[1] L'association peut en tout temps recevoir de nouveaux membres.

[2] Chaque sociétaire est autorisé de par la loi à sortir de l'association, pourvu qu'il annonce sa sortie six mois avant la fin de l'année civile ou, lorsqu'un exercice administratif est prévu, six mois avant la fin de celui-ci.

[3] La qualité de sociétaire est inaliénable et ne passe point aux héritiers.

Art. 71

II. Cotisations

Les membres de l'association peuvent être tenus de verser des cotisations si les statuts le prévoient.

Art. 72

III. Exclusion

[1] Les statuts peuvent déterminer les motifs d'exclusion d'un sociétaire ; ils peuvent aussi permettre l'exclusion sans indication de motifs.

[2] Dans ces cas, les motifs pour lesquels l'exclusion a été prononcée ne peuvent donner lieu à une action en justice.

[3] Si les statuts ne disposent rien à cet égard, l'exclusion n'est prononcée que par décision de la société et pour de justes motifs.

Art. 73

IV. Effets de la sortie et de l'exclusion

[1] Les membres sortants ou exclus perdent tout droit à l'avoir social.

[2] Ils doivent leur part de cotisations pour le temps pendant lequel ils ont été sociétaires.

Art. 74

V. Protection du but social

La transformation du but social ne peut être imposée à aucun sociétaire.

Art. 75

VI. Protection des droits des sociétaires

Tout sociétaire est autorisé de par la loi à attaquer en justice, dans le mois à compter du jour où il en a eu connaissance, les décisions auxquelles il n'a pas adhéré et qui violent des dispositions légales ou statutaires.

Art. 75*a*

C^bis. Responsabilité

Sauf disposition contraire des statuts, l'association répond seule de ses dettes, qui sont garanties par sa fortune sociale.

Art. 76

D. Dissolution
I. Cas
1. Par décision de l'association

L'association peut décider sa dissolution en tout temps.

Art. 77

2. De par la loi

L'association est dissoute de plein droit lorsqu'elle est insolvable ou lorsque la direction ne peut plus être constituée statutairement.

Art. 78

3. Par jugement

La dissolution est prononcée par le juge, à la demande de l'autorité compétente ou d'un intéressé, lorsque le but de l'association est illicite ou contraire aux moeurs.

Art. 79

II. Radiation de l'inscription

Si l'association est inscrite au registre du commerce, la dissolution est déclarée par la direction ou par le juge au préposé chargé de radier.

Chapitre III: Des fondations

Art. 80

A. Constitution
I. En général

La fondation a pour objet l'affectation de biens en faveur d'un but spécial.

Art. 81

II. Forme

1 La fondation est constituée par acte authentique ou par disposition pour cause de mort.

2 L'inscription au registre du commerce s'opère à teneur de l'acte de fondation et, au besoin, suivant les instructions de l'autorité de surveillance ; elle indique les noms des membres de la direction.

3 L'autorité qui procède à l'ouverture de la disposition pour cause de mort avise le préposé au registre du commerce de la constitution de la fondation.

Art. 82

III. Action des héritiers et créantiers

La fondation peut être attaquée, comme une donation, par les héritiers ou par les créanciers du fondateur.

Art. 83

B. Organisation
I. En général

L'acte de fondation indique les organes de celle-ci et son mode d'administration.

Art. 83*a*

II. Comptabilité

1 L'organe suprême de la fondation tient les livres selon les dispositions du code des obligations relatives à la comptabilité commerciale.

2 Si la fondation, pour atteindre son but, exploite une entreprise en la forme commerciale, les dispositions du code des obligations régissant l'établissement et la publication des comptes annuels pour les sociétés anonymes sont applicables par analogie.

Art. 83*b*

III. Organe de révision

1. Obligation de révision et droit d'applicable

[1] L'organe suprême de la fondation désigne un organe de révision.

[2] L'autorité de surveillance peut dispenser la fondation de l'obligation de désigner un organe de révision. Le Conseil fédéral définit les conditions de la dispense.

[3] A défaut de dispositions spéciales applicables aux fondations, les dispositions du code des obligations concernant l'organe de révision de la société anonyme sont applicables par analogie.

[4] Lorsque la fondation est tenue à un contrôle restreint, l'autorité de surveillance peut exiger un contrôle ordinaire, si cela est nécessaire pour révéler l'état du patrimoine et les résultats de la fondation.

Art. 83*c*

2. Rapports avec l'autorité de surveillance

L'organe de révision transmet à l'autorité de surveillance une copie du rapport de révision ainsi que de l'ensemble des communications importantes adressées à la fondation.

Art. 83*d*

IV. Carences dans l'organisation de la fondation

[1] Lorsque l'organisation prévue par l'acte de fondation n'est pas suffisante, que la fondation ne possède pas tous les organes prescrits ou qu'un de ces organes n'est pas composé conformément aux prescriptions, l'autorité de surveillance prend les mesures nécessaires. Elle peut notamment:

1. fixer un délai à la fondation pour régulariser sa situation ;
2. nommer l'organe qui fait défaut ou un commissaire.

[2] Lorsque la fondation ne peut être organisée conformément à son but, l'autorité de surveillance remet les biens à une autre fondation dont le but est aussi proche que possible de celui qui avait été prévu.

[3] La fondation supporte les frais de ces mesures. L'autorité de surveillance peut l'astreindre à verser une provision à la personne nommée.

[4] Pour de justes motifs, la fondation peut demander à l'autorité de surveillance de révoquer une personne qu'elle a nommée.

Art. 84

C. Surveillance

[1] Les fondations sont placées sous la surveillance de la corporation publique (Confédération, canton, commune) dont elles relèvent par leur but.

[1bis] Les cantons peuvent soumettre les fondations dont la surveillance relève des communes au contrôle de l'autorité cantonale de surveillance.

[2] L'autorité de surveillance pourvoit à ce que les biens des fondations soient employés conformément à leur destination.

Art. 84*a*

Cbis. Mesures en cas de surendettement et d'insolvabilité

[1] Si des raisons sérieuses laissent craindre que la fondation est surendettée ou qu'elle est insolvable à long terme, l'organe suprême de la fondation dresse un bilan intermédiaire fondé sur la valeur vénale des biens et le soumet pour examen à l'organe de révision. Si la fondation n'a pas d'organe de révision, l'organe suprême de la fondation soumet le bilan intermédiaire à l'autorité de surveillance.

[2] Si l'organe de révision constate que la fondation est surendettée ou qu'elle est insolvable à long terme, il remet le bilan intermédiaire à l'autorité de surveillance.

[3] L'autorité de surveillance ordonne à l'organe suprême de la fondation de prendre les mesures nécessaires. S'il ne le fait pas, l'autorité de surveillance prend elle-même les mesures qui s'imposent.

[4] Au besoin, l'autorité de surveillance demande que des mesures d'exécution forcée soient prises; les dispositions du droit des sociétés anonymes relatives à l'ouverture ou l'ajournement de la faillite sont applicables par analogie.

Art. 84*b* *(abrogé)*

Art. 85

D. Modification

I. De l'organisation

L'autorité fédérale ou cantonale compétente peut, sur la proposition de l'autorité de surveillance et après avoir entendu l'organe suprême de la fondation, modifier l'organisation de celle-ci, lorsque cette mesure est absolument nécessaire pour conserver les biens ou pour maintenir le but de la fondation.

Art. 86

II. Du but

1. Sur requête de l'autorité de surveillance ou de l'organe suprême de la fondation

[1] L'autorité fédérale ou cantonale compétente peut, sur requête de l'autorité de surveillance ou de l'organe suprême de la fondation, modifier le but de celle-ci, lorsque le caractère ou la portée du but primitif a varié au point que la fondation ne répond manifestement plus aux intentions du fondateur.

[2] Peuvent être supprimées ou modifiées de la même manière et dans les mêmes circonstances les charges et conditions qui compromettent le but du fondateur.

Art. 86*a*

2. Sur requête ou en raison d'une disposition pour cause de mort du fondateur

[1] L'autorité fédérale ou cantonale compétente modifie, sur requête du fondateur ou en raison d'une disposition pour cause de mort prise par celui-ci, le but de la fondation lorsque l'acte de fondation réserve cette possibilité et que 10 ans au moins se sont écoulés depuis la constitution de la fondation ou depuis la dernière modification requise par le fondateur.

[2] Si la fondation poursuit un but de service public ou d'utilité publique au sens de l'art. 56, let. g, de la loi fédérale du 14 décembre 1990 sur l'impôt fédéral direct, le nouveau but doit demeurer un but de service public ou d'utilité publique.

[3] Le droit d'exiger la modification du but est incessible et ne passe pas aux héritiers. Lorsque le fondateur est une personne morale, ce droit s'éteint au plus tard 20 ans après la constitution de la fondation.

[4] Lorsque la fondation a été constituée par plusieurs fondateurs, ceuxci doivent requérir la modification du but conjointement.

[5] L'autorité qui procède à l'ouverture de la disposition pour cause de mort avise l'autorité de surveillance compétente de la disposition prévoyant la modification du but de la fondation.

Art. 86*b*

III. Modifications accessoires de l'acte de fondation

L'autorité de surveillance peut, après avoir entendu l'organe suprême de la fondation, apporter des modifications accessoires à l'acte de fondation lorsque celles-ci sont commandées par des motifs objectivement justifiés et qu'elles ne lèsent pas les droits de tiers.

Art. 87

E. Fondations de famille et fondations ecclésiastiques

[1] Sous réserve des règles du droit public, les fondations de famille et les fondations ecclésiastiques ne sont pas soumises au contrôle de l'autorité de surveillance.

[1bis] Elles sont déliées de l'obligation de désigner un organe de révision.

[2] Les contestations de droit privé sont tranchées par le juge.

Art. 88

F. Dissolution et radiation
I. Dissolution par l'autorité compétente

1 L'autorité fédérale ou cantonale compétente prononce la dissolution de la fondation, sur requête ou d'office lorsque:

1. le but de la fondation ne peut plus être atteint et que la fondation ne peut être maintenue par une modification de l'acte de fondation ou
2. le but de la fondation est devenu illicite ou contraire aux moeurs.

2 La dissolution de fondations de famille et de fondations ecclésiastiques est prononcée par le tribunal.

Art. 89

II. Requête et action en dissolution, radiation de l'inscription

1 La requête ou l'action en dissolution de la fondation peut être intentée par toute personne intéressée.

2 La dissolution est communiquée au préposé au registre du commerce afin qu'il procède à la radiation de l'inscription.

Art. 89*bis*

G. Institutions de prévoyances en faveur du personnel

1 Les institutions de prévoyance en faveur du personnel constituées sous forme de fondations en vertu de l'art. 331 du code des obligations sont en outre régies par les dispositions suivantes.

2 Les organes de la fondation doivent donner aux bénéficiaires les renseignements nécessaires sur l'organisation, l'activité et la situation financière de la fondation.

3 Si les travailleurs versent des contributions à la fondation, ils participent à l'administration dans la mesure au moins de ces versements. Dans la mesure du possible, ils élisent eux-mêmes des représentants choisis dans le sein du personnel.

4 *abrogé*

5 Les bénéficiaires peuvent exiger en justice des prestations de la fondation, lorsqu'ils lui ont versé des contributions ou que les dispositions régissant la fondation leur donnent un droit à des prestations.

[6] Les fondations de prévoyance en faveur du personnel dont l'activité s'étend au domaine de la prévoyance vieillesse, survivants et invalidité sont en outre régies par les dispositions suivantes de la loi fédérale du 25 juin 1982 sur la prévoyance professionnelle vieillesse, survivants et invalidité sur:

1. la définition et les principes de la prévoyance professionnelle et le salaire ou le revenu assuré (art. 1),
2. les versements supplémentaires pour la retraite anticipée (art. 13*a*, al. 8),
3. les bénéficiaires de prestations de survivants (art. 20*a*),
4. l'adaptation à l'évolution des prix des prestations réglementaires (art. 36, al. 2 à 4),
5. la prescription des droits et la conservation des pièces (art. 41),

5*a*. l'utilisation, le traitement et la communication du numéro d'assuré AVS (art. 48, al. 4, 85*a*, let. f, et 86*a*, al. 2, let. b^{bis}),

6. la responsabilité (art. 52),
7. le contrôle (art. 53),
8. les conflits d'intérêts (art. 53a),
9. la liquidation partielle ou totale (art. 53*b* à 53*d*),
10. la résiliation de contrats (art. 53*e* et 53*f*),
11. le fonds de garantie (art. 56, al. 1, let. c, al. 2 à 5, art. 56a, 57 et 59),
12. la surveillance (art. 61, 62 et 64),
13. les émoluments (art. 63*a*),
14. la sécurité financière (art. 65, al. 1 et 3, art. 66, al. 4, art. 67 et 69),
15. la transparence (art. 65*a*),
16. les réserves (art. 65*b*),
17. les contrats d'assurance entre institutions de prévoyance et institutions d'assurance (art. 68, al. 3 et 4),
18. l'administration de la fortune (art. 71),
19. le contentieux (art. 73 et 74),
20. les dispositions pénales (art. 75 à 79),
21. le rachat (art. 79*b*),
22. le salaire et le revenu assurable (art. 79*c*),
23. l'information des assurés (art. 86*b*).

CENTRE INTERNATIONAL D'ÉTUDE DU SPORT

Savoirs sportifs

Collection dirigée par Denis Oswald et Raffaele Poli

Ouvrages parus

Droit

Denis Oswald, Associations, fondations, et autres formes de personnes morales au service du sport, XXXVI, 371 p., (vol. 2) 2010.

Sciences sociales

Raffaele Poli, Le marché des footballeurs. Réseaux et circuits dans l'économie globale, 180 p., (vol. 1) 2010.